W0326357

# Journal de guerre
# 1939-1945

*Témoignage de l'aide de camp*
*du général Leclerc de Hauteclocque*

© L'Harmattan, 2000
ISBN : 2-7384-9656-3

Christian GIRARD

# Journal de guerre
# 1939-1945

*Témoignage de l'aide de camp du général Leclerc de Hauteclocque*

Préface de Jacques HERRY

**L'Harmattan**
5-7, rue de l'École-Polytechnique
75005 Paris
FRANCE

**L'Harmattan Inc.**
55, rue Saint-Jacques
Montréal (Qc)
CANADA H2Y 1K9

**L'Harmattan Hongrie**
Hargita u. 3
1026 Budapest
HONGRIE

**L'Harmattan Italia**
Via Bava, 37
10214 Torino
ITALIE

Le *Journal de guerre de Christian Girard*, témoignage remarquable sur l'épopée des Français Libres de la Seconde Guerre Mondiale, risquait de tomber dans l'oubli.

Le souvenir de trois hommes d'exception a poussé celui qui les a connus tous trois à le faire sortir de l'ombre :

- souvenir du capitaine Girard qui accueillit auprès de lui le lieutenant du 501$^{e}$ RCC que rien n'avait préparé aux fonctions de second aide de camp ;
- souvenir du général Leclerc qui, le 15 avril 1945 se pencha sur l'officier blessé à ses côtés et lui manifesta sa bienveillance ;
- souvenir de Georges Buis, général et homme de lettre qui, peu avant sa mort, confiait au même ses regrets de n'avoir pas réussi à faire éditer le *Journal de guerre » de Christian Girard. Regrets qui étaient aussi une recommandation implicite et pressante.*

**Ouvrage publié sous l'égide de la Fondation Maréchal Leclerc de Hauteclocque**

Christian Girard

Photo dédicacée du général Leclerc

*A mon cher Girard, aide de camp… adjoint… et ami !*
*Ton assistance sans défaillance me permit d'atteindre le but.*
*Nous avons trop combattu et pensé ensemble pour voir dans*
*l'éloignement une séparation !*
*En avant dans la nouvelle direction !*
*21/4/45*
*Leclerc*

# Sommaire



**Notes de bas de page :**
Celles des deux premiers chapitres sont principalement de Christian Girard
Les autres ont été rédigées par son épouse avec l'aide du général Duplay.

# Préface

Les fonctions d'aide de camp ne sont pas de tout repos. Elles requièrent les qualités qu'on attend d'un officier, mais bien d'autres encore portées au plus haut degré – et d'autant plus qu'on est appelé à servir un homme hors du commun dans des circonstances difficiles.

Les impératifs de la hiérarchie – général d'un côté, simple lieutenant de l'autre – ne règlent pas tout. A de nombreux moments il n'y a plus, au fond, de grade qui tienne, même si dans les apparences la subordination de l'un à l'autre est maintenue : deux hommes face à face, deux hommes côte à côte.

Tantôt confident, souvent intercesseur, parfois souffre-douleur, l'aide de camp doit posséder une grande force de caractère, une totale maîtrise de soi, beaucoup de patience aussi, et la rapidité d'esprit qui permet d'apprécier immédiatement les situations.

Christian Girard avait toutes ces qualités, et d'autres.

L'aide de camp ne peut remplir son rôle s'il n'éprouve pour son général, au-delà du respect, une estime et une admiration sincères. Il faut aussi, et ce fut sans aucun doute le cas, qu'il sente en retour la confiance qu'on a en lui. A ce prix, il ne lui coûte pas d'accorder à son chef une totale disponibilité.

Les débuts peuvent être difficiles. Il ne semble pas que ce fut le cas entre le Général et Christian Girard. Très vite il sut ce qu'on attendait de lui et comprit qu'en contre-partie le service du Général constituait un privilège. C'est pour cette raison, sans doute qu'il mit le plus grand soin à poursuivre la tenue de son journal et à noter, au jour le jour, aussi bien les événements – les faits aussi bien que l'atmosphère – que les réactions du Général face à eux.

Ensemble, ils vécurent près de trois ans, trois années bien remplies. Au départ, c'était évidemment à Christian Girard de se plier à la personnalité du Général. On peut penser que celui-ci, de son côté, fit quelque effort pour s'adapter au compagnon qu'il avait lui-même choisi. Il se trompait rarement sur les hommes. Dans le choix de son aide de camp il ne s'était pas trompé.

Il est avéré qu'ils furent complémentaires, étant entendu par là que Christian Girard apporta au Général une présence efficace, confiante et discrète.

S'agissant d'écoute, il faut bien dire que dans leurs innombrables tête-à-tête, Christian Griard devait deviner, sentir, si le Général l'autorisait à rompre le silence et souhaitait qu'il le fit, ou si, au contraire, il voulait poursuivre ses réflexions en silence. Il arriva que Girard exprime, sur une situation ou sur un homme, un point de vue qui n'était pas celui du général Leclerc. Même si celui-ci semblait mal se rendre aux raisons de son aide de camp, il les prenait en compte, pour rectifier ensuite telle ou telle décision.

Etre l'aide de camp du général Leclerc demandait aussi du courage, tant le Général faisait fi des risques et s'exposait dangereusement en exposant aussi son compagnon. Celui-ci dut en certaines circonstances le, rappeler à la prudence et fut parfois entendu. Le Général savait trop bien que pour être vainqueur, il faut, il vaut mieux rester vivant.

Pendant la campagne de France, à Paris, en Alsace, à Royan, il arriva que le Général dut se soumettre à des obligations mondaines, alors que ses soldats se battaient. Il n'avait de cesse de les rejoindre. Le passage du chaud au froid, du confort des salons à la boue et au tintamarre des obus était plus difficile à vivre que l'inconfort et le danger permanents auxquels on finit par se faire. Etre capable de passer d'une situation à l'autre suppose impassibilité et force d'âme (ce que les Anglais appellent très justement *fortitude*). Christian Girard possédait cette qualité.

Très vite, au niveau qui était le sien, au contact d'unités britanniques, puis américaines, le Général eût besoin auprès de lui d'un interprète. S'il pouvait saisir ou deviner le sens des propos de ses interlocuteurs anglophones, il fallait cependant que les explications et les ordres soient sans équivoque. Il lui arrivait d'avoir l'impression, ou d'être mal compris, ou d'avoir mal compris, et l'aide de camp interprète faisait alors les frais d'une incompréhension qui ne tenait pas à sa traduction.

Bien que d'une solide santé et peu porté à se plaindre, le Général fut parfois souffrant. Le rôle de l'aide de camp changeait alors de nature, et il arriva que Girard connaisse l'angoisse que suscite la maladie d'un proche. Son inquiétude venait de son affection pour le Général, mais aussi de ce qu'il le savait irremplaçable à la tête de la 2e DB.

On peut s'étonner que deux hommes différents par leur milieu d'origine, leur tempérament profond, aient pu assez facilement s'accommoder l'un de l'autre. *Le Général était courtois et ouvert* écrit Christian Girard. Entre gens de bonne éducation l'entente est toujours plus facile.

Mais :

- Philippe Leclerc de Hauteclocque était issu d'une longue lignée de hobereaux du Nord qui, depuis les Croisades, avaient fourni à la France nombre de ses soldats et de ses officiers.

  Christian Girard venait d'un milieu bourgeois parisien. Malgré un grand-père colonel, il n'avait pas spécialement la fibre militaire.
- Christian Girard était protestant, Philippe de Hauteclocque était catholique pratiquant.

- Philippe de Hauteclocque avait, dès le plus jeune âge, voulu entrer à Saint-Cyr – Christian Girard avait fait des études de Droit et suivi les cours de Sciences Po.
- Christian Girard était célibataire, Philippe de Hauteclocque était marié et père de famille nombreuse.
- Le Général n'aimait pas les mondanités et ne se sentait pas à l'aise dans les salons. Son aide de camp appréciait les contacts mondains pour autant qu'ils le mettent en présence de gens de qualité.
- Le Général était un rural, aimait la chasse et le plein air. Il tenait son flair guerrier de son expérience cynégétique. Tel n'était pas le cas de Christian Girard.

S'ils se ressemblaient c'est par une égale pudeur, la même délicatesse et une grande honnêteté intellectuelle.

Pour autant, il faut chercher ailleurs les raisons de leur accord.

Tous deux avaient, dès juin 1940, franchi la ligne qui sépare la légalité de la rébellion, choisissant la voie difficile et hasardeuse de la France Libre. Tous deux avaient au cœur l'amour de la Patrie et la volonté de la libérer – fût-ce au péril de leur vie. Ce sentiment très fort qui faisait la cohésion des unités FFL, composées pourtant d'individus rebelles par nature, ce sentiment essentiel les unissait. Et peu importait qu'ils fussent par ailleurs différents.

Ce patriotisme exigeant, impérieux, le général Leclerc en imprégna tous les officiers et soldats de la 2e DB, de quelque horizon qu'ils viennent. Au départ, la division était composite : unités issues des Forces Françaises Libres et régiments d'Afrique du Nord (renforcés les uns et les autres par de nombreux jeunes passés par l'Espagne). C'est peu dire que l'entente ne régnait pas entre tous. Pour réussir l'amalgame, Leclerc dut user à la fois d'autorité et de persuasion. S'il a pu dire que sa plus grande victoire fut Temara, c'est que plus que tout autre, il avait mesuré la difficulté de la tâche. Le journal de guerre de Ch. Girard rend compte en détail et fidèlement des péripéties de la formation de la 2e DB, y compris les querelles avec l'état-major d'Alger. Après le 1er août 1944, le combat fit le reste. Les compagnons du général Leclerc furent aussi bien Dio que Langlade, de Guillebon et Rouvillois, La Horie et Massu, Lecomte et Buis... et combien d'autres. Tous égaux en courage et en ardeur.

Son compagnon de tous les instants, le plus proche, le plus dévoué pourtant fut Christian Girard. Ce fut celui qui nota tout, au jour le jour et qui nous livre un témoignage qui ne peut être contesté.

On a coutume de dire que pour le familier d'un grand homme, il n'y a pas de grand homme. L'exemple de Girard et de Philippe de Hauteclocque prouve le contraire.

*« Que Leclerc ait été un chef de guerre hors ligne, qu'il ait réussi tout ce qu'il entreprenait ne suffit pas à expliquer sa légende et l'émotion d'un peuple le jour de sa mort. L'homme était sans tache, sans une ombre, sans une médiocrité. Pendant deux ans et demie,*

*j'ai pu parfois, souvent même, être irrité par son impatience, sa tension, sa brusquerie, je n'ai jamais rien décelé chez lui qui put être mis sur le compte d'autre chose que l'obsession de servir son pays. »*

Ainsi Christian Girard écrivait-il en 1975.
Qu'eût écrit de lui Philippe de Hauteclocque s'il avait vécu ?

**Jacques HERRY**

Lieutenant au 501e RCC
Second aide de camp du général Leclerc (1945)

# De Londres au Tchad
# août 1939 à décembre 1942

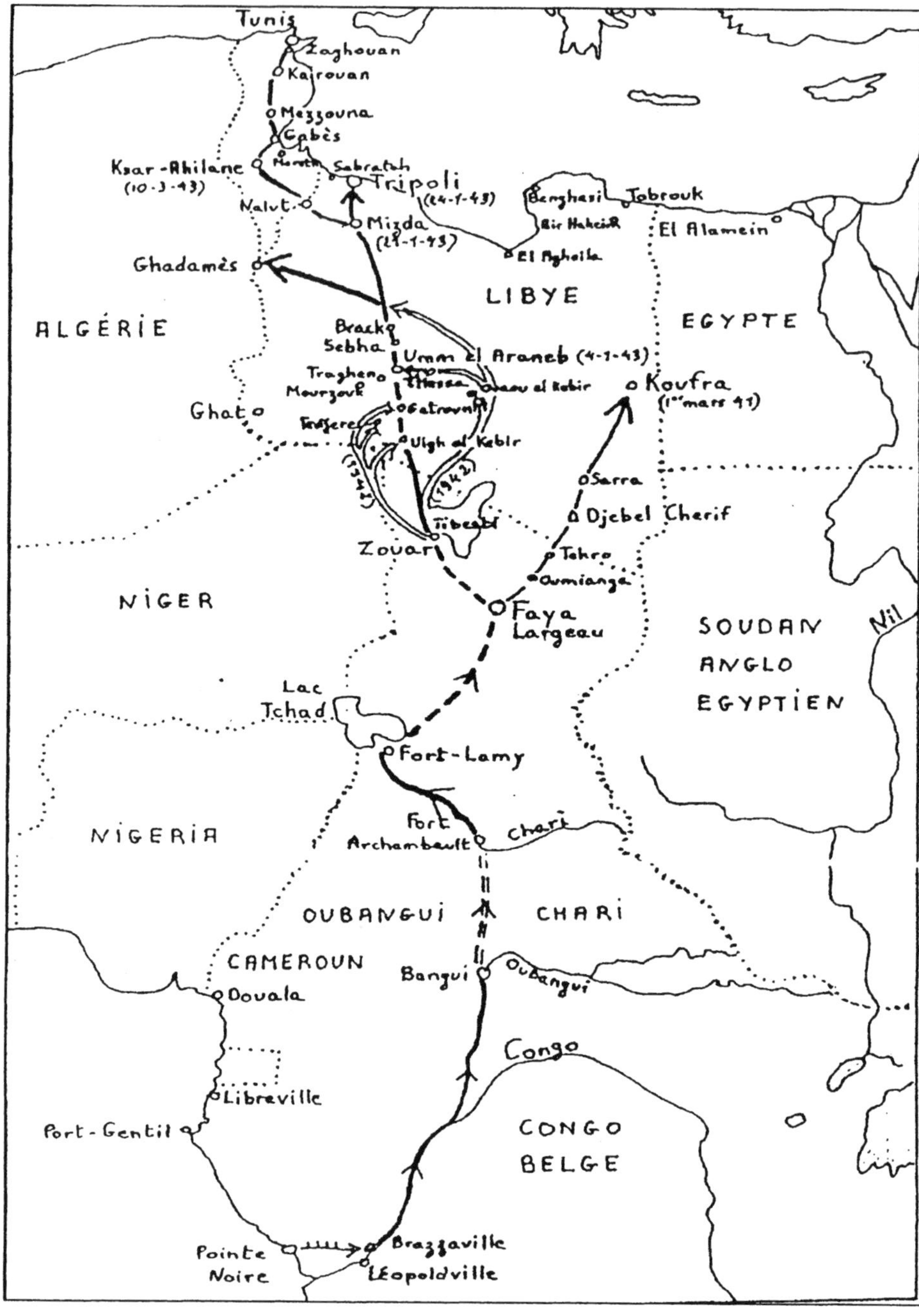

Tunis
Zaghouan
Kairouan
Mezzouna
Gabès
Ksar-Rhilane
(10-3-43)
Sabratah
Tripoli
(24-1-43)
Nalut
Mizda
Ghadamès
Benghasi
Tobrouk
El Alamein
El Agheila
LIBYE
ALGÉRIE
EGYPTE
Brack
Sebha
Umm el Araneb (4-1-43)
Koufra
Ghat
Faya
Largeau
NIGER
SOUDAN
ANGLO
EGYPTIEN
Nil
Lac
Tchad
Fort-Lamy
Fort
Archambault
Chari
NIGERIA
OUBANGUI
CHARI
CAMEROUN
Bangui
Douala
Congo
Libreville
Port-Gentil
CONGO
BELGE
Pointe
Noire
Brazzaville
Léopoldville

# Débuts de la France Libre à Londres
# Préparation du départ pour l'Afrique – Dakar

*Note : Au début de la guerre j'étais sous-lieutenant au 6e régiment de Spahis algériens envoyé à la frontière luxembourgeoise dans la région de Saulnes. J'ai probablement dû de pouvoir tenir le journal qui suit à la crise d'appendicite que j'y ai eue en Décembre 1939. Pendant un congé à Paris en janvier 1940, le chirurgien de famille a estimé urgent de m'opérer. Le colonel commandant le 6e Spahis a confié mon peloton à un autre officier. Il avait évidemment ses raisons, mais sa décision a été pour moi un déchirement qui m'a fait poser ma candidature à la Mission française de liaison auprès de l'armée britannique. Je rejoindrai celle-ci quelques jours avant le 10 mai et serai alors affecté, en voltige, à la 1ère division blindée britannique, au régiment des Queen's Bays.*

*Le débarquement de cette unité sera retardé par les bombardements de la Luftwaffe, en sorte que son mouvement prévu vers la Belgique sera empêché par l'avance de l'armée allemande. Les premiers régiments, à peine débarqués, seront engagés sur la Somme. Fortement éprouvée, la division retraitera sur la Bresle puis sur la Seine. Dans la nuit du 14 au 15 juin elle fait brusquement mouvement de sa zone de rassemblement autour du Mans vers Brest. Le 16, le capitaine de Boislambert, liaison auprès de la Brigade de chars légers, réunit son détachement à Guipavas. Il nous annonce que le gouvernement va demander l'Armistice et que, pour sa part, il a décidé de partir continuer le combat en Angleterre.*

*Il nous rend notre liberté*

# Le début de la guerre
# arrivée et engagement de la 1ère D.B. britannique
# retraite sur Brest
# annonce de l'armistice et départ pour l'Angleterre.

**Haudrecy – 24 août 1939**

Le 6e régiment de Spahis où j'ai été rappelé le 15 mars, a reçu son ordre de départ avant-hier. Premier cantonnement hier soir sous la pluie et dans la confusion. Une fois mon peloton casé, je ne trouve pas de chambre et couche dans la paille à côté de mes chevaux.

J'ai l'impression que je n'avais pas eue en 1938, que nous allons cette fois à un conflit.

**Tellancourt – 3 septembre**

Mauvaises nouvelles. Ultimatum de la France et de l'Angleterre au chancelier Hitler. Le délai expire à midi. Il est 10 heures. Il fait beau. Les champs sont merveilleusement calmes et vides. Un beau dimanche. Là-bas, en Pologne, le sang coule. Il peut couler ici dans deux heures.

Atteindre au détachement, rompre avec soi, avec son passé, son foyer, ses parents, la douceur méconnue des soirées calmes dans la bibliothèque paternelle. J'ai la gorge un peu serrée. Il ne faut rien laisser paraître, affecter l'indifférence. Surtout pas de pathos héroïque, pas de *« vivre libre ou mourir »*, pas de Marseillaise. Et si l'on en revient, pas de chèque sur le passé.

21 h 30 – La guerre est déclarée.

**Octobre 1939 – mai 1940**

Le 6e Spahis passe l'hiver à la frontière luxembourgeoise. Mon opération de l'appendicite, en Janvier 40, ayant amené le colonel à confier mon peloton à un autre officier – ce qui est normal mais m'atterre – je me fais affecter à la Mission française de liaison auprès de l'armée britannique dont je rejoins le Centre à Auxi-le-Château le 30 avril. Au lendemain de l'offensive allemande du 10 mai je suis affecté à la 1ère division blindée britannique dont je rallie le détachement précurseur à Douchy le 15 mai. Cette pauvre division aura bien des malheurs. Elle devait à l'origine se concentrer en Belgique et nous avons effectivement reçu l'ordre, le 16 de partir pour Grammont, localité sur la Dendre à l'ouest de Bruxelles, mais au bout de quelques kilomètres nous avons reçu celui de faire demi-tour parce que l'avance allemande avait tout changé. Le débarquement de la division était maintenant prévu au Havre avec concentration dans la région de Bolbec. Mais l'aviation allemande bombardera le port du Havre obligeant à détourner le convoi sur Cherbourg.

Les premiers chars de la division, ceux du régiment des *Queens Bays* auquel j'avais été affecté, arriveront à Pacy-sur-Eure le 22. Une attaque prévue le soir-même sera décommandée dans une certaine confusion. Engagé une première fois vers Picquigny le 24, le régiment participera quelques jours plus tard à une plus importante offensive sur la Somme, dans la région de Limeux, après quoi il se retirera avec les restes de la division sur la Bresle, la Béthune et la Seine. Vers le 13 juin la division est censée se regrouper dans la région du Mans pour y recevoir des armes et des matériels.

Le 14, je retrouve Françoise Boissonnat et son père repliés à La Flèche avec la banque ; des rumeurs d'armistice courent dont tout le monde se refuse à envisager la possibilité. Mais dans la nuit la division fait brusquement mouvement sur Brest.

Le 16, le capitaine de Boislambert, liaison auprès de la Brigade de chars légers, réunit son détachement à Guipavas. Il nous annonce que le gouvernement va demander l'Armistice et que, pour sa part, il a décidé de partir continuer le combat en Angleterre. Il nous rend notre liberté...

N'arrivant pas à croire que nous en soyons là, je vais consulter le lieutenant de Vogüe à la Mission à Brest. Il me dit que l'armée se bat toujours et que je dois rejoindre la Mission au camp de La Courtine. Je m'y prépare. Mais le 17 pendant que je déjeune dans un restaurant avec Pierre Chadenet, nous entendons Pétain annoncer à la radio son intention de demander l'Armistice. Vogüe, chez qui nous nous précipitons, a changé de ton : *« Si vous voulez partir, partez vite, les Allemands seront ici dans deux heures. »*

**Noté à Londres le 8 août 1940** [1]

La nouvelle de l'Armistice lorsque je l'ai apprise à Brest le 17 juin, ne m'a pas précisément bouleversé, à moins d'appeler bouleversement cette espèce de vide, de silence qui s'est fait en moi. Au centre de cette immobilité, un refus viscéral. Tout se traduisant chez moi en images, j'ai vu, et cela je le vois encore, un Schupo en faction au coin de la rue de Varenne et du boulevard Raspail. Il m'apparut impossible d'avoir à passer devant lui en sortant de chez moi. C'est tout. Je ne me rappelle pas avoir pensé une seconde que j'avais à obéir à une autorité quelconque. Aucune n'existait plus pour moi. Tout se ramenait à cette

[1] Les prochaines semaines ne seront pas propices à la tenue régulière d'un journal. Certaines des notes qui suivent ont été rédigées après coup. Elles ont été replacées dans l'ordre chronologique des événements qu'elles concernent.

proposition simple traduite en image d'Epinal : c'était eux ou moi, il n'y avait pas de coexistence possible dans mon village.

Le seul problème aurait pu être de savoir quoi faire : il ne se posait pas, il y avait encore des bateaux anglais dans le port. Je me rappelle avoir simplement desserré les freins de la voiture pour la laisser dévaler jusqu'aux quais, avec une absence de réaction qui devait être le propre d'un état de choc.

J'embarque le 17 juin avec Boislambert, Porgès et les autres officiers et agents de liaison de la Division sur un des derniers transports de troupes. Nous atteignons Falmouth le 18 à 8 heures du soir. Le bateau est resté longtemps à quai sans que nous puissions débarquer. Le soir tombait lorsque notre petit groupe d'officiers de liaison française, perdu dans le flot des soldats britanniques qui rentraient dans leur pays, franchit la passerelle...

Falmouth était sans doute une ville comme les autres, avec des rues bordées de maisons, des carrefours, des places. Je la traversai comme dans un rêve, me laissant porter par le courant. La décision que j'avais prise la veille élargissait lentement ses effets. Je n'étais pas conscient du choc qu'elle avait provoqué. J'en subissais maintenant les conséquences.

Tandis que les soldats anglais disparaissaient vers les camps d'où ils rejoindraient leurs unités, les étrangers, car il y en avait beaucoup d'autres que nous sur le bateau, étaient dirigés vers un grand espace libre : une pelouse, un petit bâtiment à véranda, c'était un terrain de cricket.

Les groupes, d'abord denses, s'éclaircissaient peu à peu. Je voyais dans l'obscurité des ombres aller de l'un à l'autre. Comme je me dirigeais vers le pavillon en me demandant si je pourrais y passer la nuit, une de ces ombres vint à moi et je compris pourquoi le terrain se vidait : la population ouvrait ses portes aux étrangers qui venaient partager son destin. L'Anglais qui me recueillit sans phrases superflues était cordonnier de son métier. Il était difficile, surtout en pareilles circonstances, de montrer plus de tact et de cœur que sa femme et lui en montrèrent ce soir-là.

Le lendemain lorsque notre groupe se retrouve à la gare, nous nous apercevons que chacun d'entre nous a reçu la même hospitalité généreuse, simple et discrète.

A chaque station, des visages souriants se pressent aux fenêtres des wagons, des mains nous offrent des cigarettes, boîtes de conserves ou tasses de thé chaud. Au bout du voyage, dans l'ambiance nette et anonyme du camp de Warminster, nous retrouvons les officiers de la 1ère D.B. britannique et leur amicale hospitalité.

Boislambert est parti directement de Falmouth pour Londres. Pendant ce temps, cédant aux instances du commandant de la Brigade, le général Mac Creary, je pars passer 48 heures chez les parents de Peter Sykes qui commande maintenant les Queen's Bays. A Beckbury Hall, dans cette vieille demeure où les poutres, l'argenterie sur les tables d'acajou, rien ne parle plus de la guerre, je reçois de plein fouet le contrecoup de la tension que je viens de subir. Je traverse ces deux journées de paix, jalonnées d'attentions, comme dans un rêve. Le sentiment d'être séparé des miens, de n'avoir même pas pu les prévenir de mon départ, la hantise de leur angoisse, me rongent. Et là-dessus la vision de ma solitude sur ce territoire étranger avec pour toute fortune, ô miracle, un pyjama et une trousse de toilette !

Le 23, un télégramme m'arrache à ce malaise en me rappelant à Warminster. Je rallie le camp d'où notre groupe repart pour Londres le 25 à l'aube.

Sur les bords de la Tamise, à deux cents mètres de Westminster et juste avant Scotland Yard, St Stephen's House est un immeuble triste, avec une façade jaunâtre d'un style néo-flamand sans grâce. Au 4e étage d'un escalier raide et morne, une porte à verre dépoli sur lequel se détache le numéro "130". Au-delà, un étroit couloir sombre. A gauche, trois pièces. Dans la première Courcel, débordé, en tête-à-tête avec des piles de lettres, dans la seconde le Général, dans la troisième, deux secrétaires, Elisabeth de Miribel et Madame Durand.

A droite une grande pièce aux allures de manège, où nagent trois tables et une chaise.

Le Général de Gaulle nous reçoit l'un après l'autre. Sa haute silhouette raide se détache à contre-jour sur l'unique fenêtre de son modeste bureau. Il m'interroge brièvement sur mon unité et sur mes études.

Je me retrouve dans la grande pièce. Boislambert installé sur l'unique chaise, tape sur la table :

– *Un peu de silence, Messieurs, nous commençons. Quelqu'un a-t-il du papier et un crayon ?*

Machinalement, cherchant nos gestes, nous fouillons nos poches et nous groupons autour des tables.

Alors Boislambert répartit les rôles : il prend Porgès avec lui, Saint-André s'occupera de l'information, Julitte recevra les militaires, et moi les civils, avec Chadenet. C'est tout.

Le soir quelques fidèles nous rejoindront dont Maurice Schumann qui succèdera pendant vingt-quatre heures à Chadenet avant de devenir notre voix à la BBC. D'autres demain. Des concours s'offriront, souvent bien émouvants, comme celui de ce petit monsieur hindou, tout mince, tout modeste dans ses vêtements râpés, et qui, après s'être assis timidement sur la chaise que je lui offrais, m'a simplement tendu, d'un air presque gêné, un chèque de 1 000 livres.

Qui est le Général de Gaulle ? Un général qui a pris la parole à la radio pour dire qu'il fallait continuer la lutte.

Nous ne l'avions pas entendu, mais Boislambert l'avait rencontré au cours des opérations et savait dans quel esprit il était parti pour Londres. C'était tout ce que nous demandions. Nous sommes venus sans calculs, sans arrière-pensées. Peut-être certains en ont-ils eu. Moi pas et je n'en ai pas plus aujourd'hui.

Pendant plusieurs jours nous passons par des hauts et des bas. Nos effectifs restent squelettiques et nous nous demandons si les Anglais ne vont pas nous lâcher tant ils ont l'air de se méfier de nous et de vouloir nous mettre des bâtons dans les roues. A l'issue d'une longue discussion avec Porgès dans le couloir de St Stephen's House la conclusion me paraît simple : il ne sert à rien de s'interroger, on ne prend pas deux fois la décision que nous avons prise. Si les Anglais veulent nous interner, eh bien ! qu'ils nous internent. Nous avons choisi de continuer, il n'y a pas d'autre solution.

Enfin, le 28 juin, le gouvernement britannique se décide à reconnaître officiellement le Général de Gaulle comme *chef des Français libres*. Je l'apprends en ouvrant le journal dans la rue et j'en suis si ému que des passants se retournent en voyant un officier français rire tout seul dans le soleil du matin.

Le lendemain, le Général de Gaulle va voir la division légère de montagne qui était en Norvège, celle de Narvik, qui est arrivée à Trentham Park avec le général Béthouard. C'est le premier contact du chef des Français libres avec une grande unité française et nous attendons avec impatience d'en connaître le résultat. J'étais avec Porgès dans le couloir pauvrement éclairé de St-Stephen's House lorsque le Général de Gaulle est rentré le soir. Il est passé devant nous sans regarder personne, droit, impénétrable. Derrière lui, Courcel que j'interroge du regard me fait de la tête un signe négatif.

Une partie des hommes et des officiers s'est ralliée mais le reste rentre en France, général en tête. Il semble que les militaires britanniques n'aient rien fait pour qu'il en soit autrement ; au contraire ils essaient d'attirer nos soldats dans leur propre armée et leur recommandent de rentrer en France plutôt que de nous rejoindre et de devenir ainsi des *rebelles*.

Mers El-kébir, le 4 juillet, nous bouleverse à nouveau, mais le Général de Gaulle qui a déjà surmonté l'épreuve du 29 juin témoigne encore une fois d'un sang-froid et d'une hauteur de vue hors du commun.

A quelques jours de là j'entre par désœuvrement dans un cinéma qui donne un film sur la guerre de 1914. La séquence classique sur la ruée des taxis de la Marne m'est tellement intolérable que je dois quitter la salle.

Puis vient le 14 juillet. Les trois couleurs claquent au soleil sur la tour de Westminster et fleurissent aux fenêtres des maisons. Une foule dense cerne les quelques rangs que nous formons autour du cénotaphe de Whitehall. Les Anglais ont amené des grands blessés sur leurs petites voitures. Quand le Général de Gaulle apparaît, la foule éclate en vivats :

– *Vive la France,*
– *Vive de Gaulle.*

Pour elle comme pour nous les deux ne font plus qu'un.

**28 juillet 1940 – Londres**

Il y a des gens qui reprochent aux Anglais leur attitude pendant cette guerre, et surtout l'insuffisance de l'aide qu'ils nous ont apportée. Ils ne sont pourtant pas responsables de notre faiblesse, de nos divisions internes, de nos querelles de partis, et de cette politique de *seconds* perpétuellement pendus aux basques de quelqu'un, en général précisément de l'Angleterre.

**Londres – 4 août 1940**

Ce matin remise de décorations par le Général de Gaulle à l'Olympia de Londres. A 10 heures on me demande de me procurer 5 croix de guerre. Il n'est pas question d'en trouver à Londres. Le général a épinglé des bouts de ruban sur les poitrines des rescapés du... torpillé au large de l'Irlande. Ils repartent.

**Note du 21 juillet 1941**

J'évoque avec un camarade cette période fiévreuse qui a commencé vers le 5 août, celle des préparatifs de notre départ pour l'Afrique : pour moi qui avais été affecté au 4e bureau, ce furent trois semaines de courses éperdues, de couloirs interminables et de téléphones incessants.

A l'époque, les services tournaient cahin-caha. La bonne volonté des officiers suppléait mal à leur inexpérience de fonctions nouvelles et souvent inattendues. Leur tâche était encore compliquée par le fait que nous étions en pays étranger et que l'organisation britannique différait sensiblement de la nôtre. Il y avait des résistances courtoises mais fermes à surmonter ou à tourner.

De leur côté, nos unités d'Aldershot réclamaient à cor et à cri des objets souvent introuvables.

Ainsi la Légion réclamait deux bidons individuels au lieu d'un, parce que le modèle anglais lui paraissait trop petit. Ce n'était pas encore trop difficile à obtenir, mais quand elle réclamait des bérets *genre basque* ! allez donc trouver ça en Angleterre, surtout en grandes quantités ! Et si au bout de toute une série d'acrobaties on lui offrait les bérets de chars en usage dans le pays, la Légion refusait avec un sourire sans appel. Elle repoussait de la même manière les plaques d'identité en caoutchouc durci de l'armée anglaise pour exiger les plaques métalliques de notre intendance.

Pour l'essentiel, les choses arrivaient à s'arranger : camions, véhicules en tous genres, armements, munitions... mais il y avait ce qui nous était particulier, comme par exemple des drapeaux français, des croix de guerre, des galons. Rien de tout cela n'existait, il fallait le faire fabriquer.

Pour les croix de guerre, je ne trouvai pas d'autre moyen que d'emprunter comme modèle un exemplaire quasi unique qui reposait dans une vitrine du War Office.

Chez Hobson, où l'on m'appelait en souriant : *l'ennemi public n°,1*, Miss Lee s'effarait tout de même un peu lorsque je demandais 150 drapeaux français de petite taille, 100 avec hampes, 4 de 3 mètres sur 2, et 2 de 8 mètres sur 5 mètres.

- *C'est impossible*, se lamentait Miss Lee, *c'est beaucoup trop grand.*
- *Chère Miss Lee, si vous pouviez voir le drapeau à croix gammée qui flotte en ce moment sur la Tour Eiffel !*

Et ces satanés insignes de casques dont nous réclamions 2 000 exemplaires dans les 15 jours et pour lesquels il fallait une autorisation de je ne sais plus quel ministère parce qu'ils devaient être en métal !

Nous traversions Londres, notre impatience un peu calmée par l'inlassable gentillesse de nos conductrices, pour atterrir devant des façades monumentales, nous laisser engloutir par des kilomètres de corridors, et trouver tout au bout, dans des bureaux minuscules, des officiers infiniment courtois qui s'informaient, réfléchissaient, téléphonaient, et nous indiquaient enfin l'autre bureau, le vrai, celui auquel nous aurions dû nous adresser, et qui se trouvait à l'autre bout du couloir, celui de droite, le plus long... Encore heureux si, après trois essais, nous n'avions pas à retraverser Londres dans toute sa longueur.

Tout cela trouva enfin son terme et le départ eut lieu fin août. Les Forces Françaises Libres n'étaient pas encore complètement organisées, l'état-major était à peine installé et les ouvriers travaillaient encore aux cloisons des bureaux de Carlton Gardens ; et pourtant, c'est en trois semaines que, dans ce territoire étranger, 2 000 hommes ont pu être équipés et embarqués pour une campagne coloniale.

Je revois le quai de la gare de Euston le 27 (ou était-ce le 28 ?) août, Spears, sa femme Mary Bordon, le Général, Courcel, Burton, Williams, Lagier, tant d'autres, tous souriants. Au dernier moment Burton, je crois, m'apporte une liasse de papiers couverts de chiffres : inventaire du matériel !

Et puis l'arrivée à Birkenhead et l'embarquement. L'informe tas des cantines déchargées par les légionnaires comme des sacs de farine et tartinées de la peinture blanche d'un bidon de céruse crevé.

Magrin-Vernerey, calme, nerveux et désagréable dans sa courtoisie on ne sait pourquoi agressive à l'égard de tout ce qui venait de Carlton Gardens. Le pauvre inspecteur F... embarqué à bord du *PENNLAND* et séparé de ses camarades, tous sur le *WESTERNLAND*, par suite d'une sotte erreur...

Le dîner enfin, pour lequel nous arrivions bien trop tard et dont le menu alléchant qui nous fut refusé ne nous laissait pas prévoir l'infecte nourriture dont nous allions devoir nous contenter pendant 40 jours... Viande pourrie, légumes corrompus puant l'éther, poissons asphyxiants, desserts immangeables... et nous fûmes bien heureux chaque fois que l'on nous servit du *corned beef*.

Le soir du 27, l'alerte sur Liverpool, la DCA tirant dans l'ombre...

*Note : Il fallait rallier l'Afrique Française à la cause de la France combattante. De beaucoup de points de l'Empire, des messages anxieux arrivaient à Londres demandant au chef de la France Libre de prendre le commandement des colonies.*

*Le Général de Gaulle, Spears, l'auteur, embarquent sur le WESTERNLAND en août 1940 avec des troupes équipées rapidement, dans le but de rallier Dakar à la France Libre.*

*Le Haut-Commissaire Boisson fit tirer sur la flotte alliée, personne ne put débarquer.*

Oum el Araneb

## L'affaire de Dakar – Arrivée à Douala
## Affectation au Tchad : 20e compagnie montée
## Groupe nomade du Kanem

**En mer – septembre 1940**

Traversée longue et fastidieuse. Je partage une cabine avec Porgès, Julitte et Dreyfus-Ducas. Nous passons notre temps, Porgès et moi, à jouer aux échecs. Le meilleur moment est celui du coucher du soleil, il y en a de superbes. Longues discussions sur le pont avec Kaminker, Courcel, Mac Connell, Brunel, Porgès... etc. La nourriture est toujours aussi mauvaise. Pour nous la faire oublier, Georges passe les repas à nous faire des conférences sur les plus succulentes réalisations de la cuisine française

**Note d'octobre 1940**

Le jour de la tentative de Dakar, le 23 septembre, je me trouvais sur la passerelle du *WESTERNLAND*. J'avais été désigné, je ne sais pourquoi, pour être "l'observateur" du Général et muni à cet effet d'une paire d'énormes jumelles. Je n'ai évidemment rien pu observer du tout puisqu'il y avait un brouillard à couper au couteau.

Le Général et Spears étaient assis à deux mètres de moi dans des fauteuils en rotin.

Il y eut d'abord un grand espoir. Les avions avaient atterri à Ouakam et donné le signal convenu. Mais après ce fut la canonnade, la fusillade dirigée contre la vedette des parlementaires sur laquelle se trouvait d'Argenlieu, l'hésitation, la tentative sur Rufisque, l'abandon.

Au moment des premiers coups de canon, je me suis tourné vers les deux généraux. Le Général de Gaulle est resté de marbre, Spears s'est effondré.

Enfin le 8 octobre, nous sommes arrivés à Douala sur le *COMMANDANT DUBOC*. Belle réception, simple mais parfaite. Troupes impeccables, foule enthousiaste, Marseillaise... Le général saute du bateau sur le quai et donne l'accolade à un Leclerc d'un blanc éblouissant, le sabre au côté. Nous voilà de nouveau en France.

**Note du 2 novembre 1940**

J'ai appris hier soir un détail intéressant au sujet de l'affaire de Dakar. Quelques jours avant d'arriver à Freetown, d'où nous devions repartir pour aller à Dakar, c'est-à-dire vers le 15 ou le 16 Septembre, alors que nous étions au large de Dakar, la nouvelle parvint au Général que trois croiseurs français avaient franchi le détroit de Gibraltar et se dirigeaient vers le sud-ouest. Cette nuit-là, je m'en souviens parfaitement car cela m'avait réveillé, le *WESTERNLAND* stoppa vers deux heures du matin et le *DEVONSHIRE* à bord duquel se trouvait l'amiral Cunningham vint stopper à son côté. Je me rappelle l'avoir vu par le hublot. Il y eut une conférence entre Cunningham, le général anglais commandant les troupes britanniques, le Général de Gaulle et le général Spears. Tout cela je le savais, et aussi que l'entretien se termina par l'embarquement du commandant d'Argenlieu à bord du *DEVONSHIRE*.

Mais ce que j'ignorais, c'est que, dès le début de l'entretien, le Général de Gaulle déclara qu'il fallait mettre immédiatement le cap à l'est et entrer à Dakar. Il voulait évidemment y arriver avant les croiseurs français ; c'était possible et qui sait si les événements n'auraient pas pris alors une tournure plus favorable ? Mais l'amiral Cunningham s'opposa, adopta une attitude bien peu conforme aux traditions de la marine de Nelson.

Il allégua que ses bâtiments étaient presque au bout de leurs provisions d'eau et qu'il fallait les ravitailler en eau et en victuailles. Le niveau du charbon était aussi très bas ce qui était un meilleur argument mais ne constituait pas un empêchement absolu. Rien ne le fit démordre. Il fallait d'abord aller à Freetown. On lança donc d'Argenlieu sur le *DEVONSHIRE* à la rencontre des croiseurs pour les faire retourner sur Casablanca s'ils tentaient d'atteindre Dakar.

Le reste de l'histoire est connu. Le *DEVONSHIRE* ne rencontra que la *GLOIRE* dont les machines étaient endommagées. Ce bâtiment refusa l'offre de se réparer à Freetown et il fallut l'escorter jusqu'au large de Casablanca.

L'inconvénient était double : un seul bateau avait été arrêté et l'éveil était donné. Nous perdîmes trois jours à Freetown et quand nous arrivâmes à Dakar, les croiseurs y étaient et la situation était entièrement retournée contre nous.

*Note : L'occupation du Gabon, le ralliement du Congo, du Cameroun et du Tchad assurent à la France Libre le territoire de souveraineté française qui lui manquait.*

*Les troupes arrivées de Londres sont réparties entre les différents territoires. L'auteur est envoyé au Tchad où il passe trois mois dans une compagnie montée et huit dans un groupe nomade. le G.N.K. (groupe nomade du Kanem, unité à chameaux).*

## 17 novembre 1940 – Brazzaville

Débarqué ici hier, j'ai été reçu dans l'après-midi par le Général de Gaulle. Il me questionne sur mon voyage, les villes que j'ai traversées. Parlant du siège de Port-Gentil, il me dit que les habitants, avant de se rendre, ont demandé aux Français libres de tirer, ne serait-ce qu'un coup de canon, ce qui fut fait, et nos troupes entrèrent au milieu des acclamations.

**17 novembre – Brazzaville**

Julitte revient de Port-Gentil où il est allé étudier la remise en état du câble avec l'Angleterre. Le directeur de la station l'a reçu aimablement et lui a montré une note de service lui prescrivant, au cas où le Gabon serait envahi, de remettre à l'ennemi, contre reçu, le matériel dont il est responsable.

Julitte, un peu surpris, accepte le principe du reçu et demande si le câble peut être réparé. Certainement lui répond son interlocuteur, on sait exactement où le câble a été coupé et toutes les indications nécessaires peuvent être fournies.

Mais lorsque Julitte, encouragé, demande au directeur s'il veut bien continuer à assurer le fonctionnement du câble, la réponse est négative. Il ne peut pas, il n'a pas le droit, il faudrait qu'il reçoive des ordres.

– *Qu'à cela ne tienne*, réplique Juliette, *je vous ferai donner tous les ordres que vous voudrez par le Général de Gaulle.*
– *Ah mais non*, s'effare le consciencieux fonctionnaire, *je suis fonctionnaire, la direction de mon service est à Dakar, il faudrait que je demande l'autorisation à mon administration, à Dakar.*

Evidemment... Je comprends que nous ne soyons pas très nombreux dans la France Libre.

**21 décembre 1940 – Fort-Lamy**

Arrivé hier à Fort-Lamy après neuf jours sur le Congo de Brazzaville à Bangui, et treize jours de route avec un convoi de l'Ouhamé Nana, je suis reçu dans l'après-midi par le colonel Leclerc. Mince, sec, un regard clair et perçant, dans un visage jeune à l'expression à la fois lasse et tendue.

Il m'interroge sur la campagne de France et comme je lui disais que j'avais quitté le 6e Spahis pour rejoindre une division blindée britannique, il grommelle :

- *Je vois ça, vous êtes de ceux qui se sont fourré le doigt dans l'œil jusqu'au coude en croyant que la cavalerie n'avait plus de rôle à jouer dans la guerre moderne...*

Mais le ton se détend aussitôt. Il ne sait pas encore ce qu'il va faire de moi et me fixera demain ou après-demain.

**30 janvier 1941 – Gesser**

Je commande depuis un mois un peloton de la 20e compagnie montée. Le carré est installé sur une dune avec une vue magnifique sur la brousse qui s'étend pendant 80 km jusqu'aux rives du lac Tchad. Cette nuit il y a eu alerte et j'ai pensé pour la première fois à ce qui pourrait arriver si les choses se gâtaient avec les gens d'en face, les Français de Vichy.

Consciente ou inconsciente, leur erreur me paraît impardonnable. Si des hostilités s'ouvraient entre nous, je devrais tirer sur eux et le ferais avec la conviction d'être dans la tradition nationale. C'est cela qui m'est le plus pénible et que je leur reproche le plus : de penser que je pourrais être amené à considérer comme mon devoir de tirer sur des Français. De surcroît, il y en a sûrement en face qui ont, en toute bonne foi, la même réaction.

Mais enfin ! Les Allemands sont-ils oui ou non à Paris ?

*Note : Le but de Leclerc est de s'emparer de Koufra et du Fezzan, en attaquant les Italiens. Il commence par Koufra, oasis isolée au milieu du désert de Libye. Ce poste est à 1 700 km de Fort-Lamy. Malgré le scepticisme de beaucoup, le général réussit en mars 1941 à prendre Koufra, et ses troupes promettent avec lui de ne jamais déposer les armes jusqu'à ce que leurs couleurs flottent sur la cathédrale de Strasbourg. C'était le serment de KOUFRA. Quelques mois plus tard, Leclerc va se tourner vers le Fezzan. Le Fezzan est la partie sud-ouest de la Libye. Il comportait une quantité de postes italiens, grands et petits entre lesquels circulaient plusieurs unités méharistes ou motorisées.*

*Il y eut d'abord pendant plusieurs mois une préparation à la campagne du Fezzan. Etoffer les effectifs, préparer les combattants, prévoir les quantités fabuleuses de munitions, de vivres, d'essence, de véhicules que nécessite la préparation d'une grande opération saharienne.*

**11 février 1941 – Gesser**

Le courrier m'apporte les journaux de France d'il y a deux mois. J'ai cru en 1939 que la gravité qui marquait la mobilisation reflétait la compréhension par les Français du sens de la lutte entreprise pour notre civilisation.

Je me suis sans doute trompé, ce calme était de l'apathie. Combien sont-ils aujourd'hui à être heureux de pouvoir camoufler leur veulerie derrière la discipline et la confiance au Maréchal !

On sort de cette lecture, écœuré, presque incrédule. L'héroïsme civique des Marseillais au moment de la visite du Maréchal ! Incroyable ! Il est bien temps, maintenant que la guerre est finie pour eux, de réclamer avec ostentation que leurs enfants apprennent la *Marseillaise* à l'école. Que ne l'ont-ils chantée sur la Somme.

**25 février 1941 – Gesser**

Le capitaine est allé rendre visite aux gens d'en face. Ils nous considèrent comme de petits garçons. Ils se déclarent résolus à résister aux Allemands !

- *Si la France est entièrement occupée, l'Empire se dressera pour la défendre.*

Le *entièrement* est joli. Comment avoir la moindre considération pour de pareils Jean-Foutre !

**15 mars 1941 – Foyo**

Me voici maintenant au G.N.K. (Groupe Nomade du Kanem). Ma mutation m'a rendu furieux, puis désespéré. L'abandon de mon peloton et de mes chevaux, *Oriflamme* et *Sirocco*, a été une épreuve des plus pénibles. La vie ici est d'un ennui mortel. Les chameaux passent leur temps à ce qu'on appelle ici pâturage. Ils sont bien trop précieux pour que l'on monte dessus ! Mais surtout je perçois quelle magnifique formation la cavalerie donne aux hommes. A cheval, le caractère se révèle et se forme. A la 20e compagnie, chacun de mes Billalas était une personne, dont je connaissais les qualités ou les travers. Ici je n'ai que de braves machines.

Et puis, commander sans pouvoir se dresser sur ses étriers ! A pied j'ai du mal à ne pas me sentir écrasé par cette masse de 40 tirailleurs pesamment tassés au même niveau que moi.

**19 mai 1941 – Foyo**

Le colonel Leclerc inspecte le G.N.K. Il se dégage de lui un calme et une autorité impressionnants. Note nouvelle pour moi d'exaltation, mais en même temps d'angoisse, devant la mission qui nous attend.

**24 mai 1941**

Emotion dans le carré. Une des vaches des fellahs, qui n'a pas son petit, retient son lait.

Le fellah l'attache, un vieux fellah inénarrable, édenté et barbichu. Il prend la queue de la vache et s'en sert comme d'un pinceau pour lui épousseter le vagin. Après quoi il saisit à pleines mains les bords de cet orifice naturel, les écarte, s'y enfouit brusquement le visage et se met à souffler de toute la force de ses poumons. Puis il sort de là, maintient l'orifice fermé pendant quelques secondes et lâche tout. La vache arque le dos, tombe presque en avant, son ventre émet une cascade de borborygmes affolants. Enfin un peu d'air finit par s'échapper de l'orifice en sifflant.

L'opération est renouvelée deux ou trois fois, ensuite de quoi l'on trait l'animal sans plus de difficulté.

**24 juillet 1941 – Foyo**

Les raisonnements des gens d'en face sont chaotiques. Le capitaine va souvent voir son vis-à-vis de l'autre côté de la frontière du Niger. Au début l'argument massue était la fidélité au Maréchal. Là-dessus tout glissait comme de l'eau sur les plumes d'un canard. Si l'impasse devenait flagrante, on déclarait : « *La B.B.C. ment* ».

Vers mars, l'antienne a changé : « *Les Anglais en veulent à nos colonies c'est bien connu, on ne les changera pas...* » Arrive l'affaire de Syrie. Pendant la dernière entrevue, il y a trois semaines, la réaction a été : « *Les Anglais ont parfaitement raison d'entrer en Syrie, ils empêchent les Allemands de s'y installer. Mais il est inadmissible que des Français aient pris part à cette campagne aux côtés des Anglais.* »

Mais je trouve pire que tout cette autre déclaration du même officier :

- *D'ailleurs nous espérons tous la victoire de l'Angleterre. Victorieuse, elle sera aussi épuisée que l'Allemagne. Et nous qui, pendant ce temps, serons restés bien tranquilles, nous serons les véritables vainqueurs, plus encore que les agités de de Gaulle.*

Etrange raisonnement pour un Saint-Cyrien !

**26 août 1941 – Foyo**

Chaleur terrible pendant la sieste à l'ombre de ma case. Presque suffocante.

A quelques mètres, les tirailleurs sont immobiles eux aussi, à l'abri de leurs paillotes. De loin je vois un de mes caporaux sénégalais lire ce qui me paraît être une revue. Je l'avais remarqué depuis plusieurs jours lisant devant sa case, mais n'y avais pas prêté attention. Cette fois je m'approche et reconnais la couverture jaune de la Revue de Paris. Amusé, je me penche... Seigneur du Giraudoux ! et de toutes ses oeuvres : *Ondine* !

Le capitaine à qui je raconte l'histoire, ne paraît pas la trouver particulièrement drôle. Comme je lui demande s'il a lu *Ondine*, il me répond évasivement :

- *Oui... c'est ce machin qui se passe en Bochie, avec des chevaliers... dans la forêt...*

Nous avons parlé d'autre chose.

**Note :** *Muté de nouveau en Octobre à la 20e compagnie montée d'où j'étais venu au G.N.K., huit mois plus tôt, j'ai été affecté quelques jours plus tard à l'état-major à Fort-Lamy.*

*Là je suis chargé d'effectuer un relevé détaillé des pistes de la province du Bornou en Nigéria, le long de la frontière sud-est du Niger. En vue de parer à une éventuelle attaque allemande par le Niger contre ses voies de communication, très étirées vers le Tibesti et le Fezzan, le général Leclerc veut étudier la possibilité d'une contre-attaque à travers le Bornou. La mission sera effectuée du 18 novembre 1941 au 3 janvier 1942, en accord avec le commandement britannique à Lagos. Pour que la présence d'un militaire français le long de la frontière n'éveille pas inutilement l'attention des autorités de Zinder je me ferai passer pour un géologue anglais.*

**11 janvier 1942 – Fort-Lamy**

Arrivé ici le 4 pour trouver la ville vide. Tout le monde est parti pour le Nord où l'on s'attend à une opération. Cafard. Après la mort de Jean-Pierre Berger et de Jacques Porgès, voilà que l'on m'apprend celle de La Patelière : trois merveilleux amis, si différents dans leurs genres. Jean-Pierre, enthousiaste, brouillon, travailleur, adoré de tous, assassiné par la D.C.A. espagnole en voulant atterrir à Gibraltar en juin 1940. Porgès, cynique, insouciant, malin comme un singe, plein d'esprit, aussi indifférent au danger qu'à l'avenir, et Pat, calme, pondéré, efficace et consciencieux.

Ce matin messe anniversaire de la mort du colonel d'Ornano. Les Ingold sont là, toujours très abattus par la mort de leur fils.

Impression profondément pénible. Je m'aperçois que je ne sais plus prier.

**23 janvier 1942 – Fort Lamy**

Pendant que je déjeunais avec Quilichini, resté lui, grâce au ciel, à Lamy, mon boy entre et me tend un papier que je déplie et lis sans comprendre : c'est un télégramme de Londres. J'ai d'abord cru qu'il s'agissait d'une erreur. « *Your mother alive – well – will send news – keep writing – love – Inge Henderson* ».

Ce sont les premières nouvelles que je reçois de ma mère depuis vingt mois.

Quilichini parti, je m'allonge sur un transat et me mets à penser à la maison.

Cinq ou six détonations me font dresser l'oreille. Je regarde ma montre il est 2 heures, ce ne peut être une école à feu à cette heure-ci. Deuxième série de détonations. De la terrasse je vois vers le nord une épaisse colonne de fumée. Le temps de prendre mon casque et je cours jusqu'à la place où un camion me donne un lift jusqu'au terrain qui vient d'être bombardé.

Efforts désespérés pour sauver le maximum de fûts en les écartant du brasier dont la chaleur est suffocante. 400 000 litres seront perdus, et 180 000 sauvés.

**22 juin 1942 – Fort-Lamy**

Chaque instant de confort, chaque satisfaction matérielle est une faveur qui doit être considérée comme provisoire. Dans cette guerre nous ne valons plus que par notre action, nous n'existons plus en tant qu'individus.

**26 juin 1942 – Fort-Lamy**

Dans l'équinoxe de septembre : « *J'ai fait le rêve d'une guerre sans emphase, d'une guerre sans littérature.* »

**16 septembre 1942 – Fort-Lamy**

Le Général de Gaulle est venu hier à Fort-Lamy. Délicate attention pour le jour de mes 27 ans.

J'observe avec curiosité que sa présence physique ne m'émeut pas. Quoiqu'il soit tout pour moi depuis l'effondrement de juin 40, ce qu'il représente existe et vit en moi en dehors de lui-même. Son apparition, sa présence matérielle n'y ajoutent rien. J'ai du mal à exprimer ce que je ressens. Je dirais que ce que j'éprouve à son égard est trop total pour que sa proximité ou son éloignement puisse y changer quoi que ce soit. L'accord donné dépasse le tangible.

L'avion du général s'est posé sans que nous l'entendions, derrière le hangar à l'ombre duquel nous sommes alignés. Nous voyons brusquement la haute silhouette surgir au bout de notre rang. Le général serre les mains avec un imperceptible hochement de sa tête haut levée. Arrivé devant Guillebon, son regard effleure le drap rouge de l'artillerie coloniale qui borde les quatre galons et la voix grave laisse tomber un sonore :

- *Bonjour, docteur.*

26 janvier 1943

Troadec – Dio – le Général

# De Fort-Lamy à Tunis
# décembre 1942 à juin 1943

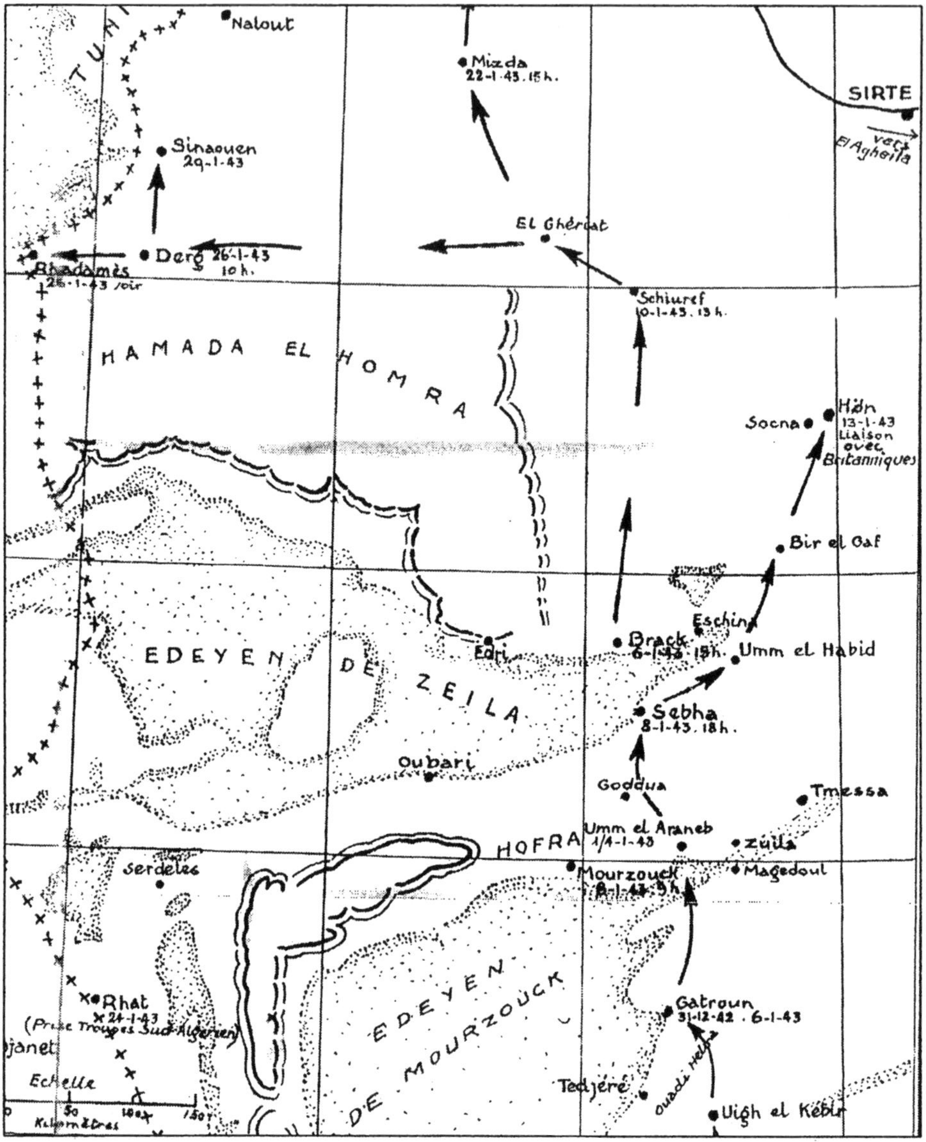
Nalout
Mizda
22-1-43. 15 h.
SIRTE
vers El Agheila
Sinaouen
29-1-43
Derg 26-1-43
10 h.
El Ghériat
26-1-43 soir
Schiuref
10-1-43. 13 h.
HAMADA EL HOMRA
Socna
Hön
13-1-43
Liaison avec Britanniques
Bir el Gaf
Eschina
Brack
Umm el Habid
EDEYEN DE ZEILA
Sebha
8-1-43. 18 h.
Oubari
Goddua
Tmessa
Umm el Araneb
HOFRA
Zuila
Serdeles
Mourzouck
Magedoul
Rhat
24-1-43
(Prise Troupes Sud-Algérien)
Djanet
EDEYEN DE MOURZOUCK
Gatroun
31-12-42. 6-1-43
Tedjéré
Ouadi Helfa
Uigh el Kébir
Echelle
50
100
150
Kilomètres

Le journal a été interrompu pendant 10 semaines de septembre à décembre 1942.

*Note : En octobre a commencé la dernière phase de la préparation de la deuxième campagne du Fezzan. Cette préparation qui s'est échelonnée sur 10 mois, de mars à décembre, a nécessité la mise en place dans le massif montagneux du Tibesti, qui est séparé de Fort-Lamy par 1 600 km de désert, non seulement des unités, mais aussi du ravitaillement en vivres et en matériel qui leur sera nécessaire pour pénétrer de 1 200 km en territoire ennemi, soit à 2 800 km de leur base de Fort-Lamy, et en pays désertique.*

*Remplissant à Fort-Lamy les fonctions d'officier de renseignement, avec beaucoup plus de bonne volonté que d'expérience, j'avais pendant ces dernières semaines une double mission : d'abord, en liaison avec Langlois installé à Kano (Nigéria), surveiller la situation au Niger d'où pouvait surgir une menace sur nos lignes de communications vers le nord – ce qui avait motivé ma mission au Bornou en décembre 1941 – ensuite préparer des cartes pour nos unités.*

*Je rappelle à toutes fins utiles que l'URSS et les Etats-Unis sont entrés en guerre en décembre 1941, les uns après l'invasion de leur territoire et les autres après Pearl Harbour.*

*1942 aura été marqué, entre autres, par l'affaire de Madagascar. En mai, le fait d'armes de Bir-Hakeim en juin, le coup de main sur Dieppe en août, le débarquement anglo-américain en Afrique du Nord, le sabordage de la flotte à Toulon et l'occupation de la zone libre en novembre, l'assassinat de Darlan en décembre. Enfin le Comité de libération nationale a été créé à Londres en août 1942.*

Mizda – février 1943

Froid de canard et vent de sable

**14 décembre 1942 – Zouar**

J'ai été choisi comme aide de camp par le général Leclerc. Mon travail au 2e bureau m'obligeait à rester à Fort-Lamy jusqu'au dernier moment et Guillebon, auprès de qui j'étais intervenu de façon pressante pour ne pas être laissé en arrière, a trouvé ce moyen de me faire partir. J'ai donc remplacé Troadec qui, lui aussi, voulait un commandement.

L'annonce de mes nouvelles fonctions ne m'a pas enthousiasmé, mais Guillebon, caustique et serein, m'a convaincu que tout valait mieux que de rester à Fort-Lamy car il était probable que, cette fois, les troupes n'y reviendraient pas... Et puis, je me remettrais vite de ma déception : « *Vous ne vous embêterez pas* » conclut-il avec un sourire.

Les rues de Fort-Lamy m'ont paru bien différentes lorsque je me suis dirigé vers la case du général pour me présenter à lui. Je me rappelle une grande pièce sombre dans laquelle j'ai d'abord remarqué l'immense *pankah* balancé au bout de sa corde par le *pankah-boy* lové dans un coin. Et puis, derrière une table recouverte d'un tapis vert, le général souriant, détendu. Bref entretien au cours duquel il me donne mes premières instructions.

Aujourd'hui, quitté Fort-Lamy à 9 h 20, oasis à la lisière sud du Tibesti et plaque tournante de la zone de mise en place des unités. A quelques kilomètres de l'oasis commence un extraordinaire chaos rocheux dont les impressionnants replis dissimulent complètement les unités et les dépôts d'essence aux vues des reconnaissances aériennes ennemies.

Une *compagnie de découverte et de combat* que nous allons voir, nage positivement dans une faille de la roche dont les parois s'élèvent en se rapprochant jusqu'à une trentaine de mètres de hauteur.

Les pare-brise des voitures ont été enlevés pour éviter tout miroitement qui risquerait d'attirer l'attention des avions ennemis.

**15 décembre 1942 – Zouar**

Aller et retour en avion jusqu'à Bardaï, au nord du massif, pour voir la 2e D.C. (Compagnie de Découverte et de Combat) du capitaine Geoffroy qui doit partir demain. Reçus par Silvy. De magnifiques palmiers dans un amoncellement de rochers, le tout cerné par le tumulte hallucinant de falaises abruptes que nous avons survolées en venant. Pinhède, impavide, promène dans ce décor son élégance désinvolte.

*Notes : Le 8 novembre 1942 les Américains ont débarqué en Afrique du Nord. Le 16 décembre 1942, comme prévu au moment où les Britanniques sont sur le point d'achever la conquête de la Cyrénaïque, les colonnes du Tchad entrent dans le Fezzan par 2 itinéraires.*

*Le 28 décembre 1942 elles assaillent Um El Araneb qui est enlevé aux Italiens le 4 janvier 1943 ainsi que Gatroun, Brack, Mourzouk les jours suivants et le 12 janvier 1943 Sebha.*

**15 décembre 1942 – Zouar**

A Zouré où le groupement Dio a son P.C. C'est aujourd'hui que Geoffroy démarre de Bardaï. Le groupement Dio débouchera après-demain en quatre fractions.

**17 décembre 1942 – Fort-Lamy**

Rentrons à Fort-Lamy en nous arrêtant à Faya-Largeau, à 600 km au sud-est de Zouar, point d'aboutissement de la piste de Fort-Lamy. 750 km de sable séparent Faya de Moussoro et environ 300 de Moussoro à Lamy.

Cette piste aboutissant à Faya avait plusieurs kilomètres de large, chaque convoi de camions se frayant son chemin comme il le pouvait. Quelquefois des véhicules s'égaraient. Je viens de retrouver dans le livre du colonel Ingold *Soldats du Tchad* cette histoire qui m'avait tant frappé à l'époque : *« il s'agit d'un équipage de Camerounais égarés entre Koro-Toro et Zouar et qui ne fut retrouvé qu'après 15 jours de recherches. Auprès des cadavres desséchés, un papier griffonné au crayon portait ces mots : "Si vous ne venez pas dans deux jours, nous sommes morts. Vive la France". »*

Je ne l'ai jamais oublié, surtout pas en 1960.

**21 décembre 1942 – Zouar**

Après trois jours passés à Fort-Lamy, nous sommes repartis ce matin à midi et demi pour atterrir à Zouar à 15 h 30, cette fois avec le colonel Bernard et Quilichini. La tête de Quilichini quand les moteurs du vieux *Potez* se sont mis en marche et que l'appareil s'est mis à tellement trembler que l'on pensait voir les ailes se décrocher ! J'ai emmené un gros poisson dans de la glace pour les gens de là-haut.

Zouar est presque vide. Le colonel Ingold est maintenant parti avec toute la colonne. Il commence à faire froid la nuit.

**22 décembre 1942 – Zouar**

Allons voir un dépôt aux environs de Zouar. Le sol est plat, mais la faille, encore une fois, a à peine trente mètres de large entre deux murs d'une cinquantaine de mètres dont les sommets se rejoignent presque. Une extraordinaire cathédrale. Pour y arriver, venant du sud, nous circulons entre des blocs de rocher monumentaux.

**27 décembre 1942 – En l'air**

Nous avons quitté Zouar le 24 en avion pour Uigh-el-Kebir qui a été occupé la veille. Une heure trente de vol. Palmeraie. Nous couchons au pied du djebel Domazé. Je réveillonne avec Guérin, Laffolay et le commandant Bonnafé, notre pilote, dans le lit pierreux d'un ouadi et sous un vent glacé. Ses bouffées emportent à plusieurs reprises les cartes du Général qui est pelotonné un peu plus loin entre des gros cailloux avec Geoffroy et consorts. Une vieille boîte de marrons trouvée par miracle dans mes bagages nous donne l'illusion d'un festin, mais ils ne sont ni chauds ni glacés

Nous repartons le lendemain à 8 h 15 pour Zouar où nous restons le 26, et maintenant nous allons planter nos pénates à Uigh où la base s'est installée.

*Note : Pendant ces incessantes allées et venues j'ai eu finalement assez peu de contacts avec le Général. Il est évidemment très tendu par le déroulement des opérations. Ses déplacements continuels ont pour but d'aller voir les exécutants. Dès que les questions de service ont été épuisées, sa joie d'être avec eux devient évidente. Les choses ne sont pas compliquées avec lui à partir du moment où l'on est 1 – disponible, et 2 – exact. Ce second point facilite considérablement la vie.*

**28 décembre 1942 – Uigh**

Nous sommes arrivés hier à Uigh avec le colonel Cunningham. Cet émissaire américain, envoyé par Washington, est extrêmement sympathique. Il partage avec la plus grande simplicité les habitudes frugales du Général qui s'entend manifestement très bien avec lui.

Nous retrouvons également Vézinet qui préside à tout avec son calme imperturbable et souriant.

Les Italiens n'ont pas encore repéré notre nouvelle base, mais l'occupation du point d'eau de Uigh, le 23, leur a donné l'alerte.

L'objectif est maintenant le poste d'Umm-el-Araneb. Il importe que les troupes puissent franchir la ramlah (longue dune barrant la route vers le nord) par le seul point de passage utilisable, et investir la position sans que leur passage ou leur progression soit arrêtée par l'aviation ou par des contre-attaques des compagnies sahariennes italiennes.

Cunningham repart à 14 h 30.

**30 décembre 1942**

Temps mort à Umm-el-Araneb. Le général piétine. Il veut partir rejoindre la colonne en *Lysander*. Finance déclare que c'est impossible. Le seul terrain utilisable est sous le feu de la gara Massu [1] où s'est nichée la saharienne

---

[1] Gara Massu, colline rocheuse s'appelant en réalité Gara Magedoul mais à laquelle nous donnions le nom de Massu qui en avait repéré l'importance en mars 1941.

qui a attaqué la colonne. Cette compagnie a dû être surprise de se faire recevoir à coups de 75 et a laissé un camion à canon de 20 et deux morts sur le terrain.

**31 décembre 1942 – Palmeraie d'Umm-el-Araneb**

Repartis ce matin à l'aube. Il pleut et fait un froid de canard. L'absence de pare-brise est sensible. Le Général est pelotonné dans sa djellabah. On ne voit qu'un nez et sa moustache. Poyet est allé trop à l'est. Nous arrivons au bord d'une falaise avec un à-pic d'une vingtaine de mètres au moins, peut-être trente. En bas la plaine, nous cherchons un passage. Celui que nous trouvons est un invraisemblable couloir sinueux et raide. Les voitures descendent chacune à sa guise, les unes prudemment, les autres vent du bas ; beaucoup s'ensablent.

Saint-Germain [1] effectue une descente pour film américain en virevoltant littéralement entre les gros rochers.

Arrêt à midi vers Um-es-Seghir dans la palmeraie où la colonne a bivouaqué. Casse-croûte. Départ à 14 h 30. Passage magnifique de la ramlah. Pas un avion, pas une voiture de la Saharienne. Seule la carcasse d'une voiture de la patrouille de liaison anglaise, détruite par une bombe d'avion du côté sud du passage, au coin de la falaise.

La gara Massu apparaît et toujours pas de Saharienne. Nous pénétrons dans la palmeraie. Le guide n'y connaît manifestement rien. Personne n'est en vue. Nous cherchons pendant deux heures en marchant toujours plus vers l'ouest, le Général rongeant son frein.

De Hammera, j'aperçois des voitures sur une crête vers le Nord-Est. Ce sont sûrement des nôtres. Le Général part comme une flèche et mon camion s'ensable jusqu'au moyeu dans une fondrière. La colonne arrive à la nuit, revenant de El-Bder où elle a perdu une journée à essayer de trouver un bon terrain pour atteindre Araneb.

**1er janvier 1943 – Hammera**

Attaque d'Araneb. Pendant toute la matinée, le Général fait l'agent de liaison et pousse tout le monde en avant.

L'artillerie réussit à se mettre en batterie sous le feu de l'ennemi à 2 km 500 de la position que la 1ère D.C. tourne par le sud. Troadec aperçoit la Saharienne. Le Général découple aussitôt le capitaine Farret, mais celui-ci arrive trop tard et les Italiens s'esquivent.

Un duel d'artillerie très fort ne nous cause aucune perte. En revanche, on voit une roue de canon sauter en l'air dans la position ennemie. Le calme revient vers midi et le général rentre à Hammera au P.C. du colonel Ingold.

---

[1] Nom de Christian Girard passé à la Résistance.

Le colonel Dio a eu son fond de culotte déchiré par un obus de 77 qui lui a éclaté dans les jambes.

**2 janvier 1943 – Hammera**

Au petit jour, le général confère avec le colonel Ingold, puis se rend au terrain sur lequel, au nord de la gara Massu, doit se poser le *Lysander* qui vient le chercher. L'avion arrive au même instant que notre voiture. Pas de place pour moi. Le Général monte, on enfourne ses bagages et Finance décolle aussitôt. Je rentre avec le capitaine Guérin.

Journée calme. Seul le commandant Crépin fait du bruit et démolit les objectifs jusqu'à n'en plus avoir, ce qui le rend très malheureux.

Le soir il pleut. Avec une bâche, Guérin arrange une sorte de tente qui convient à sa taille mais pas du tout à la mienne.

**4 janvier 1943 – Hammera**

Beau temps. Le G.N.B. progresse au S.O. de la position. Vers 10 heures le colonel Dio vient chercher le colonel Ingold. Tir d'artillerie assez fort. Le G.N.B. atteint un emplacement d'où il découvre toute la position ennemie.

Devant l'inertie de nos adversaires, Ingold décide de pousser l'infanterie.

A 2 heures et quelques, j'étais avec le commandant de Guillebon, Guérin et Carter. Quelqu'un crie :

– *Le drapeau blanc flotte sur la position.*

Le commandant se lève :

– *Ah ?... Ah, bien. Donnez-moi mes chaussures.*

De l'observatoire d'artillerie nous apercevons des tas de gens sur la position et un tout petit drapeau blanc, à peine perceptible par dessus une crête, le flux des gens sur la position. Nous attendons.

A 3 h 45 arrivent Ingold et Dio, l'air furieux. Il y a maldonne, on commence à 4 heures : le capitaine a changé d'avis. Ingold, qui est allé sur la position lui demander des explications, l'a trouvé la tête dans les mains, répétant :

– *Resistanza... resistanza.*

Le drapeau n'aurait été qu'un drapeau de la croix-rouge. Il était si petit que nous n'aurions pas vu la croix... Dio fulmine :

– *On va les sonner.*

A 4 h 5, l'artillerie recommence. Dix minutes de tir, puis le silence. Lami accourt :

– *Mon colonel, il y a plus de cinquante hommes debout sur la position en train d'agiter des mouchoirs blancs.*

Ingold et Dio entrent dans une colère bleue. Surtout Dio :

– *Nom de D... : Est-ce qu'il y a un drapeau blanc sur l'observatoire ?... Non ?... Alors ! que Guillebon continue à tirer. Qu'est-ce que c'est que ces manières ?*
– *Ils nous em... !*

Quelques instants plus tard un immense drapeau blanc flotte sur l'observatoire. C'est bien fini, Ingold et Dio sont déjà partis vers la position ennemie pour *voir ce qu'ils veulent*.

**5 janvier 1943**

Nous nous transportons à l'aube au village de Umm-el-Araneb où s'est installé le P.C.. Le général Leclerc parti le 2 pour s'occuper à Fort-Lamy du ravitaillement des troupes en opération, revient le 5.

**6 janvier 1943 – Uigh**

Quittons Umm-el-Araneb à 7 heures. Nous ramenons en avion d'Umm à Uigh les officiers italiens faits prisonniers à Umm-el-Araneb ainsi que des blessés. A 3 heures nous apprenons la reddition de Gatroun. Sarazac arrive le soir. Il a fait prisonniers 60 Européens et 150 indigènes et pris un armement abondant.

**7 janvier 1943**

Apprenons l'évacuation de Brak et son occupation par un peloton de D.C.

Mahé s'envole vers Hon et Finance va bombarder Mourzouk. Le Général décide de repartir pour Umm où se trouve toujours le P.C. du colonel Ingold. Arrivée vers 12 heures. Visite de la position ennemie avec le Général. Les abris sont nettement insuffisants sauf celui du commandant de poste. Mais par une chance extraordinaire aucun n'a été atteint par les nombreux obus tombés à l'intérieur de la position. Le Général en pleine crise de paludisme.

**8 janvier 1943 – Umm-el-Araneb**

Le Général va mieux. On a pu lui donner un vrai lit hier soir et il a pu dormir pour la première fois depuis longtemps.

Hier soir, des notables sont arrivés de Sebha à chameaux et nous ont appris l'évacuation de la place par les Italiens. Le Général a aussitôt donné l'ordre au capitaine Guérin de foncer sur Sebha tous phares allumés. Nous attendons de ses nouvelles.

Il semble que l'élément de D.C. qui aurait dû se trouver au nord de Sebha pour couper la retraite des Italiens, soit redescendu sur Umm.

Le Général voit clair mais il se heurte à des difficultés d'exécution et de ravitaillement en vivres et en essence. Elles nous ont déjà fait perdre trois jours à Umm.

Au début, la question du ravitaillement était considérée comme accessoire. Puis le jour est arrivé où les troupes et les réservoirs ont eu faim et soif ; il a fallu remédier rapidement à la situation ce qui n'est pas commode quand on est si loin de ses bases.

Le manque d'essence immobilise le B.M.1.

**9 janvier 1943 – Umm-el-Araneb**

Toujours à Umm : Mourzouk et Sebha seront entre nos mains dans quelques heures. Guérin est à Mourzouk, Delange à Brak. Le Général a décidé d'envoyer le colonel Ingold prendre liaison avec le général Montgomery. Nous avons demandé l'accord de la 8e Armée et attendons sa réponse. Naturellement la radio de la patrouille de liaison anglaise n'arrive pas à prendre le contact, juste quand nous en avons besoin. Chiffre. Missions d'aviation un peu partout.

Mahé avait été chargé de rechercher les Italiens enfuis de Mourzouk. Il rentre vers trois heures avec une histoire inouïe. Il a aperçu les Italiens à 60-70 km au N.O. de Mourzouk, la plupart à pied, quelques-uns à chameaux ou sur quelques chevaux étiques. Il commence par mitrailler la colonne. Puis son système de commande automatique s'enraye. Ne disposant plus que d'une mitrailleuse, il effectue quelques rase-mottes et laisse tomber un petit papier portant simplement : *« rendez-vous ou je tire »*. Aussitôt les drapeaux blancs sortent de partout.

Les auto-mitrailleuses de Cerizier qu'il était allé alerter avant d'attaquer la colonne n'ont plus qu'à arriver et à ramasser tout le monde pendant que Mahé maintient l'ordre en tournant au-dessus de la colonne et en tirant quelques coups de semonce ça et là pour empêcher les velléitaires de gagner les palmeraies voisines.

Le commandant de la colonne avait donné le seul camion utilisable à un sous-lieutenant gravement malade.

L'histoire de Mahé met le général d'excellente humeur. Il décide de partir pour Sebha. Finance ne pouvant pas l'emmener avec un seul *Lysander*, il se tourne vers Mahé qui accepte de l'emmener dans le *Glenn*. Je suis le dindon.

Les Anglais ont finalement répondu qu'il ne pouvait pas y avoir de liaison avant le 13 parce que le Q.G. se déplaçait.

Evidemment ils ne nous ont pas pardonné d'avoir refusé d'emmener avec nous leur *officier politique*. L'occupation purement française du Fezzan est un os dans leur pâtée.

Du coup le Général décide d'envoyer Guillebon au Caire pour voir directement le général Alexander et son Etat-Major.

Nos opérations continuent prudemment vers Sciueref.

**10 janvier 1943 – Umm-el-Araneb**

Le Général part pour Sebha en Glenn et Guillebon pour Le Caire dans le *Hudson* du général, avec Bonnafé et Carter.

Retour du Général à quatre heures. Il a trouvé Sebha *assez* moche mais Brak un très joli poste. Il y a d'invraisemblables quantités de munitions partout.

**11 janvier 1943 – Umm-el-Araneb**

Réveillé au milieu de la nuit par un télégramme du Moyen-Orient daté du 8, signalant que Rommel pourrait nous jouer un tour à sa façon. Ordres. Télégrammes. Décisions.

Au matin, le colonel et Quilichini partent pour Zouar dans le vieux *Potez 540* branlant. Je revois la tête du pauvre cher Quilichini dans cet appareil.

Massu est parti aussi avec San Marcelli pour Mourzouk. Il ne reste que le Général.

Araneb n'est pas un endroit folichon malgré la beauté des dunes que j'ai contemplées trop longtemps un jour où le Général me faisait chercher en vain, ce qui m'a valu un terrible savon.

Les 110 prisonniers de Mourzouk sont arrivés hier soir, en camions, escortés par les A.M. de Cerizier. Le commandant semble être plus administrateur que militaire. Il a demandé à voir le Général *pour qui il a la plus grande admiration*. Le Général a souri.

**13 janvier 1943 – Umm-el-Araneb**

Hier, expédition de Ghat. Sur la foi de renseignements anglais, suivant lesquels le poste avait été évacué, le général avait décidé d'y envoyer le *Glenn* accompagné du *Glenn* transportant 15 hommes et un officier pour occuper le poste. Réussi, le coup aurait été joli. Malheureusement le *Glenn* est revenu vers 4 h de l'après-midi avec 6 balles un peu partout : il y avait encore quelqu'un. Dommage. Avant le départ C. racontait partout que l'idée était de lui. Maintenant il n'en réclame plus la paternité.

Henry est parti pour Hon avec sa patrouille. Je regrette bien son départ. Il n'y a rien à faire ici. Le général s'ennuie en attendant le retour du Caire de Guillebon. Peut-être ferons-nous ensuite un voyage éclair dans le sud.

**14 janvier 1943 – Umm-el-Araneb**

Umm commence à devenir lassant.

Les Anglais ont l'air décidés à exploiter en direction de Tripoli et le Général voudrait que nous puissions participer.

Leurs patrouilles redescendent de Ghériat sur Sciueref que nous occupons depuis deux jours. Pourquoi ? Ils sont arrivés à Hon avant Geoffroy. Dommage, ç'aurait été drôle et Ackland aurait eu une mauvaise surprise !

Lami a retrouvé dans les papiers épars sur la position italienne des télégrammes en clair. Sans doute l'œuvre du *Maresciallo a Cavallo Porcu*. Cet excellent homme nous a échappé à Koufra mais il était écrit qu'il tomberait un jour entre nos mains. Il doit être en ce moment en route pour Fort-Lamy avec pas mal de ses compatriotes.

Nos vis-à-vis italiens ne donnent pas l'impression d'être enthousiasmés par cette guerre. Peut-être en ont-ils assez d'une collaboration qui leur a si peu rapporté jusqu'à présent. Leur résistance n'a rien eu de farouche, à part la tentative d'Umm-el-Araneb.

On raconte que quelques instants avant de faire hisser le drapeau blanc sur ce poste, le capitaine cherchait partout le drapeau national *pour le brûler* et n'arrivant pas à le trouver, il criait dans son affolement *« 200 lires à qui m'apportera le drapeau »*.

Quoiqu'il en soit, ce sont nos tirailleurs qui l'ont retrouvé, en pillant, je suppose, le P.C. du poste.

A Gatroun, ils l'avaient brûlé.

**23 janvier 1943 – Brak**

Nous sommes descendus à Fort-Lamy le 17, faisant escale à Zouar. De là nous avons survolé Largeau pour larguer des courroies de ventilateurs dont un convoi avait un besoin urgent pour partir vers le Nord. Je tiens ouverte la porte de l'appareil et, au moment où l'avion arrive en rase-mottes à la verticale de la place, les courroies sont poussées, paquets par paquets, et dégringolent vers les paires de bras qui s'agitent en dessous. Nous sommes repartis de Fort-Lamy pour Brak le 20 avec un nouvel arrêt à Zouar.

Le Fezzan est entièrement à nous. Le colonel Dio a pris Mizda aujourd'hui et nous y porterons probablement le P.C. dans quelques temps[1].

Brak est une belle oasis avec un fort solide et hideux. Il avait tout le confort, mais rien ne marche plus. Ce que les Italiens avaient laissé, les indigènes l'ont pillé. Nous attendons le feu vert pour faire un saut jusqu'à Tripoli au Q.G. de Montgomery.

---

[1] J'ai appris qu'au Caire, le commandant de Guillebon a vu le général Alexander qui l'a envoyé au général Montgomery. La 8e armée se prépare à attaquer Tripoli. Son chef comprend l'aide que peut lui apporter la petite troupe du général Leclerc, habituée à combattre dans le désert, isolément, et à se contenter d'un ravitaillement intermittent. Il invite le général à venir le voir. De son côté le général a déjà réfléchi aux problèmes que pose son avance foudroyante : faire monter les troupes restées dans le sud, remettre les unités en ordre et les ré-équiper, organiser l'occupation des territoires conquis. Le nouvel objectif est maintenant la bataille de Tunisie. Pour cela il nous faut la compréhension et l'assistance matérielle du commandant de la 8e Armée.

D'Allonnes a fait une apparition avant-hier ; toujours le même, excité par tout, plein d'idées et d'esprit. Pas ravi du tout de repartir pour le Grand Sud.

Je suis assez satisfait que l'état du terrain ait empêché le Général de partir pour Mizda. Une fois de plus il m'aurait laissé sur le pavé *faute de place*. Sentiment hautement répréhensible.

Le chiffre devient une affreuse corvée, mais Guérin a vraiment trop de travail pour lui tout seul et il faut que je l'aide.

Savelli est en plan à Umm-el-Araneb. Il doit être plus aimable que jamais pour l'*état-major*.

*Note : La force L. se voit attribuer la mission de couvrir la gauche de la 8e Armée de Montgomery pendant l'attaque frontale de la ligne Mareth.*

*La force L. va se heurter pour la première fois aux troupes et aux blindés allemands.*

*Leclerc se porte par Nalut vers Ksar Rhilane dont il s'empare le 23 février 1943.*

*Le 29 mars 1943 Leclerc entre dans Gabès, 1ère ville du protectorat libérée.*

*De grandes difficultés vont naître entre les Français Libres et les chefs vichystes, à base de jalousie et parfois de mépris.*

**27 janvier 1943 – Tripoli**

Nous sommes arrivés hier à Castel Benito avec le *Lockead*. Le Général, Guillebon, Bonnafé et moi. Partis avant d'avoir reçu la réponse de la 8e Armée, nous nous étions d'abord posés à Hon pour voir le colonel Prendergast. Le Général y a trouvé un très aimable télégramme de Montgomery.

De Castel Benito, nous partons pour le Q.G. dans un inénarrable tracteur d'artillerie. Après avoir bien tourniqué nous arrivons au P.C. du général Montgomery. D'abord accueilli par le général de Guingand, chef d'état-major, le Général est tout de suite reçu par Montgomery dans son camion-bureau placé au centre d'un espace vide et encerclé par les tentes et les autres camions-bureaux de l'état-major. Après un entretien de 40 minutes, ils sortent tous deux en racontant des histoires et en riant très fort. Montgomery est petit avec un grand nez, des cheveux grisonnants, l'air futé et sympathique. Le Général est radieux. Après un déjeuner rapide dans la tente du commandant de la 8e Armée, nous repartons pour Tripoli où un appartement nous est réservé. En chemin nous rencontrons le détachement du colonel Dio avec le capitaine Farret et Troadec. A Tripoli la première chose qui nous frappe c'est la mer. L'appartement mis à notre disposition est au 3e étage d'un grand immeuble sur le boulevard maritime, somptueux et laid, dans le genre Henri II italien. Il serait confortable si nous ne manquions pas de tout le nécessaire. Trois chambres aux lourdes armoires de noyer Lévitan pour le Général, Guillebon et Bonnafé. Le Général s'esclaffe devant l'énorme lit recouvert de satin de sa chambre.

Après le départ de Dio, venu voir le Général, je tourne perplexe dans le salon où nagent un canapé raide comme un passe-lacets et quelques chaises du même acabit. Je range les chaises contre le canapé et pose là-dessus mon *faro*, sac en peau de chèvre dans lequel se roulent les couvertures.

Au milieu de la nuit, une série de détonations assourdissantes me réveille en sursaut, les chaises s'écartent du canapé et une chute libre s'ensuit.

Devant la fenêtre, une chenille rouge se tord dans le ciel : ce sont des balles traceuses tirées sous ma fenêtre par une pièce de D.C.A... Rassuré, je me recouche, mais pour plus de sécurité, à même le parquet.

**28 janvier 1943 – Brak**

Hier à Tripoli, le Général passe la matinée en conférence à l'état-major. Pendant ce temps je cours de bureau en bureau, dans la brousse, pour trouver 10 000 litres d'essence dont le colonel Dio a besoin. Nous rentrons fourbus pour déjeuner. L'après-midi, vague visite du quartier juif. Le soir, amusant dîner dans l'appartement, préparé par Guillebon, Bonnafé et moi. Le Général est de très bonne humeur.

Aujourd'hui départ de Tripoli à midi après une dernière conférence au Q.G. Déjeuner à Mizda et retour à Brak le soir.

Nous avons appris à Mizda que Ghadamès est aux mains de d'Abzac.

**3 février 1943 – Brak**

Le Général est parti avant-hier pour Ghadamès avec le colonel Delange, en *Blenheim*. Il est rentré hier soir, tard. Mesmond s'est trompé de route au retour et n'a atteint Brak qu'à 17 h 40, heure limite pour atterrir.

L'entrevue de Ghadamës; avec le général Delay, commandant le *front Est Saharien* est historique puisqu'elle est la première liaison officielle à cet échelon entre l'Afrique du Nord et nous. Celle de Ghat était une sorte de préliminaire.

Le Général a l'air assez satisfait. Les impressions des aviateurs sont aussi optimistes, encore qu'il apparaisse que l'Afrique du Nord serait très américanisée. C'est précisément cette pénétration des influences étrangères que le Général de Gaulle cherche à éviter. Celles des alliés qui n'auront que trop tendance à s'imposer. Et sacrebleu ! C'est pourtant à nous que l'on reproche depuis deux ans d'être *à la solde des Anglais !*

A Ghat, le son de cloche a été un peu différent. Un officier français d'en face, a dit au colonel Delange, avec l'accent de la sincérité et de la reconnaissance : *« Je n'oublierai jamais que c'est grâce au Maréchal que j'ai pu assister à une parade militaire allemande en uniforme d'officier français. »*

J'ai peine à croire que des Français puissent en être arrivés là ; ils ne se rendent plus compte. Rien dans cette phrase n'a choqué celui qui l'a prononcée, et nous, elle nous fait bondir au plafond. On leur a fait *accepter* la défaite. On leur a ôté le sentiment de la honte. C'est épouvantable.

De notre côté, et quoiqu'on dise, nous n'avons été soumis depuis deux ans à aucune propagande. Le minimum de parades et de discours. Et nous ne sommes pas d'accord avec la B.B.C. : seulement, mais entièrement avec Schumann.

J'ai l'impression profonde d'être resté le même qu'il y a deux ans. Mes sentiments n'ont pas varié. Les leurs ont été complètement déformés.

Il n'est pas possible que leurs yeux ne finissent pas par s'ouvrir. Sans doute, pour beaucoup, la vérité a-t-elle commencé à se faire jour. Mais l'homme, surtout le Français, accepte difficilement de reconnaître qu'il a eu tort. Notre plus grande faute sera d'avoir eu raison.

Le séjour de Brak perd de son charme. Le colonel Ingold est descendu passer quelques jours à Fort-Lamy, le temps de réviser le *Hudson*. Je m'occupe à aménager le *Bedford 750* que le général a demandé. Compte-t-il se déplacer en *Bedford* ou bien aurai-je à trimballer les bagages pendant qu'il se déplacera en avion ? Je pense que le *Bedford* sera surtout utilisé au moment des engagements, comme à Umm el Araneb où nous avons emprunté celui de Guérin. Cela promet au moins quelques bonnes heures.

**8 février 1943 – Brak**

Hier il était décidé que j'irais à Mizda par la route. Aujourd'hui, c'est par avion que je dois partir. Pourvu que demain ce ne soit pas à chameau.

**12 février 1943 – Mizda**

Le voyage s'est finalement effectué par la route et très agréablement avec Quilichini, Laffolay et Cantley. Nous avons couché dans les ruines tristes et glaciales de Sciueref.

Hier, départ à l'aube par un froid de canard et un vent de sable affreux. Arrêt pour déjeuner à Gheriat, pittoresque poste accroché au bord d'une haute falaise dont les bords à-pic dominent un vaste ouadi avec, au centre, une palmeraie petite mais très fournie. Nous atteignons Mizda vers 5 heures.

Aucun cantonnement n'a été préparé pour le P.C.. Personne ne s'en est occupé. Pour tout potage on nous offre une pièce de 3 m sur 3.

Après une nuit convenable, je m'occupe de l'installation. Dieu soit loué, le général est à Tripoli et je n'ai pas à m'occuper de lui pendant que j'organise son P.C..

Il fait très froid et beaucoup de vent. Un tas d'unités sont empilées dans ce malheureux bled. Les noirs grelottent dans leurs tenues de toile et leurs shorts de Fort-Lamy.

**16 février 1943 – Mizda**

Un peu moins froid aujourd'hui, ce qui rend moins amère notre déconvenue de ne pas avoir trouvé de battle-dress dans le convoi anglais qui est arrivé ce matin de Tripoli.

Le Général en a rapporté un de chez Montgomery et ne le quitte pas. L'ambiance n'est pas gaie et les repas sont des épreuves. Le Général réfrigère l'atmosphère. Il a d'ailleurs très froid lui-même. Guillebon pontifie. Le brigadier S. bafre, X. essaie d'avoir l'air un peu plus bête que la veille. Par-dessus le marché, Guillebon a demandé que Y. vienne aussi. Pour réchauffer l'ambiance on ne fait pas mieux. Je suis à cran. Nous devons quitter ce sale bled vers le 19 ou le 20, pour Nalut.

Je viens d'aller voir les canons que les Anglais nous envoient de Tripoli. Ils ne sont pas beaux, tout rouillés, du gibier de parc. Quelqu'un grommelle à côté de moi *ce que nous aurions envoyé aux rebelles chinois*. Nous verrons demain ce qu'ils donnent au tir.

Devant ma déception de ne pas trouver de vêtements chauds, O .... ricane :

– *Vous avez cru qu'ils nous enverraient des effets chauds ? Vous êtes encore bien naïf.*

J'avoue que j'avais pensé qu'ils tiendraient parole. Qu'ils n'aient pas *tout* envoyé, soit, mais rien... c'est peu. Enfin il faut bien se dire qu'ils doivent, eux aussi, avoir des difficultés, mais ils sont bien nombreux les petits incidents qui nous rappellent que nous sommes les parents pauvres.

Pendant combien de temps serons-nous encore obligés de mendier de la sorte ? Ce qu'il y a de terrible, ce n'est pas le patron aimable derrière son bureau et qui ne demanderait souvent pas mieux... ce sont les intermédiaires, les bureaux et les riz-pain-sel, aussi routiniers chez eux que chez nous, qui ne sont ni francophiles ni francophobes mais que nous empoisonnons en leur créant un surcroît de besogne. Toujours est-il que nous sommes bons pour reprendre la piste en shorts. Avec une bronchite, c'est une perspective agréable.

Il est tout de même étonnant que le Général envisage avec sérénité de se propulser sur la piste en *Bedford 750* : Lui qui est toujours souffrant, sujet au paludisme, etc. et Général, après tout.

Je n'imagine pas un général anglais dans sa situation, grimpant dans un *Bedford* et obligé, pour travailler, de se nicher sous une bâche aménagée par le dépanneur du Q.G.. Le colonel Dio lui-même n'était pas très satisfait de se promener dans Tripoli en *Cropper*. Ou plutôt c'était Verdier qui n'était pas content pour lui. Toujours la même histoire.

Le résultat est qu'un blanc-bec d'officier de liaison anglais se promène dans un petit pick-up *Dodge* bien fermé tandis que le Général grelottera dans son *Bedford* [1].

---

[1] Camionnette militaire anglaise, très robuste.

**22 février 1943 – Nalut**

Les battle-dress sont enfin arrivés. Au milieu des ballots, nos braves tirailleurs se familiarisent maladroitement, mais avec une évidente satisfaction, avec la chaleur de cet uniforme nouveau.

**27 février – Bir Amir**

Montgomery nous a donné pour mission de couvrir le flan sud de la 8e Armée pendant qu'elle attaquera la ligne Mareth. C'est une mission en terrain sablonneux qui convient à nos modestes équipements et à notre expérience mais qui est un peu marginale. Le Général fait contre mauvaise fortune bon cœur mais cherche à tirer parti de la situation.

II décide de franchir le djebel et d'aller voir ce qui se passe de l'autre côté. Il n'y a pas de piste et le terrain est difficile.

Passant par Bir-Amir, notre avant-garde rencontre des éléments allemands dans la région de Ksar Rhilane et les déloge.

Le Général arrive lui-même à Ksar Rhilane le 23. La piste damée par nos véhicules était devenue presque convenable et la Jeep roulait sans difficulté pour une fois. Il faisait gris. Brusquement, une explosion et la Jeep qui nous précédait saute en l'air et se retourne comme une crêpe. Il était resté une mine en plein sur la piste que toutes nos voitures avaient suivie jusque là.

Qu'est-ce qui l'a fait sauter trente secondes avant que ce soit la Jeep du Général ? ....

Le lendemain, 24, nous repartons pour le Q.G. de la 8e Armée où nous arrivons le 25 dans la soirée. Le Général confère avec Montgomery après le dîner dans la roulotte des cartes. Nous repartons le 26.

Aujourd'hui nous bivouaquons à Bir Amir dans un large lit d'oued desséché. Soleil. Le Général s'ennuie. A Nalut, le Général, suivant son habitude, a envoyé au bain un reporter et un photographe, Bénard et Costa. Je leur ai conseillé de suivre discrètement la colonne. Le moment me paraît venu de tenter mon scénario.

Je m'installe contre un rocher et me plonge dans la lecture de la plaquette sur les troupes de Larminat-Koenig, que Bénard et Costa ont réalisée.

Le Général qui marche de long en large en balançant sa canne, s'approche

– *Qu'est-ce que vous lisez là ?*

Je lui montre la plaquette. Il la trouve bien faite. Je glisse que la même sur ses propres troupes aurait été une bonne chose ; il opine et je regrette alors qu'il en ait renvoyé les auteurs.

– *Moi ?*

– *Oui, à Nalut, il y a huit jours.*

– *Tiens, c'est vrai. C'est dommage.*

– *Oh, si vous vouliez les voir, je crois qu'ils sont toujours dans les environs...*

Et quelques instants plus tard, les deux anabaptistes sont installés avec le Général et le bombardent de questions et de déclics.

**3 mars 1943 – Ksar-Rhilane**

J'en ai plein le dos. Le Général est invivable. Pas l'ombre de patience. Nos tête-à-tête sont affreux. Pas un seul instant de détente depuis Mizda. Il y a des moments où j'ai envie de tout casser, surtout quand je conduis le *Bedford*. J'en suis malade à l'arrivée.

**4 mars 1943 – Ksar Rhilane**

Hier soir, pendant le dîner dans le trou garni de sacs de sable qui a été aménagé pour servir de P.C. au Général, nous parlons des Allemands et des Anglais. Le Général marque une préférence pour les Allemands et estime que les Français pourraient s'entendre avec eux, alors qu'ils ne le pourront jamais avec les Anglais. Doutant que nous le puissions, ni avec les uns ni avec les autres, j'objecte Hegel et Fichte. Il balaie mon objection d'un geste. Non qu'il soit germanophile au sens vichyste du terme, mais il déplore qu'une fatalité géographique empêche une entente franco-allemande, celle de deux caractères faits pour se compléter. Il cite les légionnaires allemands, souvent très francisés et parfaitement adaptés à notre mode d'existence.

**14 mars 1943 – Ksar Rhilane**

Convoqué par Montgomery, le Général part le 8 pour le Q.G. de la 8e Armée. Nous passons par Foum Tatahouine et, de là, gagnons Ben Gardane où nous arrivons à la nuit. Le lendemain nous atteignons le Q.G. vers 9 heures du matin. Le *Bedford* fait piètre figure et marche sur trois pattes. Il a un ressort cassé, naturellement.

Grande conférence à 11 heures. Tous les généraux et chefs de corps de la 8e Armée sont rassemblés en face d'une énorme carte devant laquelle Montgomery explique ses intentions de manœuvre. Je traduis pour le Général.

Après la conférence, Montgomery a un entretien particulier avec le Général et le général Freyberg. Tous les renseignements confirment qu'après leur cuisant échec contre Medenine, les Boches vont essayer de tourner la ligne Mareth par le sud. Il leur faudra pour cela faire sauter le verrou que constitue notre position de Ksar Rhilane. Cette mission sera probablement confiée à la 90e Panzer Grenadier division. Vu la disproportion entre la puissance redoutable de cette unité blindée et nos faibles effectifs, Montgomery conseille notre repli. Le Général opte pour la résistance sur place. Il estime que la position pourra tenir s'il peut disposer de l'appui maximum de la R.A.F. Montgomery le lui accorde.

Le Général déjeune avec Montgomery qui lui donne ensuite un avion estafette pour le ramener à Ksar Rhilane. Le général me laisse rentrer en voiture sans m'avertir de ce qui se prépare.

Je déjeune avec Carter sous un figuier puis vais chercher un pick-up neuf pour le Général. Notre matériel est à bout. Nous avons vraiment moins que le minimum. On me donne, en cinq minutes, un *Chevrolet 1500* entièrement neuf et en état de marche, tous pleins faits. Je couche à côté du parc auto et monte la tente pour la première fois.

Parti à l'aube le 10, j'atteins Bir Amir à midi. Vers trois heures, alors que je suis ensablé jusqu'au moyeu sur une crête, je vois passer douze avions venant du sud-est. Mauvais. Il doit se passer quelque chose. Depuis Bir Amir, je surveille l'horizon car je suis seul dans ma voiture, le chauffeur me suivant avec le vieux Bedford. Carter est resté 24 heures à la 8e Armée. Ce n'est pas le moment de tomber sur des blindés ennemis.

Vers 17 heures j'arrive en vue de l'enneri Es Saraia : il y a des tas de gens sur les crêtes. Je pousse en avant. A la descente de l'enneri, un camion sur cric et des pneus partout. Un Européen m'apprend que les Allemands ont attaqué la position et que les avions sont venus bombarder jusqu'ici. Savelli, que je retrouve dans l'enneri, au bord de la piste, m'apprend qu'il a dû se replier à l'aube, devant un très grand nombre de blindés suivis d'infanterie. On n'a pas de nouvelles de la position, sinon qu'elle tient et que je ne peux pas continuer. Dupertuis et Troadec se sont aussi arrêtés dans l'enneri.

Le 11 mars, nous recevons des nouvelles : les Boches se sont retirés avec de lourdes pertes auxquelles la R.A.F. a largement contribué par des attaques massives, détruisant notamment quatre autos-mitrailleuses au puits et quatre devant la position.

Le désastre boche est bien plus complet qu'on ne me l'avait dit : au moins 20 camions, des canons de 75 longs... Il y aurait des chars cramés plus haut...

Montgomery n'avait accepté qu'avec scepticisme la proposition du Général de tenir la position. Mais il ne pouvait qu'approuver et, *fair play*, il n'avait pas lésiné sur l'appui aérien promis. En se mettant à table, le jour de l'attaque, il avait simplement commenté :

– *...J'ai envoyé la R.A.F. mais je crains bien que nous ne revoyions plus ce brave Leclerc. C'est dommage, il était bien sympathique.*

De son côté, le Général à son retour à la position le 8, n'avait prévenu que les chefs de corps de ce qui se préparait et avait exigé le secret absolu pour éviter toute tension inutile dans les unités. Il tenait à ce que les hommes dorment dans le calme et soient frais et dispos au moment du choc. La seule mesure prise avait été un contrôle rigoureux et un renforcement discret des avant-postes.

En apprenant le résultat, qui est important pour la 8e Armée, Montgomery a télégraphié : « *Well done* ».

Le 12, visite du général de Larminat accompagné de Laurelle et de Verdier. Aujourd'hui le général va voir Freyberg.

**16 mars 1943 – Ksar-Rhilane**

Calme.

Conversation hier avec le capitaine L.. Il n'est pas particulièrement *Gaulliste* et m'explique que ce terme a pris un sens péjoratif en Afrique du Nord parce qu'il se réfère au côté politique du mouvement (encore que le terme *mouvement* soit impropre). Il comprend l'acte de *désobéissance* du début, que je ne considère pour ma part que très relativement comme une désobéissance, mais il déplore la tournure ultérieure prise par le *mouvement*. Je me sens un peu gêné parce que je préfèrerais aussi que le Général de Gaulle s'abstienne de faire de la politique, de se proclamer le champion des institutions démocratiques et le chevalier servant de la IIIe République. Nul ne sait ce que pense la France. Qu'il fasse un Gouvernement réunissant des représentants de tous les partis, mais qu'il ne se laisse pas compromettre par une nuance quelle qu'elle soit. Sans cela il risquerait de se mettre tout le monde à dos, même ses plus fidèles partisans.

Seule la très grande confiance que j'ai en lui au point de vue national me permet de supporter certaines de ses déclarations à la radio.

**23 mars 1943**

La situation est incompréhensible. Nous avons quitté Ksar-Rhilane avant-hier, mélangés au Corps d'armée néo-zélandais qui se rue du sud au nord. C'est une énorme corrida. Des centaines de camions roulent à toute allure sur plusieurs pistes parallèles, c'est miracle que nous nous soyions tous retrouvés, la nuit, réfugiés sur un piton, à l'abri du flot qui continue à couler à nos pieds.

Hier, le Général est parti à 14 heures, dans une Jeep de l'escadron grec pour voir le général Freyberg. A la nuit, il n'était pas encore revenu. Le commandant de Guillebon avec qui je dîne me dit :

– *Freyberg a dû proposer de voir une jolie bataille et ils ont dû y aller tous les deux.*

A 9 heures du soir, un télégramme arrive. Le général demande son artilleur, Crépin, avec une batterie... C'est à croire que le Corps d'armée n'a pas assez de canons... Crépin est à 10 kilomètres, dans un terrain affreux, et la radio ne marche pas la nuit. A 11 h et demie, nouveau télégramme. Cette fois il réclame le G.N.B., si bien que sur la position Crépin, il ne reste plus que la D.C.A, la D.C.B. et le groupe sanitaire.

Ce matin, à 9 heures, nous n'avons toujours aucune nouvelle et les abandonnés, sur leur piton, nous demandent si on ne les a pas oubliés.

Hier soir, Guillebon était furieux. Il me dit :

– *C'est grotesque, c'est une farce !*

**25 mars 1943 – Djebel Mellab**

Ce n'était pas une farce. L'absence d'explication (normale dans la mesure où un ordre n'a pas toujours besoin d'être expliqué) était la seule cause de tout le mal.

Voyant le général Freyberg arrêté par une solide ligne de défense appuyée sur deux massifs montagneux qui rendaient les manœuvres difficiles, le Général lui a proposé ses services et a appelé les unités dont il avait besoin. En attendant leur arrivée, il a effectué lui-même, à pied, les reconnaissances préalables.

Nous sommes maintenant en position sur les pentes sud-ouest du Djebel Mellab. Les crêtes que nous occupons ont été conquises le 23 par le G.N.B. et la 12e compagnie portée. Au cours de l'attaque, le capitaine d'Abzac a été tué. Il y a eu 63 prisonniers italiens. Ils s'étaient enfuis devant nous et s'étaient réfugiés du côté des Anglais. Eh bien, ils nous ont retrouvés.

Le lendemain 24, une contre-attaque, par des Allemands cette fois, est repoussée par la 12e compagnie portée. Action brillamment énergique de Perceval qui reçoit deux balles dans le bras et continue. Danis est tué. Le charmant garçon ne se penchera plus sur ses amis les insectes. Et aussi Heering.

Curieux sentiment que son tour viendra peut-être tout à l'heure. Cela m'ennuierait de ne pas voir *La suite.* N'être plus là pour voir pour vivre tout ça.

**26 mars 1943 – Djebel Mellab**

Ce matin le général ne monte pas à l'observatoire. Il étudie le dossier *citations.* Il me demande si je me souviens des missions de guerre qu'il a confiées à Guillebon. Je cite le commandement de batterie à Umm-el-Araneb... Mais si Guillebon n'était pas chef d'état-major, je ne sais pas où en serait la Force L.

Je l'ai rarement vu se mettre en colère – plus souvent depuis quelque temps où la situation est devenue exceptionnellement acrobatique. Mais d'ordinaire il demeure égal à lui-même et d'un calme olympien, toujours parfaitement courtois, même si c'est pour vous expliquer que vous êtes un c.. ; ce qu'il fait presque quotidiennement à X... qui ne comprend d'ailleurs pas et est flatté que cet homme *remarquable* lui consacre tant de ses précieux instants.

J'aperçois de l'autre côté du thalweg, O'Rorke et Nuncarrow, nos sympathiques officiers de liaison néo-zélandais. Pinhède les accompagne à pied pour une fois, au lieu de chevaucher sa jeep en brandissant son étendard vert en soie de farda.

Je parlais à Guillebon de ce fanion de Pinhède, si opportun puisque, chez les Anglais, le vert est la couleur de *l'intelligence.* D'ailleurs, ajoutais-je, Untel, vous l'avez remarqué, le porte à l'épaule. Ce à quoi, Guillebon qui se levait pour partir, répond en se retournant avec un sourire suave :

– *Que voulez-vous, il faut bien le porter quelque part quand on ne le porte pas sur la figure.*

Je ne sais pas très bien ce qui se passe à côté. Le plan anglais était d'attaquer par ici en même temps que sur la ligne Mareth. Nous attendons chaque jour, impatiemment, des nouvelles de l'offensive du Nord qui devait être foudroyante. Hier, Guérin et moi posons la question à Nuncarrow qui répond d'un ton pénétré :

– *Oh, on tient... on tient...*

A quoi Guérin, feignant la surprise

– *Comment ? ce sont les Allemands qui attaquent ? Je croyais que c'était vous...*

Feu d'artifices de *poms-poms*. Crépin fait du bruit. Pas de réponse d'en face. Tant mieux pour les camarades qui sont là-haut.

**27 mars 1943 – Djebel Mellab**

Petit tableau au réveil. De l'autre côté de l'ouadi, au pied de la pente rocheuse, un petit groupe de gens assis à croupetons, au centre le Général, manteau court, le képi chéchia un peu sur le nez. Sur ses genoux croisés, la carte. Il pointe un doigt nerveux, se tourne à droite, se penche sur la carte, parle avec autorité et mauvaise humeur. Il mâche ses mots :

– *...proximité immédiate... au maximum... en particulier... vous comprenez ? vous comprenez ? VOUS COMPRENEZ ?*

A sa droite, l'officier de liaison à qui il s'adresse, Nuncarrow, le calot de biais en arrière, essayant de comprendre des observations qui s'adressent au Corps d'armée plus qu'à lui. Plus à gauche et sur le devant, dans la pose de la sirène de Copenhague ou de Jeanne d'Arc écoutant des voix, les deux pointes du calot dressées et convergentes, le colonel Ingold. De l'autre côté du Général, immobile, silencieux, impénétrable, le commandant de Guillebon écoute en suivant sur la carte et n'en pense pas moins.

Le Général continue à exiger des précisions... que le Corps d'armée comprenne, etc.

C'est fini. Tout le monde se lève. Le Général se tourne vers Guillebon :

– *Vous avez compris, il faudra voir ça, n'est-ce pas, voyez ça.*

Guillebon opine sans mot dire, attend la fin et se retire tranquillement. Le colonel fait deux ou trois tours sur lui-même, se frotte le nez, tapote ses leggins avec son stick et s'évanouit dans la nature au pas de charge.

On entend le canon un peu vers l'Ouest.

Le Général se rase. Il fait chaud. Il appelle Guillebon. Il va m'appeler. Non ?... extraordinaire.

Il semble que l'attaque néo-zélandaise dans la plaine ait à moitié réussi. Mais s'il y a une chose qu'ils détestent, c'est se battre dans la montagne. Ils en ont la hantise. Pas plus à Chermessa-Kreddache qu'ici, ils n'aiment s'y aventurer et c'est à nous qu'ils confient ce genre de travail. C'est très gentil et le Général a fait ce qu'il pouvait, mais nous ne sommes pas assez nombreux pour nettoyer tout ce massif. Il faudrait qu'ils fassent le reste avec un bataillon de leur Corps d'armée.

## 28 mars 1943 – Djebel Mellab

Hier, liaison avec le général Freyberg. L'attaque néo-zélandaise a réussi. De notre côté Vézinet a poussé en avant et occupé tout le Zemlet-el-Matleb.

Le Général a été content de son entrevue avec Freyberg. Il a été très aimable et loquace pendant le retour. Il me demande mon avis de cavalier sur les coloniaux. Il a appris à les apprécier. Moi aussi. Leurs travers ne sont pas graves, et les cavaliers avaient également les leurs. Nous tombons d'accord qu'après la guerre il nous sera difficile de supporter une vie de garnison en France. Nous avons trop vu et trop voyagé.

Après le dîner, Nuncarrow vient nous voir. Le Général lui répète qu'il ne veut qu'une chose : se battre. Il a l'impression que les Anglais veulent nous éviter d'avoir trop de pertes. Sans doute Londres a-t-il protesté en partant du principe que les Anglais font tuer les autres à leur place... Le Général n'en est pas satisfait. Dès qu'un objectif est atteint, il en veut un autre.

Freyberg nous laisse nous regrouper comme nous le voulons et où nous voulons. Cela a détendu le Général pendant quelques instants. Mais déjà il ne tient plus en place et a de nouveau peur qu'on ne l'oublie. Nous allons nous regrouper quelque part et, dans deux jours, il retournera voir le *Père Freyberg* pour le tirer par la manche et lui redire :

– *Dites donc,... J'ai tant de compagnies... je pourrai faire ça... ou ça... hein ?... ça va ?... bon.*

Et de courir partout pour tout pousser en avant à coups de canne et rentrer dans la bagarre. Le repos ne durera guère s'il ne tient qu'à lui.

Mais après tout tant mieux, car rien n'est fini et il ne faut effectivement pas que nous soyons oubliés dans cette contrée ingrate pendant que les autres poussent vers Gabès, Sfax et Tunis.

Depuis que le Général a abandonné le *Hudson* pour suivre les opérations en voiture, j'essaie d'obtenir un véhicule convenable. Il n'y a rien à faire pour qu'il en demande un aux Anglais. Quand le vieux *Bedford* a rendu l'âme, j'ai ramené du Q.G. un *750 Chevrolet*. C'est un veau, mais au moins la cabine est fermée, ce qui est tout de même plus confortable pour le Général que l'ancien *Bedford* ouvert à tous les vents. Depuis deux jours je manœuvrais en coulisse pour obtenir une voiture de commandement, fermée, passant partout et digne de lui.

Voici qu'aujourd'hui Bagneux arrive avec une invraisemblable voiture de commandement allemande, une *Horsch* je crois, qui a dû être excellente dans son jeune temps, mais qui en a assez. Plus de freins, plus de conduites d'huile, un moteur à bout, enfin un rafistolage de fortune effectué avec les moyens du bord d'un peloton de réparation d'une compagnie de découverte et de combat. C'est ingénieux et bien fait mais ne pourra pas durer. Seulement comme la voiture est allemande et qu'elle vient de Bagneux, le Général s'en est entiché.

On ne peut pas y mettre trois boîtes de conserves et c'est encore moi qui me ferai descendre en flammes le jour où la vieille carcasse nous tirera sa dernière révérence. Aucune objection ne porte :

– *D'ailleurs Bagneux s'en sert... Bagneux m'a dit qu'elle franchit tous les obstacles... Bagneux ci, Bagneux là...*

Pfui !

**3 avril 1943 – Aïn-el-Beida**

Pas mal de choses se sont passées depuis le 28. Nous avons fait mouvement le 29, puis une liaison avec le général Freyberg au passage, et finalement atteint Aïn-el-Beida où nous nous regroupons.

Nous avons quitté le Corps d'armée néo-zélandais, ce que nous regrettons beaucoup car le Général s'entendait bien avec la personnalité directe et ouverte de Freyberg. Nous sommes maintenant sous le commandement du 10e Corps britannique. Son commandant, le général Horrocks, avec qui nous avons pris contact le 31 est un homme curieux, pas très classique. Elégant, un peu trop nerveux, loquace et aimable, pour nous inspirer tout à fait confiance. Son chef d'état-major nous a paru sympathique.

Le 1er, messe des Morts à Gabès. Emouvante. Le père Podevigne fait un sermon à résonance actuelle : *« Pour que tous soient un »* et maudit un peu beaucoup ceux qui n'ont pas souffert. Le Général est acclamé à la sortie. La pauvre ville est bien abîmée.

Inspection du Groupement blindé Rémy, unité qui se tient, avec un matériel et des moyens de commandement normaux. Il semble que le Général se prépare à semer la confusion là-dedans en y prélevant des morceaux d'escadrons pour les répartir à droite et à gauche dans ses *groupements* dont la composition change toutes les cinq minutes. En tout cas il prend chez Rémy la voiture de commandement qu'il a refusé de demander à la 8e Armée.

Il y a pas mal de mécontentement. Désordre dans le paiement des soldes et dans le ravitaillement. Le Général fait des tours de force pour nous maintenir en première ligne, mais beaucoup de détails en pâtissent. L'organisation des services est à reprendre à zéro.

Le général Giraud est arrivé à Gabès. Hier soir le Général est invité à dîner avec lui chez Montgomery. Grande table en U. Giraud à droite de Montgomery, Leclerc à gauche. Atmosphère froide. On me demande de traduire. Pendant une demi-heure j'écoute Giraud *raconter* son évasion avec une satisfaction manifeste ; il éprouve un plaisir évident aux témoignages d'apparente admiration qui l'encensent, s'arrête comme un cheval de cirque, lorsqu'il juge que le moment est venu d'être traduit. M'as-tu vu et plein de lui-même, pontifiant et cabotin. Je suis horriblement déçu et le sourire de renard de Montgomery met le comble à mon humiliation.

Dans la Jeep, en rentrant, le Général ne cache pas sa propre déception. Il sera bien difficile de s'entendre. Giraud est devenu terriblement imbu de lui-même et voudrait que tout le monde s'incline devant lui. Malgré toute sa déférence et son estime, Leclerc est resté très réservé. Ce qui fait que l'attitude de Giraud, très aimable au début, s'est peu à peu refroidie jusqu'à un au-revoir extrêmement frais.

**5 avril 1943 – Aïn-el-Beida**

Toujours rien de nouveau. Le Général aurait dû mettre ses hommes au repos complet au lieu de les laisser dans ce perpétuel et fatigant demi garde-à-vous. Les gens sont mal reposés et énervés. Les services de l'état-major sont insuffisants. Guillebon ne peut pas tout faire – et les autres ont du mal à travailler dans ce camping et cette agitation incessante. Le miracle est quotidien. On se demande comment ça *peut* marcher. Beaucoup de commandants d'unité en ont plein le dos.

Le Général passe son temps au 10e Corps. Impression parfois désagréable d'être venu sans raison puisqu'il y a un officier de liaison. Mais c'est toujours l'impatience de repartir.

**6 avril 1943 – Djeb-el-Zemlet**

Nous avons enfin bougé. Nous sommes maintenant en ligne, mais une ligne calme. Devant nous, les Hindous et les Ecossais se sont emparés des points les plus importants de la position ennemie. Notre mission est de flanc-garde gauche contre une contre-attaque éventuelle que le terrain rend d'ailleurs improbable.

Le Général continue d'offrir ses services. Il a très peur que les Anglais oublient que ses troupes constituent, avant tout, une force mobile. Cette mobilité est notre grand atout pour *être toujours là* quand il le faut. Il n'est pas étonnant, dans ces conditions, qu'étant tout le temps en déplacement, avec un matériel et des services insuffisants, il y ait souvent du désordre. C'est une fatalité qu'il faut accepter. L'objectif est de foncer comme on le peut pour avoir le droit de suivre et pour arriver avec les premiers dans les régions reconquises.

Hier une petite réception a été organisée à Gabès par le noyau des Français Libres de la ville. Simple et émouvant, notamment le compliment du petit garçon, si français. Applaudissements nourris au moment où, dans son discours, le Général dit, à peu de choses près :

– *Plus de Français de gauche, plus de Français de droite, rien que des Français pleins de la volonté de délivrer leur pays..*

Nous recevons enfin une voiture de commandement envoyée par les Anglais et un camion 3T. bâché que le commandant Parazols me donne. Le Général critique la voiture dès qu'elle arrive. Ce n'est évidemment pas un véhicule neuf ni un des modèles les plus confortables. Mais elle paraît robuste et elle répond à nos besoins.

Seule ombre au tableau, le Général a voulu prendre le volant cet après-midi, énervé sans doute parce que, le terrain étant très mauvais, je conduisais lentement. Immédiatement il fonce, vent du bas, et nous faisons quelques bonds qui auraient dû normalement nous coûter une paire de ressorts. Pour beaucoup moins je me fais ordinairement traiter de tous les noms.

## 7 avril 1943 – Djeb-el-Zemlet

Ce matin, en sortant de ma tente, j'apprends avec étonnement que le Général est parti avec Guillebon faire un tour dans les unités. Il lui arrive de partir sans moi, mais il est rare qu'il ne me prévienne pas. Sans doute a-t-il été agacé par le petit incident d'hier sur la route.

L'heure du déjeuner arrive, le Général n'est toujours pas rentré. Vers deux heures et demie, j'entends un bruit de moteur. Ce n'est pas la voiture du Général mais c'est cependant lui avec Guillebon dans une jeep. Tous deux sont blancs de poussière de la tête aux pieds.

Un peu penché en avant, le Général fait un pas à droite, un pas à gauche. Il a l'air à la fois nerveux, fâché et distrait. En passant devant moi il me jette, sans s'arrêter ni me regarder :

– *J'ai envoyé un dépanneur chercher la voiture, nous avons eu un accroc.*

Tandis qu'il s'engouffre dans sa tente, j'interroge du regard Guillebon qui le suit, plus vertical et flegmatique que jamais. Il ne me dit rien mais sur son visage impassible au teint de brique, je vois passer un sourire inimitable, rapide et amusé... il lève les yeux au ciel un bref instant et les paupières retombent aussitôt.

J'ai bientôt l'explication. Le Général a voulu conduire à sa guise, sans ce lambin qui l'a énervé la veille. Il a rencontré en chemin un de ces talus qui barrent ici les routes, sans doute pour protéger les canaux d'irrigation. Il a voulu franchir l'obstacle comme sur un champ de courses. La voiture a fait courageusement banquette, mais une fois là-haut, elle y est restée...

## 11 avril 1943 – Kef-el-Rayat

Le Général était de mauvaise humeur il y a quelques jours parce que, dans le mouvement de la 8e Armée, nous nous trouvions finalement en queue, défilant en arrière-garde par l'unique itinéraire disponible. Il réussit, le 8, à se faufiler sur la gauche, à remonter tout le long de l'Armée et, le 9, à occuper Mezzouna, au niveau de ses avant-gardes. L'état-major, ne pouvant pas croire à une avance aussi rapide nous fait répéter notre télégramme de compte-rendu.

Aujourd'hui, conférence au 10e Corps près de La Hencha.

**12 avril 1943 – Kairouan**

Sommes-nous à Kairouan ? A peine puis-je le dire. Je vois la ville et ses coupoles, la longue silhouette de la grande mosquée, et la tache blanche et brune, dans la vallée, semble une terre interdite que nous ne verrons jamais que du haut de notre colline rouge et or, jonchée de vrais coquelicots, comme ceux des champs de France ; derrière la ville, la silhouette estompée des montagnes, et là-bas, plus loin, un terrible bouzin de canonnade.

Sur ma jolie colline, entre les boutons d'or, ont poussé des *Dodge*, des *Humber*, des *White*, des *Bedford*, des mâts d'antenne, des tirailleurs en battle-dress.

Le Général est à croupetons dans les coquelicots avec le colonel Ingold à sa droite et le commandant de Guillebon à sa gauche. Je pense à ces modèles de l'école italienne que l'on retrouve dans chaque tableau du même maître, décors différents mais semblables visages.

Douce odeur de fleurs, canonnade, grésillement de radio dans une automitrailleuse avec la voix nasillarde du récepteur, bleu, rouge, or, vert, blanc des coupoles, un peu de vent, tout doux. Il fait chaud. Je n'irai pas à Kairouan.

**13 avril 1943**

Deux contre-mouvements difficiles hier.

Hier, peu après que j'ai eu écrit les lignes qui précèdent, le Général m'annonce que notre axe est changé, passe par Kairouan, puis plein nord. C'est dommage parce que le commandant Roumiantzoft, avec les blindés du Groupement Rémy, était en contact sur l'ancien axe. Nous effectuons un changement de direction à gauche et entrons dans Kairouan. Il y a peu de monde mais les gens applaudissent et nous acclament au passage. Arrêt à la sortie nord de la ville dans un pittoresque cimetière arabe. Plusieurs voitures s'enlisent dans un fond de sebkra.

Assaut de journalistes et de reporters de la 1ère Armée anglaise. Le Général, de très bonne humeur, s'y prête de bonne grâce, ce qui est exceptionnel. II tient à avoir à ses côtés Guérin, Pinhède et Dubut. J'achète un chou-fleur 100 francs.

Nos repartons vers 15 h en empruntant une première route et sommes arrêtés par un pont sauté. Nous essayons une deuxième route et sommes arrêtés par la nuit.

Au réveil, ce matin, Dubut vient nous annoncer qu'il est impossible d'atteindre directement notre objectif et qu'il faut repasser par Kairouan, ce que nous faisons, et arrivons à 8 h 30 à El-Alem. Enfin un arrêt, mis à profit pour se raser et manger le chou-fleur, délicieux avec un petit, tout petit poulet. Joli village, vaste hangar plein d'appareils agricoles, très *manœuvres*.

Le Général est un peu assombri par la pensée qu'il n'y a plus de baroud en perspective pour nous, mais il est calme et comme détendu par cet arrêt forcé et le fait que le pays devient plus hospitalier et que les routes sont meilleures. Cela fera du bien à tout le monde. Ce matin, dans le soleil levant, Kairouan brillait comme une gemme.

**14 avril 1943 – Djebel Fadeloun**

Satisfaction d'écrire avec un crayon pris aux Allemands. Cet après-midi quelques Marocains sont montés au Djebel Fadeloun pour voir s'il y avait encore l'ennemi. Il y en avait puisqu'ils ont ramené un caporal-chef qui tenait à la main la sacoche de son officier. Ce jeune homme, l'air très fatigué, avait manifestement peur d'être fusillé. Il était terrorisé par les Marocains.

Il nous explique qu'il s'est rendu tout de suite, sans tirer sur nous, que lorsqu'il était en France, il n'a commis ni déprédation ni sévices. Il ajoute que *tout est fichu*. Sa compagnie n'a plus que 30 hommes et un officier, et il n'y a plus que 10 chars à la Division. Est-ce pour nous attendrir ou est-ce exact ?

Nous poussons toujours vers le nord. Voici qu'arrive un nouveau camion plein de prisonniers allemands. C'est à notre tour d'en faire.

**15 avril 1943 – Djebel Fadeloun**

Nous sommes montés à 6 h à l'observatoire du commandant Vézinet. Encore une fois le Général n'a voulu suivre ni les traces, ni la piste, en sorte que nous avons atteint l'observatoire par un autre côté que celui de l'accès normal, fort bien d'ailleurs, mais par un itinéraire acrobatique.

Il est maintenant 10 heures. Le Général est toujours assis là-haut, à attendre les nouvelles de l'arrivée, annoncée, d'un officier de liaison de la Division blindée anglaise. Ereintant. Et voilà le Général, avide de tout savoir tout de suite, absent de son P.C. et loin de ses postes-radio depuis quatre heures. Pourquoi ne pas emmener au moins le poste radio anglais ?

Ce matin, L... m'a redit que la lassitude était générale. Les Groupements ne savent jamais ce que fait le voisin. Il y a des collisions et des embouteillages sur les pistes, les ordres arrivent au dernier moment et c'est un vrai miracle que nous nous en sortions chaque jour à peu près convenablement. Le Général ne se rend pas compte de l'économie de temps et de force que rapporterait un travail un peu plus calme et méthodique.

J'essaie de défendre le patron puisque c'est tout de même lui qui nous a amenés de Fort-Lamy en Tunisie, mais je me rends compte que tout le monde est excédé des conditions dans lesquelles s'accomplissent ces tours de force quotidiens.

**16 avril 1943**

Nous avons juste assez goûté de la plaine pour la regretter, maintenant que l'on nous refourre dans la montagne.

Cette fois nous travaillons avec une division hindoue, experte en caillou. Sera-ce la dernière phase de ces longues opérations ? Tunis représente la fin de la *période acrobatique*, l'espoir de matériel neuf et d'un commandement plus classique.

Hier soir, violent bombardement de nuit et quelques rafales du côté du Djebel Fikrin. Le 19e Corps français d'Afrique du Nord, tient ce secteur. Il ne doit avoir qu'un matériel médiocre, ce que les Italiens lui auront laissé, plus quelques armes américaines. En fait, si les Allemands avaient voulu reprendre cette nuit le Djebel Fadeloun, ils auraient pu y réussir. Il n'y avait pratiquement rien entre notre Q.G. et eux, que la plaine et un ouadi encaissé.

Cette nuée de *Junkers*, hier soir, me mettait un peu mal à l'aise et je me demandais ce que signifiait cette recrudescence d'activité. Mais ce matin Sanmarcelli annonce que ses patrouilles de nuit ont atteint leur objectif.

Humide et froid. Une de nos deux poules a l'air malade. Il va falloir la tuer et nous la mangerons ce soir.

Si la 1ère Armée poussait un peu au bord des djebels, vers Tunis, il se pourrait bien que tous ces cailloux tombent. Mais peut-être Alexander veut-il que ce soit Montgomery, et non la 1ère Armée française, qui entre le premier à Tunis. C'est bien beau mais nous aimerions en voir la fin.

**18 avril 1943 – Djebel Fadeloun**

Le Général se rend au 10e Corps où a lieu une grande conférence des commandants d'unités. Il est enchanté parce qu'il a tiré deux perdreaux à l'aller.

**19 avril 1943 – Djebel Fadeloun**

Nous attaquons ce soir. Langlois est arrivé hier. Il y a eu grande conférence au Q.G. ce matin. L'affaire a l'air bien réglée. Je vais sans doute avoir à courir dans tous les sens pour effectuer des missions variées et porter des ordres qui seraient parvenus plus rapidement par la radio.

**22 avril 1943 – Djebel Garci**

Quelle différence depuis que nous travaillons avec des fantassins ! Nos Hindous chinoisent sans arrêt, tantôt demandant plus, tantôt accordant moins. Hier soir, à 9 heures, au moment où j'allais éteindre, l'officier de liaison vient me dire que le général Tuka voulait savoir combien de mitrailleuses il y avait au bataillon avancé. Qu'est-ce que cela pouvait lui faire ? Le chiffre allait-il l'éclairer sur la constitution et la solidité du bataillon ?

Leur sacro-saint *War Establishment* est une institution de riches et nous sommes pauvres. Nous modelons sur le terrain avec ce que nous avons.

Mais enfin, son inquiétude se concevait. Le Djebel Garci est un terrain de cochons et l'ennemi a l'air de reprendre du poil de la bête. Il contre-attaque sans arrêt et son artillerie, moins bruyante que celle des Anglais, reste active. Elle procède par coups de marteau : 24 tubes tirant deux projectiles sur le même point, soit une cinquantaine d'obus de gros calibres s'abattant sur une zone restreinte dans un espace de 30 à 40 secondes. Ces concentrations tombent souvent dans le vide, mais quand il y a du monde, le résultat est vilain. Hier, Dio a perdu un camion et a eu 8 blessés. Le Général n'aime pas ça. La plaisanterie dure trop longtemps pour notre faible effectif.

Les mesures que prend Giraud en Afrique du Nord, la plupart plus ou moins inspirées des initiatives du Général de Gaulle, ne lui permettront pas de gagner la partie. Il l'a perdue dès le début. Ce n'est qu'un gêneur dont le prestige s'amenuise et qui mettra sans doute longtemps à s'en apercevoir.

Il n'a aucune autorité sur les Américains qui se conduisent là-bas comme en pays conquis. On comprend que le général Eisenhower n'ait aucune envie de voir le Général de Gaulle s'installer à Alger.

Intransigeant comme il l'est, il aurait vite fait de remettre les choses et les gens à leur place, et de rappeler aux Américains qu'ils sont en France, ce dont Giraud et les siens sont incapables.

C'est fâcheux, dit le Général, car ce sera un nouveau coup porté à l'Armée française, mais le Général de Gaulle en a trop fait pour que Giraud puisse tenir longtemps, surtout avec l'état d'esprit qui est maintenant le sien : *« C'est moi qui ai sauvé la France »*.

Hier soir, le Général évoque ses souvenirs du *début*, l'arrivée au Cameroun, le débarquement de nuit à Douala, la réunion chez Sill, où on lui dit que tout dépendait d'un certain capitaine Dio, la réaction massive, muette, sans bavure de ce dernier.

Il parle du Général de Gaulle, de son rôle écrasant de symbole, de sa foi dans les destinées de la France, de son espoir tenace, magnifique, que rien n'abat, même pas, tout au début, le retour en France des 13 000 hommes de Béthouard qui constituaient, en Angleterre, sa première grande chance. Cette confiance sereine dans la survie de la France est une des plus belles choses de notre Histoire.

Il pleut. De ma tente, j'aperçois le *Fordson* sable du Général avec son fanion tout déchiqueté. De l'autre côté, au fond du petit vallon, le 3t. *Bedford* radio de Parmentier qui cahote depuis Fort-Lamy un des postes radio du Q.G. *Un gros noir* vient de tomber dans la direction du Q.G. de la Brigade anglaise. L'atmosphère est sinistre. Nous ne sommes plus habitués à la pluie.

Il est particulièrement désagréable de servir de traducteur au Général quand les choses ne vont pas bien. Il est d'une impatience terrible, toujours persuadé qu'on ne va pas tout lui dire ou que l'on va dénaturer le fond. Dans sa hâte de savoir, il vous empêche de demander les précisions nécessaires à une traduction exacte, vous bouscule, les demande de lui-même. Et malheur au pauvre traducteur lorsqu'il doit présenter les objections de l'interlocuteur, il est bombardé de reproches furieux comme si c'était lui qui n'avait rien compris.

**24 avril 1943 – Djebel Garci**

Devons aller demain à Sousse où le Général se décide à paraître après qu'Alaurent lui eut dit que cela devenait de plus en plus nécessaire. Il paraît que les soi-disant Légionnaires S.O.L., Doriotistes et autres regagnent du terrain et qu'un petit dégagement de notre part s'impose.

Nouvelle vague de découragement dans la Force L.. Cette station prolongée dans un secteur sporadiquement bombardé, ce demi-repos qui ne repose pas, minent le moral.

Le bataillon Dio, en ligne dans ses trous depuis cinq jours dans des conditions européennes mais sans les facilités que l'on peut au moins avoir dans une armée organisée, est fatigué. Dio est, paraît-il, à cran, Vézinet las, Paletti guère plus flambant. Tout cela est difficile et chacun se demande si les tirailleurs vont tenir. Ils ont été bien chahutés, les pauvres depuis quatre mois. Personnellement, j'aimerais bien pouvoir me laver et me changer.

**26 avril 1943 – Djebel Garci**

Hier matin, messe au Q.G.. Au-delà de l'autel placé un peu en contrebas de la crête, les montagnes qui nous séparent de Tunis. Service de communion. Des obus tombent derrière la crête pendant l'office. Tout près, comme pour nous rappeler de veiller... Nous partons à 9 heures pour Sousse où nous sommes accueillis à l'entrée de la ville par un avocat, Maître Charuel.

Au monument aux Morts, une foule nombreuse, des drapeaux, des personnalités en uniforme, beaucoup de fleurs. Cérémonie colorée. Trois discours, le maire, Maître Zévaco, s'embrouille un peu, parle de la *Botte brit...euh...teutonique*. Puis un officier des affaires indigènes et enfin le délégué d'un sous-bey. Aucun ne prononce le nom du Général de Gaulle. Une certaine crainte sans doute, de se compromettre. A son tour, le Général gravit les marches. Il est typique avec son petit képi et sa veste de toile qui rebique par derrière. il prend un air un peu féroce et commence à parler. On sent qu'il n'a rien préparé. Son discours, martelé, peut se résumer ainsi : *« Il n'y a qu'une seule chose qui compte, c'est de libérer la France, et pour ça, il n'y a qu'un seul chef possible, c'est le Général de Gaulle, criez tous "Vive le Général de Gaulle". »*.

Après cela, il défile devant les personnalités et la foule. A un moment donné, les cris de *« Vive la France »* et *« Vive Leclerc »* fusant de toutes parts, il s'arrête, rouge comme un coq, réclame le silence d'un geste impérieux, et, d'une voix de commandement, demande ou plutôt ordonne aux gens de crier *« Vive le Général de Gaulle ».*

De là, visite à l'hôpital. Nous y voyons, entre autres, un garçon de dix-neuf ans qui a voulu être le premier à hisser le drapeau français à Monastir après le départ des Allemands et, à cette occasion, a sauté sur une mine. Il était là, avec un pied perdu et une jambe très abîmée. A ses côtés, sa mère, toute en noir. Le Général tapote la joue du garçon et l'assure qu'il pourra encore servir son pays.

Rapide visite au cimetière, puis déjeuner chez Maître Zévaco où se trouve Françoise Rosay [1].

Une grande pièce coupée par une baie. Deux tables mises, une rectangulaire pour dix, une ronde pour six. Nappes, cristaux, fleurs bleues, blanches et rouges.

Ce spectacle oublié nous ravit les yeux. Dans le fond, des fauteuils autour d'une table basse auprès de laquelle se tient le Général, seul.

Une porte s'ouvre et Françoise Rosay entre. Tailleur prince de Galles, chemisette noire, de lourds cheveux tout blancs, un beau visage intelligent, de l'allure. Ils se serrent la main. Rosay lui remet une lettre, puis, la tête un peu en arrière le regarde avec intensité. Lui un peu gêné, baisse la tête, selon son habitude.

– *Alors, Madame, que voulez-vous ?* dit-il, après avoir lu la lettre.
– *Moi ? Mais rien, Général. Je voulais vous voir, je vous ai vu, c'est tout.*
– *Ah bon... Eh bien... C'est très bien...*

Un sourire de détente et une conversation s'engage qui dure quelques instants. C'est tout.

Pendant le déjeuner, Zévaco passe au Général deux télégrammes qu'il propose d'envoyer l'un au Général de Gaulle, l'autre au général Giraud. Pour le Général de Gaulle, cela va très bien, mais en lisant le télégramme destiné à Giraud, le Général fait une telle grimace que Zévaco sursaute et s'empresse d'affirmer que le texte a été rédigé par *l'association* et qu'il n'en est pas l'auteur.

Après le déjeuner, Françoise Rosay me dit : *« Je voudrais tout de même le revoir un peu, lui parler... Vous croyez qu'il voudra ?... non, au fond, vous avez raison, il vaut mieux pas. Et d'ailleurs il a raison, qu'est-ce que je suis pour lui, une vieille folle qui a des idées bizarres, une originale qui vient le distraire alors qu'il a à penser à tant d'autres choses. Je ne vais pas tout gâter, je n'ai pas besoin d'en savoir plus. Je dirai ce que j'ai vu, sa jeunesse, sa simplicité, la petite veste qui remonte derrière, oh ! la petite veste, et le képi. Quand je pense à tous ces ... de généraux qui se baladent à Alger avec des dorures partout et qui ne font rien de toute la journée :... et puis je dirai ce qu'il veut qu'on dise, car c'est bien cela qu'il veut, n'est-ce pas qu'on parle du Général de Gaulle ? J'ai bien compris, j'en parlerai. »*

---

[1] Françoise Rosay, actrice très connue et remarquable en 1940.

**28 avril 1943 – Djebel Garci**

Hier soir, visite du colonel Rémy qui revient de Sfax. Il y a vu beaucoup d'officiers du 4e Spahis. Leur colonel détourne la tête lorsqu'il croise des *gaullistes*. En revanche les officiers qu'a rencontrés Rémy sont sympathisants. Mais lorsqu'il leur parle de l'Union, tant souhaitée, ils répondent :

– *Ah non ! ça, malheureusement, ça n'est pas possible.*
– *Pourquoi ? Vous ne la souhaitez pas ?*
– *Si fait, si fait, mais l'entente entre nous est impossible à cause des c... de l'entourage de Giraud.*

Après le dîner, Alaurent qui était resté à Sousse après le départ du Général, vient donner ses impressions. Rien n'est changé pour les *personnalités* qui se tenaient en haut de l'escalier. Mais l'effet sur la foule a été très grand. Ces gens ont été habitués aux circonlocutions, aux atermoiements. Le Général a été direct, sans fard, comme un pavé dans la mare aux grenouilles. Si T... et les autres notables ne savaient manifestement plus où se fourrer pendant que le Général martelait le nom de de Gaulle (je me rappelle certains visages verdâtres), la foule sidérée, frappée de plein fouet par cette profession de foi sans détours, se sentait enfin en présence de quelque chose de solide qui excluait les phrases et les faux-fuyants. Le nombre des engagements a triplé le lendemain.

Alaurent raconte également, mais sous toutes réserves, que les autorités de Sfax seraient intervenues auprès d'un service de la 8e Armée, pour qu'il fasse retirer de la ville les officiers français libres qui y faisaient du recrutement. A quoi leur interlocuteur aurait répondu :

– *Autant me demander de retirer la 8e Armée, au revoir Messieurs.*

L'histoire paraît trop belle pour être vraie. Pourtant nos rapports avec les Anglais se sont beaucoup améliorés. Ils sont même devenus excellents. Peut-être apprécient-ils notre concours depuis qu'une de leurs unités, qui opérait en liaison avec nous, aurait demandé à être relevée et attachée à *des gens craignant Dieu !* La boutade n'est pas invraisemblable. Ils ont le sens de l'humour, et le Général ne leur a jamais demandé qu'à se battre...

Il s'est d'ailleurs aperçu de la fatigue de ses troupes et vient de leur donner cinq ou six jours de détente complète. Pour elles, après six mois d'opérations presque continues, ce n'est pas trop.

**30 avril 1943 – Djebel Garci**

Le Général a envoyé Guillebon en liaison à la Division Algérienne qui est à la droite du 19e Corps, c'est-à-dire sur notre gauche. Il ne pouvait choisir mieux.

Guillebon vient de revenir enchanté. Il a été reçu très cordialement, voire un peu plus. Les entretiens n'ont porté que sur des sujets militaires. Il a eu l'impression que ses interlocuteurs souhaitaient rester sur ce terrain et il a trop de tact pour avoir cherché à s'en écarter.

Ils pensent comme nous que l'essentiel est de foncer et, si l'ennemi résiste, de manœuvrer. Ils ont toujours manœuvré et passé.

Guillebon les admire d'autant plus qu'ils n'ont presque pas d'armes. Ils parlaient de leur artillerie : deux groupes de montagne. Alors Guillebon :

– *Quoi ? 75 Schneider ?*

– *Euh... non... une batterie de 75, mais à deux pièces, et du 65...*

C'est avec ça qu'ils avancent, et ils en demandent, et ils n'ont qu'une idée, c'est que cela finisse.

L'attitude des Britanniques les sidère. Ils avancent, et les Anglais à leur droite, la 4e brigade légère qui les sépare de nous, ne bougent pas. Ils ne comprennent pas.

Guillebon leur mentionne la prochaine arrivée de la 1ère Division avec le général Koenig. Le général Kohn, qui commande la Division Algérienne, dit qu'il ne connaît pas. Sans broncher Guillebon laisse tomber du bout des lèvres :

– *C'est une bonne division, c'est elle qui était à Bir Hakeim.*

Sur quoi ils expriment le vœu que nous soyons bientôt à côté d'eux. Ils sont sûrs que tout marchera très bien. Guillebon répond que nous en serions enchantés et qu'ils n'auraient plus à craindre un trou sur leur droite. Ils n'éprouvent pas le besoin de confirmer. Entre soi les phrases sont inutiles. L'union naîtra-t-elle enfin du champ de bataille ?

Le Général a reçu ce matin un télégramme du lieutenant-colonel Garbay. Celui-ci est à Sfax où se trouve le 4e Spahis, ce régiment dont le colonel se détourne lorsqu'il croise un gaulliste. Or voici que tous les sous-officiers et cavaliers européens de cette unité veulent *passer chez nous*. Le colonel est venu trouver Garbay pour lui demander de venir faire à ses hommes un petit discours calmant. Garbay rend compte qu'il fera le petit discours. Mais il est persuadé que si l'union Giraud – de Gaulle ne se fait pas rapidement, le régiment se débandera. Je me demande ce que doit penser le colonel...

**7 mai 1943 – Djebel Garci**

Carter vient m'annoncer, d'un air un peu compassé, que les premiers éléments de la 8e Armée sont entrés dans Tunis.

Il est bien que ce soit elle qui ait eu cet honneur. Elle le mérite.

Il pleut. Temps gris. Cafard. Mon rôle est ingrat et me pèse.

**8 mai 1943 – Djebel Garci**

Il a plu toute la nuit et ce matin il fait un froid de chien avec du vent. L'artillerie allemande a l'air de se réveiller.

Alaurent est pessimiste. Les populations tunisiennes, après l'enthousiasme de leur libération subiraient une réaction de désenchantement.

Giraud se conduit d'une manière écœurante. Sa lutte contre de Gaulle est mesquine et sournoise. Ses arguments ne reposent que sur la vanité : *« Je suis le seul chef parce que je suis le plus ancien. »* Lui dont nous attendions tout, lui qui aurait pu lever la plus belle armée de l'empire, a volontairement réduit son rôle à celui de concurrent battu d'avance de l'homme qui *est* la France depuis trois ans. Et tout cela parce qu'il a trois étoiles de plus

**11 mai 1943 – Djebel Garci**

La situation est ridicule. Le colonel Ingold est à Tunis avec un détachement. Les divisions blindées anglaises sillonnent le Cap Bon à la recherche de ce qui n'y est plus ou n'y a jamais été.

Et nous, nous sommes toujours devant le Garci et le Zaghouan d'où les Allemands qui auraient dû décrocher depuis 18 heures, continuent à nous lancer un tas de cochonneries.

Finalement nous arriverons les derniers à Tunis. Ce n'est certes pas la faute du Général qui ne demanderait qu'à pousser de l'avant, mais de notre mission dont personne ne voit bien l'utilité et qui en tout cas pourrait être remplie par d'autres que nous.

**12 mai 1943 – Djebel Garci**

Situation toujours ridicule. Le Cap Bon est nettoyé. Tunis est entre nos mains. Il ne reste plus de résistance que dans ce massif contre lequel nous avons le nez collé. Heureusement le temps est magnifique.

Je déjeune avec le colonel Bernard et Lantenois, tandis qu'à quelques pas, le commandant de Guillebon étincelle de mille feux, avec le képi du dimanche et une tenue de toile repassée, précieusement conservée depuis Fort-Lamy pour l'entrée à Tunis où il part tout à l'heure avec le Père Finet.

Majestueuse arrivée du commandant Verdier, en partance pour la 1ère D.F.L. portant beau collier de barbe François 1er et le calot bleu, puis de Vézinet et de Farret, souriants, gavés de légumes, d'artichauts et d'abricots ingurgités à Monastir d'où ils reviennent. Bains de mer et bal de sous-préfecture.

Il y a toujours des coups de canon – un tué et un blessé cette nuit – mais il y a tout de même dans l'air un sourire de jour de fête.

On dit que le 19e Corps a signé une *suspension d'armes*. C'est bouffon. On n'agit pas de la sorte avec les Allemands. Guillebon, le doigt levé, monologue :

– *Je n'admets pas les suspensions d'armes. On ne suspend pas les armes, on les met en tas, et par catégories, les armes d'un côté et les munitions de l'autre. Et puis les suspendre où ? Il n'y a ni arbres ni rateliers dans ce pays... Non, si vous voulez que je vous dise, ces gens sont intoxiqués. Ils frémissent dès qu'il y a de "l'armistice" dans l'air. Aujourd'hui, ils ont signé une suspension d'armes et ils doivent se sentir des types dans le genre de Pétain : nous aussi nous avons signé un armistice.*

Il y a des avions là-bas, au-dessus de Mdeker. Le colonel Bernard est avec le Général sous sa tente. Le chauffeur Bako fricote quelque chose sous la voiture. Les mouches bourdonnent dans la lourde chaleur humide. Quelques rafales d'artillerie au loin. Quand donc cela finira-t-il ?

Le colonel Ingold a télégraphié hier, de Tunis, qu'un défilé de tirailleurs et de motorisés était dès maintenant nécessaire et que leur présence à Tunis avait plus d'utilité qu'en opération. Mais voilà, nous sommes aux ordres du 10e Corps britannique. Ils pourraient bien nous laisser tranquilles. Mais peut-être les Américains, favorables à Giraud, sont-ils pour quelque chose dans notre maintien sur place.

Un capitaine des corps francs de Giraud est arrivé à Sfax en avion. Il prétend que la majorité des cadres subalternes et la presque totalité des sous-officiers des corps francs veut nous rejoindre parce qu'ils en ont assez de l'atmosphère qui sévit dans l'armée d'Afrique du Nord.

Lui-même veut passer chez nous avec tout son corps franc. C'est une bonne chose que tout ce monde-là soit pour nous, mais il est bien malheureux pour la France de laisser cette division s'aggraver.

Bénard vient prévenir le Général que Giraud est très actif à Tunis. Un régiment de zouaves et un régiment de chasseurs se pavanent avec un matériel américain flambant neuf dont ils ne se sont pas encore servi, bien évidemment. Nos partisans n'ont pas d'instructions. Bénard estime que la partie est importante et que notre carence risque d'avoir des conséquences sérieuses. Le Général lui répond que ses instructions sont d'éviter toute manifestation et tout éclat tour ne pas gêner les négociations entre de Gaulle et Giraud.

Bénard réplique qu'un accord est, à son avis, impossible et que ces négociations n'ont pour but que de nous faire perdre du temps et des partisans. Giraud aurait dit à Maître Peyrussen :

– *J'en ai assez de ces négociations avec de Gaulle. S'il veut s'entendre avec moi, il n'a qu'à se mettre sous mes ordres.*

Le Général est du même avis que Bénard, mais il ne veut rien faire pour le moment car, si l'on voulait faire quelque chose, il faudrait le faire à fond et avec tous ses moyens. Or nous sommes en ligne. Envoyer une compagnie serait ridicule, et notre mission nous interdit d'en envoyer davantage. Il interviendra auprès des Anglais dès que les opérations seront terminées, ou avant, si elles traînent trop. Il est convaincu que tout espoir de fusion est désormais interdit en Afrique du Nord à cause de cette grosse bulle de Giraud et que l'union se fera par la France métropolitaine qui, elle, a souffert dans sa chair et sait lequel des deux est véritablement son chef. Quant à l'autorité de Giraud, elle s'effondrera fatalement devant les faits et devant le vrai visage de la France.

**13 mai 1943 – Djebel Garci**

La guerre est finie en Afrique depuis midi et demi. En fait, hier à 16 h il avait été déjà question de *cessez-le-feu*, mais, devant nous, ils s'obstinaient. Ce matin ils se sont rendus en masse. Il y en avait environ 300 devant chez Pinhède, au Q.G., et d'autres sont passés sur la route par compagnies entières.

Tout cela paraît un peu bête maintenant. Nous nous sentons désœuvrés. Les hommes ont diablement besoin de repos. Le Général est d'une humeur de dogue. Je le défendais hier contre X... qui s'emportait contre lui, et j'essayais d'invoquer sa fatigue, ses préoccupations... etc.. Mal m'en a pris car depuis cet instant, il est plus difficile qu'il ne l'a jamais été.

**14 mai 1943**

Sommes devenus la 2e Division Française Libre.

**17 mai 1943**

Allé hier à Tunis. Grande ville bourrée d'Anglais et d'Américains. Notre bureau de recrutement est bondé. Atmosphère enfiévrée et fatigante, qui me rappelle par certains côtés les débuts de Carlton Gardens. Mieux ici, moins de faisans. Mais je n'aime pas ces grandes foires ; X... m'emmène déjeuner chez des amis à la Marsa. Intérieur sophistiqué. Photographie du Maréchal.

– *Ces pauvres petits prisonniers allemands... etc.*

Cela existe donc bien.

**19 mai 1943 – Djebel Garci**

Le fameux défilé dans Tunis avec la 8e Armée tourne à la farce ; ils ont décidé de défiler à pied par rangs de neuf. Depuis six mois nous avons été en opérations sans arrêt sur voitures de combat ou camions. Il n'est pas question de faire défiler nos gens à pied comme s'ils avaient passé tout ce temps à faire les idiots dans une cour de quartier. Le Général s'y est refusé tout net. Finalement il a été décidé, malgré ses protestations auprès du général de Larminat, que nous ne défilerons demain qu'avec quinze voitures, perdus dans le grand dégagement où Giraud sera représenté par 4 000 hommes. Il y aura ensuite un déjeuner chez le général Juin, personne ne veut y aller. Seul Larminat ira pour montrer que nous avons été invités.

**21 mai 1943 – Djebel Garci**

Nous sommes partis hier, pour le défilé à Tunis, en caravane, derrière les généraux de Larminat, Koenig et Lelong.

Le Général n'a pas voulu prendre sa voiture, il est monté dans le *Bedford* ouvert du commandant de Guillebon. Nous gagnons la tribune d'honneur, entre deux haies de baïonnettes, à 11 h 30, en avance d'une demi-heure sur l'horaire prévu, si bien que personne ne le reconnaît.

Dans la tribune, des tas de généraux de chez Giraud. Figures glabres de constipés, effrayés par les responsabilités. B..., tête de malchanceux embêté. Est-ce lui qui déconseillait à quelqu'un de nous rejoindre :

– *Vous ne vous rendez pas compte de ce que vous faites : vous serez commandé par des généraux qui ne sont que capitaines à l'annuaire.*

Le général Juin est là aussi... et Lecouteux.

Giraud arrive, derrière Alexander et Eisenhower. Alexander a beaucoup d'allure et d'aisance, une belle tête. Giraud a l'air fatigué et mécontent. Eisenhower sans trait saillant.

Défilé trop long. Musique écossaise remarquable. Interminables échantillons de toutes les unités du 19e Corps. Les Britanniques défilent impeccablement sans musique. Les Américains, pas frappants, et leur fanfare tient du cirque.

Après une heure et demie de fantassins, nos bonnes vieilles voitures de découverte et de combat font leur apparition. Elles ont un gros succès. Des cris nourris de « *Vive de Gaulle* » s'élèvent à leur passage.

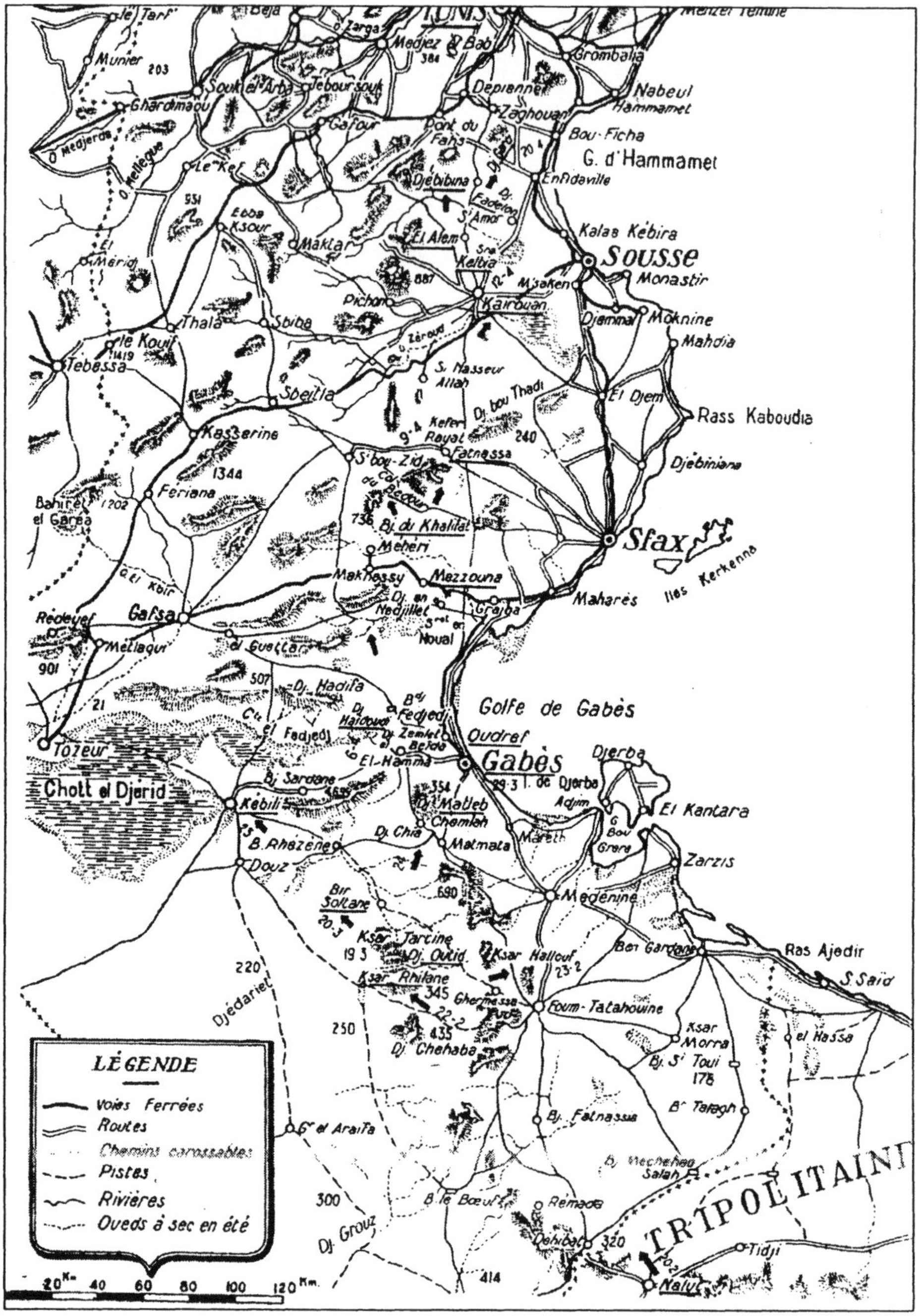
Le Tarf
Béja
Tunis
Menzel Temime
Zarga
Medjez el Bab
Grombalia
Munier
Souk el Arba
Tebourzouk
Depienne
Nabeul
Hammamet
Ghardimaou
Zaghouan
Gafour
Pont du Fahs
Bou-Ficha
G. d'Hammamet
O. Medjerda
O. Mellègue
Le Kef
Djebibina
Enfidaville
Ebba Ksour
Kalaa Kébira
Maktar
El Alem
Sousse
Monastir
Kelbia
M'saken
Pichon
Kairouan
Djemmal
Moknine
Mahdia
Thala
Sbiba
Le Kouif
Tébessa
Sbeïtla
El Djem
Rass Kaboudia
Kasserine
S' bou Zid
Fatnassa
Djebiniana
Fériana
Sfax
Iles Kerkenna
Meheri
Maknassy
Mezzouna
Graïba
Maharès
Gafsa
Redeyef
Metlaoui
El Guettar
Noual
Golfe de Gabès
Dj. Hadifa
Fedjedj
Oudref
Tozeur
El Hamma
Gabès
Djerba
Chott el Djerid
Kébili
Dj. Matleb
Mareth
El Kantara
B. Rhezène
Dj. Chia
Matmata
Zarzis
Douz
Médenine
Bir Soltane
Ksar Tarcine
Dj. Outid
Ksar Hallouf
Ben Gardane
Ras Ajedir
S. Saïd
Ksar Rhilane
Foum-Tatahouine
Dj. Chehaba
Ksar Morra
El Hassa
Djedariet
Dj. Fatnassia
Bir Talagh
Remada
Dehibat
Nalut
Tidji
Dj. Grouz
TRIPOLITAINE
LÉGENDE
Voies Ferrées
Routes
Chemins carossables
Pistes
Rivières
Oueds à sec en été
20 Km 40 60 80 100 120 Km

# Exil en Tripolitaine
# juin à septembre 1943

*Note : Après avoir libéré Gabès, Mezzouna, la force L passe à Kairouan. Enfin Tunis est délivré de la présence ennemie le 8 mai par les Alliés. Et la Tunisie est entièrement libérée. Peu après Leclerc est promu général de division par le Général de Gaulle.*

*Après la capitulation de Tunis, la force L. cantonne au bord de la Méditerranée.*

*Giraud mécontent de voir tant de jeunes gens s'engager chez Leclerc, envoie la force L. en Tripolitaine où elle s'installe à Sabratha.*

*De Gaulle décide de faire de la force L. une division blindée. Le général Leclerc consacrera tout son temps à préparer et instruire la future 2e D.B., à incorporer suffisamment d'hommes, à les équiper, à leur fournir du matériel, à les former, à organiser des unités.*

*Il voyagera souvent.*

*Il ne sera pas toujours facile de s'entendre avec les officiers français restés en Afrique et fidèles à Giraud, le Général essaiera de rétablir l'unité entre les forces françaises d'où qu'elles viennent.*

**9 juin 1943 – Maharès**

La situation s'est sensiblement modifiée depuis huit jours.

Le Général de Gaulle est arrivé à Alger et s'est aussitôt imposé, ce qui était à prévoir. Peyrouton et Noguès ont sauté, d'autres chancellent.

La vérité se fait jour. Des recrues nous rejoignent en masse. On nous demande de les rendre *au nom de l'union*. Mais nous en avons besoin et elles seront bien mieux chez nous. Je crois d'ailleurs que nous les garderons.

Le résultat est que nous sommes exilés en Tripolitaine. Nous sommes, pour le moment, sur la route à Maharès. Au bord de la route, le Général regarde passer la Division. Bon ordre chez les artilleurs et les fantassins du Tchad. Un peu moins bon chez les Spahis.

Combien de temps resterons-nous dans la région de Tripoli ? Hier, dans la voiture, le Général avait l'air de penser que cela ne serait pas pour très longtemps.

La colonne de Spahis continue à défiler. Le Général discute avec Larminat sous un arbre pendant que...

**11 juin 1943 – Sabratha**

J'ai été interrompu par le Général au milieu de ma phrase avant-hier. Nous sommes installés dans la région de Sabratha. Le paysage n'est pas enthousiasmant. Le Q.G. a tout de même trouvé un petit coin assez sympathique avec de beaux palmiers clairsemés. Malheureusement le vent vient de se lever. Le sable s'infiltre partout et je n'ai pas d'autre tente que ce ridicule petit bonnet de police dans lequel on n'entre qu'à genoux. On vient d'installer le téléphone et le Génie fait une piste en pierre jusqu'au P.C. du Général.

La bonne vie est finie. Ce luxe de nouveaux riches m'agace un peu. C'est passer d'un extrême à l'autre. Je crois que le Général éprouvera la même impression. Mais son commandement implique ce décor... Trop de sable. Je continuerai un autre jour.

**15 juin 1943 – Sabratha**

Le Général est parti pour Alger avant-hier matin avec le général de Larminat et le Capitaine Verdier.

La mise sur pied du Groupe de divisions ne va pas toute seule. On ne sait pas encore si les Anglais ont officiellement reconnu l'existence d'une 2e D.F.L. En tout cas l'état-major du Groupe de divisions n'a pas l'air disposé à nous gâter malgré toute la sympathie que certains de ses officiers, dont le colonel Flipo, nous portent.

La veille de son départ pour Alger, dans le courrier apporté par le colonel Bernard, le Général tombe en arrêt devant une note du Groupe de division affectant, je crois, du matériel *par priorité* à la 1ère Division. Il devient écarlate, assène trois coups de poing sur la table à l'en briser, se lève dans un état d'agitation et de colère extrême, monte en voiture et plante là le colonel en me criant au passage, de recevoir ses six invités s'il n'est pas rentré à l'heure du dîner.

Le colonel me dit l'avoir rarement vu dans une colère pareille. Il revient à huit heures moins le quart, calmé et souriant. Mais l'entrevue avec Larminat a dû connaître des moments orageux.

La pensée du Général est uniquement tendue vers l'organisation de sa division. Il ne pense qu'à la préparer au combat et, pour cela, à toucher du matériel de combat, ce qu'il estime indispensable au bon moral de sa troupe. Il répète souvent que quelques dizaines de chars remplacent toutes les tentes et les NAAFI du monde. Schématique mais vrai.

Le soir, quand nous sommes en tête-à-tête, la conversation tombe souvent. Le silence se prolonge, et puis la phrase revient, familière, prononcée d'un ton las et accompagnée d'un geste fatigué de la main retombant sur le bras du fauteuil :

– *Ah, mon pauvre ami...*

Un nouveau silence pendant lequel nous nous regardons, et puis :

– *Quand le toucherons-nous ce matériel ?...*

ou bien

– *Quand est-ce qu'on recommencera à se battre ?...*

Ce qui l'effraie c'est qu'il a fallu près de deux ans à la 1ère D.F.L. pour s'équiper. Et aussi le problème de la discipline que posent ces recrues venues d'un peu partout... Il ne cesse de tourner et de retourner tout cela dans sa tête avec l'impatience de quelqu'un qui veut brûler les étapes et qui se heurte à des obstacles et à des lenteurs continuels.

Il est fatigué. Il a voulu faire popote à part. Nous déjeunons en tête-à-tête et, le soir, il reçoit des invités. Il faut que les repas soient pour lui une détente. Soutenir une conversation l'épuise vite. Passe encore lorsqu'il la conduit à sa guise, mais le plus souvent je sens bien que, vers la fin des repas, il doit faire un effort pour continuer à y prendre part.

Quand nous sommes seuls, il y a de longs silences que je ne trouble pas. Et puis il se met à parler, avec une grande lassitude et une grande douceur dans la voix ou bien, au contraire, avec une impatience irritée lorsqu'il s'agit des magots d'en face.

Ses opinions sur les Anglais sont changeantes, il se sent très éloigné d'eux. Au début, il me croyait anglophile par principe. Je lui ai expliqué que je n'avais à leur égard ni manie ni phobie, mais que, les connaissant un peu, j'estimais leurs qualités comme je voyais leurs défauts. Il y vient d'ailleurs, et cela l'étonne un peu, comme une découverte.

En tant que nation, il est plus porté vers les Allemands dont il admire les qualités individuelles et collectives et chez lesquels il reconnaît, à la guerre, l'instinct du chasseur. Il continue à regretter la fatalité géographique qui nous sépare d'eux. Cela dit, il parle le plus souvent des *Boches*.

A l'égard des Américains, il éprouve, pour le moins, une profonde irritation, surtout à cause des activités contraires à nos intérêts qu'ils mènent dans nos colonies et au Maroc. Sa conception exigeante de la souveraineté française le dresse contre eux.

Il vient d'être nommé général de division. J'ai vu le télégramme, daté du 31 mai et portant « *à dater du 25 mai* ». Il n'en a pas dit un mot. Le bruit court qu'il a refusé de passer à 3 étoiles avant Koenig parce que celui-ci est plus âgé que lui et a fait la dernière guerre. Ce serait bien dans sa ligne. Il m'a paru plusieurs fois préoccupé de l'opinion des gens sur son avancement rapide, je veux dire de ceux dont l'avis compte à ses yeux. Il me répète dans ces occasions :

– *Le Général de Gaulle n'avait personne d'autre.*

Il ne se départit de son habituelle modestie que lorsqu'il s'agit de ce qu'il représente, de sa fonction. Il entend assumer celle-ci avec la dignité qui convient, mais sans en tirer aucune vanité personnelle. Il est impossible de lui faire admettre que son nom appartient à l'histoire, voire à la légende. Il fuit devant son propre prestige, comme s'il en était embarrassé. Chaque fois qu'il consent, après quelques difficultés, à se laisser photographier par un reporter de passage, il appelle deux ou trois des officiers présents pour qu'ils se placent à ses côtés. Et au bout de deux ou trois clichés, il arrête le photographe avec humeur et l'envoie prendre des vues de ses troupes et de ses officiers.

II avait déjà refusé de porter ses étoiles de Brigadier lorsqu'il les avait reçues avant les opérations du Fezzan en 1941. Le Général de Gaulle avait publié l'ordre du jour qui le nommait général. Il était à ce moment en pleine opération : Gatroun, Umm, Tedjéré, etc.. Tout le monde au Tchad le savait général depuis deux mois qu'on l'appelait encore « *Mon colonel* ». A son retour d'opération, à Faya, il dut s'incliner devant le fait accompli.

Homme de plein air, la moindre contrainte lui pèse. Il est nomade, bohème, ce qui ne laisse pas de compliquer ma tâche car il passe son temps à me mettre des bâtons dans les roues sans du tout le faire exprès, d'ailleurs. Nous avons réussi à nous procurer deux tentes et maintenant un camion P.C. dans lequel se trouve un bureau. Il ne veut rien savoir pour y travailler et s'est installé à côté, dans la tente popote, sous prétexte qu'elle est plus grande. J'ai donné l'ordre au tirailleur de laisser en permanence sur la table les bouteilles d'apéritif et les dessous d'assiettes en rafia. Au début, il bousculait tout, maintenant il a l'air de céder un peu.

Pendant les opérations nous n'avions qu'une seule tente assez exiguë. S'il arrivait un papier au moment de passer à table, il repoussait les couverts, attrapait sa carte et ses documents, renversait le sucre ou les bouteilles sans même s'en apercevoir. Ou bien, après avoir travaillé jusqu'à la nuit, il finissait par se lever de la table couverte de cartes et d'ordres d'opérations et appelait Adoum sur le ton de la plus vive impatience parce que le couvert n'était pas encore mis !!

Dès que le service entre en jeu, plus rien ne compte. Le 23 mars, il nous quittés à 2 heures de l'après-midi en nous disant :

– *Je rentrerai ce soir.*

Il n'a rien emporté, que sa carte et sa canne. Je ne l'ai retrouvé que 48 heures plus tard, au pied du Djebel Mellab dont il venait de prendre un piton. Il était assis par terre, avec Guillebon, et s'est contenté de me sourire en me voyant arriver :

– *Ah : Voilà Girard... Est-ce qu'il y aurait moyen de casser un peu la croûte ?*

Qu'a-t-il mangé pendant tout ce temps ? Un peu de *corned beef* ? Quant à dormir... Il semble que des Anglais lui aient prêté deux couvertures et une toile de tente quand l'opération a été terminée. Avant, il ne s'en serait pas servi.

D'ailleurs à cette époque, son confort consistait en un pick-up *Chevrolet* 750 kg et un camion saharien sans bâche dans lequel j'entassais tout le matériel hybride que j'avais pu ramasser au hasard des étapes et des occasions. La nuit, on creusait un trou pour y déverser son faro. J'avais le plus grand mal à le faire consentir au montage d'une tente par-dessus le trou, et encore n'était-ce qu'un petit *bonnet de police*, le même que celui des officiers, le même que celui des tirailleurs...

Il accepte un peu plus de confort aujourd'hui et je crois bien que la fatigue y est pour quelque chose. Mais il faut se garder d'aller trop loin. Comme je lui expliquais, vers la fin des dernières opérations, quels étaient mes projets, et ce que j'estimais indispensable à son rang, à son travail et à sa santé, il a souri :

– *Ah, Girard... Vous voulez faire de moi un bourgeois.*

Un autre jour, revenant de l'A.L.3 (Atelier de réparation léger) avec la nouvelle voiture arrangée, repeinte, rajeunie, je m'emploie à apaiser ses réticences en l'assurant que personne à la division ne trouvera à redire à ce minimum de moyen et de confort, que l'on s'en félicitera au contraire et que ses hommes souhaitent qu'il dispose du nécessaire. Cela a l'air de le toucher. Mais comme je rappelais le prix que Lyautey attachait aux apparences, il se fâche et me coupe :

– *Allons, allons, ne dites pas de sottises.*

Peut-être même l'expression allait-elle plus loin, mais il y avait le bruit du moteur.

Je me suis habitué à ses sautes d'humeur que je serais mal venu de lui reprocher avec ce qu'il appelle ma *tête de protestant*. Il n'est pas rare qu'en me donnant des instructions, il jette à brûle-pourpoint :

– *Quoi ? ça ne vous plaît pas ?*

ou bien :

– *Pourquoi faites-vous cette tête-là ? Chaque fois que je vous fais une observation, vous me faites la tête.*

J'ai répondu l'autre jour, que je n'en avais pas au fond de l'observation mais à sa forme. Il n'a rien répliqué parce que précisément le ton dépasse souvent son intention. Plus rien ne comptant que le but à atteindre, il aplatit les exécutants contre le mur avec une sublime indifférence.

Il en résulte pour son chef d'état-major, le colonel Bernard, comme pour moi-même, des situations parfois embarrassantes. Je prends par exemple les notes que nous recevons depuis quelques temps du Groupe de divisions. Il estime que les instructions lui sont préjudiciables, pas à lui personnellement, naturellement, mais à sa division, que ce soit pour son cantonnement, pour des récompenses, que sais-je...

Il m'appelle :

– *Vous allez aller au Groupe de division voir le général de Larminat... ou bien le colonel Flipo, oui, le colonel Flipo.*

Puis il se lance dans des explications martelées et hachées de *« vous comprenez ? »* de plus en plus irrités. Je suis devenu l'ennemi. Et il faudrait que j'aille dire à ceux que je personnifie devant lui, qu'ils sont tous des *salopards* et obtenir qu'ils reviennent sur une décision que je devrais qualifier de *stupide*.

Il arrive que je me récuse devant le caractère d'une mission qui dépasse par trop mon grade et mes fonctions. Il en convient aussitôt en souriant et envoie Guillebon.

## 19 juin 1943 – Sabratha

Le *Hudson* du Général survole le P.C. le 16 vers 16 h 30. Habitué à ces retours, j'attends le message lesté qui tombe à 80 m de moi, près du mât drapeau. Cette fois le Général va atterrir avec le général de Larminat, Guillebon, Desrobert, Verdier, Jouve et Maurice Schumann. Je pars à tombeau ouvert pour le terrain où Schumann, en me voyant accourir, lève les bras en V et me donne l'accolade sous l'œil surpris des généraux qui ne savaient pas que nous avions travaillé quelques jours ensemble en 1940, dans les tout débuts de St-Stephen's House.

Le soir, le Général, très détendu, invite le colonel Bernard à dîner pour lui raconter son séjour à Alger.

L'arrivée, d'abord, est assez piquante : les deux généraux, Larminat et Leclerc sont un peu à l'écart et Verdier se trouve devant l'appareil. Deux officiers de coloniale, dont un lieutenant-colonel, en grande tenue l'un et l'autre, se dirigent vers le *Hudson* et s'adressent à Verdier avec une déférence complice :

– *C'est bien le général Claveaux, n'est-ce pas ?*

Sur la réponse de Verdier qu'il s'agit de Larminat et de Leclerc, ils deviennent cramoisis et se replient en désordre.

Le Général n'aborde presque pas ses entretiens particuliers avec le Général de Gaulle, ce qui est normal. Il nous raconte en revanche l'arrivée du Général de Gaulle à Alger. Il avait atterri à Maison Blanche la veille de son arrivée officielle. Le lendemain il est reçu par Giraud et consorts. Le général Georges est là, exhumé pour l'occasion des décombres de la défaite. Le Général de Gaulle entre, pose son képi sur la table, et de sa voix profonde, énumère lentement les noms de certains hauts personnages, sept en tout si je me souviens bien :

– *Boisson, Noguès, Mendigal, Peyrouton... Quand vous nous en aurez débarrassés, je reviendrai.*

Puis il remet son képi et se dirige vers la porte. Après un moment de stupeur, Georges prend la parole

– *Général de Gaulle, il y a parmi les hommes dont vous venez de citer les noms, des personnes qui ont un patriotisme aussi sincère que le vôtre. Ils ont seulement une conception différente du patriotisme.*

Alors, le Général de Gaulle, se retournant à demi :

– *Eh bien, je le regrette.*

Et il sort.

Les négociations en restèrent donc là. Cependant l'atmosphère se tendait à Alger. L'amiral Muselier, amené de Londres par les Anglais, préparait un putsch. Il fallait contre-attaquer. En pleine nuit, les partisans du Général de Gaulle vinrent sommer le général Giraud de décommander l'état de siège. Celui-ci s'inclina et souscrivit à ce qui était demandé. Le Général de Gaulle entra dans le Comité directeur. Mais à peine y est-il que l'intransigeance qu'il s'est fixée comme règle, lui fait donner sa démission. Cette décision le prive de pouvoir et le pauvre Pleven doit faire le tour des membres du Comité pour leur faire signer une lettre demandant la réunion du Comité et le retour du Général de Gaulle. C'est là que se révèlent les caractères. Dans l'entourage même du Général, certains hésitent et répugnent à se compromettre.

Quelques jours plus tard, Giraud commet à son tour une faute de tactique. Le général Catroux l'invite à prendre le thé chez lui avec le Général de Gaulle. Ce dernier fait preuve de bonne volonté et d'esprit de conciliation en acceptant de rentrer dans le Comité. Mais Giraud se récrie et refuse, se mettant alors dans son tort en faisant à son tour obstacle à l'union.

Le Général cite des noms, porte des jugements, souvent très réservés. Il est allé voir M. Monnet. Celui-ci ne lui paraît pas avoir compris et, assure au

Général avec chaleur, que le seul but des Anglais et des Américains est de rétablir la France dans son intégrité. Ce serait bien la première fois que l'on verrait deux pays faire preuve de tant de désintéressement et de clairvoyance.

Giraud n'a pas encore *digéré* sa conversation avec le Général à Gabès, chez Montgomery. Il raconte partout, avec horreur, que le Général lui aurait dit :

– *Si je rentre en France, je ferai dresser la guillotine sur chaque place de village.*

C'est absolument faux mais est-ce, au fond, si mauvais qu'il le raconte ? Cela peut inspirer une crainte salutaire à ce surprenant panier de crabes.

Le Général de Gaulle avait également dit au général L. d'aller rendre visite à Eisenhower. En cela Leclerc a désobéi. Il explique qu'une telle visite, dans les circonstances actuelles, lui a paru risquer d'être interprétée comme une sollicitation désespérée. Il a décidé de n'y aller, s'il y va un jour, que lorsque le pouvoir du Général de Gaulle sera fermement établi.

Il est allé à la rédaction du journal *Combat*. Il y a trouvé de tout, des communistes, un colonel en retraite, rosette et cheveux blancs, etc. Il nous dit :

– *Qu'est-ce que vous voulez, on me dit qu'ils sont communistes, je veux bien, mais ce dont je suis sûr, c'est que je peux leur parler de patriotisme et de la France et qu'ils comprennent, eux. C'est peut-être regrettable mais c'est comme ça. Alors... ?*

**21 juin 1943 – Sabratha**

Avant-hier le Général était invité à déjeuner à Tripoli par le roi d'Angleterre. Le général de Larminat accompagné du général Koenig passe le chercher en voiture. Le Général avait son képi, le neuf, mais le reste du costume était inchangé : la veste de toile trop courte et usée. Il portait pour la première fois ses décorations auxquelles manquait l'Ordre du Bain. Il est curieux de constater qu'il est toujours d'une humeur exécrable lorsqu'il est avec le général de Larminat. Il l'aime pourtant bien. Au déjeuner, les généraux français sont assis à une des quinze petites tables rondes, à côté de la table d'honneur.

A la table d'honneur se trouvaient, entre autres, le général Maitland Wilson, surnommé *Jumbo* à cause de sa corpulence, le ministre de la Guerre, Montgomery et Horrocks, assis en face du roi.

Au milieu du repas, un grand vacarme de bois cassé, suivi du bruit sourd d'une chute, interrompt brusquement les conversations. En face du roi, le pauvre Horrocks a disparu, effondré les quatre fers en l'air, parmi les débris de sa chaise. Le malheureux en fut quitte pour la peur, et le roi se tordait de rire.

En présentant le Général au Roi, Montgomery lui rappela les principales actions de la force L. Il mentionna Medenine, Ksar Rhilane, El Hamma et le Djebel Mellab. Le Général n'y comprit pas grand-chose, mais trouva que Montgomery s'étendait assez longuement, ce qui était très galant de sa part. Lorsque le commandant de la 8e Armée eut terminé, le roi se tourna vers le Général et lui posa une question, la seule question ajoute-t-il en riant, qu'il ne fallait pas me poser :

– *Combien avez-vous d'hommes ?*

Le Général s'estimant tout de même obligé de forcer un peu la note et ayant répondu 4 000 hommes, le roi hocha la tête, et trouvant sans doute que le chiffre était modeste, passa au suivant.

Il décrit ensuite la cérémonie au cours de laquelle le roi fit Montgomery et Maitland Wilson baronnets : les Généraux agenouillés, le Roi leur touchant l'épaule avec la lame de l'épée, le pauvre Jumbo n'arrivant pas à se relever et devant s'appuyer au bras d'un aide de camp...

Le Général réagit curieusement devant cet étalage de traditions et de cérémonial. Il en admire le maintien et tout ce qu'il implique d'assurance sereine et de solidité des institutions, mais cette admiration se teinte d'une nuance d'hostilité, comme s'il reprochait aux Anglais les qualités qu'il apprécie : cette grandeur de l'Angleterre lui paraît édifiée et maintenue au détriment de la France.

J'observe que nous avons mis une sorte de rage à détruire nos propres traditions depuis cent ans, qu'il ne faut nous en prendre qu'à nous et ne pas reprocher aux autres d'avoir su comprendre la valeur des traditions pour la cohésion nationale.

Le Général se borne à constater qu'il se sent plus d'affinité avec les Allemands.

– *Les Anglais, voyez-vous, voilà des gens que j'ai connus et appréciés au combat... et bien, je n'éprouve aucun plaisir à les retrouver ensuite.*

Il ajoute en souriant, à propos de ce qu'il m'a dit des Allemands :

– *Ne le répétez pas.*

Il est exact que l'on pourrait mal interpréter sa pensée. La réaction est complexe. D'abord il éprouve une certaine exaltation à se battre contre les Allemands dans la mesure où il reconnaît en eux des adversaires de taille, des gens de guerre, à l'instinct de chasseur, qui comprennent le terrain, savent l'utiliser. Il se sent à cet égard des affinités certaines avec eux, malgré toute la rage qui l'emporte contre *ces salauds de Boches* lorsqu'ils lui tuent des gens au combat.

Il est d'autre part irrité de penser qu'il y aura si peu de Français qui participeront à la défaite de l'Allemagne et cette irritation se transforme en ressentiment à l'égard des Anglais à qui sera naturellement attribuée la plus grande part de cette victoire. La querelle allemande, jusqu'à présent, c'était un peu une histoire de famille. Nous avons toujours été là lorsqu'il fallait laver le linge sale. Cette fois-ci la lessive a lieu presque sans nous.

Il faut nous battre pour avoir le droit de nous battre... Nous ne sommes plus leurs égaux, nous n'avons plus l'honneur d'aligner la plus belle armée du monde en face de la *Reichswehr*. Le monde n'a plus les yeux fixés sur nos armes. Cette fois-ci, à part une maigre cohorte qui joue des coudes pour se maintenir en ligne, la France est à l'hôpital, dans un camp de concentration, dans un asile de vieillards. C'est affreux. Nous en sortirons sûrement, mais dans quel état !

Mon père disait toujours que pour redevenir une grande nation, il faudrait que la France passe sur une table d'opération. Celle-là ressemble plutôt à une table de dissection.

**22 juin 1943 – Sabratha**

Hier soir, le Général dînait chez le général Koenig. Il y emmène le commandant Verdier. Celui-ci, que je vois à quatre heures, me glisse que ce dîner ne l'amuse pas parce qu'il aime la bonne chère. Comme je me récrie en rappelant la réputation des cuisiniers de la Légion, il m'arrête

– *Quand on me dit en m'invitant à aller à un dîner que nous ne resterons que si telles et telles conditions sont acceptées, je ne m'attends pas à une soirée bien plaisante.*
– *Faut-il vous préparer un dîner froid pour le cas où... ?*
– *Eh ! Eh ! cela ne serait peut-être pas une précaution inutile.*

Le soir en rentrant au P.C., j'aperçois les phares de la voiture du Général qui le ramène de son dîner. Devant le camion-caravane, deux ombres : le Général discute avec Verdier. Quelques paroles parviennent jusqu'à moi. Le Général a sa voix des mauvais jours :

– *... et dites à Hausherr que je lui interdis de laisser partir directement...*

Je disparais dans l'ombre, ne regrettant pas de n'avoir pas été convié au banquet.

**24 juin 1943 – Sabratha**

Une jolie histoire circule à propos de ce recrutement que Giraud qualifie de débauchage.

A peu près 500 hommes, dont un petit nombre de Légionnaires, se trouvaient assemblés à Alger au moment où le Général de Gaulle signa l'accord suivant lequel nous devions cesser tout recrutement d'hommes chez Giraud. Le capitaine A... prévint les hommes et leur indiqua une ferme où ils pouvaient se cacher en attendant une occasion de rejoindre nos divisions. Le groupe s'y rend mais se réveille le lendemain cerné par la garde mobile qui avait eu vent de l'affaire. Comme celle-ci menaçait d'attaquer la ferme, des Légionnaires tirent quelques coups de feu en l'air ce qui paraît calmer les velléités de la garde.

La situation se prolongeant, l'amiral Muselier en personne se rend à la ferme, harangue la petite troupe et promet une complète amnistie si chacun rentre chez soi. Le discours fait son effet sauf sur les Légionnaires qui avaient eu l'occasion de rencontrer des Légionnaires de chez nous.

Lorsqu'un jeune officier de Légion se présente pour prendre le commandement de leur détachement, un sous-officier s'interpose :

– *Tu n'as jamais entendu siffler une balle, tu ne vas pas prendre le commandement. C'est moi qui vais le prendre. Où faut-il aller ?*

L'officier ayant indiqué la gare, le détachement s'ébranle sous le commandement du sous-officier. II franchit le cordon des gardes-mobiles qui refaisaient leurs paquets, mais au bout d'un kilomètre, il se débande au grand complet, plantant là le jeune officier.

Comme par hasard, les-dits Légionnaires se retrouvèrent dans une autre ferme des environs d'où un certain nombre ont déjà réussi à nous rejoindre.

Tout cela serait drôle si ce n'était aussi fâcheux pour l'unité de l'armée.

Le Général a refusé ses étoiles de divisionnaire, estimant cette promotion *injustifiée* et *trop précoce*. Il a employé ces termes dans deux télégrammes de remerciements, l'un au général d'Astier, l'autre à l'amiral d'Argenlieu.

Depuis deux mois, il me réclame et me réclame un poste radio. C'était devenu une rengaine quotidienne. Après avoir fait des pieds et des mains, je finis par en obtenir un. On l'installe dans la caravane. Il marche à merveille. Trois jours plus tard il le donne à Alaurent pour son 2e bureau. Je renonce.

**26 juin 1943 – Sabratha**

Un aspirant qui vient de nous rejoindre faisait partie du groupe de militaires qui a été assiégé par la garde mobile dans une ferme des environs d'Alger. Il confirme que Muselier est effectivement venu, et a promis un tas de choses. Mais une fois la question réglée, il a fait séparer les gens par armes d'origine et les a réexpédiés chacun dans une direction différente sans tenir aucun compte des promesses qu'il avait faites. Le contraire eût été étonnant.

Certains soirs le Général paraît découragé. Il semble que les derniers sursauts d'une fureur intérieure viennent crever à la surface en phrases presque désespérées. Il me fixe, les yeux mi-clos, comme si le poids de ses paupières était trop lourd à porter. La tension de la journée l'a épuisé. Je devrais m'en souvenir lorsqu'il lui arrive de ne pas se maîtriser. Je devrais me répéter que ce n'est rien, qu'il est à bout... mais comme c'est difficile, jour après jour.

II me raconte à nouveau son aventure, il y a deux ans, lorsqu'il se rendait de Zouar à Faya dans le vieux *Potez* et que le pilote se perdit et fut contraint d'atterrir dans le désert, son réservoir à sec. Ils s'étaient déjà posés à deux reprises, croyant chaque fois être à bout d'essence. Ils avaient découvert qu'il restait encore, la première fois une heure, et la seconde fois dix minutes de vol. Lorsqu'il ne lui resta plus que cinq minutes de vol, le pilote se posa pour la troisième fois et discuta longuement avec le Général, qui était alors colonel, sur la direction à prendre. La décision prise, on décolla. Cinq minutes passèrent et rien n'était en vue. Au moment précis où le moteur commença flancher, le pilote aperçut la piste de Faya et se posa à côté en vol plané... au même instant arrivait un convoi d'essence. Ils n'eurent qu'à verser quelques litres d'essence auto dans le moteur et cinq minutes après Leclerc atterrissait à Faya. L'histoire confirme cette *baraka* que les Tchadiens des compagnies de découverte et de combat ont toujours attribuée au Général.

Chaleur étouffante. Un peu d'air semble vouloir agrémenter la fin de la sieste. J'ai de la fièvre. Me sens la tête vide. Quand serons-nous de retour en Europe ?

**27 juin 1943 – Sabratha**

Le dîner d'hier soir a été un peu moins réussi que d'habitude parce qu'il était déséquilibré. Burin des Roziers tranchait trop sur les autres convives. Mais il a été très intéressant et je suis sûr que les autres l'ont trouvé sympathique malgré le ton tellement *carrière* auquel ils ne sont guère habitués. D'ailleurs maintenant qu'ils sont sortis du vase clos du Tchad, nos coloniaux portent des jugements plus nuancés et lancent moins d'interdits.

Le Général évoque son arrivée au Cameroun.

En août 1940, le Général de Gaulle décide d'envoyer une mission composée du capitaine de Boislambert et de Pleven, pour rallier nos territoires d'A.E.F. Ils mettent à leur tête le commandant Leclerc pour qu'il y ait un officier d'active dans l'affaire. Le titre de Leclerc était *officier de liaison du Général de Gaulle auprès du général Giffard*. Il était chargé de mission par Winston Churchill, ce qui devait lui ouvrir toutes les portes du côté britannique.

Après avoir séjourné dans la plupart des colonies britanniques d'Afrique occidentale pour y prendre contact avec les Français sympathisants des différents territoires français voisins, la mission arrive à Lagos où se tient un conseil de guerre ; les trois objectifs sont le Tchad, l'A.E.F. et le Cameroun.

Le Tchad paraissant favorable, il ne fut pas jugé nécessaire d'y envoyer un militaire et Pleven s'en chargea.

L'A.E.F. fut confiée au général de Larminat qui venait d'arriver de Syrie.

Leclerc et Boislambert décidèrent de s'occuper du Cameroun.

Le général Giffard voyait ces préparatifs d'un mauvais oeil car il craignait une détérioration de ses rapports avec les territoires français voisins dans le cas où l'opération échouerait.

Les deux conjurés n'en partirent pas moins pour Victoria à bord d'un petit bâtiment britannique. Lorsque le général Giffard apprit leur départ, il se fâcha tout rouge et télégraphia au commandant du bâtiment de faire demi-tour sur-le-champ. Celui-ci nourrissait heureusement la sympathie traditionnelle de ses compatriotes pour les exploits sportifs. Il dit aux deux conspirateurs :

– *Nous sommes tout près de Victoria, je ferai comme si j'avais reçu le télégramme après votre arrivée.*

Et le débarquement s'effectua sans encombre.

Là, Leclerc et Boislambert décidèrent d'attendre des nouvelles de leurs partisans. Mais Leclerc, une fois couché, tourne et retourne le problème dans sa tête sans parvenir à s'endormir. Finalement à deux heures du matin, il saute du lit, réveille Boislambert, et lui dit qu'il faut partir sans plus tarder. Après un bref examen de la situation, Boislambert se range à l'opinion de Leclerc, et tous deux descendent au port préparer leur départ pour la nuit prochaine. Cette obsession de la mission, cette décision en pleine nuit et cette fougue dans l'exécution, c'est tout Leclerc.

Le lendemain, ils quittent Victoria à la nuit, dans deux pirogues, remontent le Wouri et arrivent en vue de Douala. En apercevant les lumières du port, les pagayeurs commencent à prendre peur et il faut une démonstration de force des deux officiers pour les persuader de continuer. Enfin les pirogues touchent terre, ou plutôt une série d'énormes billes d'okoumé que les conjurés ne réussissent à franchir qu'au prix d'un bain dans la rivière.

Aussitôt sur la terre ferme, ils se rendent chez un sympathisant sûr, le docteur Mosé. Celui-ci les voyant arriver en pleine nuit, et plus tôt qu'il n'avait prévu, leur déclare qu'il est impossible de rien organiser sur le champ et qu'il vaudrait mieux qu'ils retournent à Victoria et qu'ils reviennent quelques jours plus tard.

Leclerc, installé dans un large fauteuil, répond en souriant que maintenant qu'il est là, il n'est pas question qu'il s'en aille, ni qu'il attende deux jours. Il faut agir tout de suite.

Mosé, vite convaincu, fait appeler ses amis. Leclerc avait été averti que tout dépendait d'un officier qui gardait ses opinions pour lui et ne s'était confié à personne. On savait seulement qu'il avait sa compagnie bien en mains, qu'il lui avait fait distribuer des cartouches et qu'il était prêt à intervenir. Il s'appelait Dio.

Lorsque tout le monde fut réuni, Leclerc exposa brièvement ce qu'il avait vu en France, qui était le Général de Gaulle, et quel était son objectif. L'unanimité se fit, à deux hésitants près. Dio, pour sa part, se dirigea vers la porte sans dire un mot. Comme Boislambert s'interposait, il se borna à confirmer d'un ton bourru qu'il allait chercher sa compagnie.

Un des officiers sympathisants, réveillé en pleine nuit par l'émissaire de Mosé qui venait le chercher, avait cru à une plaisanterie et avait flanqué le gêneur à la porte. Le croyant hostile, on s'empressa donc d'aller chez lui pour l'arrêter. Mais lorsqu'il vit qu'il s'agissait bien du ralliement à de Gaulle, il sauta pour de bon de son lit et le malentendu fut dissipé.

Pendant que les arrestations se poursuivaient, Dio et sa compagnie prenaient le train pour Yaoundé où le gouverneur Bruno se montrait indécis et paraissait pencher pour le Gouvernement de Vichy. Dio avait décidé d'arrêter au passage un officier suspect, du nom de Geoffroy, celui-là même qui dînait avec nous chez le Général hier soir. Mais lorsque le train s'arrêta dans la petite gare, Geoffroy était sur le quai avec une section en tenue de campagne et tout ce monde embarqua allègrement pour Yaoundé.

**28 juin 1943 – Sabratha**

Le Général de Gaulle est arrivé hier soir à l'aérodrome de Sorman. Il était accompagné de Palewski, de Charles Roux, de Maupin et du colonel Billotte. Le commandant Roumiantzoff était venu dans l'avion pour se faire remettre ce matin la croix de la Libération.

Le Grand Charles a l'air jovial et en bonne forme. Il est un peu voûté, mais ne donne pas la même impression de fatigue qu'à Fort-Lamy en 1942.

Le groupe de divisions étant dissous, je commence à me préoccuper du matériel à récupérer. Le bruit court que la 1ère D.F.L. a déjà envoyé des officiers dresser un inventaire mais qu'ils se sont fait mettre à la porte plusieurs fois sans ménagement. Le colonel F. m'explique ce soir qu'ils ont tellement pris l'habitude de réclamer qu'ils se font maintenant contrer par principe dès qu'ils demandent quelque chose. Il ne faudrait pas que ces petits malentendus s'aggravent et que les Britanniques s'en aperçoivent. Si déjà de Gaulle et Giraud ne s'entendent pas, des dissensions entre nos divisions seraient un comble. Chacun défend évidemment sa troupe comme il le peut, mais nous sommes encore trop démunis pour nous chamailler.

La mission britannique inspire des sentiments de plus en plus mitigés. La sympathie que nous portent certains de ses représentants ne nous éblouit pas.

Bagneux et Laffolay rentrent ce soir de permission. Leur impression, à eux aussi, est qu'une grande partie des Français d'Afrique du Nord ne demande qu'à continuer à jouir en paix de la vie agréable qu'ils mènent là-bas. Au Maroc, les Américains commandent et l'on en est au point que la population commence à accepter leur monnaie. C'est une véritable occupation.

C'est insensé. Je voudrais que ces abrutis d'Alger voient ce qui se passe en A.E.F. où les alliés sont traités avec une parfaite courtoisie mais, selon le mot du Général, *en invités*. Ils nous avaient demandé Pointe-Noire. Ils ont été naturellement autorisés à y poser leurs avions mais ils n'ont jamais pu réquisitionner la moindre bicoque de leur propre chef.

A Fort-Lamy, Fort-Archambault, etc., j'étais même surpris que l'on ne fasse pas davantage pour eux. Certes l'on était aimable, mais ils apportaient tout leur matériel, habitaient en brousse, de l'autre côté du terrain d'aviation de Fort-Lamy, et paraissaient rarement en ville. C'était la même chose sur tout le territoire.

Maintenant on les voit réquisitionner les meilleurs hôtels d'Alger et tenir sans vergogne le haut du pavé. Le Général aura bien du mal à leur faire lâcher prise.

**30 juin 1943 – Sabratha**

Les permissionnaires ainsi que certains officiers qui ont pu rejoindre après avoir été internés en Espagne, confirment tous qu'aucun effort n'est épargné en Afrique du Nord pour dégoûter nos sympathisants.

Les internés d'Espagne étaient 700 à leur arrivée au Maroc. Ils voulaient presque tous rejoindre l'une ou l'autre de nos divisions. Mais les autorités ont tout mis en œuvre pour les en empêcher : camps éloignés dans la campagne, propagande incessante, offres alléchantes, perspectives de recevoir du matériel américain, lenteurs administratives, mesquineries diverses... En sorte que la plus grande partie, effectivement dégoûtée, s'est laissée emmener par les racoleurs de Giraud. Il n'y en a que cent cinquante qui aient tenu bon. Et encore, ils ont rencontré tant d'obstacles sur leur chemin qu'une partie seulement d'entre eux a pu parvenir jusqu'ici.

**3 juillet 1943 – Sabratha**

Chaleur de feu. Tout brûle. Impossible de faire la sieste. Le short et la chemise ne conviennent pas à cette fournaise. Il faudrait le saroual et le boubou du G.N.K.. Seulement ça étonnerait. Le Général va partir pour Le Caire. Il ne m'emmènera pas. J'irai plus tard.

**11 juillet 1943 – Sabratha**

Le Général est parti pour Le Caire le 7 avec Alaurent. Il doit rentrer demain.

Langlois me dit que les choses ont l'air de s'arranger à Alger. La visite du Général de Gaulle à Tunis a été très réussie. Son discours a été magnifique et a fait une très forte impression. A son départ de Tunis, deux compagnies rendaient les honneurs, une de la Légion de chez Koenig, une de Giraud. Le Général de Gaulle passe lentement devant nos légionnaires, s'arrête devant chacun des officiers auxquels il serre la main :

– *Au revoir mon vieux.*

Puis il passe devant l'autre compagnie, la salue, puis devant le colonel de chez Giraud qui commande l'ensemble, le salue très correctement mais sans lui serrer la main, et monte en avion.

D'après Langlois, les assistants ont été frappés par l'autorité calme et assurée qui se dégage du Général de Gaulle. Je le crois volontiers. Sa présence est écrasante, au sens littéral du terme.

Hier soir, au *Queen's Bays* où je suis allé rendre visite aux vieux amis de mai 1940, John Scott me demande si les choses vont s'arranger. Je lui réponds qu'il ne peut en arriver qu'une, c'est que de Gaulle l'emporte puisqu'il *est* la France, alors que Giraud est un homme à l'esprit étroit, aveuglé par la vanité. Il paraît très étonné et me dit un peu plus tard :

– *Toute la civilisation européenne repose sur la France.*

**13 juillet 1943 – Sabratha**

Je suis allé chercher le Général hier soir à Castel Benito. Je le trouve souriant et détendu. A dîner, il me raconte son séjour au Caire avec bonne humeur, esprit et presque une vraie gaieté. Il a l'air d'en être content mais à mon avis ne s'est pas assez reposé.

Quant à ses tenues, au lieu de s'adresser au tailleur dont je lui avais donné l'adresse, il les a fait faire à la sauvette chez le premier camelot venu. Il prévient d'ailleurs mes remarques avec une désarmante gentillesse :

– *Vous allez me gronder... Voilà ce que j'ai fait.*

**18 juillet 1943 – Sabratha**

Le Général a encore eu une discussion violente avec Koenig. Elle a dû aller assez loin à en juger par l'apostrophe finale de Koenig que le Général me cite :

– *J'aime mieux avoir la réputation d'un forban que celle d'un croquant.*

Le Général me demande ce que c'est *exactement* qu'un croquant, *pour savoir à quoi s'en tenir.*

Une bonne nouvelle circule depuis quelques jours : la division va partir pour l'Afrique du Nord où elle attendra son matériel. La nouvelle est épouvantablement secrète mais tout le monde en parle. Sauf moi bien entendu puisque je le sais.

Trois prises d'armes à l'occasion du 14 juillet. D'abord aux Spahis où quinze mouches se promènent sur ma figure pendant la remise des décorations. Ensuite à l'Artillerie qui se présente impeccablement. Enfin à l'Infanterie où un petit incident me remue le fer dans la plaie.

J'ai beau me dire que mes fonctions sont utiles et prenantes, les prises d'armes et les remises de décoration, avivent un dépit bien naturel. Alors que je l'éprouvais déjà, une fausse manœuvre me fait défiler devant les troupes à la suite du Général, en tenant sa canne à la main. Quelques sourires, qui n'étaient sans doute qu'amicalement amusés, font déborder la coupe.

Après la cérémonie, je me réfugie à l'écart et Langlois, qui a compris, tente de me remonter le moral. Dans la voiture, le Général sent que quelque chose ne va pas et attend que nous soyons rentrés au P.C. pour m'en demander la raison. Je la lui donne. Il réfléchit quelques instants.

– *Je vous comprends très bien... mais j'ai besoin de vous... je vous demande de rester...*

Avec tout autre, déjà, il n'y avait rien à répliquer, mais cet homme qui peut être souvent si tyrannique est d'une bonté, d'une humanité et d'une élévation d'esprit qui dépassent toutes limites. Sa tension constante vers le but du moment influe naturellement sur son comportement. Il n'a pas le temps de prendre des gants...

**3 août 1943 – Sabratha**

Je suis revenu du Caire avant-hier. Le Général n'est pas encore revenu d'Alger où il se trouve depuis le 19. Si j'avais su, j'aurais prolongé mon séjour. Après l'ambiance de confort et de prospérité du Caire tout me paraît ici affreux et horripilant.

A Alger, le Général de Gaulle a gagné la partie et Giraud commande l'Armée. L'horizon se dégage. Ici les gens sont en train d'accommoder. Il sera dur pour certains de *rentrer dans le rang*. Le sacrifice est consommé. Nous avons fait le trait d'union entre juin 1940 et 1943. Maintenant, il n'y a plus qu une seule Armée française. Il va falloir y prendre place, comme tout le monde, avec la consolation, peut-être, d'en avoir fait un peu plus que d'autres et en tout cas de ne jamais nous être inclinés devant l'ennemi. Mais là-dessus, il conviendra de rester discret pour ne pas indisposer les autres. Les laisser venir, puisque nos objectifs sont désormais identiques. Il faut seulement espérer qu'ils auront le tact de ne pas chercher à se justifier et de nous f... la paix avec leur Maréchal.

La difficulté sera de reconstruire la France. Les antagonismes se dessinent déjà. Il pourrait bien y avoir une révolution si l'on n'y fait pas attention. Le pouvoir personnel du Général de Gaulle ? Où cela nous mènerait-il ?

Pour l'instant, la grande déception est de constater qu'après trois longues années, le Général de Gaulle est toujours seul. Qu'adviendrai t-il s'il disparaissait ? Sûrement pas Giraud, non, alors qui ?

Et le problème américain... Après la guerre nous serons pris en sandwich entre les Américains et les Russes. Les Anglo-saxons qui conduisent les opérations, se mêleront de faire la paix avec autant de sagacité qu'en 1919.

**6 août 1943 – Sabratha**

Sirocco. Il fait chaud. Il va faire encore plus chaud.

Toujours pas de Général. Je m'ennuie. Le désordre de ma case est innommable.

Les Arabes poussent des aboiements dans leurs champs de mil pour éloigner les moineaux. D'autres oiseaux chantent dans les palmiers. La chaleur bourdonne et le camion bruit de casseroles car l'heure du déjeuner approche.

Les Russes ont pris Orel. L'Italie branle de partout.

Cette satanée guerre va-t-elle finir ? Et après ? Que retrouverons-nous en rentrant ?

A Alger, l'union est réalisée. Double manifeste, correct de Giraud, très beau du Général de Gaulle : quelques phrases qui paieraient de tout s'il en était besoin.

Mais que ne paierais-je, moi, pour quitter ce pays. Il doit être charmant en hiver, mais en ce moment j'en ai par-dessus la tête.

Que faire ? Le jeu consiste à se traîner d'une tente à l'autre. La chaleur commence à étouffer les bruits. On les sent vibrer contre la peau.

**7 août 1943 – Sabratha**

Le Général est rentré ce matin. D'après lui, l'atmosphère à Alger n'est pas si détendue que ça. L'état-major de Giraud s'est formellement opposé à ce que nous allions stationner au Maroc. Ils ont peur que des désertions massives désorganisent leur armée. Nous avons beau jurer nos grands dieux que nous n'accepterons personne, rien n'y fait. Nous allons aux environs de Bougie.

Le Général, accompagné de Verdier est allé se baigner dans un établissement de bains à quelques kilomètres d'Alger. Tickets, location de costume... Par précaution, ils déposent comme tout le monde, leurs montres et leurs portefeuilles dans un petit sac qu'ils placent dans un casier spécial près de la caisse et qui porte le numéro de leur cabine. Au moment de partir, plus de sac... la caissière simule l'affolement, c'est un vol... etc.

L'histoire lui paraissant louche, Verdier revient le soir même avec une poignée de soldats à l'allure décidée, et cuisine le patron de l'établissement qui finit par avouer que c'est la police de Giraud qui est venue prendre le sac... On leur remboursera tout ce qu'ils voudront... Le Général filé par la police de Giraud ! Cela passe les bornes de l'écœurement.

Le Général est retourné voir le général Giraud au cours de son séjour à Alger. Il lui a expliqué, respectueusement et sincèrement, quels étaient les sentiments des Français Libres à l'égard de l'homme qui les avait appelés, le 18 juin 1940, à résister coûte que coûte et qui, depuis trois ans, n'a pas cessé de mener le combat pour la cause la plus purement nationale qui soit.

A ses explications, Giraud répond :

– *Le véritable tournant de l'histoire, ce n'est pas l'appel du 18 Juin 1940. Le véritable tournant de l'histoire, ce qui a décidé de la victoire, c'est le 10 novembre 1942, lorsque j'ai fait appel aux troupes d'Afrique du Nord pour qu'elles se rangent aux côtés des Américains !*

Et il développe cette thèse avec une telle satisfaction de soi que le Général en reste muet d'étonnement et ne pense même pas, tant il est sidéré, à rétorquer que l'Afrique du Nord n'a pas suivi Giraud mais Darlan, et deux jours après seulement.

Il nous raconte également que quelques jours avant *l'accord,* des gens ont scié les fusées de la voiture d'un officier supérieur de l'état-major du Général de Gaulle.

Enfin sa propre aventure à l'hôtel Aletti illustre la façon remarquable dont Giraud a su sauvegarder la souveraineté nationale sur le territoire français. Il occupait dans cet hôtel d'Alger une chambre confortable, au premier étage, avec vue sur le port. Un beau matin, on vient le prévenir d'avoir à évacuer sa chambre dans les deux heures, l'étage étant réquisitionné par les Américains.

Ne l'entendant pas de cette oreille, il reste jusqu'au lendemain matin quand la Direction vient le prier, avec instance, de s'en aller, s'il ne veut pas risquer d'être expulsé. Sa chambre a été occupée par un major américain.

Je me sens pour cette histoire une mémoire d'éléphant.

**9 août 1943 – Sabratha**

Hier soir, le Général reçoit le colonel Rémy. La visite dure une heure et demie, ponctuée par des éclats de voix du Général.

A dîner, en tête-à-tête, le Général me demande, à peine assis, si tous les spahis passent vraiment leur temps à rouspéter et ce qu'ils pensent des coloniaux.

Je n'hésite pas à lui dire ce que j'en sais. Deux heures plus tôt, le capitaine X. m'a précisément parlé des *kakalas* en termes peu sympathiques. Je ne lui cache rien, sans toutefois citer aucun nom. Je pense en effet qu'il vaut mieux qu'il sache, dans l'intérêt de la division.

Son voyage à Alger a confirmé au Général que Giraud, dans sa *vanité sans bornes*, et peut-être sans en être entièrement conscient, laissait le champ libre aux Américains. Ses troupes faisaient leur jeu. Dans ces conditions nous restions indispensables au maintien de l'indépendance nationale.

Mentalité de certains officiers généraux, ceux-là de l'Intendance :

– *Je reste à Alger, que ce soit Giraud, de Gaulle ou un autre.*

et le Général commente,

– *ou les Boches, ou les Italiens.*

**11 août 1943 – Sabratha**

Ce matin, visite au 10e Corps britannique et entrevue orageuse entre le Général et le général Horrocks.

Le commandant du 10e Corps explique qu'il ne peut pas autoriser la division à faire mouvement parce qu'il n'a encore reçu aucun ordre à ce sujet. Le Général réplique qu'il ne s'agit pour l'instant que d'envoyer un détachement précurseur pour préparer notre futur cantonnement en Afrique du Nord.

– *Nous sommes maintenant aux ordres du général Giraud*, ajoute-t-il.

– *Je n'en ai pas été avisé officiellement et considère que vous êtes toujours sous les ordres du 10e Corps.*

– *Mais vous savez que vous allez recevoir cet ordre.*

– *Mon Général, je suis un soldat...*

– *Moi aussi.*

– *... je ne peux donc rien faire tant que je n'ai pas reçu de notification officielle. Mes ordres sont de ne laisser effectuer aucun mouvement sans instruction... etc.*

Puis Horrockx change de ton.

– *D'ailleurs je ne vous cacherai pas que j'ai télégraphié pour provoquer cet ordre parce que je désire vivement votre départ. Oui, il s'est passé trop d'incidents depuis un mois dans votre division et j'ai trop de travail pour m'occuper en plus de ce genre de questions.*

– *Quels incidents ?*

– *La discipline est très mauvaise.*

La discussion devient tendue. Il s'agirait d'un volumineux dossier de procès-verbaux, plaintes, etc., dont le Général n'a jamais entendu parler ni moi non plus.

Horrocks appelle Tripoli au téléphone. L'administration britannique (B.M.A.) lui confirme que le dossier a été envoyé directement à Alger. Elle prétend avoir été médiocrement reçue lorsqu'elle a approché la division au sujet de la première affaire, et avoir eu l'impression que nous n'attachions aucune importance à ces questions. Aussi a-t-elle jugé inutile de reprendre contact avec la division au sujet des incidents qui se seraient produits ensuite.

Suit un bref échange d'aménités. Horrocks, qui s'est levé et a pris sa casquette, me demande de traduire qu'il regrette beaucoup ces incidents parce qu'il avait la plus grande admiration pour les qualités de combattants des Français, mais qu'au repos leur manque de discipline lui cause beaucoup d'ennuis.

Le Général réplique avec humeur qu'il était précisément très satisfait de la discipline de sa division.

Horrocks se raidit et me demande de traduire : il désirait terminer sur une note cordiale, mais puisque le Général le prenait sur ce ton, il tenait à lui dire qu'il n'avait aucun respect, aucun respect pour la discipline de la division. Il tremble de la tête aux pieds.

Le Général, un peu ennuyé, insiste pour avoir communication du fameux dossier et pour être autorisé à faire mouvement.

Nous descendons les marches de la caravane en discutant et arrivons au coin de la tente voisine. Là, un instant de confusion pour les adieux. Horrocks flotte, se tourne vers moi pour ajouter quelque chose :

– *Will you tell the General...*

Puis il se ravise, s'incline légèrement, salue et s'en va rapidement. Le Général, tête baissée, fait quelques pas et grommelle entre ses dents :

– *Quels ...*

En se mettant à table, à midi, il m'annonce en riant que le fameux dossier se trouve bel et bien à la division où il est arrivé il y a huit jours, pendant qu'il était absent. Le colonel Bernard n'a pas voulu le déranger avec ces histoires dès son retour d'Alger. D'ailleurs, les faits remontent à un mois, ce qui fait que la transmission a été tout de même bien lente.

**12 août 1943 – Sabratha**

Les chars sont inquiets de ne pas avoir encore reçu leur ordre de mouvement. Les hommes ne comprennent pas et la situation des commandants de compagnie est difficile. Les camions sont chargés, les bagages ont été faits à la hâte, et maintenant, rien, tout le monde attend, adossé aux roues. Il est difficile de croire que les choses n'auraient pas pu aller plus vite. Il y a de la mauvaise volonté quelque part. Logiquement nous ne devrions pas nous en étonner, mais c'est tout de même fâchant.

Hier soir, Dubois du Caire à dîner. Il nous dit que l'escadrille Lorraine est maintenant la seule unité étrangère qui se batte en Russie. Quand les Français sont arrivés, les Russes leur ont donné quelques appareils, avec des mécaniciens, et ont regardé. Très peu de papiers et de formalités. Et puis un beau jour les Russes ont dit : *Voilà des Yacks.*

**13 août 1943 – Sabratha**

Hier matin le Général entre dans la popote où je travaillais. Nous bavardons cinq minutes puis il se dirige sans hâte vers sa tente. En chemin il s'arrête :

– *Ah ! Comme tout est difficile ! Depuis trois ans nous faisons une guerre de pauvres... toujours demander ceci ou cela, et ne jamais pouvoir obtenir ce que l'on veut... Les Anglais nous donnent toujours assez pour qu'on ne puisse pas dire qu'ils nous laissent tomber, mais jamais assez pour nous permettre de faire ce que nous voulons.*

– *Depuis trois ans, leur politique en Afrique a été de nous empêcher de faire quoi que ce soit, ils ont tout mis en œuvre et ce n'est qu'à la médiocrité de leurs éléments de liaison que nous avons dû de pouvoir tout de même réussir.*

– *Je me rappelle encore l'effarement de ce pauvre H... S... à Brazzaville, en novembre 41, quand je lui ai appris que je partais. Il n'en revenait pas. Il était tellement stupéfait qu'il a laissé échapper : "Et moi qui ai envoyé un rapport à Londres avant-hier disant que vous ne pouviez pas être prêt avant le mois de mars".*

– *Et Koufra ! Ils savaient bien que nous ne disposions que d'un canon et de quatre mitrailleuses, mais ils ont tout de même eu peur. Ils ont envoyé le major Clayton et sa patrouille. Nous ne devions pas partir sans eux. Ils iraient à Mourzouk et nous à Koufra. Ils espéraient sans doute que Clayton seul réussirait et qu'ainsi toute l'affaire passerait pour anglaise. Hélas ! Le pauvre Clayton s'est fait barboter par les Italiens et nous avons pris Koufra !*

**15 août 1943 – Sabratha**

Avant-hier soir, en attendant le dîner, le Général parle des Français d'Afrique du Nord et de la nouvelle armée française :

– *Nous avons,* dit-il, *rempli une mission bien définie. En Juin 1940, pour que la France reste présente au combat nous avons été obligés de sortir de l'armée française. Pendant trois ans, dans notre coin, nous avons représenté la France sur les champs de bataille.*

*Aujourd'hui l'armée française reprend le combat, notre mission est terminée. Nous avons été le trait d'union. Il ne nous reste plus qu'à rentrer dans les rangs de l'armée puisqu'elle est décidée à combattre les Allemands.*
*Mais il faut conserver intact l'esprit de la France combattante, car il a fait ses preuves et représente l'esprit de la France elle-même.*
*Quant aux gens d'Afrique du Nord, je n'en veux qu'aux grands, à ceux qui ont été responsables des décisions importantes, qui ont trompé les masses et se sont montrés indignes de la confiance du pays. Pour les autres, officiers, soldats, civils, il faut avoir l'esprit large, sauf évidemment pour ceux qui ont manifestement trahi et collaboré avec ostentation, mais à part ces exceptions, il faut se garder d'une sévérité excessive. Ils ont été trompés. Il peut leur être difficile de le reconnaître. Du moment qu'ils travaillent, chacun dans sa sphère, au but commun, nous devons les considérer tout simplement comme des Français. Il faut savoir oublier.*

Puis il se remémore l'histoire charmante de M. Huet, cet Inspecteur des Colonies, je crois, qui était en tournée au Cameroun lorsqu'il rallia ce territoire à la France Libre.

Sachant que M. Huet devait arriver à Yaoundé par le chemin de fer, Leclerc qui était gouverneur du Cameroun envoya à la gare un peloton en armes et un officier choisi parmi les plus corrects et les plus courtois, le commandant Tutanges.

M. Huet avait pour mission officieuse de se rendre compte de l'état d'esprit du Cameroun et d'apprécier son degré de fidélité au Gouvernement de Vichy. Apercevant, à l'arrivée du train, le peloton en armes rangé sur le quai, son premier mouvement fut de penser que, vraiment, Leclerc faisait bien les choses. Mais lorsque le commandant Tutanges s'approcha et le pria de vouloir bien le suivre au Gouvernement, l'Inspecteur général eut un mouvement de recul et rentra dans son compartiment. Puis se rendant compte de l'inutilité de toute résistance, il s'exécuta.

Le soir même, il dînait en tête-à-tête avec Leclerc. Il demanda à celui-ci de pouvoir rentrer à Vichy pour y remettre son rapport, en ajoutant, probablement en toute sincérité, qu'il reviendrait ensuite. Mais Leclerc lui répondit en souriant qu'un tiens valait mieux que deux tu l'auras, et le garda.

M. Huet est maintenant en fonctions quelque part en Afrique. Le Général paraît avoir beaucoup de sympathie pour lui et estime que rien ne doit nous séparer de ceux qui, comme ce haut fonctionnaire, n'ont cessé d'avoir une attitude correcte et digne.

Nous devons nous garder de nous considérer avec complaisance. Nous n'avons fait que notre devoir et n'avons qu'à continuer à le faire. Surtout ne pas réclamer d'honneurs particuliers et ne pas chercher à tenir le haut du pavé. Ce serait de mauvais goût. La meilleure propagande pour l'esprit de la France Combattante, c'est le rayonnement de son exemple.

Il paraît qu'au Comité français de la libération nationale, le Général de Gaulle ne se montrerait pas particulièrement accommodant. Comme Georges prenait un jour la parole pour élever une critique ou une protestation, le Général de Gaulle se serait tourné vers lui et lui aurait dit :

– *Vous qui représentez ce haut commandement français qui nous a conduits à la catastrophe...*

Sur quoi l'interpellé aurait ramassé son képi et sa serviette et serait sorti.

Un autre jour, comme on lui parlait de Giraud, alors aux Etats-Unis :

– *Ah ! Oui... cet olibrius...*

**16 août 1943 – Sabratha**

Le général Koenig doit arriver d'Alger aujourd'hui. Le Général est dans un état de grande impatience. Ce matin, nous sommes allés au terrain d'aviation de Zuara où nous avons attendu de 11 h à midi et quart, en vain.

**19 août 1943 – Sabratha**

Le général Koenig à dîner hier soir. Ils se sont réconciliés à Alger. Le colonel Crépin, invité, oublie pour la seconde fois. Je lui téléphone à 8 h 20 et il arrive vingt minutes après avec une histoire de pneus crevés.

Koenig raconte un tas d'anecdotes tristement amusantes sur Alger. Il dit aussi qu'en septembre 1940, sur le *Pennland*, Marmier lui avait confié :

– *Le jour où la Russie entrera en guerre, le monde sera stupéfait de sa remarquable aviation et de son artillerie.*

Un jour, en 1936, Marmier, pour aller plus vite, avait voulu survoler une quelconque partie du territoire russe qui était interdite. Il fut pris sous un tir de D.C.A. si précis qu'il dut faire demi-tour. A l'atterrissage, les Russes conseillèrent aimablement, mais très sérieusement, de ne pas recommencer. Quel pays avait, en 1936, une D.C.A. si parfaitement au point ?

Quelques jours auparavant, en prenant congé du Général de Gaulle à Alger, le général lui dit qu'à son avis le Gaullisme a puisé sa force dans son intransigeance. Le malaise actuel provient de ce qu'il s'en est départi.

– *Il ne faut pas oublier, observe le Général de Gaulle, que nous ne sommes qu'une minorité agissante.*

# Formation de la 2e D.B. au Maroc septembre 1943 à février 1944

*Note. – Les autorités d'Alger décident de faire stationner la 1ère division Française Libre en Tunisie, et la 2e division Française Libre en Algérie.*

*Leclerc préférait le Maroc, en partie parce qu'il sera plus près des ports où débarque le matériel américain. Dans la deuxième quinzaine d'août les colonnes de la Force L roulent le long de l'Afrique du Nord, de la Tripolitaine au Maroc, couvrant ainsi 2 500 kilomètres et s'installent à Temara. Ainsi se termine cet exil ridicule, à Sabratha, où le Général Giraud avait envoyé la 2e D.B., la condamnant à une sorte de bannissement.*

*Au Maroc le Général rassemble et forge son outil de combat. De Gaulle prend de plus en plus la place qui lui revient dans les conseils d'Alger.*

*Il donne à Leclerc les moyens de réaliser la rénovation militaire qu'il a entreprise.*

*La fusion reste encore difficile entre les Français Libres et les unités de l'armée régulière restée en Algérie.*

*De jeunes Français évadés par l'Espagne arrivent en Afrique du Nord, beaucoup rejoignent la 2e D.B. malgré les obstacles que certaines autorités d'Afrique du Nord opposent à leur projet. Les Anglais contrecarrent les Français, à Alger, au Liban. Nombreuses visites de généraux dont Giraud et de Lattre.*

*La livraison des matériels suit son cours, cependant les canons pour l'artillerie tardent à parvenir.*

**5 septembre 1943 – Djidjelli**

Arrive le 28 à Alger qui ne m'enthousiasme pas.

L'atmosphère d'Alger ne me plaît pas du tout. La ville est un nougat de politique, d'états-majors pléthoriques et de bureaux.

Les camarades d'Afrique du Nord me font une impression bizarre. Ils paraissent fossilisés, ankylosés comme par une gêne mal dissimulée sous une aisance de commande.

La foule dans les rues m'agace. Des cohortes de loches qui semblent se traîner, repues et sans ressort, incapables même de rester sur les trottoirs, se répandent au milieu de la rue, partout sans âmes, vidées...

Les affaires de la division, en revanche, sont en bonne voie. Au lieu de toucher deux régiments *bis*, c'est-à-dire à effectifs réduits, nous en toucherons un complet, le 12e Chasseurs commandé par le colonel de Langlade. Il a fallu pour cela une offensive en règle du Général auprès du général Leyer.

– *J'ai menacé de rendre mon tablier si on ne me le donnait pas*, m'a-t-il dit en riant. *Si vous aviez vu cet émoi dans Landerneau !*

Le résultat est que l'on a pris en trois jours une décision que l'on n'avait pas prise depuis un mois.

Je retrouve Hubert Roussellier qui me donne des nouvelles de mes parents. Ils vont bien. Il a une phrase curieuse lorsque je lui demande ce qu'ils pensent de ce que j'ai fait.

– *Oh ! ils ont toujours été très discrets à ton sujet... et puis, tu sais, on parle peu des absents.*

Les malheureux.

**7 septembre 1943 – Alger**

Route magnifique de Djidjelli à Tizi-Ouzou. Mais horriblement fatigante. A El Kseur je passe le volant au chauffeur. Traversée de la grande Kabylie par des serpentins incessants au milieu d'un très beau paysage de montagne et d'arbres. On devine la présence de la mer derrière les sommets qui bordent l'horizon au Nord.

A Tizi-Ouzou, petit hôtel charmant. Nous sommes malheureusement invités à dîner à la popote de l'endroit. Un des trois officiers est sympathique mais les deux autres nous le font payer cher. L'un d'eux, notamment, un réserviste, est une souffrance. Ses théories sur la façon de traiter les indigènes me laissent peu d'illusion sur la façon dont il doit les exploiter.

– *Ils n'ont rien compris,* grommelle le Général en rentrant.

Il paraît que lorsque le général Leyer a demandé au colonel de Langlade s'il accepterait d'être affecté à la 2e D.B. il aurait répondu :

– *Si j'avais 50 ans et le général Leclerc 28, j'accepterais encore avec joie d'être placé sous ses ordres.*

Quand on sait que Langlade était capitaine quand le Général n'était encore que lieutenant, le geste l'honore.

Je pense à Giraud qui répète, paraît-il, partout

– *Pour moi le général Leclerc demeure toujours le capitaine de Hauteclocque.*

**11 septembre 1943 – Aïn Temouchent**

Partis d'Alger hier matin, arrivons de soir à Oran, où le Général rencontre un de ses camarades de promotion, le commandant Jaubert. Nous dînons tous les trois à la Croix-Rouge, de sandwiches et de limonade, car le seul restaurant est complet.

La conversation est amusante ; le commandant, trompé, comme tant d'autres, par les mensonges d'un tas de sagouins, croyait le Général un soudard perdu, ayant tout renié, en un mot inabordable. Giraud n'avait rien fait pour donner une impression différente.

A Rio Salado nous passons prendre contact avec les nouveaux régiments de la division, le 12e Chasseurs et le 12e Cuirassiers. Le Général est très bien reçu par le colonel de Langlade. Il s'adresse aux officiers et sous-officiers rassemblés sur la place :

– *Vous êtes affectés à la 2e Division Blindée, sous mon commandement. C'est la première grande unité dans laquelle se trouvent réunis des Français qui, depuis trois ans étaient séparés par les circonstances... Je vous demande de réfléchir à l'importance de cette réunion. Notre pays est dans une situation qu'il a rarement connue. Il est devenu une nation de second ordre... Nous ne pouvons plus nous payer le luxe de divisions internes... L'union est plus nécessaire que jamais pour rendre à la France sa grandeur nationale...*

Il parle aussi de l'opinion alliée qui nous regarde et à qui il faut prouver que nous sommes vraiment unis, sans quoi elle profitera de nos divisions.

**12 septembre 1943 – Fez**

Sommes entrés au Maroc. Tout de suite le paysage est profond, hérissé, robuste, avec des lignes harmonieusement heurtées, noyées d'une brume légère.

Les paysans, sur le bord de la route, ont le regard droit, les traits fiers.

Cette terre est noble.

Fez est un éblouissement. D'abord cette beauté grave, toute en blanc, gris et vert, aux contours calmes et soulignés de minarets sobres, ceints de remparts hautains et silencieux. Puis la muette éloquence des grandes avenues ombreuses. Enfin, planant au-dessus de tout, la grandeur de la conception dans laquelle la volonté créatrice a rigoureusement respecté la beauté, l'a exaltée. La main qui a tracé ces allées et honoré ces mosquées était aussi sûre et heureuse que celle du bonhomme Lenôtre.

A Fez, j'ai senti la France, à Alger je n'ai senti que la République.

**15 septembre 1943 – Casablanca**

Avant-hier, au Dar Jamaï, longue conversation avec le Général, après le dîner. Il me parle de ses collègues, même de ceux de son bord. Je suis péniblement étonné de le voir si désabusé. Il décrit leur jalousie après la campagne du Fezzan, me dit ses certitudes qu'ils lui tireront dans le dos s'ils en ont l'occasion, et il ajoute avec lassitude ;

– *Tous les hommes sont pareils, mon pauvre Girard, vous verrez plus tard.*

Déjeuner aujourd'hui chez le colonel Malagutti avec le Général. Impression de malaise.

**17 septembre 1943 – Temara**

Nous avons quitté Casablanca hier après avoir déjeuné au *Coup de Roulis* avec Guillebon, Clerc et Gachet. Partons en trois voitures, le Général conduisant la bonne vieille *Utility*, moi la *Chevrolet* avec Quilichini à bord, et Monleau la *Graham*. Dîner au *Balima* et retour au P.C. installé dans un verger. Bonne nuit mais réveil frisquet. Le Général veut naturellement déménager son P.C., mais l'endroit est parfait et quelques aménagements rapides suffisent à lui donner tournure.

Ce matin, le grand frère, Guy de Hauteclocque, vient nous voir. Très gentil mais bien différent de son frère.

**18 septembre 1943 – Temara**

Il a fallu tout modifier parce que le Général a voulu changer l'entrée de côté. Et puis brusquement il réclame le personnel que j'ai vainement essayé de lui faire accepter depuis deux mois, et qui naturellement, maintenant, a disparu dans les unités.

**24 septembre 1943 – Temara**

Le général de Vernejoul à dîner hier soir. Sympathique mais donne l'impression, assez naturelle lorsqu'on y réfléchit, de commencer la guerre.

A plusieurs reprises, ces jours derniers, surtout le soir, dans la détente de l'après-dîner, le Général, de l'air fatigué qui lui est habituel dans ces occasions, et les yeux mi-clos, monologue :

– *Voyez-vous Girard, je crois que nous avons vraiment fait du chemin depuis trois ans. Nous avons réalisé ce que nous voulions. Ne pas cesser de nous battre jusqu'à ce que nous puissions rentrer dans l'Armée française.*

*Et voyez-vous, ce que nous avons fait et ce que nous faisons aujourd'hui, est bon même pour l'Armée française. Nous la secouons, nous la réveillons. Il le fallait. Oui, nous lui rendons service, au fond, comme nous avons rendu service au pays en restant parmi les combattants. On nous a reproché les affaires du Gabon, de Syrie... C'est idiot. Il fallait que le Gabon soit de notre côté. C'aurait été une catastrophe d'être obligés de rester face au Gabon pendant trois ans. Il fallait que toute l'A.E.F. forme un bloc et qu'on puisse mettre en œuvre toutes ses ressources, sans restriction, pour la guerre.*

*Le Général de Gaulle ne voulait pas faire l'opération du Gabon. Il ne voyait pas comme moi. Je me rappellerai longtemps cette soirée dans son bureau à Douala, avec le colonel d'Argenlieu et Marmier, quand je lui ai arraché l'ordre écrit pour cette opération. C'était nécessaire. Voyez le résultat. Sans le Gabon, j'étais paralysé. Tandis que là, pendant trois ans, j'ai eu les mains libres. J'ai pu faire tout concourir au but fixé, même les civils.*

*Après tout, le résultat est satisfaisant. Oui, je crois que nous avons rendu service au pays et que nous continuons.*

**25 septembre 1943 – Temara**

Ce matin, le Général, accompagné du commandant Roumiantzoff et de Boissieu, s'en va assister à l'arrivée à Casablanca de 250 internés d'Espagne récemment libérés. Beaucoup de jeunes. Très émouvant.

En se mettant à table, le Général me dit en riant :

– *Eh bien, Girard, je crois que ce matin j'ai définitivement compromis mon avancement.*

Boissieu, quelques instants plus tard, me raconte la scène. A l'arrivée du bateau, Marseillaise, présentez armes, etc. Puis quand tous les arrivants eurent débarqué, un civil, sans doute le maire, monte sur une estrade et fait un discours assez quelconque et sans grande envolée : « *Nous sommes très heureux... la France retrouve ses enfants...* » puis il parle de l'Armée française « *qui rentre dans la guerre* », qui a « *recommencé la guerre en Tunisie, en Sicile et en Corse...* ». Pas un mot du Général de Gaulle ni de ceux qui depuis trois ans... C'est plus que ne peut en supporter le Général qui commence à bouillir dans son coin. Tant et si bien que lorsque l'orateur descend de son estrade, le Général s'avance vers lui, l'œil étincelant, la moustache en bataille et lui jette en frappant le sol de sa canne :

– *Dites donc, vous avez oublié Bir-Hakeim !*

Tous les assistants à l'entour l'entendirent et parmi eux le général Desré, commandant supérieur des troupes au Maroc, qui s'avança précipitamment

– *Oui, oui, je vais en parler tout de suite...*

Il en parla en effet, mais peu, et, en tout cas, ne prononça pas plus que son prédécesseur à la tribune, le nom du Général de Gaulle. *Seulement au nom du Général Commandant en chef...*

Bien *according to plans...*

17 h 00. Il y a un quart d'heure, je vois arriver sept garçons de *l'armée Giraud* qui me demandent à s'engager *chez nous*. Interrogés, ils me déclarent appartenir au R.A.C.L., arriver d'Oujda, être en possession de titres de permission expirant ce soir et, de ce fait, ne plus pouvoir rejoindre leur unité sans être portés déserteurs pendant trois jours.

Ils se plaignent de l'atmosphère de leur unité où ils n'ont pas d'armes et n'ont à faire que les vendanges, où l'ambiance est intolérable et où on les brime parce qu'ils sont Gaullistes.

Trois d'entre eux, des jeunes, me paraissent sincères et au bord des larmes. Ils m'assurent que l'accord leur permettant d'opter pour nous ne leur a jamais été communiqué et que toutes leurs demandes à ce sujet ont été arrêtées.

Je ne puis que leur répondre, bien contre mon gré, que nous n'y pouvons rien, que nous faisons partie de l'armée française, que nous devons donner l'exemple de la discipline...

Les trois pauvres gosses font peine à voir. Le colonel Bernard me confirme que nous ne pouvons rien faire pour eux et je les vois repartir en triste état, déclarant qu'ils vont essayer de disparaître en civil pour éviter le tribunal

- *Nous savons ce qui nous attend là-bas, comment ils sont...*

Quelle époque !

**28 septembre 1943 – Temara**

Dimanche, à Casablanca, réception organisée par un certain *Comité de Bir-Hakeim*. Fort bien. La garde est fournie par les chars et commandée par Davreux. Haie de Spahis. Le Général a l'air assez ému et se décide à dire quelques mots au micro :

– *Mesdames, Messieurs, bien qu'il ait été entendu, comme je l'avais demandé, qu'il n'y aurait pas de discours, je me décide à vous dire quelques mots, devant l'accueil que vous m'avez réservé. Cet accueil me rappelle en effet celui que j'ai reçu il y a trois ans dans les pays de l'A.E.F. comme le Cameroun au moment de leur ralliement au Général de Gaulle (applaudissements nourris). A cette époque, ces pays se sont décidés à continuer la lutte, et c'est grâce aux efforts et à la coopération de tous, civils et militaires, que nous avons pu participer à la libération de l'Afrique du Nord. Eh bien, ce que je demande aux civils d'Afrique du Nord, c'est d'aider l'Armée française de la même façon, et cette fois nous libèrerons la Mère Patrie.*

Il prononce ces quelques phrases avec la véhémence contenue qui lui est habituelle en pareilles circonstances. Ses phrases brèves portent peut-être parce qu'elles sont simples et directes, mais sans doute aussi à cause de ce mélange de foi et de résolution sans bavure qu'elles expriment et que l'heure appelle.

Après la fin des applaudissements, un officier américain murmure, les yeux encore fixés sur le Général : « *This is a great French* », et un spahi plus classique : *« Ah ! c'est un sacré type, il nous en faudrait beaucoup comme ça ! »*

Hier soir, après une petite réception organisée à l'occasion du départ de cet excellent Wiggins, nous prenons notre premier dîner dans la villa où nous venons de nous installer.

Nous nous sentons un peu perdus dans cette grande pièce trop confortable pour nos habitudes, et comme ridicules. Le Général a d'ailleurs immédiatement déserté le bureau que je lui avais préparé dans un petit pavillon situé de l'autre côté de la route, en face de la villa, et a adopté le camion-caravane que j'avais fait placer à côté.

Au cours de la conversation, il me dit

– *Au fond, cette armée de Giraud, c'est l'armée de Vichy, exactement.*

Puis il me parle de l'esprit à donner aux gens et qu'il serait si facile de leur inculquer si le commandement mettait ses méthodes de travail au diapason. La preuve en est donnée par le 12e Chasseurs dont les gens travaillent à la chaîne à Casablanca au coude à coude avec les nôtres et s'entendent parfaitement avec eux. Clerc disait d'eux à midi :

– *Dans un mois ils mettront trois croix de Lorraine là où nous en mettions une.*

**4 octobre 1943– Temara**

Le Général est parti pour Alger et revenu hier. Il y a du tirage pour la venue au Maroc de la brigade du Tchad. On dirait qu'ils ont vraiment peur de la laisser venir. Le Général dit que si l'on avait laissé l'état-major régler notre mouvement, la division entière serait encore aux environs de Djidjelli. A l'heure qu'il est, les chars sont en place et pas mal d'éléments sont déjà là.

Il me raconte une histoire savoureuse. Le général Giraud inspecte la 1ère D.I.M. du général Brosset. Au cours de son inspection, il passe devant le bataillon Gardet.

Le lieutenant-colonel Gardet, petit, avec son collier de barbe, se raidit dans un garde-à-vous impeccable. Giraud s'arrête :

– *Beau bataillon. Hm... très beau bataillon. Dites-moi, colonel, combien d'hommes avez-vous qui n'ont pas encore vu le feu ?*
– *250, mon général.*
– *250 ! oh... c'est beaucoup.*
– *Ce sont les 250 recrues que vous m'avez envoyées depuis trois mois, mon Général.*

**10 octobre 1943 – Temara**

La vie s'organise. Beaucoup à faire. Plus drôle du tout. L'ambiance est sympathique mais tellement différente de celle d'autrefois. Nous sommes maintenant dans une grande boutique et pour la faire fonctionner convenablement il faudrait un matériel qui n'arrive que lentement.

Le Général part demain pour Oran où il recevra l'Ordre américain *Pour le Mérite*. Le ruban est rose et blanc, ce qui est pour le moins imprévu. Il ronchonne à l'idée d'être encadré par Juin et de Lattre. Mais il n'y a pas à dire, il faut y aller au nom de la collaboration, franco-américaine naturellement.

Ce sera Boissieu qui l'accompagnera car je dois m'occuper de la réunion de jeudi prochain au casino de Temara. Le Général a décidé d'y rassembler les quatre à cinq cents officiers de la division déjà arrivés. Il prononcera une allocution qui sera suivie d'un salut aux Couleurs et ensuite apéritifs, sandwichs, etc. Il voit grand et c'est coton à préparer.

L'atmosphère de la division est bonne, sauf du côté de l'état-major de la brigade de chars. J'ai l'impression que le colonel Malaguti fait fausse route et je crains que ce ne soit délibéré. Son insistance à ressusciter *l'arme des chars* ne peut qu'accentuer un malaise qui commençait à se dissiper. Le commandant Cantarel qui est d'une extrême bonté, essaie d'arranger les choses mais le climat se détériore.

Ce cher Branet, toujours au noir, vient pour la seconde fois me demander le rapport du Général à ce sujet. Il trouve ridicule qu'une belle unité risque d'être flanquée par terre pour une question de bouton. Je le persuade pour la seconde fois de patienter en lui représentant que ce serait une erreur de prendre parti devant le Général sur une question qui met en cause des officiers supérieurs.

Puis, en tête-à-tête avec le Général, j'amène la conversation sur la question et la lui expose telle que Branet me l'a présentée. Je m'aperçois que le Général est du même avis. Il se rend très bien compte de ce qui se passe et se propose d'en parler directement à Malaguti.

**14 octobre 1943 – Temara**

A l'arrivée du Général à Oran, une voiture l'attendait sur le terrain. Le chauffeur lui remet une lettre du général R... l'invitant à déjeuner. Le Général et Boissieu sont reçus très aimablement par leur hôte qui leur dit, dès les premières phrases de bienvenue échangées :

– *... D'ailleurs nous ne savions pas si vous viendriez... nous avions pensé que non ... on nous avait dit que vous aviez déjà reçu l'Ordre du Mérite à Alger...*

Cet exorde était bizarre.

Le repas se déroule, puis leur hôte parle du déjeuner officiel qui aura lieu après la cérémonie :

– *... la cérémonie sera très courte, oui, une prise d'armes, la remise des décorations et un défilé... Après, évidemment, il y aura un grand déjeuner... mais bien entendu, si cela vous ennuie, si vous êtes pressé de rentrer à votre Division, je le comprendrais très bien... nous serons une trentaine... si vous voulez repartir après la cérémonie...*

Tout s'éclairait... et le Général, que ce déjeuner empoisonnait, décide aussitôt d'y assister.

Il devait constater qu'il était le seul *Free French*, et de plus le seul commandeur du Mérite. Les autres avaient été faits officiers ou chevaliers.

Le soir, il dîne chez l'amiral Missoffe, dont deux fils sont chez nous et deux dans l'armée Giraud. L'amiral a une vue claire de la situation du Général de Gaulle. Madame Missoffe porte une croix de Lorraine sur son corsage. Son mari sourit tranquillement lorsque le Général dit :

– *Je n'oserai jamais dire à mes subordonnés, en rentrant, que j'ai dîné chez un amiral.*

**19 octobre 1943 – Temara**

La réception du 14 s'est bien passée. Sa préparation m'a donné un mal de chien. J'ai été heureusement aidé par Bonneval, qui est sympathique et débrouillard et a été parfait. Le Général a été satisfait et quand tout a été fini m'a remercié très gentiment avec son sourire des bons jours.

Ce qu'il a dit, pendant près de vingt-cinq minutes aux officiers et sous-officiers rassemblés, avait été mûrement réfléchi. J'y retrouve tous les thèmes de nos conversations du soir, et dans leur exposition, cette faculté de traduire l'essentiel sous une forme simple et directe.

*« J'ai tenu à vous réunir, d'abord pour vous dire pourquoi nous sommes ici.*

*« L'été dernier, lorsque le Général de Gaulle m'a donné l'ordre de mettre sur pied la 2e D.B., il m'a demandé si j'estimais possible de constituer une unité solide avec des éléments d'origines diverses. Je lui ai répondu oui, en précisant que notre but depuis quatre ans a toujours été de voir le maximum de Français rentrer dans la lutte derrière lui : du moment que les hommes reprennent les armes à son appel, nous sommes d'accord. Le Général a entièrement approuvé cette conception du mouvement de la France Combattante.*

*« Depuis que la décision d'ouvrir un second front a été prise, le Général de Gaulle a demandé que l'Armée française y soit représentée, et d'abord par notre unité : nous avons moins de matériel que d'autres, nous sommes peut-être moins instruits, mais à ses yeux nous représentons davantage. Il a réussi. Nous avons été les premiers à avoir été désignés pour prendre part à cette campagne de libération. Pour chacun d'entre nous, ce sera un grand honneur dans notre carrière, puisqu'en Afrique, jusqu'à maintenant, je n'ai naturellement jamais pu vous en parler.*

*« Il nous reste à nous montrer à la hauteur. D'abord par notre attitude au combat. Sur le problème de la bravoure, du cran, je ne suis pas inquiet. Du moment que des Français*

*sont commandés et bien armés, ils se battent bien. Vous l'avez déjà montré. Nos camarades d'Italie le confirment. Néanmoins vous devez faire attention : le travail demandé sera dur.*

*« D'abord parce que l'arme blindée est devenue l'arme rapide, l'arme difficile. Un de nos chefs écrivait à propos des batailles du siècle dernier : "Une des servitudes de la Cavalerie, c'est qu'elle ne souffre pas la médiocrité". Sinon ce sont les charges dans les houblonnières, voyez Reichoffen... C'est encore plus vrai aujourd'hui pour l'arme blindée.*

*« Vous serez jetés dans la bataille sans transition, vous n'aurez pas le temps de vous familiariser avec le terrain et avec l'adversaire. Vous aurez à prendre des initiatives rapides. Préparez-vous à cette entrée brutale sur le champ de bataille. Je laisse la parole à vos chefs de Corps. Mais rappelez-vous que la lutte qui vous attend ne souffrira pas la médiocrité et que l'exécutant, chef de peloton ou chef de char, pèsera lourd dans la balance.*

*« La lutte sera difficile également parce que nous serons peu nombreux comme Français au milieu de grandes unités étrangères, ce qui pose des problèmes graves.*

*« Réfléchissez aux responsabilités que vous aurez demain comme officiers, et ne perdez pas une minute pour améliorer la valeur des hommes qui vous sont confiés.*

*« J'attire maintenant votre attention sur un deuxième point. Je vous demande d'être à la hauteur en dehors du combat et après le combat. J'insiste car la question est grave.*

*« Demain, pendant la campagne de libération et après la libération, il s'agira de savoir si la France peut ou non redevenir une grande nation. Après avoir été envahie, saignée, diminuée, elle court le risque de ne jamais se relever comme grande puissance. Elle n'a jamais été en pareil danger depuis des siècles. Ceci n'est pas une affirmation gratuite, c'est malheureusement un fait.*

*« Le Français est toujours optimiste. Il est facile de se bercer de grandes phrases : la France éternelle... éducatrice du genre humain... Depuis cinquante ans nous savons ce que cela nous a coûté. Alors il est plus sage de voir la réalité en face et de comprendre pourquoi la France court un pareil danger.*

*« D'abord parce que sa classe dirigeante, ses élites, ont fait faillite. Avant 1939, une partie de cette classe dirigeante a conduit le pays jusqu'au gouffre où il est tombé. Depuis 1940, une autre partie a manqué l'occasion de la relève par l'Empire, favorisant directement ou indirectement le jeu de l'Allemagne. Quand vous rencontrerez demain un notable, vous pourrez toujours vous demander s'il a été un incapable avant 1940 ou un lâche depuis. Certes, il y a de nombreuses exceptions, mais l'ensemble de notre classe dirigeante n'échappera pas à ce dilemme.*

*« Cette crise morale est déjà matérialisée par le drame actuel de la Résistance. J'en ai rencontré dernièrement plusieurs acteurs. L'un d'eux, par exemple, arrivait tout droit du maquis où il jouait un rôle admirable ; en témoignant de la foi et de l'idéal de tous les combattants du maquis, il me confiait son anxiété devant le manque de cadres, de chefs. Quelques jours après, un autre, provenant d'un maquis composé d'anciens militaires, déplorait au contraire l'absence de troupes et résumait la situation en deux mots : "Le maquis a des effectifs et manque de cadres, la Résistance au contraire a des cadres et manque d'effectifs ". Bref, sous la menace du boche, connaissant leurs missions et en saisissant toute l'importance, ces Français n'arrivent déjà pas à retrouver leur unité.*

*« Ajoutez à ces difficultés morales les destructions matérielles, le retard énorme dont souffrira la France en comparaison des autres nations qui préparent déjà l'après-guerre et vous pourrez mesurer les tâches formidables qui vous attendent.*

*« Pourquoi ai-je jugé utile de vous exposer ces problèmes ? Généralement, avant de lancer des gens dans la bagarre, on ne cherche pas à les décourager en leur énumérant les difficultés.*

*« Je l'ai fait à cause des galons d'officiers que vous portez, et ici, c'est surtout aux jeunes que je m'adresse.*

*« Vous êtes officiers. Vous n'avez pas le droit de rester indifférents devant ces problèmes, vous avez le devoir d'éclairer vos subordonnés.*

*« Comment la France pourra-t-elle sortir d'une pareille épreuve ? L'idéal serait de pouvoir faire ce qu'a fait la Russie pendant plusieurs années, de s'isoler complètement du reste du monde, de se recueillir et de reconstruire. Ce n'est malheureusement pas possible à la France en raison de la situation qu'elle occupe dans le monde.*

*« Je crois d'abord à la nécessité d'un patriotisme ardent, et si je le dis à des officiers, c'est parce que dès maintenant, un mouvement important, même dans l'armée, essaie de représenter le patriotisme comme une mentalité étroite et rétrograde. Il faut être maintenant "progressiste". Contentez-vous de prendre exemple sur les nations étrangères et de lire leurs journaux : jamais le patriotisme n'a été plus en honneur en Russie, en Angleterre et même aux Etats-Unis.*

*« Je crois aussi à la nécessité d'une autorité forte : nous avons la chance d'avoir le Général de Gaulle. Pour certains d'entre vous qui le connaissent peu, je voudrais souligner quelques traits de sa personnalité.*

*« C'est d'abord un hommes indiscutable et indiscuté du point de vue moral. Il est impossible de trouver, avant 1940 comme depuis, dans sa carrière, dans sa figure, une ombre au tableau. C'est un véritable type d'officier français, dans toute l'acception du terme, contre lequel ses adversaires n'ont jamais pu relever la moindre faiblesse.*

*« C'est en outre un homme très susceptible au point de vue patriotique. J'ai pu m'en rendre compte souvent depuis trois ans. Les difficultés actuelles concernant ses liaisons avec Londres vous le prouvent. Je crois pouvoir affirmer que sans le Général de Gaulle, l'unité de l'empire français ne serait plus aujourd'hui qu'un souvenir.*

*« Bref, nous sommes sûrs qu'un pareil homme ne fera jamais passer son intérêt personnel, à aucun point de vue, avant l'intérêt national. C'est là la plus précieuse des garanties.*

*« Dans le chaos que présentera le pays, cette autorité devra disposer d'organes solides, de bouées de sauvetage : la Division, ou ce qui en restera après la bataille, devra constituer un de ces organismes sains.*

*« Voilà, Messieurs, ce que je voulais vous dire. Mon langage vous aura peut-être surpris car j'ai dépassé les thèmes habituels. Mais voyez-vous, dans l'existence on ne réussit que si l'on est obsédé par une idée. Actuellement vous devez être obsédés par votre rentrée dans la bataille. Mais à partir du moment où vous aurez mis le pied sur la terre française, soyez obsédés par la conviction que nous ne nous relèverons pas avec des paroles ou des affirmations.*

*Il nous faudra un effort gigantesque. Vous avez le devoir de le faire comprendre à vos subordonnés. Montrez-vous réellement des officiers. »*

**20 octobre 1943 – Temara**

Déjeuner aujourd'hui chez le résident général Puaux. Une quarantaine de personnes. Service parfait et rapide, excellents vins dont j'avais perdu l'habitude.

La Résidence, construite par un seigneur pour des seigneurs est de belles proportions. Madame Puaux reçoit de façon exemplaire. Il y a assez de monde et d'espace pour que l'on puisse se sentir tranquille dans son coin et y observer la comédie humaine qui se joue sous ces vastes plafonds.

Il y a deux jours, je me trouvais avec ce vieux Branet et le capitaine S... du secrétariat général. Nous en venons à parler du mausolée de Lyautey, et Branet dit en riant son étonnement d'avoir constaté que la croix de Lorraine était un des motifs dominants de la décoration intérieure de l'édifice. Au moment où j'allais rappeler que Lyautey était lorrain, le capitaine S... lance :

– *Que voulez-vous, à l'époque, la croix de Lorraine ne s'étalait pas sur tous les ghettos comme aujourd'hui.*

Nous relevons sèchement l'inconvenance du propos.

**24 octobre 1943 – Temara**

Dîné chez M. Marchal, le secrétaire général de la Résidence, vendredi dernier avec le Général, Vézinet, le capitaine de Goustines. Boissieu est venu à la place de Branet qui a tourné le dos à S...

Discussion sur la remise en vigueur du décret Crémieux qui a l'air de faire mauvais effet partout.

Hier soir, dîner sympathique chez le Général, avec le colonel Malaguti, le colonel Schlesser, le commandant Weil, Lancrenon, Guérin et Farragon. Le repas était simple mais bon, l'atmosphère plaisante. Sur le tapis de Kairouan, notre table pliante de campagne, de modèle anglais, entourée de fauteuils en rotin. Lampes à pétrole. Le Général s'amuse de mes inquiétudes et a de petits gestes brefs et affectueux qui me consolent lorsque Ben Allal fait des bêtises en servant.

Hier matin, le général Desré fait une conférence au *Cinéma de la Renaissance*. La fermeté qu'il affiche rend un son un peu théâtral. Il déclare à un moment donné :

– *Le Général de Gaulle m'a dit, lorsque je l'ai vu il y a quelques semaines : "Dis bien à tes cadres que l'Armée française doit être un bloc uni et discipliné, et non une bande de partisans".*

Après tout l'encens dont il vient de nous combler, cette observation à double tranchant ressemble un peu à la flèche du Parthe. Si seulement je pouvais me tromper.

La fusion semble progresser à l'intérieur de la division. Il y a eu toutefois un incident à Rabat entre gradés du 12e Cuirassiers et un gradé de notre D.C.A. Les chefs du 12e Cuirassiers assurent que ces gradés sont de mauvais éléments aigris et conseillent d'imposer la croix de Lorraine à tout le monde. Le Général ne voulait pas de mesure autoritaire et espérait qu'elle fleurirait d'elle-même sur les calots. Il vient tout de même de prendre la décision de la rendre réglementaire sur tous les véhicules des unités Free French de la division.

Quant à l'insigne de la division, ce sera une simple silhouette de la France avec un point pour Paris et un point pour Strasbourg.

Nous en avons discuté toute une soirée dans le premier P.C. de Temara. Le Général pensait à l'Arc de Triomphe de l'Etoile, symbole dont je trouvais la portée insuffisante. Après avoir longuement cherché, j'ai demandé pourquoi il ne prendrait pas tout simplement la carte de la France qui symboliserait bien la diversité d'origine et en même temps l'unité des éléments de la division.

**27 octobre 1943 – Temara**

A dîner au 501, nous apprenons qu'Anselmi et Barboteu ont été grièvement blessés dans un accident de voiture.

Après le dîner, nous partons pour l'hôpital Marie Feuillet où Montfort nous apprend la mort d'Anselmi...

Le Général, bouleversé, se recueille devant le corps, et avec un geste gauche, comme toutes les manifestations d'une affection que la pudeur empêche de s'extérioriser autrement qu'en plaisanteries ou en bourrades, lui tapote la joue une seconde, comme un père effleure la joue de son enfant endormi.

**30 octobre 1943 – Temara**

En ce moment, le Général ne pense qu'à la prochaine inspection de la division par le général Kingman. Elle est très importante car notre équipement en matériel dépend, en grande partie, de l'impression que Kingman retirera de son inspection.

Aussi le Général prodigue-t-il à tout le monde des recommandations qui peuvent parfois paraître empiéter sur les responsabilités de ses subordonné

Hier, il m'avait demandé de téléphoner au colonel Malaguti. Prévoyant la réaction, j'avais louvoyé pour essayer d'éviter un incident. Le colonel avait certainement pris toutes les mesures nécessaires :

– *On ne sait jamais,* avait répliqué le Général.

Ce matin, au pied du mur, je m'exécute et me fais traiter de tous le noms au téléphone par Malaguti.

Je rends compte au Général de ma conversation en termes très édulcorés. Le colonel a pris des dispositions appropriées mais ce ne sont pas celles que le Général souhaitait.

– *Vous voyez bien ce que je vous avais dit,* me lance-t-il.

Et il se prépare à m'envoyer faire une nouvelle démarche qui aurait pu, cette fois, créer un incident. Je réussis à l'éviter en hasardant, à mots couverts que le colonel est maître de prendre chez lui les dispositions qu'il estime convenables.

**3 novembre 1943 – Temara**

D'après Merlin qui rentre des Etats-Unis et dînait avec nous hier soir l'attitude des Américains à notre égard, oscille entre l'hostilité et l'ignorance

La situation en Afrique du Nord n'incite pas à l'optimisme. Des noms remontent à la surface, que l'on espérait disparus : Thorez, Auriol. L'armée qui ne comprend rien, favorise ce reflux. Au lieu d'aller de l'avant, d'appuyer le Général de Gaulle, elle lui résiste et l'oblige à chercher ailleurs son soutien. Cet aveuglement approfondit le fossé entre la troupe et les officiers. Ceux-ci en portent une grande part de responsabilités. Comment les hommes conserveraient-ils leur confiance à des officiers qu'ils prennent en flagrant délit de mensonge. C'est angoissant.

Et puis comment peuvent-ils s'accrocher à des conceptions si manifestement dépassées et dont trois années viennent de souligner l'échec, se buter dans cette hostilité à l'égard de nos innovations dont ils ne voient que les petits à côtés ou qu'ils considèrent comme des atteintes à leurs vieux principes désuets. Plutôt que d'essayer de comprendre les exigences de l'heure, de s'adapter à une situation qui n'a plus rien de commun avec celle de l'entre-deux-guerres, ils se cramponnent à des fantômes ; plutôt que de penser à libérer le pays, ils ne s'acharnent que contre le communisme, et à force d'en avoir peur, ils vont réussir à faire son jeu. Ne voient-ils pas que la jeunesse a besoin d'avoir confiance en quelqu'un ?

Les imbéciles ! Ils se drapent dans un pessimisme théâtral, et en dépit de leurs grandes phrases creuses sur l'avenir de la France, les privilèges qu'ils croient tenir de leurs galons leur tiennent plus à cœur que l'avenir des Français. Dès que l'on est un peu franc, ils prennent un air ennuyé, évasif. Pour un peu ils vous reprocheraient d'être *peuple*.

**8 novembre 1943 – Temara**

Je regrette la vie de campagne. Surtout le soir, dans ces tête-à-tête de l'après-dîner, lorsque le pauvre Général au lieu d'aller se reposer, s'attarde à tripoter sa T.S.F. en bâillant. Naguère, sous la tente, nous voisinions facilement les uns avec les autres et ce camping dont nous souhaitions la fin avait ses charmes.

L'installation actuelle est sans doute plus favorable au travail, mais les murs qui nous abritent, nous isolent. Et puis, le soir, je tombe de sommeil malgré les facilités que procurent le téléphone et les routes goudronnées.

Cette villa est comme une cage et j'appréhende l'instant où je trouverai le Général effondré dans son fauteuil au coin de la cheminée et l'entendrai me dire, comme tous les soirs : *Alors ?*

Je sens que je devrais davantage le distraire, l'aider à penser à autre chose, à passer le temps. Mais est-il même possible de le distraire des pensées qui ne le quittent jamais ? Peut-on soulager un homme écrasé à ce point sous les soucis et les responsabilités de chaque instant ?

**13 novembre 1943 – Temara**

Un nouvel incident s'est produit à Casablanca. Un détachement de rapatriés d'Espagne qui avaient opté pour la division a refusé de monter dans le train qui devait l'emmener à Dellys, près d'Alger, soi-disant dans un dépôt d'organisation et d'instruction, comme s'ils allaient être mieux instruits à Dellys que par leurs propres commandants d'unités.

Altercations, discussions, et je crois que finalement nous sommes obligés de les laisser partir. C'est révoltant. On leur demande ce qu'ils veulent, et ensuite on les envoie au diable dans des dépôts perdus d'où l'on s'arrangera pour qu'ils ne nous rejoignent jamais.

Pourquoi ne pas dire franchement qu'on leur interdit de venir chez nous ? Pourquoi leur mentir ? Est-ce que le fait d'avoir 4 ou 6 étoiles sur la manche, d'avoir tiré sur les Américains ou d'avoir collaboré avec Pétain, donne le droit de tromper ce qu'il reste d'enthou-siastes chez les jeunes ?

Tous ces képis à feuilles de chêne peuvent-ils inspirer autre chose que du dégoût quand on voit des marins déserter leurs bâtiments, des volontaires se cacher dans Casablanca pour essayer de rejoindre les unités combattantes.

Comment ! L'homme qui, il y a deux jours présentait les troupes à de Gaulle et à Giraud était ce même général C... qui, il y a exactement trois ans, le 11 novembre 1940, capitulait à Libreville devant le bataillon du colonel Leclerc et était ensuite interné trois ans en A.E.F. On n'a trouvé que ça pour présenter les troupes... ?

Comment ! Pour commander le 2e Bureau du Corps Expéditionnaire du maréchal Juin, que nos hommes ont surnommé Juin 40, on n'a trouvé que Monsieur Boisson, nommé chef de bataillon *au choix*. Mais il est vrai qu'il a défendu Dakar contre les Français qui n'avaient pas voulu céder aux Allemands...

Le colonel de La Villéon dînait mercredi chez le Général. Il n'est pas Français Libre, mais si tous les autres étaient comme lui il n'y aurait pas de problèmes.

Il nous raconte avoir assisté à Vichy, en 1941, à une grande conférence chez le maréchal. Pétain déclare avec chaleur que *« le devoir des Français est d'apporter toute l'aide qui est en leur pouvoir aux Allemands, nos véritables alliés, etc. »*. Consternation dans l'auditoire. A la sortie, les gens se regardent atterrés, et le général Bridoux laisse échapper d'un air navré :

– *Le malheureux, il n'aurait jamais dû dire ça ! Aujourd'hui il a pensé tout haut.*

**17 novembre 1943 – Temara**

Il y a eu une altercation dans la rue, à Rabat, entre un officier du *Centre d'état-major* et deux de nos soldats qui ne l'avaient pas salué.

A la demande du commandant du Centre, le Général y est reçu et fait un petit discours qui tombe dans une atmosphère de glace. Nous nous y attendions. Il ne mâche en effet pas ses mots et développe le thème classique : la confiance des hommes se gagne, les circonstances ont fait qu'aujourd'hui ce ne sont plus les galons qui inspirent le respect, mais les titres de ceux qui les portent. Il vous appartient de redonner à vos galons et aux galons en général, le prestige qu'ils ont perdu.

**24 novembre 1943 – Temara**

Le Général revient d'Alger où il a passé quatre jours. Tout le monde y est occupé par les vilenies que nous font les Anglais depuis trois semaines en nous contrecarrant à Alger et au Liban. Churchill fait escale à Alger sans descendre à terre, et ne voit que le général Georges !!!

La presse est déchaînée et il paraît que le Général de Gaulle est allé jusqu'à menacer de donner sa démission si les manœuvres de nos alliés ne cessaient pas ; la question intérieure n'est rien pour lui à côté des difficultés extérieures.

De l'armée, les nouvelles ne sont pas meilleures. Il n'est question que de caser ses petits amis, de distribuer des étoiles et des commandements... Ils n'ont rien compris et c'est toujours la mare aux crabes.

Notre avenir à nous ? Ce que m'en dit le Général console du reste. L'ennuyeux est que je ne puis rien en dire et c'est agaçant de voir les gens se tortiller d'inquiétude sans pouvoir prononcer les quelques mots qui pourraient les rassurer.

Boissieu me rapporte un mot du Général de Gaulle au cours d'un dîner intime chez lui, à Londres en 1941. On parle d'André Philip qui venait d'arriver à Londres. Quelqu'un se récrie :

– *Tout de même, mon général, vous n'allez pas le garder !*

– *Pourquoi pas ?*

– *Mais, mon général, il a un nom fâcheusement connu, cela va faire très mauvaise impression.*

Alors, le Général avec une condescendance ironique :

– *Enfin, mon cher Untel, vous ne croyez tout de même pas que je vais vous ramener le Front Popu ?*

**26 novembre 1943 – Temara**

Hier, à déjeuner, le Général parle de politique étrangère avec beaucoup de pessimisme. Il envisage deux hypothèses : ou bien l'Angleterre estime que l'Allemagne n'est plus une puissance ou bien elle la considère encore comme une force avec laquelle on doit compter.

Dans le premier cas, Churchill verra dans la Russie le véritable danger. Or, avec le développement de l'arme aérienne, la France n'est plus la défense naturelle de l'Angleterre. Si la frontière anglaise doit être sur le Rhin, Londres cherchera à diminuer la France, de façon à l'empêcher de gêner les évolutions des armées et de la R.A.F.. En pareil cas, le Général de Gaulle est un obstacle majeur, ce qui peut expliquer cette rage d'opposition qu'il rencontre en Angleterre et aux Etats-Unis où l'on considère non sans raison les autres généraux, Giraud et Cie, comme plus faciles à manier. Tristement facile à développer...

Si au contraire l'Allemagne représente encore quelque chose aux yeux de nos alliés, peut-être alors ne feront-ils pas obstacle à notre relèvement.

**3 décembre 1943 – Temara**

Quelqu'un demandait au Général, il y a quelques jours, le secret de ses succès depuis trois ans. Réponse :

– *L'absence de téléphone et l'éloignement de toute autorité supérieure...*

Je rends visite au général Lahure qui a été mon chef autrefois, avant 1940. Il n'émet aucune opinion sur la situation actuelle, mais me dit seulement que la seule fois où il a parlé du Général de Gaulle à Giraud, celui-ci a sorti l'histoire de la guillotine dressée sur chaque place de village... Décidément c'est pour lui une obsession au point qu'il se trompe de général.

Le Général ne peut se détourner de ses soucis. Même après le départ des invités, je le trouve, en rentrant de les avoir accompagnés à leurs voitures, réinstallé dans son fauteuil, le visage las, et il recommence à se lamenter.

Je ne devrais pas en être excédé. C'est une chose magnifique qu'un chef aussi totalement absorbé par le soin de ses hommes et le service de son pays, au point de ne jamais pouvoir penser à autre chose dès qu'il a un instant de repos. Toute la journée, sa division et quand le travail est fini, la France.

Les verres vides traînent sur la table, les fauteuils sont en désordre, et dans le silence pesant qui nous entoure, la voix triste reprend, pour la centième fois :

– *Alors, Girard, qu'est-ce que vous pensez de tout ça... ?*

J'aimerais ne pas en parler pendant quelques jours.

Le commandant de Boissoudy a été nommé membre de l'Assemblée Consultative. Aujourd'hui, pendant que je bavarde avec lui dans une antichambre de la résidence, j'aperçois G... qui accroche dans son bureau voisin deux portraits de Pétain et une photographie dédicacée de Noguès.

**9 décembre 1943 – Temara**

Ce matin à Casablanca pour voir des écoles à feu. Avant de nous y rendre, passons voir le colonel Blanc dont le bureau se trouve dans l'immeuble de la compagnie Paquet, siège d'innombrables bureaux militaires.

Pendant que le Général est chez Blanc, j'arpente le hall et y remarque deux affiches qui se font pendant de part et d'autre de la porte d'entrée. Elles représentent le haut de la célèbre statue de la Liberté éclairant le monde. Au-dessus, ces mots, si je me souviens bien : « *The allied States are fighting for freedom* ». Et au-dessous une cinquantaine de drapeaux, ceux manifestement des pays qui combattent aux côtés des alliés pour la cause de la liberté.

Machinalement je cherche le drapeau français. Je le trouve. Il est le premier, mais curieusement, il n'est pas dans une rangée, il est en dehors et il n'est pas souligné, comme les autres, par le nom du pays correspondant. Je m'approche et constate... qu'il a été collé... rajouté... qu'il ne figurait pas sur l'affiche originale !

C'est-à-dire que sur cette affiche imprimée aux Etats-Unis figuraient l'Ethiopie, le Guatémala, le Chili... mais pas la France, et tous les jours des officiers français passent devant *ça* sans en crever de honte.

**14 décembre 1943 – Temara**

Il fait un temps de cochon. Hier, il y avait une manœuvre d'escadrons de chars. Nous y allons en command-car, secoués comme des pruniers. Une bonne averse salue la dernière critique où Branet qui planchait, déclare qu'avec le système de transmission actuel, ses chefs de pelotons sont incapables de parler à leurs chars. Le commandant des transmissions rétorque qu'il n'y a pas moyen de faire autrement, mais le Général avec beaucoup d'humeur prend le parti de son chef d'escadrons. Nous rentrons absolument gelés. J'essaie sans succès de faire du feu dans la cheminée, mais elle fume atrocement.

**18 décembre 1943 – Temara**

Hier soir, le Général m'a dit, après dîner :

– *Ce qui nous a manqué dans la France combattante, c'est un bon colonel de cavalerie.*

**23 décembre 1943 – Temara**

Encore une école à feu ce matin. Le colonel Crépin n'est pas toujours d'un abord commode, mais il connaît son affaire.

Le colonel Malaguti est appelé à Alger où lui sera indiquée sa *nouvelle destination*. Le Général ronchonne à cause du procédé mais je me demande s'il en est si fâché. Le colonel est venu aujourd'hui, s'est déclaré furieux de cette histoire et bien décidé à ne pas exécuter, dût-il avoir trente jours d'arrêts. Il dit avoir reçu un coup de téléphone d'Alger au milieu de la nuit pour lui annoncer qu'il était demandé, selon ses propres termes, comme *adjoint au troisième larron*, ce qui signifie chef d'état-major du général de Lattre qui vient d'arriver à Alger.

**24 décembre 1943 – Temara**

Il y a quelques jours, la division a été inspectée par le général Desré accompagné de M. Froment, président de la commission de l'armée.

La plupart des chefs de corps s'étendent sur leurs efforts pour améliorer le confort bien précaire, de leurs hommes.

Mais le colonel R..., après avoir fait visiter son bivouac qui présentait les mêmes lacunes que les autres, annonce avec un sourire prometteur :

– *Et maintenant, mon général, je vais vous montrer ma dernière réalisation, MA popote.*

Effectivement, deux grandes tentes réunies, avec une maçonnerie jusqu'à 1,50 m du sol, portes en bois, fenêtres, électricité, cheminée ! ...

V... à qui je raconte cette scène inattendue sourit aux anges dans sa barbe :

– *Mon cher, vous ne savez pas le plus beau... vingt minutes avant l'arrivée du général Desré, le colonel R... bavardait avec X... au carrefour. En le quittant, X... lui a dit d'un ton suave : "Et bien entendu, mon cher R..., si vous voulez faire plaisir au général, montrez-lui votre popote".*

**2 janvier 1944 – Temara**

Hier soir, visite du général de Lattre. Les officiers présents dans les bivouacs ont été convoqués pour le recevoir. Ils commencent à arriver vers 6 heures du soir lorsque nous apprenons que de Lattre aura deux heures de retard. J'improvise un buffet pour faire patienter tout ce monde. Envahissement de la villa vers 6 heures et demie, le Général sort et se dirige vers la route où la compagnie d'honneur attend stoïquement. Il n'a pas fait vingt mètres qu'un commandement « *Aux Armes* » retentit et qu'une voiture à fanion apparaît sur la route.

– *Bon Dieu ! c'est lui*, s'écrie le Général qui prend le pas gymnastique. Tout le monde suit.

Arrivée devant la compagnie, la voiture le dépasse en ralentissant, s'arrête à quelques mètres et l'on voit en descendre le colonel Dio, confus mais hilare.

Le Général se tord de rire.

De Lattre arrive finalement vers sept heures et demie et salue les officiers à la lumière des phares. L'on se rassemble ensuite sur la terrasse de la villa et là, dans la vague clarté du clair de lune, devant le mât de pavillon où flotte la flamme à croix de Lorraine, le général de Lattre, en marchant lentement de long en large, s'adresse aux officiers :

– *Je suis venu vous voir parce que vous êtes maintenant sous mes ordres. Je veux vous dire pourquoi... j'ai la prétention d'être un "chef...".*

Il parle de sa captivité, de son évasion.

– *J'ai eu le temps de "voir" la France d'aujourd'hui, de réfléchir, d'étudier... je suis à même, mieux que personne, de juger en connaissance de cause. Je me suis évadé seul, je ne dois rien à personne et suis donc pleinement indépendant et c'est dans ces conditions que je suis venu en Afrique du Nord pour me mettre aux ordres du Général de Gaulle.*

Un silence. La haute silhouette passe lentement devant nous. Puis :

– *Nous avons un général commandant en chef, le général Giraud. Il a été mon ami, il a été mon chef. Je lui obéirai sans restriction.*

Puis il parle du ministre de la Guerre :

– *Je m'efforcerai d'être le dénominateur commun entre le Général de Gaulle, le général Giraud et le ministre de la Guerre.*

Il dit aussi :

– *Je suis un soldat... pas de politique...*

Au début, il avait dit sa fierté d'avoir la division sous ses ordres :

– *Je sais ce que vous avez fait, je vous connais bien, tous.*

Il avait parlé de votre jeune chef ... *« dont le nom sera désormais illustre dans les fastes de la France... »* également de la gloire *« de ceux qui n'ont jamais capitulé ».*

Je ne puis me rappeler tout, rien que des bribes, mais je ne m'attendais pas à une profession de foi aussi nette.

Dîner détendu et sympathique après lequel la conversation s'éteint peu à peu autour de de Lattre qui reste seul à parler. Il affirme que la France *"vomit"* son armée, qu'elle a connu la défaite et l'humiliation de l'armistice, la trahison d'une troupe et de cadres subalternes magnifiques par des chefs indignes, qu'elle n'acceptera plus jamais cela. La même chose pour l'armée d'Afrique du Nord.

Ici le colonel de Langlade esquisse une remarque, mais de Lattre le coupe :

– *Des gens qui ont vraiment voulu continuer, en Afrique du Nord, il y en a peu, et puis la France l'ignore, c'est ainsi...*

Ce soir, à dîner, le Général me dit qu'il a craint une discussion inutile et a fait, à ce moment-là les gros yeux au colonel. Il ajoute en riant qu'il aimerait bien savoir si c'est pour ça que le colonel s'est arrêté net.

Toujours est-il que de Lattre enchaîne sur la nécessité pour l'armée de se transformer de fond en comble du point de vue moral. Les Alliés nous ont accordé, c'est chose faite, le droit de participer à la libération du pays, mais la France, elle, ne s'est pas encore prononcée. Il faut mériter cet honneur et, pour cela, prouver que l'on a vraiment compris, prouver que le seul but que l'on poursuit est la libération du pays, et non un retour à la facilité d'autrefois.

Il parle ensuite des horreurs de l'occupation, des hontes de la collaboration, des mauvais traitements des occupants.

Il raconte que lorsqu'il était à demi-mourant, (était-ce d'une pneumonie ?), sa femme avait demandé à voir le Maréchal pour obtenir qu'il soit traité avec plus de ménagement au nom des services qu'il avait tout de même rendus à la France comme soldat, et que le Maréchal avait refusé de la recevoir.

– *Il faut qu'on sache ça, vous comprenez...*

Devant la mine consternée d'un des convives, il insiste sur le divorce entre le peuple et son armée.

– *C'est peut-être injuste, mais c'est un fait.*

Ce matin, à l'invitation pressante du Général, il visite quelques bivouacs RMT, RMSM, 12e R.C.A., 40e RAMA.

Ce soir, le Général me confie que, par deux fois, de Lattre lui a demandé d'intervenir auprès de Billotte qui, d'après lui, lui mettait des bâtons dans les roues. « *Vous devriez, vous qui le connaissez bien, lui dire qu'il ne faut pas faire ça. Vous comprenez, moi je joue le jeu franchement, avec sincérité. Non, il ne devrait pas faire ça* ». Il avait ajouté que, contrairement au colonel Billotte, il n'était pas partisan de la démission de Giraud. Il voudrait « *jouer franc jeu* » à la fois avec le Général de Gaulle et avec le général Giraud. Le Général, assez embarrassé par ces ouvertures, a répondu qu'il ne demanderait pas mieux que d'effectuer cette démarche, mais qu'il serait préférable qu'il expliquât tout cela lui-même à Billotte. La suggestion n'aurait pas eu l'air d'enthousiasmer son interlocuteur.

Le Général conclut, en hochant la tête, que la position du colonel Billotte doit être assez difficile maintenant que tous ces personnages beaucoup plus gradés et anciens que lui rejoignent successivement Alger. « *Il devrait demander à prendre un commandement* ». Il est exact qu'en ne le faisant pas, il donne des arguments à ceux qui l'accusent d'ambition, mais, comme dit le Général, ce n'est pas un reproche à faire à qui a l'intelligence de ses ambitions.

**Lundi 3 janvier 1944 – Temara**

Le Général passe dans les différentes unités rassemblées et leur adresse ses vœux pour 1944.

– *J'ai tenu à venir le faire en personne pour souligner l'importance des heures que nous allons vivre... l'année 1944 sera l'année de la libération... Vous aurez votre rôle à jouer, je peux en donner désormais l'assurance, mais je ne vous indiquerai ni le lieu ni la date... N'attachez aucun crédit aux "lanceurs de bobards". La décision qui sera prise, vous l'ignorerez... Ce dont vous pouvez seulement être sûrs, c'est d'avoir votre place au combat... Alors ? eh bien, de même que dans une équipe de football l'incapacité d'un joueur compromet la victoire de l'équipe, de même dans l'armée moderne et en particulier dans une division blindée, chacun doit connaître son métier à fond sous peine de compromettre les efforts de tous, d'ailleurs nous aurons notre récompense... ceux qui ont délivré Gabès et Tunis ont vécu des heures inoubliables, elles ne sont rien à côté de celles que nous vivrons en délivrant les villes de France. Le Général de Gaulle m'a dit, il y a quelques jours, qu'il avait confiance dans la 2e D.B., et j'ai répondu que la division se montrerait digne de cette confiance. Je vous demande de ne pas me donner de démenti...*

*Je m'adresse surtout aux nouveaux arrivés. Les anciens, je les connais, je suis sûr d'eux. Je demande aux nouveaux de se montrer à la hauteur de leurs anciens...*

*Il faut donc travailler... Que chacun soit bien conscient de sa responsabilité personnelle et de l'importance de son rôle, quel qu'il soit.*

*L'objectif que j'ai fixé à ceux qui sont partis du Congo avec moi il y a trois ans était Strasbourg. Mon vœu pour 1944 est d'atteindre cet objectif.*

Le colonel Rémy parle au Général d'un incident qui s'est produit vendredi au Balima. A déjeuner, je dis au Général ce que j'en sais en tâchant de minimiser l'incident et d'atténuer les responsabilités. Mais le seul nom du personnage central le hérisse.

– *Les seuls qui me donnent des emm... sont toujours ces spahis. C'est agaçant, alors qu'il y a quatre ou cinq capitaines excellents dans ce régiment !*

Il peste encore quelques instants et s'irrite que cette unité ait, dit-il, ses entrées chez le Général de Gaulle grâce à un de ses officiers.

Parlant des femmes, il me dit que le véritable visage des maris se dévoile lorsqu'on connaît leurs femmes. Il commente en riant :

– *J'ai dîné un jour avec la femme du général K... J'ai compris ce jour-là qu'il ne m'aimait pas. Si elle avait pu me bouffer, elle m'aurait bouffé !*

En rentrant d'Alger, le 1er janvier, le Général m'a dit qu'il y a deux solutions pour la division : la première est d'être indépendante et à la disposition d'Eisenhower pour rentrer en France par le nord-ouest via l'Angleterre. Mais les Anglais demandent une division d'infanterie alors que le Général de Gaulle voudrait faire admettre le principe d'une division blindée, la nôtre. La seconde solution est d'être mis sous les ordres du général de Lattre pour rentrer en

France par le sud. Depuis vendredi nous faisons partie de l'armée de Lattre. Nous verrons bien.

Il semble que de Lattre ne soit pas d'accord avec Billotte sur la question des divisions blindées. Son armée en a trois, la 1ère, la 2e et la 5e.

Il voudrait aussi la 3e, que Billotte veut dissoudre. Le Général est très ennuyé et pense que Billotte aura profité du voyage d'inspection de de Lattre pour faire passer la dissolution de la 3e D.B.

Il n'y a pas non plus accord parfait entre le général de Lattre et notre génésuper, le général Desré. Je n'en suis pas surpris. Ayant appris hier à l'officier d'ordonnance de Desré que nous faisions désormais partie de l'armée de Lattre, cet officier m'a dit aussitôt :

– *Alors je vous plains, vous allez être emm... sans arrêt.*

J'ai répondu que nous étions là pour ça et ai laissé mon interlocuteur s'éloigner avec sa Légion d'honneur gagnée, il s'en vante, pour avoir descendu plusieurs Américains.

Quand je dit cela au commandant de Guillebon, il lève les sourcils :

– *Plusieurs ? Mais c'est déjà très bien... il y en a tant qui l'ont eue sans en avoir descendu aucun.*

**4 janvier 1944 – Temara**

Le point noir dans la mise sur pied de la division reste le manque de canons. A Alger, la semaine dernière, le Général est allé voir l'officier américain responsable. Ses fiches sont parfaitement à jour ; elles portent 8 canons sur 54.

– *C'est exact, nous en avons huit, mais où sont les autres ?*

L'Américain assure que nous les recevrons puisqu'ils ont été *assignés*, mais il va sans doute falloir les faire venir des Etats-Unis. Combien de temps ? un mois à un mois et demi

Le lendemain, le Général est appelé par le général Leyer qui lui dit :

– *J'ai une bonne nouvelle à vous annoncer. Vos canons sont retrouvés, ils sont en Sicile. L'ordre a été donné de vous les verser.*

– *Oui, da, mais qu'est-ce qu'ils faisaient en Sicile ?*

Le Général raconte l'histoire de hier à la réunion des chefs de corps. Le commandant Clerc déclare aussitôt qu'il vient d'être prévenu par téléphone que 40 tubes nous attendaient à Oran. Brouhaha, applaudissement, Crépin exulte.

– *C'est très joli, très rapide et tout*, commente le Général le soir, *mais si je n'étais pas allé à Alger tirer mon brave Américain par la manche, quand diable aurions-nous eu nos canons ?*

Une autre question qui nous donne du souci est celle des pièces de rechange. Le commandant Clerc, à qui de Lattre posait la question, lui a répondu, à peu de choses près, que le service des matériels d'Alger était dirigé par un parfait imbécile. De Lattre n'a pas paru étonné, au contraire :

– *Oui... bon... tout le monde me dit la même chose...*

Hier soir comme le colonel Warabiot évoque encore une fois la question à la réunion des chefs de corps, Clerc se lève, et de sa voix nette :

– *Mon Général, devant les difficultés actuellement insurmontables que je rencontre pour me procurer des pièces de rechange, j'ai décidé d'en faire fabriquer. On doit commencer dans quelques jours la fabrication de carters de chars et de pistons de half-tracks.*

– *Fabriquer ?* s'étonne le Général, *mais comment ?*

– *Je suis entré en rapport avec une usine de cars et ça va marcher dans quelques jours.*

Le Général exulte, il félicite Clerc avec chaleur, c'est dans la bonne tradition. En sortant, il jubile encore :

– *Voilà des initiatives qui me plaisent. Ces crétins d'Alger, lorsqu'ils apprendront ça, en auront la jaunisse.*

Je viens de recevoir le carnet de vol du Général pour 1942. Quand on le feuillette, on comprend tout, cette inlassable activité, ce rôle de chien de berger, courant ci, passant là, couvrant des milliers de kilomètres pour donner l'impulsion au moment important. Du 14 décembre 42 au 28 janvier 1943, j'ai pris l'air 18 fois avec lui et volé trente sept heures. Il en a fait davantage, tout cela dans le vieux *Potez* branlant dont je me demandais au début, lorsque le moteur se mettait en marche, s'il allait perdre ses ailes.

### 10 janvier 1944 – Temara

Le Général est très mécontent. Un télégramme d'Alger lui a annoncé ce matin la mutation à la 1ère D.B. du chef d'escadrons N... qui est arrivé à la division il y a à peine un mois. La 1ère D.B. est formée depuis longtemps et dispose d'effectifs considérables. Le Général se répand en commentaires sévères à l'adresse d'Alger :

– *Ces bureaux n'ont rien appris. Ils continuent à faire du papier pour faire du papier. Depuis trois mois j'ai envoyé, je ne sais combien d'officiers à Alger. Aucun n'est venu de là-bas pour nous voir. Ils ont des méthodes périmées. Ils devraient envoyer constamment des officiers en tournée, au Maroc, en Tunisie, et pour chaque bureau. En rentrant ils auraient au moins quinze jours de travail pour classer et exploiter les résultats de leurs inspections, et ils sauraient de quoi ils parlent. Au lieu de ça, ils travaillent de loin, sans rien voir.*

*Ils viennent de m'envoyer cette semaine un papier me demandant d'étudier la mise sur pied d'un Centre d'Instruction Divisionnaire alors que mon C.I.D. fonctionne depuis trois mois et en est arrivé au point où sa liquidation progressive est envisagée*

*... Non, voyez-vous, j'aurais cent fois préféré être mis sous les ordres de Montgomery, parce que je crois que les états-majors britanniques sont supérieurs, de très loin, aux états-majors français. Je ne dis pas les généraux, je dis les états-majors.*

Comme nous parlions du général de Lattre, je lui dis que la 1ère DMI semblait être maintenant sous ses ordres.

– *Ah bon... et pourquoi tient-il tant à conserver la 3e D.B.*

Il rit :

– *Il m'a dit : "Je tiens essentiellement à ce que Giraud reste en place". Il veut le garder comme soliveau et pendant ce temps il attire tout à lui.*

Un silence.

– *Je me fiche d'être aux ordres d'un tel ou d'un tel pourvu que je sois employé sans arrière-pensée. Non, voyez-vous, finalement, j'aurais cent fois préféré...*

Et il revient aux défauts des bureaux d'Alger.

Ce soir, vers sept heures, le Général m'appelle et je le trouve avec deux aviateurs récemment arrivés d'Espagne. Deux gosses trompés comme d'habitude et engagés dans l'aviation à coup de fausses promesses. Je m'étais déjà occupé d'eux il y a quelques jours pour essayer de les faire entrer à la division.

Ce soir, le Général me dit :

– *Voilà. Ces deux gosses sont revenus parce que, depuis qu'ils sont rentrés à leur dépôt, on leur fait une vie impossible, on les brime, on leur arrache leur croix de Lorraine, etc.*

– *Alors vous allez faire un petit papier pour le colonel Dio et lui dire que je les lui envoie.*

– *Je les garde.*

C'est tout vu, le Général se laisse entraîner par sa bonté, par son impulsivité, et va se mettre dans son tort. Il le sait et mon silence l'exaspère.

Comme je me disposais à partir, croyant qu'il avait terminé, il me rappelle, cette fois tout à fait en colère

– *Ne vous en allez pas comme ça, et ne prenez pas votre tête de protestant quand je vous dis quelque chose qui ne vous plaît pas...*

Que dire ? C'est vrai, mais le problème n'est pas là. Je reste figé. Il me regarde un instant, pourpre :

– *Ah ! vous êtes tous les mêmes...*

et il tourne les talons en frappant le sol de sa canne pour ponctuer un *« Bande de salauds »* furieux.

Je descends au bureau et commence à écrire la lettre au colonel Dio après avoir donné l'ordre au chauffeur de préparer une voiture. Le Général entre, et ouvre la porte du bureau de Boissieu en me jetant un *« Venez ici »* peu amène.

Il est assis dans un fauteuil, réfléchit.

– *Pourquoi avez-vous pris cette attitude intolérable ?*

– *Mon Général, avez-vous confiance en moi ?*

Il hausse les épaules :

– *Mais oui.*

Alors je lui rappelle la difficulté du travail de son 1er bureau. Tout le monde nous a accusés et nous accuse encore de pratiquer des méthodes de débauchage. Par bonté, il va donner prise à la critique. Ces militaires se sont mis dans leur tort. Ils ont quitté leur unité. Il va couvrir une désertion. Je sais très bien que ces gosses sont excusables. Je comprends parfaitement son point de vue et le pire est bien que je sois d'accord avec lui sur le fond. Mais il est général...

Toute colère est tombée. Du ton le plus calme il me dit de prendre rendez-vous demain avec le commandant de l'Air auquel il ira expliquer l'affaire et dire qu'il garde les deux gosses.

– *Dans ces cas-là,* conclut-il, *ne prenez pas cette attitude, mais exposez-moi vos objections.*

**14 janvier 1944 – Temara**

Ce matin, nous devions être à 8 h 45 au terrain d'aviation de Rabat pour le départ du général de Lattre. Mais était-ce celui de Salé ou des Zaers ? Le chef d'état-major m'avait dit Salé. Nous arrivons à 8 h 42 et y trouvons Weil et Guillebon qui attendaient leur *Douglas*. Ils nous disent :

– *Erreur ! le général part de Rabat-Zaers.*

Nous sautons en voiture et fonçons.

Sur le terrain des Zaers, un peloton de Spahis, des colonels d'aviation, parmi lesquels La Horie qui s'avance vers le Général :

– *Mon général, il y a contre-ordre, je suis désolé, mais le général de Lattre partira de Rabat-Salé.*

– *Voici d'ailleurs son avion qui vient le chercher, je vais l'aiguiller sur Salé.*

De retour à Salé, le terrain grouille d'huiles variées. Attente de quarante minutes, puis arrivée de la vedette. Entretien avec le Général et départ. Le Général a l'air très satisfait de cette brève entrevue. L'espoir renaît.

J'étais avec le colonel Allais lorsque le général Cornet s'approche et nous manifeste sa surprise de voir le territoire prendre tellement au sérieux les rumeurs qui circulent depuis quelques temps sur la sécurité du Maroc.

Ce soir, dernier amphi du colonel Lagarde au centre d'études militaires. Le Général trouve qu'il s'élève un peu trop haut.

– *Très intéressant, reconnaît-il, mais pas assez pratique. Du grand style du temps de paix.*

Le capitaine de Dampierre, impeccablement mis et toujours très aimable me parle de la visite que le général de Lattre vient de leur faire. Il s'irrite de ce que de Lattre soit revenu sur la question interdite en menaçant de ses foudres ceux qui *« s'il y en a encore parmi eux, critiquent des camarades parce qu'ils portent la croix de Lorraine »*.

– *Mais tout le monde l'admet,* s'indigne Dampierre, *pourquoi nous parler "encore" de cela.*

Je demande doucement à mon interlocuteur s'il croit que de Lattre s'adressait aux officiers subalternes.

Il me rapporte ensuite cette conversation de de Lattre avec un officier qui a servi 18 ans dans la Légion

– *Où allez-vous ?*
– *En Italie.*
– *Oh ! Mais pas du tout, je vous prends à mon état-major.*
– *Mais l'ordre est signé du général Leyer.*
– *Qui ça, dites-vous ? Leyer ? Ah ! oui... Leyer. Mais, mon bon ami, qu'est-ce que ça peut bien faire ? Leyer ? Leyer ? Mais ça n'est pas lui qui commande, c'est moi... Allez, un tel, prenez note...*

Ensuite un passage de son discours, ponctué de silences :

– *Messieurs, ce qu'il faut maintenant... ce sont des officiers nets... sans reproches... des hommes dont l'épée soit sans tache... Je suis un de ceux-là.*

Du grand théâtre.

Cela me rappelle, en plus emphatique, ce qu'il nous avait dit à dîner à Temara il y a quelques temps. J'en avais été ému, à l'époque, à cause de quelque chose d'énergique et de décidé qui n'avait pas senti, ce jour-là, l'artifice :

– *Messieurs... j'ai la prétention d'être un chef...*

C'est un peu du Victorien Sardou, mais tant pis, c'est sans doute que je suis sur cette longueur d'onde en ce moment.

**15 janvier 1944 – Temara**

Le Général raconte que M. Froment, qui est passé ici il y a quelques semaines, s'est évadé de France en même temps que le général de Lattre. Ce dernier, à l'époque, circulait incognito. Froment et plusieurs de ses amis, attendaient avec de Lattre l'avion qui devait venir les chercher et ne vint pas. Ils l'attendirent huit jours, cachés dans une grange. Et pendant tout ce temps, ils parlèrent. De Lattre, sous son incognito, se renseigna sur la situation, demanda des précisions. De Gaulle ou Giraud ? Froment et ses amis décrivirent de Gaulle, soulignèrent la différence. Il s'obstinait : *« Mais enfin, tout de même Giraud ? »*

Les autres tentèrent de le convaincre mais, semble-t-il, en pure perte. Il restait fidèle à Giraud, quoiqu'en reconnaissant, il est vrai, les mérites du Général de Gaulle.

A Londres, l'incognito fut levé et Froment et ses amis assistèrent, non sans surprise, au spectacle du général Delattre pendant un banquet proclamant à l'univers sa fidélité au Général de Gaulle en qui il avait toujours eu la plus aveugle confiance et qu'il avait suivi comme une ombre depuis trois ans. Peut-être était-il de bonne foi ?

Le Général a reçu cet après-midi Monsieur de Tocqueville. Celui-ci avait dans sa poche la lettre que le général Georges écrivit à M. Le Troquer après le fameux discours.

– *Les arguments qu'il donne ne sont pas neufs*, dit le Général. *D'abord il nie tout. Il déclare que ce n'est pas la faute de l'armée mais celle du Gouvernement. En fait il y a de la faute des deux. Quant à la lettre, non, ça n'est pas ça. Elle est moche. Aucune classe.*

**20 janvier 1944 – Temara**

A quoi tiennent les choses ? A son arrivée à Londres, le Général avait été affecté par le Général de Gaulle à la Légion Etrangère. Mais, ajoute-t-il en riant, le colonel Magrin-Vernerey, apprenant cette affectation au téléphone, l'avait refusée :

– *Quoi ?... Qui est-ce ?... Non, ce n'est pas un vrai légionnaire, je n'en veux pas.*

C'était son droit le plus strict, mais du coup Leclerc resta à Londres et se trouva sur place lorsque Boislambert et Pleven cherchèrent à s'adjoindre un officier de carrière pour leur mission en Afrique...

Bavardage d'après-dîner. La brigade du colonel Mons n'arrive pas à monter du Tchad pour nous rejoindre. Le Général regrette que le général Koenig ne parvienne pas à la sortir de là. Il ajoute avec mélancolie, que ceux qui sont restés au Tchad doivent probablement le considérer lui aussi comme un lâcheur, et Dieu sait cependant qu'il a fait ce qu'il a pu pour les repêcher.

Le colonel de Langlade a vu son gendre, La Tour. Celui-ci est ennuyé : le général Giraud ne tournerait plus rond du tout. Il songerait, dit-on, à débarquer tout seul à Golfe Juan, comme l'Empereur, avec quelques tabors et quelques vagues compagnies venues de Corse. En racontant cela, le Général éclate de rire :

– *Non, vraiment ce pauvre Giraud ! Il est bien fatigué.*

Nous en venons à l'agitation qui régnerait en ce moment au Maroc. Il y a eu une réunion nocturne avant-hier chez le général Desré, au cours de laquelle le Général a demandé, timidement... si vraiment la question avait un caractère de réelle gravité. Il s'est fait aussitôt rabrouer par Desré et le général Suffren, commandant à Fez, lequel estime que la situation est *désespérée*. Le colonel Lagarde était beaucoup plus calme.

Le Général apprécie le discours prononcé par le Résident. A la réunion d'avant-hier, ajoute-t-il, le général Desré avait présenté le Résident comme entièrement *knock-out*. Alors que lui-même, Desré, faisait preuve de la volonté de se battre et de l'enthousiasme les plus admirables.

Leclerc considère le Glaoui comme un des éléments les plus néfastes du Maroc.

**21 janvier 1944 – Temara**

Le père du Général s'est engagé à 52 ans comme cavalier de 2e classe au 11e Cuirassiers. C'était en 1914. Il était capitaine à la fin de la guerre et, pendant ces quatre années, il n'avait pas arrêté de chasser.

Le Général est de plus en plus préoccupé de l'attitude du colonel Malaguti non pas tant à cause de la difficulté de leurs rapports que parce qu'il gâte l'esprit du 501.

Le général Kingman, *missus dominici*, a passé la journée parmi nous. Il est charmant et impénétrable. Tir d'efficacité bien mince pour l'impressionner, tout juste honnête. En revanche, très bonne manœuvre de chars exécutée par Branet en coopération avec le 3/RMT.

Le temps était merveilleux. Le déjeuner sur l'herbe était sympathique et réussi, du moins si j'en crois cet excellent commandant Weil qui est expert.

Où est ma mère en ce moment ? L'anxiété s'enferme dans la pudeur. Un bateau s'éloigne et j'agite un mouchoir, mais depuis trois ans le bateau est toujours à cent mètres du quai et j'agite toujours le même mouchoir, un peu plus lentement. Les mots ne veulent plus rien dire.

**25 janvier 1944 – Temara**

Le lieutenant Bonnafous, du 12e Cuirassiers, se présente il y a quelques jours chez Person et lui demande une photographie du général Giraud. Etonnement du commandant de P. et des officiers de son bureau. Bonnafous explique qu'au mess de son régiment, il a placé une photographie du Général de Gaulle sur la cheminée qui a été construite sous la tente du mess. Le commandant N... a qualifié son geste d'inadmissible idolâtrie et l'a prié d'enlever la photographie. Quelques officiers ont fait remarquer que tout le monde avait été obligé pendant trois ans de fourrer partout des portraits du maréchal Pétain et qu'il n'y avait pas de raison de ne pas mettre aujourd'hui la photographie du Général de Gaulle à sa place. N... a fini par céder à condition que celle de Giraud lui fasse pendant. Aujourd'hui de Lattre vient nous inspecter. En entrant dans la popote du 12e Cuirassiers, il voit les deux photos dont le Général lui a raconté l'histoire dans la voiture... Il s'approche de la cheminée. Silence – puis il se retourne en souriant ;

– *Très bien... l'union sacrée.*

Toute la journée, le général de Lattre fait du charme. Il n'est qu'amabilités et sourires. Alaurent, qu'il nous a enlevé, et qui l'accompagne aujourd'hui, me confie, de cet air mystérieux qui lui est habituel :

– *Je peux vous le dire à vous, je n'ai encore rien vu d'aussi bien que la 2e D.B..*

De Lattre nous dit qu'à en juger par le contrôle postal, le moral de la division est magnifique. Il se déclare frappé par le fait que la division manœuvre sous le signe de la vitesse, que le travail se passe en souplesse avec aisance et entrain.

Selon son habitude, le Général ne manifeste rien. Il a son air renfrogné et ne s'en départit que lorsqu'on amène à de Lattre un officier qu'il aime bien et que cet officier fait bonne impression. Alors il sourit.

En allant cet après-midi à la manœuvre des transmissions, un char que nous nous disposions à dépasser se met brusquement en travers. Il y a un boum.

La Ford a plus de mal que le char. Nous continuons en command-car.

**26 janvier 1944 – Temara**

Ce soir, pour rentrer au 12e Chasseurs, le Général a pris le volant de la *Buick*. J'ai cru ma dernière heure venue. Il croit qu'il est possible de prendre des tournants à angle droit à 60 à l'heure, mais cette bonne *Buick* est moins obéissante que moi. Aussi le Général est-il tout étonné de se retrouver en dehors de la route...

**30 janvier 1944 – Temara**

Une demande pressante du colonel Malaguti fait rebondir la question de *l'insigne des chars*.

Le Général se rend personnellement au 501, réunit les officiers et leur explique qu'aucun insigne, pas plus celui des chars que l'ancre de marine ou que n'importe quel insigne de Corps, ne peut figurer sur les véhicules. Ils peuvent le porter à leurs bérets, l'imprimer sur leur papier à lettres, tant qu'ils voudront. Mais l'insigne de la division doit figurer seul sur les véhicules.

Ainsi l'incident se règle-t-il d'autant mieux que les officiers du 501 n'en demandaient pas, quant à eux, davantage.

– *Giraud est honnête et c'est incontestablement un excellent général, dit le Général ce soir, mais ces qualités sont compromises par une excessive vanité qui lui a fait commettre des erreurs irréparables.*

Il y a quelques jours, il précisait qu'à son avis Giraud avait fait énormément de mal à la France en contribuant à diviser son armée, et à travers elle, les Français.

Au 3e bureau, Gribius me raconte qu'il avait donné pour une affectation au 12e Cuirassiers, le nom d'un adjudant du 12e Chasseurs. En l'apprenant, le colonel de Langlade se fâche et proteste, comme tout chef de corps en pareil cas. Il se déplace même personnellement, pénètre dans la tente de Gribius et lui fait une scène. Gribius tente de le calmer en lui expliquant ses raisons. Il semblait que ce fût peine perdue lorsque tout à coup le colonel s'arrête, s'assied sur le tapis et se met à jouer avec le jeune chien de Gribius. Il accepte un verre d'apéritif tout en s'amusant avec le chiot. Puis se relevant, il soupire :

– *Ah ! Gribius ! le plus mauvais jour de ma vie est celui où j'ai accepté de vous envoyer à cet état-major. Depuis que vous y êtes, vous ne cessez de me jouer les plus vilains tours !*

Et tout souriant, il remonte en voiture.

**3 février 1944 – Temara**

L'agitation au Maroc ne se calme pas et l'on prévoit une recrudescence. Plusieurs détachements de la division sont déjà dans Rabat pour protéger les civils et l'on nous réclame encore un escadron de chars. C'est d'autant plus ennuyeux que la commission franco-américaine d'inspection du matériel va passer dans huit jours.

Le Général travaille après dîner avec Gribius à un exercice de cadres qu'il a décidé d'organiser.

**5 février 1944 – Temara**

Cette satanée affaire marocaine n'est pas terminée. Nos autos-mitrailleuses et nos fantassins bivouaquent encore dans les rues d'un Rabat consigné. Dans l'ensemble on sent plus d'affolement et de flottement que d'autorité.

En attendant un rétablissement problématique de la situation, les quelques malheureuses divisions que l'état-major général a tout de même réussi à mettre sur pied, doivent faire la police et interrompre leur préparation au combat. Tout cela parce que les unités de souveraineté, dont c'était le métier, ont presque toutes été envoyées en Italie.

**6 février 1944 – Temara**

Comme tous les dimanches depuis que nous sommes ici, le Général est allé à la chasse. Cette fois avec Guillebon. Il rentre à la nuit, crotté jusqu'à la nuque, moulu de bonne fatigue, enchanté d'avoir pataugé toute la journée. Ils ont tué à eux deux 20 bécassines et 6 canards.

**7 février 1944 – Temara**

L'histoire de fous continue. Samedi dernier, les autorités de Rabat avaient décidé de procéder aujourd'hui lundi à certaines arrestations et avaient demandé au Général de maintenir dans la ville les troupes qu'il avait été, en principe, autorisé à retirer.

Mais les Anglais et les Américains ayant exprimé leur satisfaction de la manière dont l'affaire avait été menée jusqu'à présent, et en particulier du petit nombre des arrestations effectuées, la résolution des autorités a faibli.

Sur ces entrefaites, le général Giraud s'est annoncé et a prévenu qu'il se proposait de visiter la Médina à pied. Prétexte en or pour annuler les arrestations projetées. Le résultat est que rien n'a été fait et que nos troupes restent sur place l'arme au pied.

Le général Desré a été appelé d'urgence à Alger. Le Général estime qu'il n'est pour rien dans la fâcheuse évolution de cette affaire et qu'il a été complètement court-circuité.

Là-dessus, un officier du service des matériels télégraphie d'Oran qu'il s'est fait répondre que la 2e D.B. n'avait pas de matériel à percevoir pour l'instant, parce qu'en vertu d'un récent accord entre l'état-major général et les Américains, cette division n'était plus considérée comme de première urgence. Le Général n'a pas l'air ému par cette étrange nouvelle.

Je reçois ce matin pour le Général un paquet de reproductions de journaux clandestins paraissant en France : *le Populaire, la Liberté, Patrie, le Patriote.*

Ce sont tous des organes du parti socialiste et du parti communiste. Je ne sais pas s'il n'y a qu'eux pour résister à l'occupation, mais ils paraissent certainement être actifs.

A qui la faute, dans ces conditions, s'ils revendiquent demain le haut du pavé ? A qui, sinon à tous ces pauvres myopes obnubilés par la crainte du communisme, qui finiront par rendre intolérables les mesures même les plus salutaires parce qu'elles auront été prises par un gouvernement à la merci de l'occupant.

Le Général est d'excellente humeur. Après le dîner, Lencquesaing lui apporte une lettre de sa femme.

**8 février 1944 – Temara**

Inspection du général Giraud. Hier soir, à Rabat, personne ne connaissait son programme. Le pauvre colonel Allais avait été assailli toute la journée de coups de téléphone, notamment du général C... qu'il compare sans ambages à un boisseau de puces.

Ce matin, enfin renseignés, nous allons chercher le Général commandant en chef à la résidence à 8 heures. Il visite successivement le 501, le 12e Cuirassiers, le 12e R.C.A., le 1er R.M.S.M. et enfin le 1er R.M.T. Tout se passe bien. A la fin, il réunit les officiers pour leur parler de ce qu'il a vu récemment en Italie. Il en ressort surtout que la partie sera dure.

Le Général n'a pas l'air satisfait. Quand je l'interroge, en rentrant, sur les raisons de son air sombre, il me répond que c'est encore le colonel Malaguti qui a trouvé moyen de faire une remarque qui ne pouvait manifestement que lui déplaire. Il vient d'ailleurs de le convoquer.

Ce matin, le Général était monté dans la voiture de Giraud, le colonel Malaguti était monté avec moi dans celle du Général et s'était répandu en soupirs et en lamentations qui s'accordaient très mal à sa prestance et ne m'avaient pas semblé convaincants le moins du monde.

A midi, grand déjeuner offert par Giraud à Fédala. Le Général, en y allant, observe qu'il se conduit toujours, à cet égard, avec la plus parfaite correction, tout à fait dans la tradition de Lyautey.

Il rentre de Fédala vers trois heures, enchanté. Giraud lui a confirmé que notre départ était décidé et qu'il était intervenu personnellement à ce sujet. Churchill en aurait fait autant et le général Marshall aurait accepté. Décidément l'atmosphère est à la détente. Le Général me dit avoir très agréablement bavardé dans la voiture, avec Giraud.

– *Il a été très aimable et il dit sur la guerre des choses très intéressantes.*

Le grand amour, en somme. Tant mieux, tant mieux. Les bisbilles sont tellement nuisibles et nous en avons tellement assez.

Un télégramme du général de Lattre attendait d'ailleurs le Général à son retour de Fédala ; celui-ci, prévenu trop tard de l'inspection du général Giraud, *s'excusait* de ne pouvoir être présent. de Lattre s'excusant auprès de la 2e D.B. ? Le Général, lui, est ravi. Il trouve cela *gentil*.

**9 février 1944 – Temara**

Exercice de cadres toute la journée. Passage du Kerifla. Le commandant Vézinet, commandant par intérim le Régiment de marche du Tchad, planche presque tout le temps et se fait remarquer par son calme et sa précision. Il parle posément, répond à toutes les colles avec pertinence. Parfaite maîtrise de soi et de son affaire.

A côté de son assurance tranquille, la nonchalance désinvolte et les mots d'esprit du colonel Malaguti sonnent faux.

Le Général avait tenu à emmener dans sa voiture deux officiers du Q.G. pour économiser leur transport. Le colonel Bernard désigne les deux officiers les plus volumineux de l'état-major.

Le temps est magnifique, presque trop chaud. Déjeuner sur l'herbe avec Guillebon et Laferrière. Gribius avait sorti son nouveau camion P.C. que tout le monde visite comme au salon de l'auto.

Au cours de l'exercice, le génie, décidément désireux de se prouver une arme combattante, émet à plusieurs reprises la prétention de s'avancer là où les bataillons de l'infanterie n'ont pas encore pu arriver. Le Général, de très bonne humeur, est obligé de calmer l'ardeur un peu téméraire du commandant Gravier.

L'escadron Savelli est rentré de Rabat. La ville n'est plus consignée

**10 février 1944 – Temara**

Après le dîner auquel étaient conviés Quilichini et Gribius, allons voir *Stalingrad*. Beau film, bien fait. L'énergie de ce peuple fait penser avec amertume à l'effondrement du nôtre. Ces gens-là *font la guerre* plus qu'aucun de nous ne l'a faite.

**11 février 1944 – Temara**

Ce matin au R.M.T. puis au Bataillon médical. Mme Conrad nous accroche au passage pour nous montrer sa *ruche*. Le Général accepte en souriant et la suit pour assister au spectacle inattendu de Boule Redier mettant le feu à une ambulance ! Un tout petit feu heureusement.

**12 février 1944 – Temara**

Ce matin au 501 pour les débuts de l'inspection Kingman. Remarquable présentation. Le Général est radieux et Kingman a l'air très satisfait.

**13 février 1944 – Temara**

L'inspection du général Kingman a bien commencé. Pas de souci important de ce côté-là. Je n'en dirais pas autant de la situation internationale. En Italie les choses vont mal. Roosevelt est sans doute trop préoccupé par les élections pour s'engager à fond. Mais cette bagarre en Italie est-elle bien utile ? Nous y perdons d'excellents soldats et des cadres dont nous ne sommes déjà pas riches. Ils nous manqueront demain. Le blanchissement de certaines étoiles nous coûte cher.

La situation n'est pas plus brillante à Alger. J'en parlais hier avec le Général. En 1940 à Londres j'avais déjà le sentiment que l'état-major fonctionnait cahin-caha. Il s'était évidemment constitué au gré des circonstances et la bonne volonté ne pouvait pas toujours tenir lieu d'expérience. Mais il y avait aussi des contre-courants.

Au Tchad, c'était différent, tout le monde tirait dans le même sens. Les échos qui nous parvenaient du monde extérieur ne nous troublaient pas. Ils faisaient sourire, avec parfois un peu d'amertume. On haussait les épaules et c'était tout.

Dès le retour en Afrique du Nord, dès la Tripolitaine, dès que les *gros bonnets* se profilèrent à l'horizon, le même sentiment de gêne lourde réapparut. De nouveau cette impression que les rouages de l'état-major grippent, que les transmissions se font mal, que l'impulsion manque.

Le Général le déplore une fois de plus. Si les responsables avaient fait leur métier, la division Brosset aurait déjà dû être engagée. Elle était déjà sur pied quand nous étions encore tout nus. Ils ne sont pas à la hauteur, ronchonne-t-il, ce sont des fumistes qui se paient de mots. Un tel, par exemple, avait assuré au Général de Gaulle, il y a quatre mois, que nous serions engagés en décembre. On ne s'avance pas de la sorte quand on n'est pas sûr de son fait.

Alors qui ? Je cite au Général le nom d'un officier qui m'a plusieurs fois donné l'impression d'avoir du caractère et du jugement : le général de Larminat.

Le Général est tout à fait de cet avis. Il pense que le Général de Gaulle aurait été bien inspiré en le prenant comme chef d'état-major. D'ailleurs le général de Lattre l'avait remarqué, et il s'y connaissait.

A ce propos, ajoute-t-il, de Lattre a également remarqué le colonel Malaguti. Il a tout de suite compris la situation.

Hier soir encore, après le départ des invités, le Général gémit sur la situation. C'est très ennuyeux pour la France si les Alliés *dégagent* aussi mal, etc.. Un peu agacé par le retour de ce refrain presque biquotidien, je fais remarquer qu'il est inutile de se mettre martel en tête pour des choses auxquelles on ne peut rien.

– *Oh ! cela ne m'empêche pas de dormir.*

– *Non, mais cela vous cause un souci constant.*

Il s'interroge. Si, il croit que l'on y peut tout de même quelque chose. Il fait le procès du déterminisme.

– *Certes, pour ce qui est de notre emploi, nous pouvons agir utilement, mais sur la marche des opérations en général, je ne vois pas que nous puissions exercer beaucoup d'influence.*

Le Général maintient son point de vue :

– *Ainsi, j'aurais pu, par exemple, renoncer à tout espoir de voir ma division engagée dans le nord-ouest de la France et me mettre entièrement à la disposition du général de Lattre...*

Les yeux fixés sur le tapis, je vois la question se présenter sous un jour nouveau.

**14 février 1944 – Temara**

Suite de l'inspection. Le 12e Chasseurs que nous voyons ce matin s'est parfaitement présenté, bien qu'il n'ait pas eu la chance de bénéficier de l'emplacement étonnant qui a permis au 501 de faire feu des quatre fers. Je n'ai pas vu le 12e Cuirassiers, mais on dit qu'il a aussi été remarquable. Les spahis avaient fait un gros effort et le résultat a été excellent. La présentation était simple et de bon goût. L'impression générale est très bonne et les grands arborent l'expression détendue des gens satisfaits au cours du déjeuner au G.T. Langlade, où ce dernier se montre plus aimable et charmant que jamais.

A quatre heures, nous allons voir les pelotons de protection, puis le Général va à la péniche où Mme Conrad abreuve les membres de la commission. Le soir, grand dîner chez le Général avec Kingman, l'Huillier, Mitchell, etc.

Bergé produit un repas simple mais excellent et parfaitement présenté. C'est ce que le Général apprécie et il en est très satisfait.

Il me dit que nous partirons en manœuvre dès que l'inspection sera terminée. Les pauvres états-majors doivent être sur les boulets. Mais pour la troupe, après cette satanée revue et l'effort qu'elle a fourni, ce sera presque une détente.

Hier soir, j'ai fait un tour au cercle du 501 dont le commandant Cantarel m'a courtoisement ouvert les portes. De son côté le colonel Malaguti a créé un *cercle de la brigade de chars*. Plus particulariste, il m'accueillera, me dit-on, si j'en fais la demande. J'ai remercié, mais ne demanderai rien.

Pendant que nous inspections les pelotons de protection, le cher Renaud raconte que le général Kingman aurait confié à quelqu'un, mais les avis diffèrent sur ce quelqu'un, que la 2e D.B. était une des meilleures divisions alliées, et le 501 le meilleur régiment de chars. La mariée paraît un peu trop belle, mais y a-t-il de la fumée sans feu ?

Suit une controverse sur les mérites comparés du 501 et du 12e R.C.A.. Selon Guillebon, le colonel Mitchell aurait déclaré que le 12e battait le 501. A quoi Renaud rétorque, avec sa truculence habituelle, que Mitchell n'avait vu que les camions, qui sont effectivement mieux tenus aux Chasseurs, mais que les chars du 501 l'emportent.

Tout cela le plus amicalement du monde. L'un et l'autre nous tiennent également à cœur. Chez le Général, je crois discerner une nuance en faveur des chasseurs. Est-ce parce qu'ils sont cavaliers ? Est-ce parce que le 501 l'a un peu agacé avec des histoires de boutons et cette sorte de manie de la persécution que l'on décèle chez les *vieux de la vieille* ? Je penche pour la seconde hypothèse. En tout cas, les choses se tasseront et quels que soient les petits travers des différents régiments, ils constituent une remarquable machine de guerre.

**15 février 1944 – Temara**

Il pleut, ce qui va mettre le Général de mauvaise humeur à cause des unités qui n'ont pas encore été inspectées. Heureusement le gros est fait et tout doit être terminé ce soir.

Hier soir après le dîner pour Kingman, son aide de camp, un charmant garçon nommé Flagg me félicite de la simplicité du dîner. Je vois que nous avions calculé juste. Ils en ont par-dessus la tête des *gueuletons à quatre lames de feu*. D'ailleurs chez le Général, un étalage de faste serait de mauvais goût, et il ne le supporterait pas. Il aime que les choses soient bien, mais sans ostentation, ayant à la fois des goûts simples et le sens de ce qui convient.

L'atmosphère, hier soir, était sympathique et détendue. Allai a seulement trouvé moyen de flanquer des fourchettes par terre et le bon Loustalot était un peu gêné dans sa nouvelle veste blanche.

Après le départ des invités, le Général reparle des difficultés venues *d'en haut*. Kingman lui a répété ce que nous avons déjà si souvent entendu :

– *Mais ce que nous ne comprenons pas, c'est l'organisation de votre commandement. Qui commande l'armée française ? Le Troquer, le général Giraud ou le général de Lattre ?*

Le Général se lamente de l'impression de pétaudière que donne Alger. Ce n'est, hélas, pas une apparence mais une réalité. Il répète que l'état-major n'a rien perdu de ses funestes habitudes d'autrefois. Bien loin de mettre les bureaux au service de l'Armée, on crée de nouveaux organismes pour occuper des généraux. Il faut ensuite trouver du personnel pour que ces généraux en mal d'emploi constituent leurs propres états-majors. Et pour cela, on pioche partout, notamment dans les unités constituées que l'on démolit au fur et à mesure.

Il me cite l'exemple du Colonel Ch... que l'on vient de prendre à la 5e D.B. qui en avait besoin. Il a lui-même peur qu'on ne lui chipe le commandant Clerc. Il regrette que le Général de Gaulle n'ait pas auprès de lui un homme qui imposât des vues plus justes à cet égard.

Il me montre la liste des sous-officiers au sujet desquels il a reçu des avis de mutation. Il a purement et simplement refusé d'exécuter. Ce sont les huit malheureuses divisions françaises péniblement mises sur pied qui auront à affronter l'ennemi. Il faut donc suppléer à la quantité par la qualité.

Il y a assez de monde en Afrique du Nord pour alimenter les états-majors sans désorganiser ces quelques grandes unités.

**17 février 1944 – Temara**

Le Général a décidé de distribuer des cigarettes aux hommes des ateliers qui ont si bien travaillé pour l'inspection. J'en fais débloquer 500 paquets ce matin par le contrôle civil. Puis je téléphone à l'Intendant Gamet pour savoir qui paiera. Pas moi, répond-il, car il n'y a aucun crédit où imputer cette dépense. En l'apprenant, le Général monte comme du lait sur le feu :

– *Ah ! Si le colonel Dupin était là, il se serait bien débrouillé !*

Finalement notre excellent Père Houchet prendra la somme sur ses œuvres de guerre. L'histoire est bien dans la note. Le Général ne peut pas concevoir le moindre obstacle quand il s'agit du bien-être de ses hommes. Il est exact que le cher colonel Dupin comprenait et, avec son bon sourire fin, dénichait toujours une solution.

**18 février 1944 – Temara**

Tir en char léger ce matin. Occasion rare : j'y accompagne le Général.

Dès qu'il a fini de tirer, je m'installe et tire à mon tour quelques coups dont je ne suis pas mécontent. Mais on vient aussitôt me prévenir que le Général s'en va. Déception. Hier, me sentant malade, je ne pus accompagner le Général à Casablanca.

Il est donc allé seul dîner chez le colonel de la Villéon. Il me dit ce matin que c'était un véritable dîner d'enterrement. Tous ces malheureux officiers étaient catastrophés de la dissolution de leur division. Ils ont passé leur soirée à casser du sucre sur le dos de de Lattre, d'autant que celui-ci, au cours de sa dernière visite, les avait couverts de fleurs et leur avait affirmé qu'il ne pouvait être question de cette dissolution.

Le Général ajoute que si pareille mésaventure était arrivée à des officiers de chez nous, les réactions eussent été cent fois plus fortes. Mais il ajoute, dans un soupir :

– *Au fond, cela sert tellement peu de rouspéter.*

Nous parlons ensuite d'Alger. Il paraît qu'il y a maintenant un *club du 18 Juin*, pour les *Hyper-purs*.

Alaurent que Delattre nous a pris, car il connaissait, je crois, sa famille, manifeste un jour l'intention d'y aller. Il doit prouver la pureté de ses origines et présenter seize quartiers d'ancienneté dans la France Libre. Finalement il va retenir une table.

– *Celle-là me conviendrait...*

– *Elle est réservée, mon Capitaine.*

– *Par qui ?*

– *Par le général Béthouard.*

– *Il a pris son képi et il est parti.*

Rosseries locales. On appelle Giraud et de Lattre : le Fossile et le Marteau ! La générale Catroux : le Soutien Georges, et le général de Lattre : le Gobe Troquer !

Pendant le déjeuner, le Général me dit :

– *Le mieux serait que j'aille voir Eisenhower. Je lui parlerai pendant une heure et tout sera réglé.*

Il se répand ensuite en diatribes contre l'état-major général dont nul ne voit jamais un représentant dans les unités.

L'E.M.G.G., c'est Hucher.

– *Vous vous rappelez Hucher ?*

La question de la révision du port des croix de guerre le hérisse.

– *C'est très bien qu'il n'y ait qu'une croix de guerre, mais faire des révisions à l'heure qu'il est, remettre tout en question, remuer tout ce passé, c'est une c...rie. Ça vient sûrement du bureau Le Troquer.*

Je lui dis que la note est signée de Gaulle.

– *Alors on l'a mal conseillé... On l'a trompé sur la mentalité de l'Armée.*

Je glisse que, sans doute, les conceptions de la 1ère D.F.L. ont prévalu, la tendance *purs et durs*, de ceux qui nous reprochent de n'être plus des *Free French* parce que nous avons absorbé des unités de l'Armée Giraud.

Il me répète en riant le mot qu'il a entendu à Alger :

– *Les Français Libres sont comme les loups, ils s'égratignent entre eux, mais ils chassent ensemble.*

# Poursuite de l'entraînement au Maroc février à avril 1944

*Note – L'instruction des unités se poursuit, mais les difficultés sont nombreuses.*

*Les autorités américaines dépêchent le général Kingman pour vérifier si la 2e D.B. est bien familiarisée avec l'entretien et l'utilisation des matériels.*

*L'inspection est une grande réussite, grâce à l'enthousiasme et au bon vouloir de tous.*

*Le point d'interrogation demeure le destin de la 2e D.B. Sera-t-elle la grande unité choisie pour débarquer la première en France ?*

*Le général se rend à Alger pour se renseigner.*

*Nombreuses réunions et réceptions où les coups bas ne sont pas exclus.*

*Malgré tout le Général écarte toute idée d'épuration, surtout en ce qui concerne les jeunes, il veut qu'on oublie le passé.*

**19 février 1944 - Temara**

Inauguration du Cercle de la division. Pas mal, beaucoup de monde, un peu trop de lumières, quelques fautes, mais l'ensemble va. Rentrons dîner en ramenant le commandant Verdier. Le Général m'envoie taper d'urgence des ordres de mission pour lui. Après le départ de Verdier, le Général m'explique : en arrivant au cercle, il a trouvé le général Desré qui l'a aussitôt pris à part :

– *Mon cher Leclerc, comme je suis content de vous voir... voici... Nous avons reçu l'ordre de M. Le Troquer de faire une grande revue, mercredi prochain en l'honneur de l'Armée Rouge. Alors, naturellement, votre division... comme le 11 Novembre... N'est-ce pas ?*

A quoi le Général répond (j'avais bien remarqué, de loin, qu'il répondait *non* à quelque chose, que c'était gênant) qu'on pourrait peut-être trouver une autre formule, par exemple que les officiers russes et le Résident viennent assister à la manœuvre du G.T.M. qui doit avoir lieu à cette date...

Dérobade...

– *Oh...*

Le Général propose alors une grande réception à la Résidence le soir...

– *Oh... mais*, dit Desré... *Nous préférons une prise d'armes...*

A quoi le Général (dont le visage s'est un peu empourpré) répond que dans ce cas, il n'enverra que quelques autos-mitrailleuses et des unités en camions, mais sous aucun prétexte des chars. En effet, nous disposons d'un kilométrage limité et les nécessités de l'instruction ne permettent pas de faire 50 km, pour un oui ou pour un non.

Ou bien la Division est destinée à faire la guerre, ou bien elle sert à la popularité des gouverneurs, mais pas les deux. Voilà pourquoi Verdier part pour Alger.

Le Général reparle ensuite de l'affaire du Tribunal militaire. Après les émeutes, le général Desré lui a demandé de juger les douze principaux coupables.

– *Il faut aller vite, n'est-ce pas ? Vous êtes le seul à disposer d'un tribunal militaire tout constitué... vous allez me juger ces salopards.*

Le Général s'exécute sans enthousiasme, en demandant toutefois un ordre écrit du génésuper.

Aujourd'hui débarque à Rabat un haut fonctionnaire de la Justice militaire. Alger est en révolution. Comment se fait-il que les douze inculpés n'aient pas été jugés par le *Tribunal militaire permanent de Casablanca* ? Première nouvelle. Un tribunal *permanent* à Casablanca ? Mais alors ? Le général Desré ne pouvait pas l'ignorer. Pourquoi nous a-t-il choisis ? Toujours la même chose. C'est tellement commode d'avoir à côté de soi cette 2e D.B., gaulliste à tous crins, et si accommodante. On la charge de toutes les corvées et on se décharge aussi sur elle des responsabilités gênantes. Le Général est écœuré.

Autre chose. Le comité d'épuration veut épurer un capitaine de la Division.

Le Général fait feu des quatre fers et décrète que c'est idiot. Il a raison.

D'abord c'est fini. Qu'on nous fiche la paix avec ces histoires. Ensuite si on y tient, il y a assez de généraux et de hauts fonctionnaires dont l'épuration ne surprendrait personne sans aller, comme toujours, s'en prendre aux petits.

Celui-là a fait preuve d'initiative ? C'est une marque de caractère, on n'en dirait pas autant du général de B... ou de tel autre, qui n'ont fait que tenir des discours venimeux sans jamais avoir le courage d'agir.

**20 février 1944 – Temara**

J'accompagne le commandant Verdier à Rabat-Salé pour le mettre en avion. Hier soir, le Général m'avait fait demander à la Résidence une place pour lui. Je téléphone pendant le dîner sans succès. Impossible pour dimanche, mais lundi, si vous voulez. Je remercie d'un ton pénétré qui fait éclater de rire le Général et Verdier. Il est entendu que j'irai au terrain avec Verdier et tâcherai d'extorquer une place au colonel britannique de la base. Je persuade le Général de lui écrire une courte lettre à ce sujet. Elle produit l'effet désiré et Verdier s'envole sans encombre.

A mon retour au P.C., je trouve un message de la Résidence demandant des nouvelles et confirmant qu'une place était retenue pour le lundi 21. Je réponds avec la plus suave amabilité que le commandant est déjà parti. Toc.

Ceci dit, il y avait au terrain, ce matin, le cher commandant M... qui partait en permission. J'aurais été navré pour lui que son départ fût retardé, mais la demande *urgente* présentée par le Général aurait dû avoir ce résultat.

Au moins, chez les Anglais, sa lettre a eu de l'effet.

Le Général part chasser toute la journée.

**21 février 1944 – Temara**

Le général Kingman vient voir le Général ce matin pour tirer la sonnette d'alarme. Les Américains ne savent plus *qui* commande à Alger. Le général Blowis a fini par abandonner en levant les bras au ciel... Kingman estime que le général doit aller là-bas en personne pour s'occuper de notre départ. C'est très sympathique de sa part, mais cela confirme cruellement la pétaudière qu'est devenue Alger. Et quel spectacle à donner à nos Alliés !

En ce moment, de Lattre se fait casser des forêts entières sur le dos. D'abord par toute la 3e D.B., dissoute quelques jours après qu'il se fut porté garant de son avenir. Ensuite par tous ceux qui s'empressent, pour des raisons diverses, de saisir la moindre occasion de le desservir.

Le Général semble échapper à de telles attaques. Du moins ne s'exercent-elles qu'avec une prudente discrétion. On ne peut d'ailleurs pas trouver grand chose à lui reprocher, à la rigueur de l'accessoire, des travers, des particularités de comportement. Dans ce cas, on les souligne avec une sorte de sourire fielleusement amical :

– *Oh ! remarquez, je comprends ça très bien...*

**22 février 1944 – Temara**

Triste accident aux F.T.A. hier soir. Un gosse est tombé à l'eau en ramassant des moules. Deux soldats des F.T.A. ont aussitôt plongé. L'un a pu le ramener à la rive, mais l'autre s'est trouvé en difficulté. Quelqu'un ayant crié qu'il y avait un noyé, une vingtaine de soldats sont accourus. A ce moment, une énorme lame en a entraîné une dizaine à la mer. Quatre n'ont pas reparu et un cinquième n'avait pu encore être ranimé hier soir. Parmi les disparus, le pauvre Boutin, qui était un charmant garçon et un excellent officier. Le Général est parti voir le commandant Lancrenon à 7 h du soir. Je suis resté à la maison pour attendre son frère et Bagneux qui venaient dîner. Bergé avait préparé avec amour pour Guy de Hauteclocque des homards cardinal, et les bécassines tuées hier par le Général. Mais nul n'avait le cœur à savourer ces merveilles.

L'incongruité de cet accident en ce moment.

– *Veillez,* dit l'Evangile.

Mais je suis obsédé par l'événement. Si peu de temps aussi, après la disparition du cher Anselmi.

Comme il me semble long le chemin qui mène à cette calme rue parisienne où j'espère ardemment que l'on m'attend encore.

S'il faut dès aujourd'hui se faufiler entre des lames de fond, des éclatements de pneus et autres plaisanteries définitives, que sera-ce lorsque la grande partie se jouera ?

Au moins la mort redeviendra-t-elle, ce jour-là, ce qu'elle était l'an der nier, une présence quotidienne et tacitement admise.

Comme cela paraît banal. C'en est curieux. Il en a, sans doute, toujours été ainsi. Et vous le saviez, il y a quatre ans, lorsque je suis parti. C'est la seule chose dont je souffre aujourd'hui. Si j'étais sûr au moins que vous avez confiance.

Je tape le rapport d'un *épuré* dans lequel je relève plusieurs phrases qui donnent à réfléchir. Une des dernières résume tout le problème :

– *Si j'ai été trompé ou mal commandé, est-ce à moi qu'il convient d'en demander compte ?*

C'est toute la question de l'épuration et le Général le souligne bien lorsqu'il déclare qu'inquiéter l'intéressé pour son attitude en 1942 serait justifier la morale de la fable de La Fontaine : *« Selon que vous serez puissants ou misérables »*.

Le rédacteur fait aussi valoir qu'il n'a jamais été guidé que par l'intérêt national. C'est en son nom qu'il a marché contre les Américains. Cela ne prouve qu'une erreur d'optique sans doute aggravée par deux ans de propagande.

Il a pensé faire un geste de soldat en refusant de se rendre. Bon réflexe, mais il aurait pu jouer plus tôt.

Deux lignes plus loin, je lis qu'il est venu se mettre, de lui-même, aux ordres de ses chefs en apprenant que les hostilités avaient cessé en Afrique du Nord. Quels chefs ? Ceux qui avaient refusé de se rendre aux Américains ?

Il ajoute qu'il entretient aujourd'hui les meilleurs rapports avec les Alliés qu'il rencontre. Là je ne comprends plus. Il faut tout de même savoir ce que l'on veut. Ce type est une girouette ou un hypocrite. Il n'y a certes pas de quoi l'épurer, mais le spectacle est attristant.

Le Général a réuni ce matin quelques chefs de corps parmi les plus anciens ralliés pour leur demander s'ils estimaient le moment venu de rendre la croix de Lorraine obligatoire pour toute la Division. Ils répondent tous par l'affirmative, sauf Clerc.

La discussion porte ensuite sur la révision des citations portant attribution de la croix de Guerre. Le colonel Dio est le seul à être d'accord avec la note d'Alger. A Djidjelli, au moment où il amalgamait le corps franc au régiment du Tchad, il avait pris une décision identique. Il n'y avait pas eu de citations pour les campagnes du Gabon, de Syrie, etc., il n'y avait pas de raison pour qu'il en soit autrement de l'autre côté :

– *Vous comprenez, ça me dégoûte de voir des types se balader avec des Croix de Guerre...*

Le point de vue se comprend.

En revanche Malaguti, pour une fois, est du même avis que le Général, à savoir qu'il est trop tard. Il fallait agir tout de suite et en haut. Maintenant c'est le soldat qui risque d'être le plus touché et l'on pourrait voir, comme le souligne le Général, un spahi marocain conserver sa croix tandis que son brigadier la perdra. C'est mauvais.

**23 février 1944 – Temara**

10 h hier soir, fête du 12e Cuirassiers, placée par le colonel Warabiot sous la présidence du Général. Nous y arrivons à sept heures moins le quart avec le colonel Bernard. La garde noire est là. Les trompettes du 12e Cuirassiers ont un guidon de soie portant le dauphin du régiment. La mise en scène est parfaite. Profusion de petits cailloux blancs et de sardines accrochées aux branches.

Les invités déferlent en flots pressés. Je me trouve nez à nez avec mon ancien colonel du 6e Spahis, Goutel, que je n'ai pas revu depuis 1939. Je me présente. Il feint la surprise et se montre aimable, mais j'ai l'impression qu'il préférerait me manger tout cru.

J'aperçois quelques instants après le commandant de Chabot suivi de Fraguier. Je me précipite sur lui, ravi de le revoir. Mon enthousiasme ne paraît pas du tout partagé. Il m'accueille courtoisement, mais avec cet air de penser à autre chose qu'ils ont tous ici lorsqu'on les retrouve.

Cérémonie bien orchestrée. Lecture de citations par Rouvillois. Bon discours du colonel Warabiot, où il parle peut-être un petit peu trop du chef prestigieux et des sables... Le Général qui n'aime pas l'encens ne doit pas apprécier, mais c'est pourtant fort bien. Ensuite envoi des couleurs suivi d'une minute de silence, et enfin le cri du Régiment et une salve de canons.

Pendant le spectacle, quelqu'un me tire par la manche. C'est Guérin accompagné de You Courroux-Mangin qui me demande, en proie à une véritable excitation, à voir le Général lorsqu'il se retirera. Je devine qu'ils sont fiancés mais, à la fin du spectacle, lorsque je veux les amener au Général, je suis presque obligé de les prendre par la main tant ils sont brusquement intimidés dans leur énervement. Sympathique intermède.

Il s'est mis à pleuvoir hier soir, vers la fin de la soirée. Il fait ce matin un vent à décorner les maris, et la pluie continue. La revue de cet après-midi en l'honneur de la Grande Armée Rouge, va être une adorable partie de plaisir.

Je viens d'aller inspecter le half-track du Général. Il se tiendra dans la tourelle, Duplay et moi serons derrière. Cet engin se prête aussi mal que possible à ce genre de plaisanterie. Nous aurons la ressource de poser bien sagement nos derrières sur les réservoirs d'essence.

Et puis il y aura le déjeuner à la résidence. Autre réjouissance qui constitue la contribution de la haute et puissante famille ambassadoriale, dont le *Journal de Genève* vante les *paisibles qualités bourgeoises*, à la succession des imposantes cérémonies qui doivent, sur l'ordre formel d'Alger, marquer au Maroc le 26<sup>e</sup> anniversaire de l'Armée Rouge qui doit, par parenthèse, s'en f..... éperdument.

La note comique a été fournie par le grave problème de l'hymne national russe. Un premier télégramme d'Alger prescrivait de jouer l'*Internationale*.

Cela aurait pu provoquer une certaine gêne, non ? Encore que nous eussions pu nous amuser à regarder les bons bourgeois de Rabat en attraper la jaunisse, et d'ailleurs pas mal d'officiers de la division avec eux. Mais un second télégramme est venu mettre fin à l'angoisse des officiels en prescrivant de jouer, non pas l'*Internationale* tant redoutée, mais le nouvel hymne russe qui vient de remplacer ce refrain explosif. La partition devait suivre le jour-même par avion. Elle est bien arrivée, mais le seul ennui c'est qu'elle est pour *piano*.

Je vois d'ici la fanfare de Rabat dotée de petits pianos à roulettes.

Je m'imagine que Staline doit sourire dans sa moustache, au fond de son Kremlin, ce grand solitaire silencieux, en voyant toutes ces marionnettes s'agiter, brailler des hymnes, lever le poing en regardant derrière eux, et persister à réclamer une égalité dont lui-même ne s'embarrasse pas.

18h 00. Nous avons déjeuné chez l'ambassadeur. En y allant, le Général, en pleine forme, ne cesse de plaisanter avec esprit et ironie.

A peine étions-nous arrivés à la résidence où se trouvaient déjà l'amiral Ronarch et l'amiral britannique commandant à Gibraltar, que le général Desré fond sur le Général et lui recommande de ne pas filer après la revue sans avoir serré la main du résident.

Il est exact que le 11 novembre, le Général s'était borné à saluer avant de partir. Il était en Sherman et il n'est guère commode de se hisser hors de la tourelle, de sautiller jusqu'en bas pour serrer la main du Monsieur et de regrimper ensuite dans son perchoir. Toujours est-il que cette absence de shake-hand aurait causé une sorte de petit scandale en bouleversant les habitudes de la résidence. A ce niveau peut-être, mais pas à celui de l'ambassadeur.

Déjeuner correctement et rapidement servi selon l'usage dans cette maison bien tenue. Mon voisin est l'aide de camp de l'amiral Ronarch, un garçon sympathique. Parlons très librement de Godefroy et du sabordage de Toulon. Il m'assure que notre flotte est actuellement plus importante qu'en 1919. Tant mieux, mais qu'aurait-ce été a fortiori si...

Après cet intermède fastueux, nous nous rendons au point initial, où le Général passe les troupes en revue avec Gribius, pendant que j'enfile ma combinaison en ronchonnant derrière une station-essence très opportunément placée. Lorsqu'il revient, Gribius me demande ce que le Général a mangé à midi. Il s'est montré féroce et a distribué les punitions comme des petits pains. Elles étaient d'ailleurs méritées, ajoute Gribius.

Défilé. Notre half-track est devant la tribune, moi assis sur mon réservoir avec Duplay à ma gauche. Il faut bien avouer que la présentation a été une catastrophe. Aucun alignement, des distances inégales et toujours trop importantes. Aucune uniformité dans les positions des armes et il y avait même des gens qui n'étaient pas au garde-à-vous dans les camions. En rentrant, le Général convoque cinq officiers supérieurs. L'atmosphère est à l'orage. Je m'éclipse.

Au déjeuner de la résidence, Marçais me dit que le Général de Gaulle est très malade et me demande s'il est exact qu'il aille plus mal. Je lui réponds que je n'en sais rien, que je sais seulement que si Dieu est avec la France, il s'en tirera, mais que si nous sommes un pays foutu, abandonné par la Providence, alors il y restera. Cette opinion, à la vérité un peu sommaire, a eu l'air de l'étonner. Mais j'en suis là et en reste là. Il n'y a pas, en un siècle, deux miracles comme le Général de Gaulle. La France le comprendra-t-elle, et si elle le comprend, s'en souviendra-t-elle ?

**24 février 1944 – Temara**

Le Général est parti ce matin pour Alger après une attente de trois heures et demie sur le terrain à cause du mauvais temps. Le wing-commander Fiemings a été très aimable. De son côté, le Général a pris son mal en patience et s'est montré d'une gaieté charmante.

Le colonel Bernard a dîné hier soir avec nous deux. Evocation de vieux souvenirs. Le consul britannique à Brazzaville en a d'abord fait les frais. Il est dommage que personne n'ait consigné noir sur blanc les épisodes de 1941-1942. C'était le temps où, tout en étant fort courtoisement traités, les officiers britanniques accrédités venaient demander au colonel Bernard s'il pensait que le Général ne verrait pas d'inconvénients à ce qu'ils s'absentent quelques jours de Brazzaville pour aller faire un petit tour. Je sais bien qu'il s'agissait d'officiers anglais et qu'ils ont des traditions, mais nous sommes loin de ces bonnes manières aujourd'hui et c'est presque le contraire en Afrique du Nord.

Je me rappelle l'affaire des *officiers d'administration* à la veille de la deuxième campagne du Fezzan. Le Général avait fait savoir qu'il ne voulait pas en emmener. Un beau jour, il en débarque tout de même deux, le lieutenant-colonel Ackland, envoyé par le grand-quartier général britannique du Caire en qualité de conseiller technique pour l'administration des territoires éventuellement occupés, et un lieutenant. Le Général consent à recevoir le colonel Ackland, mais il lui déclare sans ambages qu'il n'a pas besoin de lui et qu'il ne l'emmènera pas. Son interlocuteur insiste et se rendant compte, finalement, qu'on ne *veut pas de lui*, n'arrive pas à dissimuler son émotion. Le Général était lui-même ému lorsqu'il m'a décrit le spectacle pénible de ce vieil officier, d'ailleurs sympathique, protestant d'une voix troublée : *« Je suis un soldat et ne fais qu'obéir aux ordres que j'ai reçus »*. Il avait apporté avec lui un million de lires. Il les laissa à Fort-Lamy en dépôt ; était-ce pour nous tenter ? Mais il reprit bel et bien l'avion pour Le Caire. Et l'on a dit que nous étions à la solde des Anglais. Nous ne nous serions pas mutuellement estimés comme c'est le cas, si nous l'avions effectivement été.

Certes, ils ont constamment tenté de nous mettre des bâtons dans les roues. Quand ils n'insistaient pas, c'est qu'ils croyaient que cela n'en valait pas la peine. Ainsi en 1941, Bagnold était venu jusqu'à Faya. Quand il avait vu avec quoi le Général prétendait enlever Koufra, il était reparti tranquillisé, en concluant qu'il nous était *matériellement* impossible de réussir.

Le Général répète souvent en riant que c'est parce que nous les avons si souvent roulés qu'ils nous estiment. Il est possible que ce soit un aspect du fair-play.

A propos du Général de Gaulle, il me dit : *« Il est plus intellectuel qu'homme d'action. Il a toujours vu et jugé juste. Il pense juste, il est même prophétique, mais il n'agit pas. Si nous avions depuis 1940 attendu les ordres de Londres, nous n'aurions jamais rien fait, et les gens de Syrie non plus. Tout ce qui a été effectivement entrepris l'a été par des initiatives de subordonnés. »*

Ne doit-il pas en être ainsi ? L'orientation est donnée par en haut et les subordonnés agissent. Peut-être même le Général de Gaulle comptait-il sur les siens pour prendre sur le terrain les initiatives qui relevaient d'eux, voire qu'il attendait d'eux. Si la machine grippe à Alger, c'est sans doute, comme le dit le Général *« qu'il n'a pas un homme d'action à côté de lui en ce moment »*.

Je vais voir un relieur que m'a indiqué le capitaine de H.. Il y a une photographie du Maréchal d'un mètre de haut dans son atelier.

**25 février 1944 - Temara**

Je déjeune à la popote de l'état-major, dite des *grands fauves*. Il manque Lantenois et Boissoudy qui sont allés à Casablanca prendre livraison de leurs familles tout récemment arrivées d'A.E.F.

Comme d'habitude, la conversation est menée par Guillebon qui asticote gentiment le cher Flandre.

– *Oui, il est venu directement de France au Gabon. Il est de ces gens qui viennent à la colonie pour gagner de l'argent. Nous, nous venons y chercher des décorations. Pas vrai ? Mais lui il vient pour l'argent, fi ! comme c'est vilain.*
– *Evidemment, moi je ne suis pas passé par les maquis de Djibouti...*
– *D'ailleurs il vient de demander une permission. Vous croyez qu'il aurait demandé à aller chez lui, en Picardie ?... car il est picard, en plus, comme le Général, vous ne saviez pas ? Eh bien, pas du tout, il est allé au Gabon. Je vous demande un peu ! Comme s'il n'aurait pas pu aller chez lui, comme tout le monde, comme Sammarcelli qui est bien allé en Corse, lui !*

**28 février 1944 – Tamara**

A la popote du GTL la discussion vient sur Mers El-Kébir. Verdier demande à son interlocuteur quelle est sa réaction lorsqu'il lit que l'aviation alliée a violemment bombardé les usines X ou Y dans l'Ouest ou dans le Nord ?

A l'heure actuelle, toute l'Afrique du Nord applaudit à ces raids qualifiés de *sensationnels*. Ils nous coûtent cependant très cher. La différence est si grande, fondamentalement, entre le bombardement par la R.A.F. d'une usine française travaillant de gré ou de force pour l'ennemi, et la tragique affaire de Mers El-Kébir ?

**1er mars 1944 – Temara**

Je trouve dans le courrier une note confidentielle au sujet de la circulation des voitures de la Division. Elle a été provoquée par un certain nombre d'accidents récents, causés pour la plupart par des officiers qui avaient allègrement franchi les bornes de la tempérance.

Résultat : aucun officier ne doit plus conduire lui-même, les parcs à voitures doivent être transformés en forteresses, etc.

Le remède me paraît mauvais, mieux vaudrait, me semble-t-il, prendre des sanctions sévères contre les responsables des accidents que de pondre des ukases qui empoisonneront ceux qui n'ont rien fait de mal et qui ne pourront d'ailleurs pas être appliqués. La sanction collective est un aveu de manque d'autorité.

**2 mars 1944 - Temara**

Le Général est rentré hier. Je vais le chercher à Casablanca et le trouve fatigué par une crise de paludisme.

Arrivé chez lui, il reçoit le colonel Bernard et Guillebon, mais je fais barrage contre les autres visiteurs.

Il ne rapporte aucune nouvelle sensationnelle. Je suis même surpris de son calme lorsqu'il me dit qu'il n'y a rien de fait et que les Américains se refusent à nous transporter en Angleterre pour diverses raisons qui ne sont que des prétextes, le Général de Gaulle sachant pertinemment que le motif est politique.

C'est toujours la même histoire. Depuis un an, beaucoup d'Américains ont commencé à voir clair, en particulier Eisenhower qui aurait compris ce que représentait réellement le Général de Gaulle. Des rapports de plus en plus favorables partiraient pour les Etats-Unis, mais Roosevelt s'obstinerait dans son hostilité.

Le président et ses conseillers estiment qu'après la guerre ils seront les *protecteurs* d'une Europe exsangue. Le Général de Gaulle ayant amplement prouvé qu'il n'était pas homme à accepter la tutelle de qui que ce fût, il est devenu l'ennemi public n°1.

On raconte que Roosevelt aurait fait dire, ou écrit, au Général de Gaulle qu'il estimait inopportun que M. Boisson fût arrêté. Le Général de Gaulle aurait répondu que la question était du ressort exclusif des Français, ce qui n'aurait pas plu au nouveau prétendant à la couronne de Charlemagne.

C'est bien ennuyeux, et pendant ce temps-là, les navets bien pensants d'Afrique du Nord ne pensent qu'à la question *intérieure*.

Deux ou trois fois, le Général me parle de la question de l'avancement. Le Troquer, excédé par le défilé incessant des quémandeurs, a décidé de ne plus prendre l'avis de personne et de se prononcer sur tout lui-même. Il a malheureusement repris tous les critères d'avant-guerre : âge minimum, temps de service, etc., au lieu de tenir compte des nécessités et des services.

Le colonel Dio et le commandant Vézinet restent sur le pavé pendant que X. qui a fait beaucoup moins qu'eux passe au grade supérieur. Nous retombons dans l'ornière de 1938. Gloire au camphre et à la naphtaline.

Lunch sur la péniche des ambulancières après le mariage Guérin-Courroux-Mangin. Excellent et très sympathique. Toto reçoit avec un brio sans égal.

Le départ en jeep s'effectue sous une pluie de confettis improvisés tandis que le commandant Florence, dans un scintillement de lunettes et de cheveux blancs, fait des efforts désespérés pour attraper dans son *Leica* les époux fugitifs.

Il paraît même que l'on a dansé, mais je suis parti avant pour voir comment allait le Général. Je le trouve au fond de son lit et rien moins que brillant. Ce qui veut dire que ça ne va pas du tout.

**3 mars 1944 – Temara**

Je relis quelques passages de mon journal écrits l'année dernière pendant les opérations. Comme il est difficile d'être objectif et comme la tâche de l'historien doit être ardue. Bien des jugements portés ne sont que le reflet de l'humeur du moment. Ils en sont déformés comme par les miroirs du musée Grévin.

Je me rappelle que pendant les opérations, j'ai bien souvent pris mon crayon à des moments où j'avais besoin de confier, ne fût-ce qu'au papier blanc, ce que j'avais sur le cœur. Le journal soulignera en tout cas mon caractère difficile et susceptible. Peut-être confirmera-t-il aussi que les opérations agitent les passions et tendent les rapports entre les hommes. N'était-ce pas la même chose en 1914-1918 ?

Si je ne détruis pas ces pages, c'est qu'elles auront peut-être un jour la valeur d'un témoignage oculaire. Ce soir je voudrais fixer pour moi-même, au repos, dans le calme et l'absence de passion, la figure du Général. A quoi cela sert-il puisque je le connais ? Au moins à lui rendre justice, mes jugements étant si souvent faussés par des mouvements d'humeur.

Le trait dominant de l'homme est cette passion pour son pays qui atteint parfois à une sorte de rage exaspérée. Il n'a qu'un seul objectif, servir son pays, contribuer à son relèvement et au rétablissement de sa grandeur. C'est pourquoi il a donné sa confiance au Général de Gaulle, en pleine conscience, dans le calme d'une réunion de famille qui représentait pour lui le seul tribunal devant lequel il pouvait accepter à ce moment de comparaître. Il identifie le Général de Gaulle avec l'avenir de la France.

Le Général est ensuite un soldat dans le sens le plus élevé de ce terme. Il se donne à sa tâche sans réserve ni trêve. Rien ne passe avant son devoir. Pas de repos, pas de luxe. Il pousse même trop loin l'ascétisme et je dois contrevenir silencieusement aux ordres qu'il me donne souvent d'une manière cassante. Quelques jours se passent et la question est réglée. L'exemple le plus typique est celui de son camion P.C. : il n'avait pas voulu du vieux camion 3 tonnes, même aménagé. Il travaillait à côté et ce n'est qu'au bout de plusieurs jours, à l'occasion d'un orage, qu'il y monta et, peu à peu, s'y habitua. Lorsqu'à la fin des opérations arriva de Beyrouth le camion actuel, ce que les Anglais appellent une caravane, avec ses fenêtres, son bureau, son lit-couchette et ses armoires, il commença par s'en moquer, conserva sa tente pour travailler et se contenta d'y dormir. Maintenant qu'il en a éprouvé la commodité, il n'a plus qu'une idée, c'est de l'emmener en France. Toutes ces réticences, souvent ces rebuffades, m'ont chaque fois découragé, voire exaspéré. Je me répandais en reproches mais ils n'étaient pas mérités.

Son ascétisme est naturel et raisonné. D'abord il connaît la valeur de *la dure*. Il se l'impose par principe. Mais si sa nature et son éducation le détournent déjà de tout laisser-aller, cette réaction est rendue plus vive encore par la conscience aiguë de l'épreuve que le pays traverse et par le sens de ce qu'il doit à ses hommes.

Pour le comprendre, il faut tenir compte d'un autre trait de son caractère qui est une profonde bonté dont les manifestations sont voilées par une extrême pudeur de sentiments. Cet homme dont l'autorité naturelle a été appelée par les circonstances à s'exercer souvent avec rudesse, est foncièrement attaché à ses officiers et à ses hommes. Incapable aussi bien de "snobisme" que de sentiments personnels, c'est en quelque sorte pour eux qu'il les mène au combat, ses succès sont les leurs, les difficultés qu'il rencontre sont des obstacles sur leur chemin. Il se doit à eux, et, partant, puise dans leur énergie le soutien de la sienne.

Il était manifeste, au Tchad et au Fezzan, qu'il trouvait sa détente et sa joie, dans le coude à coude avec les membres de cette *équipe* qu'était sa troupe, qu'il s'agisse des officiers, des sous-officiers, ou des hommes. Il était des leurs, de plain-pied. Rien ne faisait écran. Ayant traversé et surmonté les mêmes difficultés qu'eux, il sait ce qu'elles ont représenté pour chacun d'entre eux, même les plus humbles, et à ses yeux leur effort a été plus grand que le sien.

Habitué à partager leur sort, au trou dans le sable, au faro, à la boîte de corned-beef, il renâcle aujourd'hui devant les signes extérieurs de son nouvel état. Les moyens, bien modestes, qui lui sont peu à peu offerts, lui paraissent chaque fois des privilèges indus. Il ne se résout à les accepter qu'après avoir éprouvé leur utilité pour son commandement, et ce ne sont jamais mes plaidoyers qui suffisent à l'en convaincre.

Et puis sa condition l'isole de cette source vive qu'était la compagnie fraternelle et tonifiante des anciens du Tibesti. Ce n'est pas de gaieté de cœur qu'il a reconnu la nécessité de tenir vis-à-vis des commandants de grandes unités alliées, non pas son rang à lui Leclerc, mais celui qui convenait au commandant de la 2e D.B. L'humeur avec laquelle il a brusquement exigé ce minimum de décorum si longtemps repoussé, le prouve. Il lui a fallu surmonter sa pudeur et se séparer tristement de ses pairs. J'ai fait les frais de cette lutte intérieure.

Elle continue car, quoiqu'il puisse lui en coûter, il saura toujours ce qu'il doit à sa fonction. Modeste pour lui-même, il exigera pour ce qu'il représente ou pour ce qu'il assume. Quelque bonté qu'il soit porté à manifester, il ne transigera jamais sur la discipline, car elle ne va pas à l'homme, mais à l'armée.

Mais là encore, il exige l'essentiel et n'a cure des fla-fla. Ainsi, il a horreur des sonneries. Il ne supporte pas celles qui l'accueillent à la résidence. Elles le mettent chaque fois hors de lui. Il les trouve inutiles, vides de sens. Il déteste ce qui est creux.

Il est franc. Il abomine le mensonge et la dissimulation. Droit comme un spectacle des turpitudes, des compromissions et des hypocrisies dont l'Afrique du Nord est le théâtre, l'écœure. Il n'admet pas plus, pour les mêmes raisons, le toc et la "poudre aux yeux". Il éprouve ainsi une immédiate sympathie pour les généraux qui ne s'offusquent pas d'assister à une manœuvre ou à un tir ratés et qui comprennent qu'on a voulu leur montrer simplement et sobrement des hommes à l'instruction.

Il y aurait encore beaucoup à dire, qu'il est discret, délicat, dur à la fatigue, frugal. Il ne boit que du lait le matin, jamais de vin, ne fume pas. Qu'il a horreur des cérémonies officielles, de parler en public

Notre ministre des guerres va occuper cette journée. Déjeuner à Casablanca chez le général Cornet, visite de nos bivouacs, dîner à la résidence. A chaque nouvelle invitation, le Général a un geste excédé. Mais s'il n'y allait pas, son absence serait immédiatement commentée par cent imbéciles. Nous y allons donc comme des chiens qu'on fouette.

Le colonel X... est passé général. *At last !* Il n'y a pas plus Free French que lui aujourd'hui. Je l'avais rencontré en 40 au Cameroun... Et puis, après tout, le général Y. n'est-il pas un des plus beaux ornements du Club du 18 Juin à Alger ? Comme j'en parle au Général, il rétorque en souriant que les insignes de la France Libre fleurissent à Alger sur les revers les plus inattendus.

A Casablanca nous avons fait chou blanc. A notre arrivée à l'hôtel du commandement, le capitaine Ardant nous annonce que M. Le Troquer a dû atterrir à Oudjda et continuer son voyage en voiture. Le programme de sa visite est retardé de vingt-quatre heures. Le général Cornet, venu à la rencontre de Leclerc me retient à déjeuner au moment où je regagnais discrètement la voiture. Le ban et l'arrière-ban avaient été convoqués : Leyer, Desré, Bazelaire, Bureau et quelques autres généraux que je ne connaissais pas.

Après le déjeuner, je raconte au général Leyer que j'ai passé ma dernière nuit en France sous son toit à Guipavas, la veille de l'armistice.

Le Général n'est pas d'une humeur excellente. Ni à l'aller ni au retour il ne prononce un seul mot dans la voiture. Ce soir il est un peu plus loquace. Il me dit que l'opinion, en France, est de moins en moins favorable aux alliés. Cette longue attente dissipe le grand amour du début. Mais alors que reste-t-il à ces malheureux ?

Il pleut, la nuit tombe, le ciel est tout gris, de cette même grisaille qu'ont nos pensées lorsqu'elles se tournent vers le nord. En quel miracle faut-il avoir foi ? Que retrouverons-nous après ces trois longues années ? Pleut-il aussi là-bas ? Que sont les crépuscules, chaque nouveau crépuscule, chaque nouvelle grisaille, pénétrante d'humidité parce qu'il n'y a plus de charbon dans le poêle ?

Et vous deux ? Vos chers bouquins suffisent-ils encore à meubler mon absence ?

Les sapins noirs se détachent sur le ciel obscurci. Les tôles luisent sur le garage. Nous sommes bien heureux à côté de tous ceux qui sont restés là-bas. Pas les hypocrites ni les profiteurs, mais les autres, ceux qui refusent, nos frères. Pourrons-nous les reconnaître en rentrant ? Il y aura trop de monde et ils se tiendront au dernier rang, modestes, pleurant leur joie de nous voir arriver.

A quoi bon tant de douleur ? Les Russes, par milliers, tombent chaque jour pour défendre les leurs. Qu'en reste-t-il ? Pendant quelques années un nom sur une stèle, une fleur sur un cadre encrassé de poussière, l'oubli recouvre le souvenir des passions mortes. Pourtant il avait vécu, aimé, compris la beauté du matin. Il avait eu des idées bien à lui, il avait lu, appris. Il éprouvait. Il s'en est fallu d'un rien. Un peu d'humus, pas plus. *Qualis artifex pereo !*

Et cependant il faut continuer, comme si de rien n'était, comme si chaque geste avait de l'importance, chaque passion son écho, en se persuadant que chaque effort s'ennoblit de nous dépasser, d'être offert au pays tout entier.

Il vaut mieux ne pas y penser quand la nuit vient et que le ciel pleure. J'entends les gouttes tomber, de petits ruisseaux contre les murs en bois, et les cris des chauffeurs qui s'en vont à la source et qui n'aiment pas la pluie. Moi non plus, je ne l'aime pas, je préfère le vent, mais il ne fait que rendre la pluie plus gênante en grondant sourdement à la mort entre les sapins noirs.

Je vais monter. Je vais retrouver la lampe et lui, près de la cheminée.

Nous dînerons tous les deux en parlant de choses et d'autres, et en pensant à ceux qui sont là-bas. Je sais bien qu'il y pense souvent, lui aussi. Mais il n'en parle pas, pas plus que moi. C'est pour ça que j'ai besoin de l'écrire.

**Dimanche 5 mars 1944 - Temara**

Il fait vilain. Notre ministre bien-aimé a changé son fusil d'épaule et ne poussera pas jusqu'à Casablanca où les officiels vont être dépités et les hommes de corvée d'honneurs bien contents. Le phénomène inverse se produira à Mekhnès où Son Excellence déjeunera chez Collet au lieu de Cornet. Simple question de consonnes.

Pour nous, il arrivera par Temara au lieu d'apparaître du côté de Skrirat.

Ce n'est pas un grand changement et, dans sa sagesse, le Général ne modifie pas son programme d'un iota. C'est un véritable plaisir que de voir son calme à l'occasion de ces emmerdements nationaux.

Je profite du repos dominical pour me replonger dans les invitations.

Il était assez facile au début de mettre sur pied une table qui se tienne. Il n'y avait que l'embarras du choix. Il suffisait de panacher les armes et de choisir les convives ayant un petit quelque chose en commun *pour que la table prenne*.

Mais aujourd'hui le problème se complique car j'en suis arrivé aux officiers que je connais peu et je dois aller à tâtons. Et puis, quand je suis arrivé tant bien que mal à un résultat acceptable, il y a toujours un ou deux clients qui me claquent dans les mains : maladie, mission, permission, que sais-je ?

Il faut tout recommencer, dénicher un fantassin qui s'adapte aux autres et alors, naturellement, le téléphone est en dérangement ou bien la poste de Temara a des vapeurs. De quoi devenir chèvre.

Le jeu a pourtant des côtés amusants. D'abord les réactions si différentes, celles des timides, celles des pompeux, les sauvages, les habitués... Certaines réponses valent leur pesant d'or, une page de phrases ampoulées. A l'inverse, il y a les désinvoltes, comme ce lieutenant qui répond et "oublie" de venir.

Le cas le plus rebelle est celui de notre cher commandant de l'artillerie divisionnaire. Il a été invité trois fois depuis un an. Les trois fois il a oublié. La troisième fois, vu l'importance des autres convives, j'ai essayé de le rattraper. Il venait de se mettre tranquillement à table, la tête bourdonnant sans doute de plans de tir. Comme le dîner avait déjà du retard et que le Général parlait service avec ses collègues, les choses se sont arrangées avec une histoire de pneu crevé.

Pendant les repas, il y a quelquefois des surprises plus ou moins agréables. L'inénarrable B. par exemple, qui n'arrêtait pas de me raconter des histoires impossibles comme si nous étions au Cercle et se renversait sur sa chaise en pouffant de rire, un rire inimitable et qui pouvait difficilement passer inaperçu. Le Général fronçait dangereusement les sourcils.

Pire, cet autre qui pontifiait si odieusement que je me tenais à la table pour ne pas lui renverser les petits pois sur le crâne.

Gentil cet artilleur, qui décline l'invitation du Général parce qu'il ne veut pas laisser son colonel tout seul.

Nous parcourons des *Revues de l'Armée française* que le commandant H. a envoyées au Général. Elles sont pleines de photographies du vieux Maréchal pris dans toutes les positions. La revue n'est pas mal faite, mais pourquoi avoir attendu de n'avoir plus d'armée en ligne pour éditer une si belle publication avec l'encre et le papier fournis par les Allemands ? Et puis cette armée de l'Armistice, avec ses gants à crispins et son éducation physique, elle fait penser à celle de la duchesse de Gerolstein. C'est un petit bijou. Il est petit et il ne sert pas.

A un moment donné le Général éclate de rire : c'est une superbe photographie du général de Lattre, très élégant et très souriant. L'article porte sur les veillées, feux de camps et autres occupations mises à la mode pour que les "soldats" aient quelque chose à faire. L'article est signé C..., précisément cet officier si bien tenu que le général de Lattre vient de nous reprendre pour augmenter encore les effectifs de son cabinet.

Cela nous inspire quelques réflexions amères et nous comprenons le désenchantement de Larminat, relégué en suspens, alors que des J... et des L... et tant d'autres, après s'être illustrés contre nous en Syrie ou contre les Américains en Tunisie, ont maintenant des commandements et les exercent sur le champ de bataille italien avec la modestie que l'on connaît.

Coup de téléphone du général Cornet. Il tient à son déjeuner. Le ministre sera demain à Casablanca pour voir la pauvre et pantelante 3e D.B. Du coup, on redemande les figurants. Le Général réfléchit quelques instants en ronchonnant et me dit d'accepter.

A l'instant, le téléphone sonne dans le bureau. Je crie au planton : *« Quatre heures »* et je l'entends répondre au téléphone : *« Il est quatre heures, mon général »*.

C'était bien le Général qui se réveillait de sa sieste et demandait l'heure.

La télépathie doit être une des qualités d'un aide de camp.

Le ministre est arrivé hier avec 10 minutes d'avance au moment où le Général finissait de passer l'inspection de la Garde d'honneur. Un tout petit monsieur, l'air un peu timide, avec un chapeau noir, rond, comme les bretons.

Ce couvre-chef sera la cause du seul impair mémorable de la journée, lorsque le capitaine P... viendra me dire en me serrant la main : *« Dites donc, le ministre a un de ces galurins très parti socialiste d'avant-guerre »*. L'officier d'ordonnance du ministre se trouvait exactement à côté de moi. Le pauvre regarde ailleurs. Moi aussi.

Le colonel de Langlade déploie toutes ses blandices. Trois petites jeeps, bien proprettes, étaient alignées à côté de la garde avec des chauffeurs d'1 m 90 en grande tenue. Elles faisaient penser aux petites voitures en osier dans lesquelles des poneys traînaient les visiteurs à travers les parcs à l'anglaise d'autrefois. Le colonel prend le volant de la jeep du ministre. Dans la seconde, le Général et Leyer, dans la troisième Desré et je ne sais plus qui, et la petite colonne s'ébranle allègrement. C'était gentil comme tout et je suis sûr que le ministre a été grisé de ne pas avoir à ripatonner dans les chênes-lièges.

**Mercredi 8 mars 1944 - Temara**

La position américaine sur le principe de notre embarquement serait toujours aussi négative.

A Alger, le Général de Gaulle explique à l'Assemblée qu'elle ferait mieux de s'occuper de ses propres affaires plutôt que de lui mettre des bâtons dans les roues.

Guy de Hauteclocque, qui dînait hier chez son frère, dit que ce discours du Général de Gaulle a fait plus en sa faveur que tout ce qu'il a fait jusqu'à présent.

Les Français comprendront-ils jamais le Général de Gaulle ?

**Jeudi 9 mars 1944 – Temara**

Discussion sur le réquisitoire du général Weiss dans le procès Pucheu. C'est au fond la pièce maîtresse de toute l'affaire qui serait tristement inconcevable s'il ne s'agissait que de l'inculpé. Ce procès le dépasse, c'est celui de la collaboration. Si l'homme mérite peut-être les circonstances atténuantes, le ministre ne les mérite pas. Beau sujet de drame s'il a délibérément joué ce jeu dangereux.

Je pense à Lorenzaccio : *« Est-ce toi, Lorenzo ? - Seigneur, n'en doutez point. »* Mais Pucheu avait-il le cœur navré de joie en accédant au pouvoir ?

**Samedi 11 mars 1944 - Temara**

Nous avions hier soir à dîner le wing commander Flemings, de la R.A.F. Il est extrêmement ferré sur le porto et le whisky, mais parle peu français. Le Général, d'une humeur exécrable, commence par réfrigérer l'atmosphère. L'excellent Person fait ce qu'il peut, mais sans grand succès, pour la détendre à table. Enfin, au café, nos efforts convergents débouchent enfin sur une conversation générale.

Avant le dîner, j'avais trouvé le Général tournant en rond dans le hall. Il me dit avoir trouvé la garde particulièrement bien tenue. C'était exact, des hommes du 40e R.A.N.A. impeccables, je l'avais aussi remarqué. Il veut leur donner quelque chose. Oui, des cigarettes ?

– *Non, quelque chose de mieux. Avez-vous des cigares ?*

Alarmé, je livre un combat retardateur. J'en ai très peu, c'est la croix et la bannière pour en obtenir, et enfin ils sont l'œil de la tête à un moment où justement j'essaie de réduire un peu les dépenses. Dans la courte discussion qui suit, le Général se montre sous un jour attendrissant. Il voudrait bien les donner, ces cigares, mais il n'ose pas l'exiger car il se rend compte de leur rareté. Finalement, en détournant la tête, il tranche : *« Allez-y, un par tête de pipe. »*

J'exécute évidemment. Je le comprends si bien. Mais je contemple d'un oeil navré la boîte presque vide qu'il sera difficile de remplacer.

Après le départ des invités, nous parlons encore du procès Pucheu. Il le considère comme très grave car c'est, à son avis aussi, celui de la collaboration. La prise de position du gouvernement dépasse le simple cas de Pucheu.

Il est également préoccupé par une autre question qui explique son humeur au début de la soirée. Il a reçu la visite du colonel Malaguti qui lui a annoncé son intention d'organiser une fête de régiment au 501. Sans consulter le Général, il a profité d'un voyage à Alger pour y inviter le Général de Gaulle.

Sans doute se propose-t-il de convier également le résident, le génésuper, le Maroc tout entier, à cette manifestation qui devra être, bien entendu, une apothéose des chars, et rien que des chars, et écraser toutes les réalisations des autres régiments. Sans parler du manque de tact, cette initiative oblige le Général à limiter les dégâts. Et si le Général de Gaulle ne vient pas, l'intervention du Général sera présentée comme une brimade. C'est une répétition de l'affaire des insignes. Ce qui ennuie surtout le Général, c'est de penser que ces pauvres chars puissent s'imaginer qu'on les brime, alors qu'il n'en est rien. Mais le colonel passe son temps à les pousser en avant d'une manière qui rend la rebuffade inévitable. C'est navrant pour cette belle brigade.

**Lundi 13 mars 1944 – Temara**

Le procès Pucheu fait ici une impression déplorable. Ce n'est pas tant le verdict qui attire les reproches, que le déroulement du procès qui paraît une parodie de justice. Peu ou prou de documents et de certitudes, presque rien que des déclarations de témoins.

Si les circonstances contraignaient, comme je le pense, à condamner Pucheu, il aurait mieux valu s'y prendre d'une façon qui ne soulève pas un tel tollé. Mais n'aurait-on pas de toute façon, crié au scandale ?

**Mardi 14 mars 1944 – Temara**

Piqûre TAB et tétanos. Après la série contre le typhus terminée, il y a quelques jours, je me fais l'effet d'une écumoire.

Il y avait hier soir un dîner de chefs de corps. La soirée se passe de la façon la plus gaie et la plus animée. Au moment du départ, le Général retient le colonel Malaguti. Je prends congé et monte dans ma chambre.

Pendant que je faisais des mots croisés avant d'éteindre, j'entends des éclats de voix. Il s'agit, nul dans le silence de la maison ne peut plus l'ignorer, de la question des soldes. J'en avais déjà entendu parler. Le colonel se présentait en défenseur des intérêts de ses officiers, le Général se refusait à se placer vis-à-vis d'Alger dans la position de quémandeur et à réclamer, comme hélas trop de gens, des indemnités de toutes sortes.

Toujours est-il qu'après de nouveaux éclats où j'entends la voix du Général emprunter un terme connu au vocabulaire du théâtre, il entre brusquement chez moi, rouge de colère et comme désemparé par tant de violence.

Je me réfugie dans des banalités, l'essentiel étant de le laisser retrouver son calme, après quoi il n'aura besoin des conseils de personne pour décider ce qui convient.

Ce matin, le Général vient me voir avant de partir pour une manœuvre de transmissions.

– *Alors qu'est-ce que vous dites de tout ça ?*

Nous nous sourions en silence, puis je lui dis que ç'aurait été trop beau que le ciel de la division fût resté sans nuage.

– *Oui évidemment, je crois que le mieux est de laisser courir comme c'est... Tout de même il exagère, il n'y a pas moyen de discuter avec lui. Il n'y a rien avant lui, pas de France Combattante, rien. Dès qu'on lui parle calmement il recommence à vous sortir ses histoires...*

Puis après un temps !:

– *Mais ce qu'il y a de plus grave, c'est la question des effectifs. Je me demande vraiment si l'état-major d'Alger, Billotte et Cie, ne sont pas en train de se laisser rouler par l'E.M.G.C., si le but poursuivi par le colonel Blanc et consorts n'est pas que nous soyons engagés en dernier. Voyez ces compagnies de récupération de chars qui nous avaient été accordées, elles avaient déjà un peu de personnel, eh bien elles viennent d'être affectées en douce à la 1ère et à la 5e D.B. Oui, je me demande s'ils ne sont pas tous en train de profiter de la fatigue du Général de Gaulle pour nous escamoter, de connivence évidemment avec les Américains, et pourquoi pas de Lattre lui-même...*

# Fin de l'entraînement au Maroc
# Le départ pour l'Angleterre se décide
# mars à avril 1944

*Note – Un général russe rend visite à la 2e D.B. Un déjeuner est donné pour lui, et le lendemain des exercices de tir ont lieu en son honneur. Vassiliev pique-nique avec plaisir avec les Français.*

*L'insigne, choisi pour la division sera la carte de France timbrée de la croix de Lorraine. Le Général estime que tout le monde maintenant peut l'accepter.*

*Le 6 avril 1944, l'aide de camp du Général apprend qu'il se passe quelque chose qu'il n'ose même pas écrire.*

*Le Général de Gaulle vient rendre visite à la 2e D.B., et fait comprendre discrètement que le grand moment est venu. Derniers préparatifs et départ dans la joie pour l'Angleterre en avril 1944.*

**Mercredi 15 mars 1944 - Temara**

Hier, visite d'un général canadien, sympathique et de beaucoup d'allure. Après son départ, Leclerc me dit que ce n'était pas du tout n'importe qui. Il vient de quitter le commandement des forces britanniques en Italie pour aller en reprendre un autre très important en Angleterre. Il verra Montgomery dans quarante-huit heures. Le Général ajoute en riant :

- *Je n'ai pas pu m'empêcher de lui confier une lettre...*

Déjeuner au bataillon Putz. Popote nombreuse et vivante, atmosphère de franche camaraderie. On les sent tous fraternellement unis. J'en ressors avec l'impression d'une belle unité qui saura faire face au feu. Un bel outil. Nous en parlons dans la voiture en rentrant. Le Général a éprouvé le même sentiment que moi. Les deux autres bataillons le satisfont également.

Existe-t-il beaucoup d'autres régiments d'infanterie aussi solidement unis par tant de souvenirs et d'efforts communs, tant de deuils et de succès. Ils ne pensent qu'à être prêts pour le combat.

Ce n'est pas chez eux que l'on pleurnicherait pour des questions de solde ou qu'on perdrait son temps en réceptions pour le Général de Gaulle ou pour le résident.

Le Général a décidé que la carte de France, qui est l'insigne de la division sera désormais surchargée de la croix de Lorraine. C'était prévu dès l'origine mais il n'avait pas voulu brusquer les choses. Il estime que le moment est maintenant venu.

**Jeudi 16 mars 1944 - Temara**

Hier soir, après le départ des invités, le Général me dit que Koenig vient de lui envoyer un long télégramme, plein de circonlocutions et de guirlandes *amphigouriques*, à seule fin de lui demander la mutation du commandant Clerc qui a si bien réussi au service des matériels et auquel la division doit en grande partie le succès de l'inspection franco-américaine.

Le Général n'est même plus indigné, mais navré !

Nous retombons exactement dans les mêmes erreurs qu'avant la guerre; dès qu'il y a quelque part un service ou une unité qui marche bien, l'état-major s'empresse de prendre le monsieur qui a tout mis sur pied. Le résultat n'a pourtant pas été joli, il devrait avoir servi de leçon, et pourtant nous recommençons. C'est à donner sa démission.

Au demeurant, Clerc donne sa pleine mesure ici à cause du milieu dans lequel il travaille. Il y est à l'aise, chacun tire dans le même sens que lui. Si le service des matériels d'Alger ne marche pas, c'est qu'il manque de direction et que ses méthodes sont périmées. Les adjoints, si brillants fussent-ils, ne remplaceront jamais les chefs.

Le Général a accepté une invitation à déjeuner chez X.. Ce matin je lui dis que, le déjeuner n'étant qu'à une heure moins le quart, il n'aura pas besoin de partir avant midi vingt ou midi trente. Il me répond sur un ton rien moins qu'aimable :

- *Une heure moins le quart ?... mais vous auriez dû me le dire, j'aurais refusé.*
- *Je ne pensais pas que l'heure importait.*
- *Mais si... ça m'emm....*

Il a ensuite une longue conversation avec le colonel Malaguti. Ils semblent maintenant tout à fait d'accord. Le Général, détendu, me dit que le plus grave défaut de son interlocuteur est de manquer du sens des nuances.

**Vendredi 17 mars 1944 – Temara**

Un télégramme d'Alger nous annonce hier que le 2e Dragons nous est affecté comme régiment de chasseurs de chars, et qu'il touche du vieux matériel alors qu'il en débarque en ce moment du neuf.

Le Général réagit violemment et décide de partir pour Alger. Il se répand en diatribes contre les mandarins de l'Olympe.

- *Leur but unique est de nous écarter des champs de bataille. Une coterie toute puissante a roulé Billotte. Elle a réussi à faire abandonner le principe de notre embarquement qui avait été admis. Le général Marshall avait donné son accord à Giraud. Ce sont certainement nos représentants à Londres qui ont agi contre nous. Cela, la France le saura, "je le dirai", elle connaîtra cette escroquerie... D'ailleurs si cette mesure n'est pas rapportée, je demande la dissolution de la division, je m'en vais. Vous comprenez bien que ce n'est pas pour moi que je proteste. Personnellement je n'ai rien à perdre. Je me fiche pas mal des histoires de galons et autres fadaises auxquelles pensent tous ces vieux crabes. Le jour où j'en aurai besoin je sais très bien que je pourrai aller trouver le Général de Gaulle et lui demander n'importe quoi, de rejoindre Boislambert ou de me parachuter à Bordeaux... Si je lutte, c'est pour cette bande d'officiers et de soldats que j'ai sous mes ordres, ces types qui se battent depuis trois ans, ces vieux sous-officiers du R.M.T. ou de Syrie ou d'ailleurs, et même ces régiments comme le 12e Chasseurs qui nous ont rallié si noblement il y a six mois et qui me font confiance depuis. Tous ces gens-là, je n'ai pas le droit de les tromper, je n'ai pas le droit de me faire complice de l'escroquerie qui consisterait à les faire rentrer en France derrière la nième ou la nième divisions qui se sont battues contre les Américains il y a à peine un an ou qui portaient la francisque il y a six mois.*
- *Non, si je ne peux pas tenir envers eux la promesse que je leur ai faite, je demanderai à m'en aller, à ne pas les entraîner dans ma disgrâce, qu'ils soient affectés à d'autres divisions, le R.M.T. à la 1ère D.I.C., les autres aux 1ère et 5e D.B., qu'ils soient en-*

*voyés par petits paquets en Italie, n'importe où... Si on commettait une pareille saleté ce serait une honte.*

Et il me cite plusieurs exemples de ces manœuvres qui nous ont privés au dernier moment d'éléments importants qui nous avaient été affectés mais que l'état-major a escamotés pour les donner à quelqu'un d'autre.

Ce matin, un télégramme envoyé d'Alger par le commandant de Guillebon nous assure que Billotte fait du bon travail et que nous n'avons pas d'inquiétudes à avoir.

Le Général décommande son départ pour Alger, mais me répète qu'il persiste dans son opinion sur l'Olympe et que le télégramme prouve seulement que Billotte a réussi à défendre nos intérêts.

C'est égal, en allant hier soir à Rabat m'occuper de la place d'avion du Général, je pensais à la solution de désespoir qu'il avait envisagée quelques instants plus tôt et en avais la gorge serrée. En pareil cas, j'étais résolu à rester avec lui jusqu'au bout et si calice il y avait, à le boire avec lui jusqu'à la lie.

Mais c'était impossible. Ils n'oseraient pas. La France ne leur pardonnerait pas. Et je me prenais à avoir le vertige en réalisant avec quelle facilité nous en venions à dire *"La France ne leur pardonnerait pas"*. La réaction était toute naturelle, nous n'avions pas du tout l'impression, même à la réflexion, de commettre un monumental péché d'orgueil. C'est effrayant de penser que nous ne sommes que deux fois 15 000 hommes en Afrique du Nord à représenter la volonté de se battre, celle qui n'a jamais faibli.

Le Général me disait aussi tout à l'heure, que s'il avait réussi à mettre la division sur pied, c'était certes en raison de la valeur de ses subordonnés, de leurs qualités techniques, de leur débrouillardise et de leur énergie, mais surtout parce qu'il y a six mois, l'E.M.G.G. n'était pas encore organisé et ne fonctionnait pas normalement. Seule cette carence a permis à ceux qu'il en avait chargé, d'obtenir le personnel et le matériel qui nous était immédiatement nécessaire.

- *Pour le personnel,* ajoutait-il, *nous avons été discrets. Nous n'avons pris que celui dont nous avions besoin.*

Mais dès que l'E.M.G.G. a commencé à tourner, son action de freinage s'est fait sentir. A mesure que les bureaux s'installaient, il nous devenait de plus en plus difficile d'obtenir ce qui nous était destiné. Maintenant qu'il est au point, toutes les portes sont fermées et les sources taries.

C'est une bataille pour avoir un boulon, une guerre pour obtenir un planton.

Comment, dans ces conditions, l'armée française se relèvera-telle ?

Puis il parle des officiers qu'il a trouvés au Tchad. Quelle extraordinaire collection de caractères admirables.

Il évoque Dio, son équilibre, cette réserve et cette pudeur sans fissure qui fait qu'il ne parle jamais de soi ni de son dévouement, qui l'amènent à plaisanter avec souvent une grossièreté voulue sur tous les beaux sentiments qui ne cessent d'ailleurs de l'animer lui-même. La droiture et la bonté du colonel Dupin, le colonel Ingold dont il n'est plus besoin de louer l'élévation morale et la conscience irréprochable. Tant d'autres, Vézinet, Massu, Guillebon, d'Abzac...

Cela paraît une incroyable sélection à laquelle se sont joints avec bonheur des caractères aussi différents mais de rare valeur comme ceux d'un Pûtz, d'un Clerc, d'un Gribius et de cet étonnant colonel de Langlade dont les travers mêmes paraissent des qualités.

**Vendredi 17 mars 1944 - Temara**

Odette Pannetier écrit au Général pour se plaindre d'avoir été éconduite à l'entrée du club de la Division. Le plus drôle est qu'il s'agit en réalité de celui de la Brigade de chars. Madame Pannetier s'indigne d'autant plus qu'elle a aperçu par la porte des femmes à *tant l'heure* alors qu'elle... qui a tout de même la fatuité de croire que son nom n'est pas totalement inconnu du Général, etc.

Elle a tort. Je taille ma plume et m'amuse à rédiger une réponse mouchetée de courtoisie.

*« Le Général est désolé de cet incident. Il n'irait certes pas jusqu'à penser que le jugement de Madame Pannetier a pu être influencé défavorablement par les sentiments qu'éprouve d'ordinaire une personne qui s'est mise dans la situation incontestablement désagréable de se voir refuser l'accès d'un club... Le club est privé... C'est un domaine dans lequel le Général estime qu'il doit avoir le tact de ne pas intervenir, désirant que ses officiers puissent être au moins un peu chez eux quelque part. »*

Et pour faire écho à la *fatuité* – *« il me charge enfin de vous dire combien il est heureux que cet incident, quelque regrettable qu'il puisse être par ailleurs, lui ait fourni l'occasion de recevoir une lettre de vous ce qui est un privilège auquel il est bien entendu très sensible... »*

**Samedi 18 mars 1944 – Temara**

Vais à la garde noire chercher un chien de chasse que le Général a demandé au commandant de La Brunelière de lui prêter.

Hier soir, à dîner, le Général raconte qu'il a rencontré en 1940, tout au début de l'invasion de la Belgique, un de ses anciens professeurs, le commandant Blanc. Ce dernier lui dit aussitôt : *« Mon pauvre Hauteclocque, la guerre est perdue d'avance, il n'y a rien à faire, nous sommes trop surclassés. »*

- *Le groupement de reconnaissance auquel ma division était rattachée,* ajoute le Général, *était parti pour la Hollande avec des voitures de réquisition parce qu'il n'avait pas pu toucher ses autos-mitrailleuses.*

Le capitaine Blanchard ayant observé qu'avant la guerre on se contentait de *montrer* des chars, le Général enchaîne avec véhémence :

- *Oui, on en montrait, et c'était là le crime. Il y a des gens qui méritent d'être fusillés, purement et simplement. Ce sont ceux qui, sachant très bien où nous en étions, n'hésitaient pas, au moment des grandes revues, à racler tout ce qu'ils trouvaient comme chars disponibles, à les faire venir de l'Est jusqu'à Paris et à faire défiler tout ça de 10 heures de matin à trois heures de l'après-midi pour que le public s'extasie : "Nous avons une belle armée". C'était un bluff criminel et tout le haut commandement était complice de cette escroquerie.*

- *La plus grande qualité à exiger d'un subordonné,* ajoute-t-il, *est qu'il renseigne ses supérieurs avec sincérité. C'était rarement le cas en France car les gens craignaient trop pour leurs galons ou pour leurs places... Ils prétendaient toujours que tout allait bien... Comme c'était faux, il s'agissait ou de sottise ou de mensonge.*

Emmanuel, l'artilleur, objecte que l'on se fait bien souvent *engueuler* quand on dit que les choses ne vont pas. Sa remarque détend l'atmosphère.

- *Est-ce que je vous ai souvent engueulé ?...* demande le Général, hilare.

Aujourd'hui, à déjeuner, le Général évoque sa vie d'autrefois et les serviteurs de sa famille. Il parle longuement de sa vieille cuisinière Louise qui est au service de ses parents depuis avant sa naissance. Il s'étend sur les rapports qui, dans des familles comme la sienne, existaient entre les maîtres et leurs serviteurs, rapports équilibrés, confiants, fondés sur l'affection des uns et le dévouement des autres, où tout était une question de nuances délibérément observées.

Je pensais à ce que ma mère me disait des *Batret* à Villotran.

Le colonel de Langlade répond à la question du Général sur l'opportunité de rendre le port de la croix de Lorraine obligatoire pour toute la division. Je relève une phrase de sa lettre :

*« Je dois à la franchise qui a toujours marqué nos entretiens et qui m'a rendu si aisée la tâche de vous bien servir, de vous dire que cette adhésion est exclusivement due à la confiance totale et au dévouement entier que... vous avez su inspirer... Autrement dit : c'est bien pour vous que le régiment l'accepte. »*

Au cri mille fois répété de *« Epuration, épuration »*, nous retombons dans l'ornière boueuse d'avant-guerre.

Il y a quelques jours, un adjudant de gendarmerie se présente au bivouac d'un de nos régiments de chars et demande à voir un des officiers, le lieutenant L.. Il lui remet une sorte de questionnaire sur papier libre, sans enveloppe, de la part du colonel commandant la Sécurité Militaire, en l'invitant à réfléchir aux questions posées et à aller voir le dit colonel lorsqu'il sera en mesure d'y répondre.

Le questionnaire concernait un colonel sous les ordres duquel le lieutenant L. avait servi naguère. Dans le fatras des questions, il était fait allusion à un sous-officier du régiment. Une brève enquête révèle que ce sous-officier était des plus médiocres, et aurait été vexé de l'avancement donné à certains de ses camarades plus méritants d'ailleurs que lui. Il serait actuellement au cabinet du Général de Gaulle. C'est écœurant.

Gamet, tout à l'heure, confirme nos craintes. Des tas de gens demeurés tranquillement pendant trois ans dans leur fauteuil en Afrique du Nord, n'ont eu qu'à se présenter, lorsqu'ils ont été bien sûrs que les opérations étaient terminées en Afrique, pour se faire incorporer dans les FFL et être sacrés Français Libres. Le cessez-le-feu a été sonné le 13 mai. La date limite pour l'inscription a été fixée par Alger au 1er juillet. Il y aurait eu moins d'inscrits si l'on avait choisi le 8 novembre 1942.

En revanche, les pauvres types qui ont fait de la résistance en France ou même en Afrique du Nord pendant trois ans et qui étaient inscrits à titre civil sur des contrôles d'organisations dites gaullistes, ceux-là, ont droit au port de l'insigne, mais sont privés de l'augmentation de solde. Cet avantage était de toute façon une erreur. Dans de telles conditions il devient une énormité.

Un des soldats de l'échelon du Général a bouchonné des chevaux pendant trois ans dans le quartier d'un régiment de cavalerie d'Alger. Il nous a rejoints et touche la grosse solde.

Mon cuisinier était inscrit à Bir-Hakeim depuis un an déjà et travaillait sur un transport de troupes. Il nous a rejoint en août, venant de Casablanca. Il touche moitié moins que le précédent.

### Dimanche 19 mars 1944 – Temara

Hier soir, comme je parlais d'une unité dans laquelle j'avais servi au Tchad, le Général m'interroge sur son commandant. Celui-ci avait peu d'amis et j'ai l'impression que le Général souhaiterait savoir pourquoi. C'est bien vieux. Il y a un silence. Je regarde le bout de mes doigts : *« X ?... oui... il avait un sacré coup d'œil pour les chevaux.* » Le Général n'insiste pas et enchaîne sur les chevaux.

Il est allé à la chasse avec La Brunelière. Lorsque j'étais allé à la garde noire chercher un chien, La Brunelière m'avait confié que l'absence de moyens de transport l'empêchait de chasser. Je n'ai eu qu'à le répéter au Général.

Pendant le rapide déjeuner qui précède les départs dominicaux pour la chasse, j'expose au Général la suggestion de Divry de faire porter aux hommes l'insigne de la division, tel qu'il a été mis au point sur les véhicules, et ceci sur un carré d'étoffe cousu sur la manche gauche à la hauteur des épaules.

- *Non*, répond-il. *Avec ce système l'insigne devient une partie de la tenue et disparaît le jour où la division est dissoute, ou lorsque le militaire la quitte. Cet insigne doit avoir un caractère personnel que chacun conservera et pourra porter plus tard comme souvenir. Le portera qui voudra mais tant qu'il le voudra.*
- *Dans ce cas, il faut qu'il se distingue des insignes courants.*
- *C'est une question de réalisation. Tenez, voyez l'insigne du Tchad, je continue à le porter et le porterai toujours. J'y tiens énormément.*

- *Oui, je sais. Je portais aussi l'insigne de la France Libre, mais tous ces insignes ont été donnés à tant de gens qu'ils ne signifient plus grand chose. La croix de Lorraine est une profession de foi, mais les insignes ont bien perdu de leur valeur.*
- *Vous avez tort. Voyez-vous, en cette matière, il faut considérer l'intérêt général avant son intérêt particulier. Que l'insigne du Tchad soit maintenant porté par tout le régiment de marche du Tchad, c'est-à-dire en majorité par des gens des corps francs, eh bien c'est une très bonne chose. Cela répand un état d'esprit, rallie des opinions, crée une ambiance que l'on n'élargit jamais assez. Pour l'insigne de la France Libre, c'est la même chose.*
- *Il y a maintenant un tas de gens qui le portent sans y avoir, comme vous le dites, autant de titres que d'autres. Mais qu'est-ce que cela peut bien faire du moment qu'ils travaillent désormais pour le Général de Gaulle, c'est-à-dire dans le sens de l'intérêt général. Si vous aviez limité le port de cet insigne aux gens ralliés avant novembre 1942, vous en auriez un grand nombre qui se seraient vexés et qui seraient restés sur leur position. Au lieu que, maintenant, il y en a énormément qui, ayant obtenu le droit de le porter, même depuis peu de temps, sont devenus foncièrement Free French, même souvent plus Free French que les Free French. C'est un résultat.*
- *Voyez M. et B. que j'ai failli moi-même faire arrêter, ce sont maintenant des purs. Qu'importe le passé. Ils servent aujourd'hui la même cause que nous, celle du pays. Il faut se garder de tomber dans le travers dangereux des balkaniques et des monarchistes d'autrefois - "Un tel ? Oh ! je l'ai bien connu il y a quatre ans... c'est un abominable salaud, il a fait ceci, il a fait cela... dans les Balkans, les Slovènes ne veulent pas entendre parler des autres provinces yougoslaves pour telle raison, ni du roi pour telle autre, ni de Tito pour telle autre encore. Le résultat est une division irréparable pour ce pays.*
- *Il faut savoir oublier, lorsque l'intérêt général réclame l'union de toutes les bonnes volontés, même des plus récentes. Nous ne pouvons plus nous payer le luxe de refuser les concours de ceux dont le passé n'est pas absolument irréprochable. Il faut au contraire élargir le cercle, accueillir tous ceux qui veulent concourir au relèvement du pays.*
- *Si nous nous obstinons à rester une petite chapelle fermée, nous ne serons jamais qu'une minorité qui aura tôt fait de s'aigrir.*

Tout cela est dit avec un calme souriant où perce un léger reproche affectueux. J'ai trop souvent émis ce point de vue pour ne pas m'y ranger.

Il y a dans cet homme une sérénité et une élévation d'esprit que je n'ai jamais rencontrées ailleurs. Il éclaire les choses, élève les débats, sans aucune emphase, et l'intérêt national surgit toujours, avec une simplicité monumentale.

Il a continué à parler jusqu'à la voiture, pénétré de son sujet, citant les exemples de plusieurs pays dont le prestige s'en était allé dans la fumée des querelles intestines, du Comte de Chambord... et le chien joyeux, gambadait amoureusement autour de lui.

**Lundi 20 mars 1944 – Temara**

Etant passé hier vers midi au bar de chez Rosette, j'y trouve le général Bureau et Morel-Deville. Ce dernier, à propos d'une récente note de service sur la circulation des véhicules prend brusquement feu :

- *Nous sommes traités comme des écoliers. Le Général a toujours été un em... l'état-major est une bande de c..., vous faites vous-mêmes partie de ces s... de l'entourage du Général qui détestent le RMSM qui est pourtant le meilleur régiment de la division... Vous vous êtes laissés fourrer dedans par le 12ᵉ RCA... etc., etc.*

Lorsqu'il se retire, satisfait d'avoir vidé son sac, Bureau me dit en souriant :

- *Vous avez dû regretter de ne pas avoir deux galons de plus*, et m'invite à déjeuner.

Ce matin, le Général est d'une humeur de crin. Je ne sais pas pourquoi. Peut-être à cause du projet de fête du 501ᵉ Chars au sujet duquel il me dicte les éléments d'une note. J'ai le malheur de faire quelques remarques qui achèvent de l'exaspérer.

- *Bon, allez, fichez-moi le camp.*

Je commence à m'habituer à ce rôle de punching-ball et à l'assumer avec sérénité. Après avoir représenté le Général hier pour le bouillant spahi, je personnifie aujourd'hui le colonel Malaguti pour le Général. Cette division a cela d'attachant qu'elle a du caractère.

**Mardi 21 mars 1944 – Temara**

Journée agitée hier. Ecoles à feu de la DCA du groupement tactique Malaguti. Le Général à cran. Coups de téléphone incessants. Invitations dans tous les sens.

Le tête-à-tête du dîner finit par détendre le Général. Il reparle du Cameroun avec émotion. Son bref commandement là-bas l'a profondément marqué

- *Jamais je n'ai trouvé une pareille atmosphère, une telle volonté unanime de servir, un tel entrain. Quand j'ai entendu X... dire ici-même, il y a quelques jours, qu'on avait nommé depuis un an sept gouverneurs sortis du Cameroun, au point que ce territoire paraît devenu une véritable pépinière d'administrateurs, je n'en ai pas été étonné. C'est vraiment là, et surtout pendant la période que j'ai connue, que les gens ont pu donner leur mesure. Pleven les a jugés à l'œuvre et il a eu raison d'agir comme il l'a fait. Ce territoire était plein d'hommes de valeur.*

Il évoque avec gaieté ce qu'a été pendant un mois son commandement.

- *Absolu. Une sorte de royauté. J'étais seul. Nous nous étions séparés à Lagos. J'avais choisi le Cameroun de préférence à la Côte d'Ivoire aussi bien disposée à notre égard, parce que le Cameroun était un mandat français. Il fallait affirmer que, bien qu'étant un mandat, ce territoire était purement et profondément français. Le général de Larminat est parti pour Brazzaville, Pleven pour le Tchad.*

- *Pendant que nous étions à Lagos, Brunel nous avait rejoints et nous avait affirmé que le Tchad était presque unanimement de notre côté et qu'il fallait y aller tout de suite. Il n'était donc pas nécessaire d'y envoyer un militaire. Pleven pouvait très bien s'en tirer et c'est ce qu'il a fait. Lorsque nous sommes arrivés chacun dans nos territoires respectifs, nous avons agi tous trois dans le même sens mais sans liaison directe. Nous n'avons pu communiquer entre nous que plusieurs jours plus tard et pendant un certain temps, nous avons été les maîtres absolus dans nos territoires respectifs. Ce n'est qu'au bout d'un mois que le général de Larminat a reçu le commandement de l'ensemble.*
- *L'on m'a souvent dit qu'à cette époque le palais du gouvernement à Douala était réputé pour son faste.*
- *C'était une nécessité. Je me suis tout de suite rendu compte qu'aux yeux des populations camerounaises, je représentais la France et ces gens étaient animés d'une telle passion que je me devais de tenir mon rang.*
- *Peu de temps après mon arrivée, il y a eu une messe solennelle à la cathédrale. Tout Douala y était, l'Evêque, crosse en mains et mitre en tête, m'attendait sur le parvis. Te Deum et tout et tout, avec mon fauteuil tout seul dans le chœur. Il fallait que j'assume dignement le rôle que ces Français m'assignaient.*
- *J'ai dû recevoir beaucoup. J'avais d'abord fait de grandes réunions à la chambre de commerce, un jour tous les colons, un autre tous les administrateurs. Il fallait leur expliquer tout ; j'avais vu ce qui s'était passé, eux ne l'avaient pas vu. C'était cela qu'il fallait, les informer, leur faire comprendre, et c'était très intéressant.*
- *Quant aux réceptions, ç'a été une autre paire de manches, surtout quand vous êtes arrivés, vous et votre "harka" de Londres. Ah ! mon pauvre ami si vous aviez vu ça ! Ils ne pouvaient pas se voir entre eux. Lorsque j'invitais un officier, il acceptait "à condition qu'il n'y ait pas un-tel ou un-tel, etc." C'était chaque fois la même rengaine."*

J'évoque alors notre traversée, cette cohabitation de quarante jours en vase clos, les frictions qui avaient déjà commencé en Angleterre.

De là nous en arrivons au sujet plus actuel de la Division et, naturellement, de la prochaine fête du 501.

Le Général n'a finalement pas envoyé la lettre qu'il avait commencée à me dicter hier et qui m'avait valu une algarade. Il s'est décidé à laisser faire en demandant seulement à autoriser les invitations officielles.

Puis il fait allusion à une nouvelle question qui va l'obliger à rendre visite au 501 samedi prochain. Encore une fois cela ne sera pas drôle.

Inquiet, je demande des précisions : est-ce au sujet du tir ?

- *Oui, j'irai avec le Commandant Weil.*

Je me jette à l'eau et le mets en garde contre une intervention trop brutale. La plupart du temps le 501 n'y est pour rien et c'est la brigade qui le met en avant. Résultat : le régiment reçoit l'algarade, ne comprend pas et se braque. Encouragé par le silence du Général, je vais jusqu'à lui répéter ce que j'ai si souvent entendu dire au 501 et au RMSM, à savoir qu'il avait été conquis par le 12e Chasseurs et ne jurait plus maintenant que par ce régiment.

Le Général sourit et réfléchit quelques instants. Il émet quelques remarques sévères sur le RMSM qui me font aussitôt plaider la cause des escadrons. Est-ce à eux qu'il faut adresser des reproches ?

S'il veut aller samedi au 501, il faudrait qu'il marque bien aux officiers qu'il a confiance en eux et leur parle dans leur intérêt.

Le Général répond qu'il les a toujours laissés tranquilles. Le 501 est le seul régiment dont il n'ait pas étroitement contrôlé l'instruction. Le colonel Malaguti est un spécialiste. Il l'a laissé faire et ne s'est mêlé de rien. Le résultat est mauvais ainsi que le prouve, par exemple, le tir.

Il en vient à critiquer l'esprit chars :

- *Il a toujours été marqué par un complexe d'infériorité. Pendant la campagne de France, les chars ont échoué. Certes ils se sont fait descendre très correctement, mais du point de vue professionnel, leur action s'est soldée par un échec. Tout recommence aujourd'hui. Je vais voir demain si le 12e Cuirassiers tire bien. Si oui, ce régiment aura nettement dépassé le 501 et il faudra que je m'en mêle.*

J'invoque encore une fois leur susceptibilité et le malentendu qui l'aggrave. Il opine.

- *Vous avez raison, pour eux, comme pour le RMSM, il faut sans doute que j'y mette les formes. Je leur dirai quelque chose.*

Je rappelle l'excellente présentation des deux régiments lors de l'inspection Kingman. Il enchaîne :

- *Voyez-vous, Girard, ces deux régiments ne m'ont jamais admis sans réserve. Le R.M.T. et les groupes d'artillerie ne m'ont jamais donné d'ennui. Ils sont commandés par des gens de métier, des militaires.*

Je reconnais que la *colonne volante* ne semble pas lui avoir pardonné la perte de son indépendance. Sans doute pensent-ils qu'ils auraient eu un rôle plus exaltant s'ils étaient restés dans la 8e Armée.

A propos du cercle de la Brigade de chars, le Général me dit en riant :

- *Alors ! vous êtes content ! je vais dîner au Cercle de la Brigade... C'est bien, n'est-ce pas ?... oui... oh ! je sais très bien que vous avez toujours eu sur moi une influence lénifiante, vous avez toujours objecté aux mesures rigoureuses...*
- *Mon général, pour beaucoup de raisons, ce cercle ne pouvait pas être celui de la division, le local était trop petit...*

- *Oui, mais il a été créé avec maladresse.*
- *Certes, mais dans la première version, il s'agissait d'un cercle de cavalerie, ce qui risquait de diviser la Brigade entre chars et cavaliers, et la pauvre Brigade n'avait pas besoin de ça.*
- *En somme* s'esclaffe le Général, *Malaguti veut réaliser dans sa Brigade ce que je veux réaliser dans ma Division.*
- *Exactement, et c'est son intérêt.*
- *Mais non ! justement, cette Brigade n'a pas à avoir d'existence propre, c'est complètement inutile. Il n'y a qu'une seule chose qui compte, ce sont les groupements tactiques.*
- *Si je n'avais pas été obligé, pour des raisons de mise sur pied et d'instruction, de rassembler le RMT d'une part et les trois groupes d'artillerie d'autre part, les cantonnements auraient été répartis par groupements tactiques. C'est d'ailleurs ce que je ferai la prochaine fois. C'est devenu possible depuis que Dio et Crépin ont fait du bon travail et qu'ils n'ont plus besoin, comme hier, d'avoir tout leur monde sous la main.*

Comme nous parlons de la période qui vient, pendant laquelle le ralentissement de l'instruction va obliger les officiers à chercher des moyens de lutter contre l'énervement des hommes, il soupire :

- *Il serait même peut-être bon que je disparaisse pendant quelque temps.*

Boris cherche fébrilement un interprète de russe pour la prochaine visite du général Vassiliev. Celui-ci sera accompagné par le général Norbert qui, paraît-il, parle couramment le russe. Il importe que ce premier contact avec la Division soit bon.

Visite d'un officier marocain, ancien élève du Général à Dar Beida. Il en est déjà venu plusieurs. Chez tous, le même souvenir du Général, un homme juste et dur, pour lui-même comme pour les autres. Ils en parlent avec une admiration reconnaissante et lui, quand il les voit arriver, a chaque fois un large sourire heureux.

Ai-je eu tort hier soir ? Le Général m'avait rappelé qu'il désirait qu'un bouton de la coloniale soit posé sur chacune de ses tenues. Je lui ai demandé s'il estimait vraiment opportun de souligner encore ce qui passait déjà, à tort ou à raison, pour une préférence. Est-ce que cela ne risquait pas de creuser davantage le fossé entre cavaliers et coloniaux ? Il porte déjà l'insigne du Tchad. Rien sur sa tenue ne rappelle son origine de cavalier. Ce ne sont pas les gens de bon sens qui susciteront les incidents, mais les étourdis :

- *Ah ! et puis après tout, le général lui-même porte le bouton de la coloniale...*

Et puis n'est-il pas facile d'imaginer tel colonel prenant sous son béret de char un air résigné et laissant tomber en regardant le bout de ses ongles :

- *Evidemment, que voulez-vous... Le Général est bien plus colonial que cavalier...*

On a déjà tendance à le dire. La balance ne doit plus pencher ni dans un sens ni dans un autre. Il serait même plus normal qu'il portât son insigne du Tchad sur la fourragère à laquelle il a droit.

- *Bon, je veux bien, mais alors, donnez-moi une fourragère.*

## Jeudi 23 mars 1944 – Temara

Déjeuner chez le génésuper, en l'honneur du général Vassiliev. Tous les généraux de Rabat sont là et aussi François de Rose, Du Breuil, Bazelaire, Georges-Picot, etc..

Vassiliev apparaît, suivi du général Norbert, ses étoiles de général de brigade brodées en argent sur des pattes bleu ciel, et d'un officier d'ordonnance blond qui a l'air d'avoir 16 ans et de ne pas être sot.

Vassiliev est grand, avec une tête carrée et des lunettes, calme, majestueux sans affectation, et il a le flegme que donne l'ignorance de la langue du pays.

Il a tout de suite un mot aimable, en anglais, pour le Général qui est pareil à lui-même, en battle-dress et sans autre décoration que sa légion d'honneur.

A table la conversation languit et le temps paraît long. Entre les plats, Vassiliev signe avec bonhomie les menus que lui passe Madame Desré ; un moment de gêne, à l'heure du café, et c'est encore Madame Desré qui arrange tout avec cette amabilité chaleureuse qui lui est naturelle.

François de Rose est ennuyé. Il a été chargé par M. Puaux d'inviter Vassiliev à dîner à la résidence. Norbert a aussitôt répondu que le général *« ne voulait pas aller chez les civils »*. Le résident n'a pas du tout apprécié cette réponse et est très fâché contre Norbert.

Madame de Rose ne paraît nullement partager les soucis de son époux et entre en tiers, avec la plus gracieuse aisance, dans une discussion de *tactique* avec Vassiliev.

M. de Rose effectue un mouvement tournant pour aborder le général par l'autre côté, mais il tombe sur l'officier d'ordonnance russe. Une conversation s'engage sur les déprédations commises par les militaires dans les cultures. Tout en marquant ma compréhension pour les soucis de l'élément civil, je rappelle l'utilité de notre instruction et émets le vœu que la population consente certains sacrifices en sa faveur. Rose, qui est à la résidence, se fait évidemment l'écho d'un point de vue différent. Sur quoi le Russe se met à rire et déclare avec candeur que dans son pays ces questions n'ont aucune importance puisque les champs appartiennent au gouvernement et que l'armée peut donc les utiliser comme elle l'entend pour ses manœuvres. Il se tourne vers Vassiliev et lui résume notre discussion. Le général sourit.

- *N'est-ce pas ? On accuse toujours les militaires de tout détruire, mais on a bien besoin d'eux de temps en temps.*

Ce matin, le commandant de Person me raconte qu'Odette Pannetier parle à tout le monde de la lettre qu'elle a reçue, déclare qu'elle est meilleure que la sienne et qu'elle voudrait me rencontrer.

A ce moment, le capitaine P.T. du 4e RAMA vient de la part de son chef de corps demander l'autorisation d'inviter à sa popote trois dames, dont précisément Odette Pannetier. Et comme il a été informé de l'incident et du désir exprimé sur tous les toits par Mme Pannetier, il souhaiterait que je vienne à ce dîner.

Je raconte tout cela au Général qui le trouve du plus haut comique, mais me déclare tout net qu'il ne me lâchera pas ce soir car il a un dîner pour lequel il a besoin de moi.

C'est mieux ainsi.

**Vendredi 24 mars 1944 - Temara**

Exercice avec tirs réels de toutes armes du groupement Dio, un peu élargi en l'honneur de Vassiliev. Intéressant. Les tirs sont très bien exécutés mais il y a quelques bavures, les éléments à terre ne se dispersent pas encore assez, les chars viennent se mettre en position sur la base de départ de l'infanterie, créant une concentration excessive, des temps morts, des mouvements inutiles.

Vassiliev a l'air intéressé et content. Il répète à plusieurs reprises qu'il préfère cette ambiance à celle des repas officiels. Pique-nique sur l'herbe au soleil. Crépin, Bernard et Guillebon y prennent part. Vassiliev est tout à fait détendu. Il n'y a pas de toasts comme hier chez le génésuper, mais à la fin du repas, le Général insiste pour reconduire le général Vassiliev au terrain d'aviation.

- *Dites au général que c'est un grand plaisir pour des Français qui éprouvent à l'égard des Allemands les mêmes sentiments que les Russes, de recevoir des officiers russes parmi eux.*
- *C'est un grand honneur pour des officiers russes*, répond Vassiliev, *que d'être reçus et traités si courtoisement par un guerrier comme le général Leclerc dont le nom est devenu célèbre.*

Le Général dissimule avec peine une expression ennuyée. Il n'aime pas recevoir des compliments et se lève en tordant le nez.

Dans la voiture les deux généraux parlent des méthodes de ravitaillement employées par les forces russes. Le Général s'y intéresse beaucoup et Vassiliev lui donne des précisions. Après quoi il l'interroge sur ses opérations sahariennes dont le terrain lui rappelle certains coins du front Nord.

En Russie comme partout ailleurs, raconte-t-il ensuite, les commandants de division ou de corps d'armée aiment bien *demander* un tas de choses à l'armée. Dans une de ces régions sablonneuses et désertiques du nord de la

Russie, des officiers assassinaient l'armée de demandes d'eau, et malgré ça en manquaient toujours. Une fois qu'ils se trouvaient réunis au G.Q.G., le général commandant l'Armée leur demanda s'ils avaient entendu parler du général Leclerc. Sur leur réponse affirmative, il leur dit :

- *Alors ? Comment croyez-vous qu'il a fait ? Il était seul dans le désert. Croyez-vous qu'il a demandé à l'armée de lui envoyer de l'eau ? Non, il s'est débrouillé. Eh bien, débrouillez-vous.*

Il n'y a plus eu de demandes d'eau, conclut Vassiliev dans un grand rire.

- *Un des grands avantages de ces opérations,* commente à son tour le Général, *c'est précisément qu'il n'y avait pas de téléphone, ni aucune liaison avec les échelons supérieurs. Ainsi, avant d'entamer une opération – était-ce Koufra ? –, il avait envoyé un dernier télégramme au Général de Gaulle dans lequel il lui disait "C'est peut-être, logiquement parlant, une folie, mais nous entreprenons cette opération le ...*

Vassiliev estime que le moral des Allemands a été très atteint par Stalingrad, mais que leur discipline reste intacte. Ils poussent leurs armes anti-chars presque en avant de l'infanterie. Celle-ci ne progresse jamais sans être immédiatement suivie par le maximum de canons. La progression a tendance à revenir à la ligne, de préférence aux groupes.

Au terrain de Rabat-Zaher, deux petits avions attendaient, l'un pour Vassiliev et Norbert, l'autre pour l'officier d'ordonnance et les bagages. On leur présente leurs pilotes. Il y a dans l'air, un je ne sais quoi de mélodramatique qui fait sourire le Général :

- *C'est bien français,* ironise-t-il, *on a l'impression qu'ils partent à la mort et non pas seulement pour Alger.*

Le lieutenant d'aviation déclare d'un ton bref :

- *La météo est mauvaise, mais nous partirons quand même... bien entendu.*

Ces deux avions minuscules n'ont que 800 km d'autonomie. Ils doivent se poser à toutes les bornes-fontaines, comme dit ce petit colonel si compassé qu'on a peur de le fêler en lui serrant la main trop fort.

Les aviateurs n'ont *que ça*. On a astiqué les petits appareils. Ils brillent gentiment au soleil, mais ils font un peu rétrospective. Il y a un *Glenn* un peu plus loin, mais c'est celui du résident.

Ça n'est pas trouvé...

Le général Desré est là, agité, hochant son menton néronien et balançant ses gants.

Vassiliev sourit toujours, et j'ai un petit pincement en me demandant si je ne discerne pas dans ses yeux plissés d'asiatique, une trace d'amusement.

**Samedi 25 mars 1944 - Temara**

On raconte que les Alliés, en ayant assez de la résistance qu'ils rencontraient à Cassino, décidèrent de tout anéantir. Il se retirèrent nuitamment des positions qu'ils occupaient et à l'aube, des centaines de bombardiers apparurent et déversèrent des tonnes de bombes pendant quarante-huit heures. Lorsque les murs furent réduits en poussière, au lieu de se ruer sur l'obstacle pilonné, les vainqueurs prirent leur temps et astiquèrent leurs souliers pour l'entrée triomphale.

Mais lorsqu'ils s'approchèrent vers les ruines fumantes, ils furent accueillis par des rafales de mitrailleuses. Les Allemands avaient réoccupé le secteur et, cette fois tout le secteur. Il faut maintenant reprendre même ce qu'on avait évacué. C'est terrible, ces Allemands qui ne comprennent pas la plaisanterie.

On raconte aussi que l'affaire a inspiré un mot aimable à M. Bogomolov au cours d'un grand dîner chez de Lattre. Le Russe demande à un général américain qui se trouvait là, où en sont les opérations. Tout va très bien, elles sont en bonne voie. Alors M. Bogomolov, non sans ironie :

- *Bon, c'est très bien, parce qu'il faut tout de même que vous arriviez à en finir avec cette "historiette".*

Un de mes chauffeurs, au lendemain d'une punition méritée, me présente une demande de mutation. Réaction d'humeur classique. Mais comme je lui démontre son erreur, il me dit :

- *J'ai été brimé pendant deux ans chez Giraud parce que j'étais gaulliste et maintenant voilà que ça recommence.*

Pour dix hommes qui nous ont rallié dans le but de continuer la lutte, je me demande combien il y en a qui ne l'ont fait que pour échapper à une discipline pesante ou en vue d'un intérêt qui n'a guère à voir avec celui de la France.

Dans quelle mesure Giraud aura-t-il desservi la cause de la discipline comme Pétain a marqué tant de principes honorables du sceau de la collaboration ?

**Lundi 27 mars 1944 - Temara**

Je tourne comme un toton dans le Q.G.. On met en route l'aménagement du camion du Général. Flandre a été court-circuité par Clerc et m'en rend responsable. Mais le savon, bien qu'injustifié, est léger, et Flandre est en or.

Visite de M. d'Astier. Le colonel Bernard à dîner.

Castillo, du 501, nous a rejoints il y a trois ans. Il venait d'Argentine et a aussitôt demandé sa naturalisation. Après bien du mal il touche au but. A ce garçon qui se bat parmi nous depuis trois ans, Alger écrit : « *C'est entendu, vous serez naturalisé, mais il faut nous envoyer 5 000 francs.* » Vraiment !

En Grèce Edes et Hellas, en Yougoslavie Tito et Mikhaïlovitch, en France Pétain et de Gaulle. Triste.

**Mercredi 29 mars 1944 – Temara**

Le Général est parti hier pour Alger. Si nous n'avions pas su que son avion était anglais, nous nous en serions aperçu. Aucune agitation, aucun bruit, tout paraissait simple. Les aviateurs n'ont fait attention au Général que pour le saluer avec une déférence discrète. L'avion a décollé à huit heures précises sans que l'on ait eu une seconde l'impression d'être bousculé.

**Lundi 3 avril 1944 – Temara**

Le Général est rentré d'Alger en très bonne forme. Un message m'a prévenu chez Jacqueline Mirabaud et je n'ai eu que le temps de foncer jusqu'au terrain dans une jeep qui, comme par hasard, marchait sur trois pattes. L'avion a, bien entendu, du retard et je dors deux heures dans la Ford en l'attendant.

Le Général raconte son voyage avec une gaieté tranquille, nuancée de son habituelle ironie. Il a l'air rassuré sur notre avenir. La question relève toutefois du domaine de la politique :

- *Ce sont les ambassadeurs qui s'occupent de la 2e D.B.*

Vanier a appris par Ottawa que notre départ était décidé et le lui a dit.

- *Nous sommes la division politique*, conclut-il en riant.

Les comptes de la maison me donnent du souci. Quoique notre train n'ait rien de fastueux, il excède le traitement du Général.

**Mardi 4 avril 1944 – Temara**

Les papiers du Général viennent d'arriver d'A.E.F.. Nous les regardons après le déjeuner. Le plus émouvant est l'ordre manuscrit du Général de Gaulle pour l'opération du Gabon. Il est rédigé sur trois feuilles de papier libre jaunâtre et est daté du 22 Octobre 1940 : « *Ordre au Général Gouverneur du Gabon* ». Il commence ainsi : « *J'ai décidé que les éléments de désordre qui existent encore à Libreville et à Port-Gentil...* » et après les quatre premiers paragraphes donnant les instructions, le cinquième précise : « *Si l'une quelconque de ces conditions ne pouvait pas se trouver réalisée, j'interdis formellement l'exécution de cette opération.* »

D'autres lettres aussi, de la période héroïque, lorsque Pleven s'appelait Douglas et le Général, Sullivan.

Des photographies de l'arrivée du Général de Gaulle à Douala. Elles ne sont pas plus nettes que mes souvenirs, et il leur manque la couleur.

La question de l'habillement est préoccupante. Les Américains la qualifient eux-mêmes de *critical*, ce qui n'est pas encourageant. Les hommes ont des effets fatigués et n'en ont pas toujours assez pour les laver quand ils veulent. Le nombre des blessures aux pieds augmente car ils manquent de souliers de rechange.

**Mercredi 5 avril 1944 – Temara**

Promenade toute la journée dans la Division avec le général Vanier, arrivé hier avec Madame Vanier. Tous deux charmants.

Guy de Hauteclocque vient dîner hier soir avec eux. Soirée extrêmement gaie.

Aujourd'hui, le Général montre à son hôte le 501, le Royal Sardine (12e Cuirassiers) et le II/RMT.

Du changement dans les hautes sphères. Deux communistes entrés au C.F.L.N., M. Diethelm remplace Le Troquer à la guerre. Tout cela est curieux. Le bruit courait il y a huit jours que le Général de Gaulle aurait dit : *« Je ne garde Le Troquer que pour ne pas avoir à prendre de communistes dans le Comité. »* En revenons-nous déjà aux bonnes vieilles habitudes d'autrefois ?

On dit que le Général de Gaulle prendrait le commandement suprême des Forces Françaises. Fort bien, mais pourvu qu'il ne mène pas la vie trop dure à nos bons alliés. Ceux-ci pourraient finir par nous envoyer au diable...

Enfin, conservons notre confiance. C'est si consolant de pouvoir avoir confiance en quelqu'un.

**Jeudi 6 avril 1944 – Temara**

Enfin du nouveau et quel nouveau ! Puis-je préciser, même dans ce cahier, de quoi il s'agit ? Sait-on jamais ?

Toutefois je commence à réfléchir très sérieusement à l'articulation des bagages. Le Général m'en a averti hier. J'éprouve une curieuse sensation, depuis, à me promener, lourd d'un tel secret, au milieu des camarades qui l'ignorent encore. Il faut réfréner l'envie de leur sauter au cou et de crier la bonne nouvelle sur tous les toits.

Hier soir, les Vanier à dîner avec les Lantenois, Guillebon et Guy de Hauteclocque naturellement. Très plaisant.

Elle, toute vie, jeunesse et gaieté, lui, si serein et équilibré. Pendant la visite de ses unités qu'il montre à Vanier, le Général exulte. On sent tout le plaisir et toute la fierté qu'il éprouve à montrer ses hommes et ses officiers à ce vieil ami qu'il estime. Ils percent dans les éloges qu'il décerne en présentant

Dio, Massu, Langlois, Blasquez, Branet, etc.. De son côté, Vanier paraît très sensible à l'ambiance, détendu, en confiance.

Le déjeuner dans l'intimité à la résidence n'a pas été ennuyeux. M. et Mme Puaux, les Vanier, les Rose, Michel de Ladoucette, Guy de Hauteclocque et nous. Madame de Rose plus charmante que jamais. Pendant le déjeuner, je parle à son mari de Schweisguth et de Chadenet et lui dis tout mon regret d'en avoir été séparé en 1940.

Hier soir à dîner, Lantenois avait l'air préoccupé. Gribius m'en donne ce matin la raison. Au reçu du télégramme annonçant la bonne nouvelle d'hier, le Général a fait appeler Clerc pour lui parler de questions intéressant notre matériel. Lantenois aurait dû venir aussi en tant que chef du 4e Bureau. L'habitude qu'a le Général de prendre des contacts directs lui fait souvent sauter des échelons et rend la tâche difficile aux responsables qu'il court-circuite. J'ai souvent tenté de le lui faire comprendre. Mais comment empêcher un express de griller des stations !

Le Général veut toujours aller droit au but et vite. Il ne se plie à aucune convention, s'énerve de tout formalisme. Il entend obtenir chaque fois une exécution immédiate de ses décisions. Il faut reconnaître les excellents résultats du procédé, mais la tâche du pauvre état-major n'en est pas facilitée.

J'ai souvent reçu moi-même l'ordre de faire des choses qui étaient de la compétence de quelqu'un d'autre. Je ne disais rien, mais je mettais l'intéressé au courant. Ou bien il prenait la chose en main, ou bien il me donnait son avis sur la marche à suivre. Des difficultés ou des froissements inutiles s'en trouvaient évités à peu de frais.

Ce matin à une réunion de chefs de corps, le Général annonce officiellement l'embarquement lundi prochain d'une première fraction de la division.

A déjeuner, il a deux officiers américains, Weil et Janney. Au moment du café, Boissoudy apporte un télégramme. Le Général le lit, raccompagne Boissoudy à la porte et revient en souriant. Un silence. Le Général nous regarde puis :

- *Eh bien, voilà une autre nouvelle. Demain le Général de Gaulle vient à la division... et, Girard, il déjeune ici.*

Je m'effondre dans un fauteuil au milieu d'un éclat de rire général.

Madame Vanier me citait hier une phrase d'une lettre que le Général lui avait écrite juste avant les dernières opérations du Fezzan qui devaient le conduire en Tunisie : *« Je vais m'engager dans une opération humainement folle, mais j'ai une telle confiance dans la providence et dans mes hommes que je suis sûr que je réussirai ».*

Tout en Leclerc est foi. La devise du Téméraire lui convient à merveille, n'était qu'il espère toujours.

**Samedi 8 avril 1944 - Temara**

Quel vendredi ! D'abord cet après-midi de jeudi en courses éperdues dans tous les sens. Hier matin les choses semblaient arrangées malgré l'exiguïté de notre villa.

Le Général de Gaulle était annoncé pour dix heures. A 9 h 30, un coup de téléphone nous avertit de son arrivée dans dix minutes. En deux secondes, nous nous retrouvons dans la voiture qui fonce sur Rabat dans un hurlement de sirène.

Le terrain grouille : Puaux, Desré, Bureau, tous les généraux de Rabat, musique et tout et tout. A dix heures, rien. A 10 h 05 le *Lockhead* surgit et son atterrissage impeccable proclame que Raymond est aux commandes.

Le Général de Gaulle apparaît, dominant sa nombreuse suite. Pampelonne aussitôt s'inquiète du fanion de la voiture de la résidence qui servira au Général : a-t-il une croix de Lorraine ? Non. Il est en soie avec des franges partout, mais pas de croix de Lorraine.

*C'est ennuyeux*, dit Pampelonne, *j'en ai bien apporté un, mais il est très sale.*

- *Qu'à cela ne tienne, montrez-le moi.*

Je jette un coup d'œil au fanion et souris :

- *J'ai le même, flambant neuf* et j'accroche le fanion de mon Général sur la voiture de la Résidence en laissant par-dessus la cravate.

Le Général de Gaulle monte en voiture avec Leclerc et je m'installe en guide à côté du chauffeur.

Langlade a rassemblé ses quatre régiments de chars près de la station de TSF de Rabat, à environ 5 m de l'allée. Le Général de Gaulle grogne :

- *Mais alors je ne pourrai pas les voir !*

Il entre résolument dans l'herbe et passe la revue lentement, à un mètre à peine devant le premier rang, serrant des mains, regardant les hommes bien en face.

Au R.M.T., la présentation est magnifique. Sur un terrain plat et uni, les bataillons figés dans un garde-à-vous impressionnant, forment un bloc compact. Le Général de Gaulle va très lentement, regarde longuement. Dio est en pleine forme. Pour moi, je suis bouleversé par le spectacle et lorsque nous regagnons les voitures, je n'arrive pas à détacher mes regards de cette masse immobile, hérissée de baïonnettes qui, demain, relèvera l'honneur de la France.

Je laisse les généraux partir vers l'artillerie et vais m'assurer que tout est prêt à la maison. Ils y arrivent à 12 h 15. Sur le perron, les aides de camp se consultent : qui montera avec le Général de Gaulle ? Le résident ? Mais où ira le ministre ? La grande silhouette apparaît

- *Diethelm, vous montez avec moi.*

Au casino bondé, le Général de Gaulle nous laisse comprendre que nous allons en Angleterre. Il a l'air très fatigué et me paraît vieilli.

Au terrain, le Général de Gaulle arrive en avance. Le résident apparaît juste à temps et Desré manquera le départ. Longue poignée de main avec Leclerc, on enlève l'échelle, la porte claque. Au moment où l'avion s'éloigne, un des commandants de la suite arrive. Je lui conseille de courir après l'avion qui a l'air de faire un point fixe. Il arrive effectivement à monter et l'avion décolle.

Du terrain, je file sur Rabat chercher M. Pleven. J'y apprends qu'il n'arrivera que le lendemain à 13 h 00, et que les troupes sont prévenues. Des troupes ? J'enquête auprès du commandant de la garnison

- *Quelle "personnalité" attendez-vous ?*
- *Félix Gouin.*

Mais il se confirme que Pleven arrivera bien le 8.

Rentré au PC, je trouve toutes mes affaires en vrac dans le bureau qu'il faut installer pour le Général dont le camion va faire mouvement.

Ce matin, nouveau déménagement, je flanque toutes mes affaires dans le garage, jongle avec les téléphones. Le décor oscille. Pleven arrive dans une heure, Larminat demain, Vanier revient après-demain...

Cette fois, Pleven est arrivé. Dans la voiture, j'évoque avec lui les quatre premiers jours de 1940. Il raconte son départ à quatre pour l'Afrique, les difficiles débuts à Londres. Il est fatigué et la conversation est décousue car nous roulons vite.

Le PC est une confiture de caisses et d'objets en désordre, sournoisement tapis lorsqu'on les cherche. Dans la villa, les chaussettes se terrent et les chemises me fuient. Qu'emporter ? Que laisser ? Le masque à gaz sourit ironiquement au milieu du chaos.

**Dimanche 9 avril 1944 - Temara**

Toute la matinée jusqu'au cou dans les caisses pendant que le Général et Pleven vont regarder passer le détachement A, le premier à s'embarquer.

Je les laisse ensuite déjeuner en tête-à-tête et m'invite à la popote de l'état-major où je vois défiler devant mes yeux éblouis un poisson mayonnaise, des pigeons et un Saint-Honoré.

J'y apprends que nous touchons des pompons rouges comme chasseurs de chars.

Bagages, caisses, Kingman vient aussi demain. Koenig, plus discret, passe à Casa où le Général ira le voir sur le terrain.

**Mardi 11 avril 1944 – Rabat**

Ça y est nous sommes allés à Temara ce soir pour la dernière fois. J'ai fermé le bureau et la villa à clé, dit au revoir à Legrand, à Budelot et à tout l'échelon et suis monté en voiture avec le Général à six heures du soir.

Au moment où le chauffeur a démarré, le Général m'a donné une grande claque sur la cuisse. Il avait l'air radieux. Il a déjeuné chez les Blondel, moi avec les Vanier.

Tout s'est tassé. Le chassé-croisé des bagages et des émissaires a pris fin. Nous sommes redevenus des nomades et marchons vers notre destin. Tout s'efface aussi. Non que le souvenir d'hier ne soit vif, mais nous sommes tellement tendus vers *là-bas* que le passé ne compte plus. Il y a tout juste quelques moments de mélancolie, comme lorsque j'ai dit adieu à ma vieille jeep. Je l'aimais bien. Nous avons tant roulé ensemble et elle m'a rendu tant de services. Pourvu qu'elle soit bien soignée.

Ce soir, dîner offert par le général Kingman. Le Général lui a trouvé l'air préoccupé. Qu'est-ce encore qui ne va pas ? Radio Stuttgart a annoncé que la 1e D.B. s'embarquait pour l'Angleterre.

L'embarquement des chenillés à Casa s'est effectivement bien passé. Weil était ravi. Tout le monde a été parfait, Français, Américains, Anglais, l'unanimité dans l'effort et aussi dans l'appréciation mutuelle a été sans faille. Lumianski me le confirme de son côté.

Je suis attristé à la pensée que nous allons perdre Farman. J'en parle au Général qui partage mon sentiment. Il a un mouvement d'humeur :

- *C'est trop idiot. Est-ce qu'il n'y a pas quelque chose à faire ? Nous essaierons.*

**Mercredi 12 avril 1944 – Rabat**

Après le dîner très plaisant et sympathique offert hier soir par Kingman, nous nous promenons tous les deux dans les rues de Rabat. Nous parlons des impressions faites sur Kingman par les différents chefs de corps. Le Général estime que la qualité technique du 501e est due en grande partie à Eberhardt. Il me reparle de Vanier. Son rôle, en ce qui concerne la division, a été prépondérant. Il aurait fait agir Duff Cooper qui est maintenant à Alger, et qui aurait à son tour convaincu Churchill.

C'est une belle figure, même abstraction faite de ce dont nous lui sommes sans doute redevables aujourd'hui.

**Vendredi 14 avril 1944 - Rabat**

Le Général est parti hier pour Alger avec Clerc et Pommeret. Il doit aller voir le régiment de fusiliers-marins.

Le bruit circule déjà que la 2e D.B. aurait eu deux de ses bateaux coulés au large de Casablanca. C'est agaçant. J'aimerais bien être sûr que c'est faux.

Il paraît qu'au moment de ce premier départ, le bateau amiral est tombé en panne. Le général de Langlade était à bord avec son fidèle Verdier et son état-major. Il en a été furieux mais que peut-on contre une dynamo grillée ? Il a bien fallu qu'il se résigne à descendre au bout d'une corde jusqu'à une chaloupe où ses bagages l'ont rejoint de la même manière.

**Lundi 17 avril - Rabat**

3 h de l'après-midi. Dans ma chambre de l'hôtel Majestic, j'attends le coup de téléphone par lequel Guillebon doit me confirmer que nous avons nos places d'avion pour ce soir. Si tout va bien, nous serons demain en Angleterre. Quel pas franchi vers la fermeture de la boucle.

Le Général est d'une humeur exquise. Je vis dans l'irréel. Cette vie d'hôtel, cette absence d'occupations, cette brusque transplantation en plein Rabat dans l'attente du retour vers la terre promise.

Il fait beau. Des oiseaux chantent. Des avions passent, et je pense chaque fois à celui dans lequel nous monterons peut-être ce soir. Rarement un départ en avion aura-t-il autant signifié pour moi, sinon peut-être le départ de Fort-Lamy en décembre 1942.

# La 2e D.B. arrive en Angleterre
# avril – mai 1944

*Note – En avril 1944, Leclerc s'envole de Casablanca vers l'Angleterre avec quelques officiers et son aide de camp. Pendant ce temps, les éléments de la Division font route par bateau avec leurs matériels.*

*En attendant, il faut s'occuper des cantonnements, du débarquement dans les ports et prendre contact avec les autorités américaines sous les ordres desquelles la 2e D.B. va se trouver désormais placée.*

*Le Général est d'une activité dévorante. Il se documente sur la situation en France, il interroge des résistants, Rosenthal lui parle des maquis, du sentiment des Français de France, de leurs angoisses.*

*Le Général surveille l'organisation de la zone de cantonnement à Hull. Il rend visite à Patton avec lequel il s'entendra bien.*

*Un grave problème à résoudre est celui du mouvement entre les ports de débarquement et la zone de stationnement. On décide que le matériel sera transporté par train, sauf les chars qui voyageront par la route, et cela, c'est la mort des chenilles.*

En Angleterre – manœuvre Kestrel – juin 1944
de G. à D. : Noiret, Dio, Langlade, le Général, Girard

**Mardi 18 avril 1944 - En l'air**

Le départ s'est parfaitement effectué. Tarragon avait téléphoné à trois heures et demie pour confirmer que tout était réglé. Le Général est passé me prendre à l'hôtel d'où nous sommes allés faire une visite à Mme de Boissoudy. Puis, en passant par Temara, nous avons pris la route de Casablanca. Là nous avons retrouvé Guillebon, Weil, Gamet, Renaud et Lavergne avec lesquels nous avons dîné au mess d'Air France. Sympathique et très bien organisé par le commandant Duriot.

Sur le terrain, la silhouette du *Liberator*. Nous décollons à 9 heures du soir.

Le réveil a été pénible après une mauvaise nuit, impossible d'allonger mes diables de jambes et il faisait frisquet. Mais tout le monde est d'excellente humeur.

Nous avons atterri à Prestwick à 8 h et demie. Formalités assez longues. Comme Prestwick est à la frontière d'Ecosse, il faut reprendre un avion pour Londres. Breakfast rapide avant de repartir. Renaud toujours aussi drôle met le Général en joie. C'est presque lui qui fait voler les avions.

En ce moment nous volons vers Londres. Dans les aéroports, les employés ont un petit *« Ah yes »* quand ils comprennent le nom du patron. Rien à écrire de plus. Ce qui se passe en moi ressemble à une lame de fond.

**Mercredi 19 avril 1944 - Londres**

Nous sommes arrivés à Londres hier. En passant par Regent's Park j'ai aperçu la silhouette blanche de Holme House entre les arbres. Tous mes souvenirs de 40 sont remontés à la surface, mais, malgré eux, la fugitive apparition de la maison fermée inspirait la tristesse.

A Carlton Gardens, nous nous installons dans un somptueux bureau voisin de celui du général Koenig. Trois téléphones, un dictaphone. Comme dit Weil : *« Ça fait sérieux »*. Le Général s'amuse beaucoup, il ouvre tous les tiroirs et les placards, et, les trouvant vides, demande *« ce que ces gens peuvent bien faire toute la journée »*.

Personnellement, je me sens comme chez moi dans ces lieux familiers. J'entre dans un bureau où doit se trouver l'aide de camp de Koenig. Cet aimable garçon m'annonce que nous serons logés au Berkeley. Excellent choix mais je connais trop ce noble établissement pour penser que ma solde me permette d'y demeurer longtemps.

Koenig nous installe au n° 1, dans les bureaux du général Matheney qui est absent. Il reste un de ses aides de camp dont l'uniforme s'orne d'une tête de sphinx et que nous expulsons courtoisement de celle des deux pièces qu'il occupe encore. Leclerc continue à avoir l'air d'un enfant parmi des jouets, mais il redevient sérieux dès que l'on commence à parler service.

Le soir, il dîne avec Koenig. Après avoir pris un bain délicieux, j'emmène Audrey dîner au Savoy.

Mal dormi parce que le lit était trop bon et la D.C.A. insupportable. Ce matin je vais chercher les deux cantines laissées à Londres en 1940 et qu'Audrey, en quittant Holme House, avait confiées aux F.T.G.B. Quelle émotion en les retrouvant! Mes vareuses ont été consciencieusement bouffées par les mites, mais il en reste une à peu près mettable. Au lieu d'une paire de bottes, j'en trouve deux et celle que je ne connais pas me va. Il y a aussi un uniforme de chasseur alpin. Cette attention me paraît moins bien trouvée que la précédente.

Le Général déjeune à l'Ecu de France avec le colonel Chambon. Vais ensuite chez quelques selliers avec Guillebon qui est magnifique depuis qu'il est à Londres. Non qu'il ait changé, pas d'une miette, mais son esprit fuse dans tous les sens et ses remarques sur la vie et les mœurs britanniques sont désopilantes. Il est aussi à l'aise dans Bond Street que dans le désert et les deux cadres lui conviennent aussi parfaitement l'un que l'autre.

J'ai revu Boislambert avec plaisir. Il n'a pas changé malgré ce qu'il a vécu. Il me parle de la division et me dit les difficultés qu'il a rencontrées et l'influence désastreuse de Matheney qui a fait tout ce qu'il a pu pour que nous ne venions pas.

- *Vous voulez que Leclerc vienne en Angleterre ? Bon. Si vous voulez que l'agent politique du Général de Gaulle vienne ici, ce sera comme vous voudrez.*

Les Anglais étaient tous d'accord pour que nous venions, mais ils observaient que notre représentant officiel n'était pas de cet avis et que, dans ces conditions, ils ne pouvaient rien faire.

**Jeudi 20 avril 1944 - Londres**

C'est un peu un supplice de Tantale que de se trouver à Londres après trois ans d'Afrique, mais sans un fifrelin.

Je suis presque gêné d'être au Berkeley, même logé gratuitement, ce qui est d'ailleurs infiniment gracieux. Une modeste pension de famille sera plus en rapport avec l'état de mes finances.

J'ai remis mon uniforme de 40. J'en éprouve une sensation bizarre, et c'est bien moins confortable que le battle-dress.

La question des insignes de la division ne sera pas facile à régler. Il faut 36 autorisations différentes pour les faire exécuter et elles seront d'autant plus malaisées à obtenir que la division est officiellement en Afrique du Nord. J'ai dû aller au War Office pour expliquer confidentiellement au monsieur intéressé qu'elle vient ici, mais qu'il ne faut pas le dire. Je me suis cru ramené à 1940, mais cette fois, c'est dans l'autre sens.

**Vendredi 21 Avril 1944 - Londres**

Le monsieur en question a été extrêmement courtois et *helpful*. L'affaire paraît en bonne voie. La division aura ses insignes. Cela m'a donné l'occasion de revoir Miss Miller chez Hobson. Nous nous sommes reconnus au premier coup d'œil et elle a plaqué une dizaine de clients pour venir évoquer les jours frénétiques de 1940 dans la petite pièce familière à côté de l'entrée.

J'ai aussi téléphoné à Mrs Brindle qui était si fière de conduire autrefois le commandant Koenig et *dear admiral Muselier*.

Je ne pourrai malheureusement pas déjeuner avec elle demain car le premier convoi débarque ce jour-là, le cher Langlade en tête. Le Général veut aller à sa rencontre. Les chars auront 310 miles à couvrir pour gagner leur cantonnement et l'état-major a décidé qu'ils le feraient par la route. Leclerc en fait évidemment une maladie et essaie désespérément de faire modifier les ordres.

**Samedi 22 Avril 1944 - Londres**

Descendu ce matin à l'heure habituelle, j'apprends par le portier de Berkeley que le Général est déjà parti. Arrivé à Carlton Gardens, je constate qu'il est dans son bureau et me mets à trier le courrier. Il m'appelle :

- *Avez-vous vu le commandant de Guillebon ?*

Quelle drôle de question. Il m'avait posé la même hier soir à 11 heures et demie au moment où je montais me coucher.

Il insiste :

- *Il n'est pas arrivé ? Personne n'est arrivé ?*
- *Non. Il n'y a que le colonel Brunschwick qui soit venu, lui aussi pour demander si Guillebon était là.*
- *Quoi ? Brunschwick est venu ? et vous ne me l'avez pas envoyé ?*

- *Il n'a pas demandé à vous voir.*
- *Bon, allez.*

L'attente continue pendant 20 minutes dans une atmosphère tendue jusqu'à l'arrivée majestueuse de Guillebon, comme toujours calme et très à l'aise

J'ai voulu profiter hier d'une heure de répit pour passer chez un tailleur de Savile Row que je connaissais d'autrefois. A la place de la maison il y avait un grand trou et, fichée au milieu du vide sur un tas de décombres, une pancarte indiquant l'adresse provisoire.

**Dimanche 23 avril 1944 - Swansea**

Nous avons quitté Londres hier à une heure avec Renaud et sommes arrivés à Swansea vers 5 heures de l'après-midi. Un colonel et deux officiers anglais nous ont reçus très aimablement sur le quai. Tout de suite dans le vif du sujet ils nous emmènent à Port Talbot voir les premiers débarqués.

Nous y trouvons Baillou, Gavardie, Perceval et aussi Divry, toujours ronchonnant et déclarant que tout va mal. Mais il était le seul de cet avis.

Evidemment le pays est affreux. Il y a du charbon partout, on marche dessus, littéralement. Mais qu'importe. Tout le monde a l'air enchanté, il n'y a pas un seul malade, l'ambiance est excellente.

La question la plus préoccupante est celle du transport des chars. Nous devons aller dans la région de Hull, de l'autre côté de l'île. Presque 500 km. La plus grande partie du matériel sera transportée par chemin de fer, sauf les chars. Inutile de décrire l'état dans lequel cette nouvelle a plongé tout le monde. C'est la mort des chenilles, objets de tant de soins. Le colonel britannique a promis de s'en occuper.

Ce matin, au breakfast, un des sympathiques Anglais qui nous ont accueillis hier, apporte un télégramme signé Eisenhower qui déclare le transport par mer impossible. Il ne reste qu'à trouver un endroit de stationnement parce que les chars n'ont encore que deux hommes d'équipage, les numéros trois n'arrivant que par le prochain convoi, c'est-à-dire dans trois ou quatre semaines. Et les chars ont besoin d'une révision complète.

Hier soir, comme nous cherchions le colonel de Langlade, nous sommes tombés sur lui par hasard. Il est apparu en haut de l'échelle d'un L.S.T. 199, suivi de l'inséparable Verdier, toujours impassible. Je lui fourre aussitôt dans les mains le paquet de 500 livres en billets d'une livre que l'intendant Gamet m'avait remis pour lui au moment du départ, à Paddington. Je n'avais qu'une hâte, m'en débarrasser.

Retournés ce matin au port, nous y voyons Laffolay, Rouvillois, Noiret, Bonnafous, Bénard, etc.

De là au bureau du colonel anglais qui commande ici. Il est extrêmement sympathique et a l'air parfaitement à son affaire. Il se montre très compréhensif et *helpful*. Son nom est, je crois, Bevan.

En sortant de chez lui, le Général me dit :

- *C'est toujours la même chose. Dès qu'on descend dans les petits états-majors, parmi ceux qui travaillent, tout devient facile et l'on parle le même langage. Ici, les gens travaillent. Vous avez vu, hier soir et ce matin, bien que ç'aient été un samedi et un dimanche, tout le monde était là et le téléphone n'arrêtait pas. Eh bien, ici, les gens comprennent, et sont aimables, agissant et se mettant en quatre pour vous aider. Dès qu'on s'adresse aux grandes boîtes, on trouve des grands chefs sentencieux qui ne comprennent rien et donnent des ordres inexécutables.*

Pendant que l'on s'efforce de caser nos malheureux chars, le Général va tenter une nouvelle attaque contre l'antre sacro-sainte de Londres où se pondent les décisions majeures. Mais que représentons-nous, pauvre petite division, dans cette forteresse bourrée de troupes. Pourvu que nous ne nous mettions pas les états-majors à dos.

**Mardi 25 avril 1944 - Londres**

Nous sommes rentrés à Londres avant-hier. Visite hier à Lady Bigham. Rencontré Hasey, et téléphoné à Lagier.

Je rentre au bureau à 8 heures, sachant que le Général attend un coup de téléphone et risque d'être seul pour dîner. Je le trouve d'une humeur de crin parce que le téléphone est coupé à huit heures, ce qui est évidemment idiot. J'essaie de rester indifférent à la douche froide. Il finit par se détendre pendant le dîner que nous prenons dans un petit bistrot coco qui frôle la faillite. Mais il est commode parce qu'il n'y a personne.

**Jeudi 27 avril 1944 - Londres**

Rencontre inattendue de Rouan et d'Hilaire Colcombet. Ils sont parachutistes et ils me donnent des nouvelles de Christian Boissonnas qui est avec eux.

Déjeuner avec Bagneux et le commandant Livry. Ce dernier, des plus sympathiques, nous raconte ses impressions pendant ses missions au-dessus de la France. Rentrant de l'une d'elles, un soir, vers onze heures, il survole sa propriété et voit plusieurs fenêtres brillamment éclairées, ce qui lui inspire des réflexions ironiques sur l'observation des prescriptions relatives au black-out. Un mois plus tard il reçoit une lettre de sa fille : *« Je me suis arrêtée en entendant venir un gros avion qui ne peut être qu'anglais. J'ai couru aux fenêtres et les ai ouvertes en allumant toutes les lumières que je pouvais. »*

Il a contrôlé sur son *log-book* : les dates correspondaient.

Un avion peut partir de Londres à l'aube, aller prendre des photos de Ploestry, en Hongrie, se poser à Malte pour que le pilote déjeune, et être de retour pour l'heure du dîner...

Vu aussi Oberlé, charmant Jean de la Lune, que j'avais vu à Temara. Mais il n'a pas tout à fait bien compris la division. Il me dit le plus grand bien des trois officiers qui la représentent le moins.

Ce matin j'emmène le Général se promener dans les jardins de Kew. Au départ, il est d'une humeur noire. Je fais plusieurs tentatives pour engager une conversation. Peine perdue. Le voyant décidément dans un mauvais jour, je me renferme dans ma coquille. Nous descendons de voiture et dès les premiers pas, il me dit que si je veux me promener seul, je n'ai qu'à le retrouver dans une heure à la grille. Je décline et lui emboîte le pas. Il engage la conversation, je donne la réplique. Au bout de cinq minutes, en toute bonne foi, je lui dis que si, lui désire se promener seul, je pourrais m'en aller de mon côté. A mon grand étonnement, il me rabroue gentiment :

- *Mais non, j'ai dit cela tout à l'heure parce que vous aviez l'air de si méchante humeur...*

Cette faculté qu'il a de se replier sur soi et de ne plus rien voir ni entendre, entièrement absorbé dans ses pensées et ses soucis. Et puis quand il se rouvre au monde extérieur et prend conscience de l'entourage, cette sensibilité à l'atmosphère, à sa tension inconsciemment créée.

Il faisait beau, les jardins étaient ravissants, nous avons fait une promenade merveilleuse.

**Samedi 29 avril 1944 - Hull**

Nous avons quitté Londres hier matin par la route avec, comme guide, le deuxième aide de camp du général Patton. Route longue et fastidieuse, sinueuse et très encombrée.

Nous atteignons vers midi le quartier général de Patton. Un grand parc et, au milieu, une vaste bâtisse devant laquelle est rangé un détachement de Military Police avec le drapeau américain et un autre drapeau qui doit être celui de la 3e armée, blanc et rouge.

Le général Patton apparaît sur le perron. C'est un homme de grande taille, svelte mais large d'épaules ; un visage carré qui serait dur sans le regard et le sourire étonnamment vifs et jeunes. Il porte des *pinks* assez courts et des bottines montantes formant guêtres, un blouson genre battle-dress en drap américain vert foncé, une fourragère rouge à l'épaule et l'insigne des goums. Sur la tête un casque portant trois grosses étoiles, mais d'une matière bizarre qui fait penser aux casques de liège recouverts de toile cirée que nous portions à Saumur. Une élégance recherchée, un peu tapageuse. Beaucoup d'aisance et de personnalité.

Il place le Général à l'intérieur d'un petit carré blanc peint sur le bitume, face aux troupes. La musique joue l'hymne américain. Puis il offre au Général de passer l'inspection *avec le capitaine*. Pendant que le Général passe l'inspection, il reste sur place au garde-à-vous, tandis que la fanfare exécute une marche extraordinaire ou plutôt une mélodie tenant du slow-fox et de la valse hésitation.

J'ai une affreuse envie de rire. Le Général revient à sa place après avoir remercié le capitaine. Les troupes font un *à droite* et s'en vont en défilant devant nous aux accents inattendus de Sambre et Meuse : attention incontestablement délicate.

Le chef d'état-major m'emmène me laver les mains et je suis confus de m'apercevoir en sortant, qu'il attendait devant la porte.

Bref apéritif dans un petit salon et nous passons à table aussitôt.

Nous sommes sept en tout. Pendant que l'on sert le potage, Patton déclare qu'il n'y a que ça à déjeuner. Puis il offre au Général d'en reprendre. Il accepte et le serveur lui présente la soupière, puis à Patton qui en reprend à peine, manifestement par courtoisie. Après quoi notre hôte se met à piocher dans le beurre et dans la confiture. Nous l'imitons et le Général, prudent, s'offre une respectable portion de *marmelade*. A ce moment nous voyons arriver du poulet, du jambon bouilli, des pommes de terre sautées... puis des pommes au four...

Malgré le handicap de la différence de langages, la conversation est facile et l'atmosphère détendue. Ils parlent de Saumur où Patton a été en 1912 et 1913, de l'Italie, d'officiers qu'ils ont tous deux connus en Afrique du Nord.

Après le café, nous descendons dans le bureau de Patton, très vaste pièce du rez-de-chaussée, et nous nous asseyons dans de confortables fauteuils devant le feu.

Le ton devient aussitôt sérieux. Patton n'était pas au courant de nos difficultés. Nous ne commencerons à dépendre de lui que lorsque nous serons installés à Hull. Il comprend ce que la situation actuelle a de fâcheux pour les commandants d'unités qui débarquent en Angleterre et parle d'un air résigné des méthodes des grands états-majors. Il se montre très compréhensif et tout disposé à nous aider. Il parle français mais avec difficulté et je suis souvent obligé de faire l'interprète. L'impression générale est bonne, nous pouvons espérer recevoir de ce côté l'assistance que nous souhaitions obtenir.

Nous remontons en voiture et prenons la direction de Hull. Sur le point d'y arriver, nous dépassons Divry dans sa jeep. Arrêt. Pour une fois il a l'air satisfait. A Hessle, près de Hull, nous retrouvons Weil, Minjonnet et Gamet.

Dîner à la popote Minjonnet. Ces bons chasseurs sont devenus anglophiles, presque anglomanes. Ils sont sidérés de voir que les Anglais sont gentils et n'en reviennent pas des rations qu'ils touchent. Je dois dire qu'il y a sur la table une profusion très plaisante de beurre et de sucre. Le dîner est très sympathique et plein de gaieté. Je fais largement honneur à cette savoureuse hospitalité.

A l'hôtel, je pose ma valise dans ma chambre et redescends aussitôt dans le hall où j'avais aperçu en entrant plusieurs officiers de la division. J'y trouve Martin, Julien, Kochanowski et Le Goasguen avec deux officiers de liaison de Londres. Martin et Kocha vitupèrent tout le reste de la division. Les chasseurs ont élevé des barrières sur les bateaux pour éviter les contacts, le RMT est une affreuse pagaille, etc. Je ne tarde pas à remonter.

Ce matin, le Général va visiter avec Minjonnet les trois camps de Hessle. Au premier, où se trouvent Divry et Martin, il réunit les officiers et leur passe un savon en leur reprochant de n'avoir pas exécuté les ordres de Minjonnet, à savoir que les permissionnaires soient rentrés au camp pour neuf heures et demie. Les chars et les spahis étaient rentrés beaucoup plus tard.

Actuellement, ce sont les Cuirs et les chasseurs qui paraissent les plus satisfaits de l'existence. Ce n'est pas surprenant. Les plus anciens rouspètent toujours. Ils continueront à le faire, comme ils l'ont fait en 1940, et certains supportent difficilement d'avoir perdu la belle indépendance de naguère et d'avoir à se plier à la discipline d'une grande unité.

Nous quittons Hessle à deux heures moins le quart et arrivons à Londres à sept heures du soir, ce qui, pour 350 km, est une bonne moyenne. Notre chauffeur américain conduit bien, mais sans aucun égard pour sa voiture.

Le séjour de Hull a été placé sous le signe de l'orage. Le Général a été très désagréable et je me suis renfermé dans ma coquille après trois ou quatre manifestations un peu brutales de son impatience. En bref, cela n'allait pas. Il aborde franchement le sujet en montant en voiture. J'essaie de lui répondre avec une égale franchise quoiqu'il ne soit guère commode de lui expliquer ce que mes fonctions peuvent avoir souvent d'ingrat et de lassant. Je crois qu'il comprend car, sans me donner raison, il me parle avec une humanité et une affection qui, comme chaque fois, me retournent comme une crêpe. Le voyage se passe ensuite très agréablement.

Ce soir encore, à plusieurs reprises, il a de ces remarques touchantes dont il a le secret. Dans ces moments-là, je me ferais écharper sur place pour lui.

Nous dînons tranquillement dans un restaurant de Soho, puis nous promenons dans les rues où je lui montre des magasins pour le distraire.

Pendant le voyage nous avons parlé du R.M.S.M., encore une fois, puisque c'est actuellement le régiment qui lui donne le plus de souci. Je lui rappelle ce qu'a été et ce qu'a connu la *Flying column*.

Elle est composée en grande partie de gens chez lesquels dominent le goût de l'aventure et des vastes espaces. Leurs conceptions et leur comportement s'en ressentent. A l'heure actuelle, la *colonne volante* a deux raisons de grogner : elle aurait préféré rester indépendante et accumuler les lauriers, seule de son espèce dans une armée britannique, plutôt que de se ranger sous le commandement du Général. Ensuite elle supporte mal d'être associée, dans la division, à des unités nouvellement affectées, d'être pour tout dire, prise en sandwich entre des non-Free-French et ces coloniaux qu'elle continue à appeler les *kakalas*. Le Général pense que tout cela est naturel et que ces bisbilles s'effaceront au combat.

En route, nous sommes rattrapés par une jeep qui nous courait après.

C'est Renaud, toujours hilare et volubile. Il donne au Général des nouvelles des chars. Six sont vraiment en panne, ce qui sur 200, est peu.

Renaud est irremplaçable. Il se donne un mal fou, il éprouve une véritable adoration pour ses chars et leur prodigue des soins maternels. La sûreté de son diagnostic, sa conscience professionnelle et son sens de l'intérêt général ont désarmé les préventions les plus affirmées. Et puis, dit le Général avec une sorte de ravissement, *« il est tellement français »*.

Avec son habituel bagout, Renaud nous raconte l'histoire d'un dépannage de chars sur la route. Grâce à une sorte de sonde improvisée avec du fil de fer, il s'était rendu compte qu'un boulon avait sauté. Mais il était impossible de l'atteindre sans déposer les moteurs. Comment faire ? Sur le bord de la route, Renaud avise un gosse d'une huitaine d'années qui observe la scène avec intérêt. Il l'appelle, lui explique ce qu'il faut faire. L'enfant se glisse sous les 35 tonnes du char, arrive à faufiler sa petite main dans l'étroit espace et à remettre le boulon en place. On le resserre ensuite avec des pinces et, sa fuite d'eau arrêtée, le char se remet en route. L'histoire n'est rien, mais il fallait entendre Renaud la raconter. En route nous croisons plusieurs rames de chars des trois régiments. Je reconnais au passage Rives-Henry, Bart, Buis. Tout cela très en ordre. Tous parlent de l'accueil chaleureux des populations. Tout le monde leur a donné à manger, à boire, les a comblés de chocolat, que sais-je ?

Le bon côté du courageux peuple anglais. Si cela pouvait servir à ce que, demain, nos deux pays puissent suivre la même politique, ce qui sera si nécessaire sous peine de catastrophe.

Le Général me dit la bonne impression que lui ont faite le *père Mingo* (Minjonnet) et le commandant Rouvillois. *« Du sérieux »*.

## Dimanche 30 avril 1944 - Londres

Déjeuner avec Bagneux et Lavergne dans un horrible petit bistrot, presque tout étant fermé. Nourriture immangeable. Bagneux nous quitte pour aller au bureau et je traîne Lavergne au Berkeley où je déjeune à nouveau.

Nous retrouvons ensuite le Général à l'Albert Hall pour un concert de musique russe.

De là, chez Mrs Maizel, la mère du cher Farman, où Bagneux nous rejoint. M. et Mme Maizel nous emmènent, on ne peut plus gentiment, faire un très agréable dîner. De retour dans leur ravissant appartement, je ne peux pas m'empêcher, en regardant une photo de Farman sur le piano, de penser qu'à Paris, rue de Varenne, il doit aussi y avoir comme ici, une photographie sur une cheminée. Et de comparer cette ambiance de calme et de confort, avec le plateau du thé et l'argenterie scintillante, à l'ambiance de misère angoissée qui doit être la leur. Cela m'étreint à la gorge avec une telle force que je dois faire un effort pour ne rien laisser paraître.

**Lundi 1er mai 1944 - Londres**

Merlin, ce matin, me parle de la *liaison* en termes réservés. Il semble qu'aux yeux de ces messieurs nous ne soyons pas assez *progressistes*. Après avoir posé sur nous un tas de questions que Merlin a éludées en soulignant notre neutralité politique, ils ont hoché la tête et conclu, en parlant de nous : « *Leur esprit a beaucoup changé. Il sont devenus très hobereaux* ». Je rapporte le mot au Général qui en est enchanté.

Cette liaison est devenue un peu un repaire et nos rapports avec elle ne manquent pas d'en souffrir.

X. aurait écrit une lettre à cheval à Boislambert à ce sujet. Le Général lui donne tort. Il ne faut pas que tous les bons éléments s'en aillent dans les divisions, sans cela il ne restera dans les missions que des ralliés de fraîche date ou des *pas fous.*

Très agréable soirée chez Mrs Maizel avec Willers, Bagneux et d'autres. Un caporal américain violoniste et un pianiste nommé, je crois, Ivor Newton, jouent des sonates de Grieg, Swendsen et Mozart.

**Mercredi 3 mai 1944 - Londres**

Déjeuné hier avec Georges Mereer-Nairne. Il n'a pas changé depuis le Tchad et l'époque où nous habitions l'un à côté de l'autre à Fort-Lamy et où je passais de si agréables soirées avec lui et David Watkins.

Cher David ! Je ne pouvais jamais m'en aller, et lorsque vers minuit je répétais pour la cinquième ou sixième fois, « *Il faut vraiment que je parte* », Watkins laissait tomber, du fond de son fauteuil :

- *Don't rush away like that.*

La mère de Farman m'a montré une lettre de son fils. Il lui écrit que la seule chose qui l'intéresse, c'est de revenir avec nous, et que, s'il ne peut pas y arriver, il se moque du reste et est prêt à faire n'importe quoi parce que rien ne lui plaît que *this crowd*. Pauvre vieux, je ne pensais pas que c'était à ce point. J'essaie de faire quelque chose, mais c'est difficile.

L'atmosphère de Londres n'a guère changé. Le Général me répète souvent combien il est péniblement frappé d'entendre dans presque tous les dîners officiels, des Français, parfois haut placés, dénigrer systématiquement des personnalités du gouvernement d'Alger ou de l'armée, en présence d'officiels américains ou britanniques.

Ces derniers se tiennent en pareil cas sur la plus parfaite réserve mais n'en pensent naturellement pas moins.

Les Français n'auront-ils jamais le sens de la dignité de leur pays ?

Boislambert me dit aussi combien il est consterné de voir à quel point les Français de Londres le prennent souvent presque de haut avec les Anglais, prétendant leur expliquer comment faire et leur faire changer leurs méthodes.

Quoique terriblement impulsif et d'une grande impatience, le Général est trop réaliste pour n'avoir pas fini par se plier aux contraintes des méthodes britanniques, comme hier des méthodes américaines. Il l'a fait souvent de force, mais souvent aussi de son propre gré et les résultats ne se sont pas fait attendre.

Ils ont été excellents.

Déjeuner à Dolphin Square avec Hasey et M. Bellenger.

**Jeudi 4 mai 1944 - Londres**

Déjeuner avec le Général, Maurice Schumann, Boislambert et Merlin. Schumann parle du maquis, des expéditions punitives des Allemands déchaînés sur plusieurs villages de Dordogne. Dans un seul d'entre eux, le plus petit, il y a eu 19 exécutions. Dans les autres...

Boislambert a l'air assez accablé. Si le second front n'est pas ouvert à la fin du mois, il songe à donner sa démission en écrivant à Koenig avec copie à son correspondant américain à l'intention du Général Eisenhower.

Il estime qu'on n'a pas le droit de pilonner la France sous prétexte de préparer le débarquement si celui-ci doit être indéfiniment retardé. Ces blitz coûtent trop de vies humaines et l'on ne peut pas infliger longtemps un pareil traitement à ce pauvre pays, même au nom de sa délivrance.

Ou bien il faut, dans un certain délai, passer à l'action terrestre ou bien c'est une sorte d'escroquerie qui finira par se retourner contre les alliés.

Il est indigné d'avoir vu un journal anglais titrer sur la même page *« Paris bombardé »* et *« Berlin bombardé »* en caractères identiques.

Tout en reconnaissant ce que la situation de la France a en ce moment d'affreux, le Général fait remarquer que les objectifs sont des usines qui travaillent pour les Allemands ou des installations ferroviaires qui servent aux mouvements de leurs troupes. L'ouverture du second front est d'autre part soumise à un grand nombre de conditions. Nous ne les connaissons pas toutes. Il y a les Russes, la synchronisation des offensives, etc.

Boislambert trouve que l'on aurait dû faire davantage appel à la Résistance française pour la destruction des objectifs militaires. Celle du Creusot a été réalisée sans aucune perte de vie humaine.

Le Général objecte que les alliés le font souvent. Mais souvent aussi les uns répondent que la Résistance peut obtenir le résultat demandé, les autres qu'elle ne le peut pas. Devant ces divergences de vues, la difficulté d'obtenir des précisions, et la fuite du temps, il n'y a rien d'étonnant à ce qu'ils aient recours aux bombardements aériens.

Boislambert reconnaît la valeur de l'argument et ajoute que les plus grandes réserves sur les possibilités du maquis sont venues du général Matheney. C'est à cause de cela qu'il a tout fait pour l'écarter.

En fin d'après-midi, au Connaught où M. Bellenger avait invité le Général pour lui faire rencontrer Sir Robert Vansittart. Encore jeune, celui-ci donne une impression de bel équilibre et d'énergie. Il déteste les Allemands et n'a aucune illusion sur eux. Il trouve aussi que les Français Libres sont trop timides et ne crient pas assez fort.

Il nous parle des *Free Germans* association créée à Manchester et dont l'animateur est en même temps président de l'Alliance française.

Lady Vansittart, avec ses cheveux blancs, est encore très jolie. Elle parle admirablement le français.

Dans les rues de Londres, il n'y a que des soldats, la plus grande partie américaine, et presque autant de Français que d'Anglais. On entend parler toutes les langues.

Ce soir, à un concert avec Guillebon et Lavergne, la messe en si mineur de Bach. Bonne exécution, chœurs excellents, solistes parfois un peu insuffisants, mais quelle musique ! Rentrons prendre quelque chose au Berkeley où la lenteur du service dissipe la bonne humeur du Général. Il commence à s'impatienter dangereusement. Il était temps que nous montions nous coucher.

**Vendredi 5 mai 1944 - Londres**

En rentrant à l'hôtel ce soir, après avoir bavardé avec Audrey au Savoy jusqu'à des heures indues, je trouve sur mon lit un stick. J'avais vu ce modèle à Knutsford sur la table de Patton et, quelques jours après, dans la vitrine de Briggs.

Comme nous parlions de Patton, j'avais raconté la chose au Général en ajoutant qu'il était heureux que l'objet soit au-dessus de mes moyens car j'aurais été gêné d'avoir le même stick qu'un général d'armée. Je me rappelle maintenant que le Général m'avait demandé de lui décrire le stick. Je n'y avais pas prêté attention. Et cet après-midi, contrairement à son habitude, il ne m'a pas demandé de l'accompagner dans ses courses.

**Dimanche 7 mai 1944 - Londres**

Le Général a déjeuné hier chez Eisenhower.

Le soir, nous dînons avec Guillebon et Jean Rosenthal, tout récemment rentré de France et qui nous parle du maquis. Le Général insiste sur l'aspect tactique qui lui paraît devoir dominer dans les missions des maquisards. Leur action sera de longue durée car il s'écoulera du temps, après le jour J, avant qu'ils ne puissent reprendre contact avec les troupes d'invasion. Ils devront, à son avis, s'inspirer des méthodes employées autrefois au Maroc par les Chleuhs, s'en prendre surtout aux convois, savoir attendre le moment le plus propice, le plus payant, être partout à la fois et ne jamais s'attaquer aux points forts, postes de garde ou autres, ce qui coûterait trop.

De ce que nous dit Rosenthal, nous retenons surtout que les Français n'en peuvent plus, qu'ils attendent jour après jour le débarquement, et que, s'il tarde trop, ce sera la catastrophe. Les réseaux risquent d'ailleurs chaque jour d'être découverts. Cela justifie les inquiétudes de Boislambert. Les descriptions qu'il nous fait du maquis sont bouleversantes. Je me sens horriblement bourgeois à côté de tels exemples. Il parle des rafles massives à Paris, des fusillades, des déportations. La peur des Allemands qui frappent au hasard. Et la Milice française, pire qu'eux.

Vu hier la chère tante Gerda qui, chassée d'Autriche par les Nazis, l'a ensuite été de Bruxelles. Londres est son second refuge depuis l'Anschluss. Elle subsiste en faisant des travaux de couture dans une chambre sous les toits. Elle n'a guère changé. La vie et l'esprit pétillent toujours dans les yeux qui vous regardent bien droit, la tête un peu rejetée en arrière. Elle continue à faire front, avec autant d'aisance et d'élégance qu'hier.

Quelle leçon de maintien que cette assurance calme et désinvolte en face de l'adversité !

Aujourd'hui, avec le Général et Guillebon à Putney, chez M. Bellenger qui nous offre un excellent déjeuner. Jack Hasey était là aussi.

Ensuite à Hampton Court où je suis attristé que le Général voie partout l'influence de Versailles. J'ai toujours réagi contre cette tendance habituelle à la plupart de mes compatriotes. J'y cède sans doute moi-même parfois. Mais, dans notre condition actuelle, elle m'affecte plus encore qu'à l'ordinaire.

**Samedi 13 mai 1944 - Tranby Park**

Nous avons quitté Londres mardi dernier après deux journées excessivement chargées. Les dernières courses où l'on oublie toujours quelque chose. Vingt fois chez Miss Miller pour le képi du Général qui n'est jamais prêt ; me suis ruiné en taxis.

Enfin le 9, je rejoins le Général au Berkeley à l'heure convenue après avoir constaté avec un indicible soulagement que la cantine achetée la veille pour lui entrait bien dans le coffre de la Buick.

Après le déjeuner dans la salle à manger du Berkeley que les sacs de terre empilés devant les fenêtres font ressembler à une cave, nous montons en voiture et filons vers Chippenham pour la fameuse manœuvre chère au général Patton.

Le Général me parle de son déjeuner avec le général Eisenhower. Il avait rendez-vous chez le général Koenig pour y aller avec lui. L'amiral d'Argenlieu n'avait pas été invité au début, la chose avait été raccrochée par téléphone, mais l'amiral s'était vexé de n'avoir pas reçu de carton et était arrivé au rendez-vous avec 35 minutes de retard. Après avoir traversé la banlieue de Londres en direction de Putney, ils étaient arrivés au Q.G., une sorte de ville de baraquements entièrement recouverte d'un colossal filet de camouflage. Réception cordiale et sans faste, déjeuner rapide. Il avait trouvé Eisenhower très simple et direct, donnant une impression de grand équilibre, d'énergie ainsi que d'une santé et d'une vigueur physique parfaites. A peine le déjeuner terminé, Bedel-Smith, son chef d'état-major avait emmené le Général dans son bureau pour parler service. Tous ces gens lui ont donné l'impression de travailler sans perte de temps. Plutôt d'ailleurs que faire la guerre ils lui avaient paru monter une vaste entreprise industrielle. Un côté businessman.

Nous arrivons à Chippenham, chez le général Wood à cinq heures. Très belle propriété dans un parc magnifique. Notre hôte a un peu une allure de cow-boy. Il est exubérant, ne tenant pas en place et riant très fort. C'est, paraît-il, un grand ami du général Bureau. Il me semble qu'il fait au Général l'effet d'une goutte de citron sur une huître. Patton est là, et les principaux généraux de la 3e Armée. Il y en a une bonne douzaine. Les commandants d'unités blindées sont sympathiques.

Après avoir bu whisky sur whisky, tout le monde passe à table. Le repas est copieux. Les petits plats ont été mis dans les grands, et sont arrosés de café au lait. Comme dessert, d'énormes portions de glace qui font grosse impression sur le Général.

Ensuite, conférence sérieuse. Je suis frappé de constater que Patton, parlant à ses généraux, traite de points de détails qui sembleraient devoir s'adresser plutôt à des capitaines ou à des lieutenants : alternance du feu et du mouvement, inutilité des bonds au pas de gymnastique loin de l'ennemi, etc.. Les chasseurs de chars ne paraissent pas l'intéresser, non plus que le F. T. A.

Après la conférence, le Général interviewe un des commandants de blindés, le général Oliver. Ce dernier a été en Tunisie mais n'a malheureusement connu que la période "défensive" de cette campagne. Il est néanmoins intéressant et a l'air sérieux. Il nous dit son regret d'avoir eu à se battre contre des Français en débarquant et nous l'assurons que la masse des Français ne s'est opposée à eux qu'à contrecœur.

Le lendemain matin, nous absorbons un petit déjeuner copieux et faisons le pied de grue devant la maison de 8 h à 9 h, à côté de la file des somptueuses voitures de ces messieurs.

Vers 9 heures, Patton apparaît avec son casque de cuir bouilli et ses pantalons trop courts, précédé de Wood, revêtu d'un extraordinaire rase-pet en poil de chameau rose.

La manœuvre commence une heure après et est commentée au micro par le commandant en second de la division. Plus que de la guerre, cela paraît la démonstration d'un mécanisme pas encore très bien rodé, avec l'accent sur un étalage de la puissance de l'artillerie dont le tir, peu précis, procède plutôt de l'arrosage. L'infanterie progresse en hordes serrées sans manifester une compréhension aiguë de son rôle. Il y a encore du travail à faire.

Allons coucher à Grantham où un garçon centenaire au chef branlant nous sert des langoustes aussi somptueuses qu'imprévues, suivies de tartes à la crème exquises. Le Général apprécie.

Jeudi, nous gagnons Tranby Park, à côté de Hull, où nous retrouvons Langlade, Verdier, Musnier, Repiton... Toutes les peines du monde à trouver des draps et des couvertures pour le Général. Grâce à Musnier, je finis par en dénicher au bataillon médical

Vendredi, tournée des cantonnements avec le sympathique capitaine Rochelet. Au 501e, Divry accroche le Général et engage avec lui une longue conversation. Après quoi le Général fait réunir les hommes du 501, leur dit qu'il les estime et les aime bien, qu'ils doivent comprendre la nécessité de la fusion et que ceux de la première heure se doivent d'être d'autant plus parfaits qu'ils sont moins nombreux.

Puis il retourne au 12e Chasseurs qu'il venait de voir et les enguirlande pour n'avoir pas encore compris la nécessité de la fusion. Il a des mots durs :

*Ceux qui, en 1940, ont eu la chance ou le jugement de suivre le Général de Gaulle... etc.*

Il fait ça très bien mais il ne mâche pas ses mots. Dans la voiture, je laisse percer ma crainte qu'il ne soit allé un peu vite en ne se fiant qu'à un seul son de cloche.

Déjeuner à tout casser dans le château somptueux et délabré où trône Dupont. Du mal à m'en remettre surtout avec cette chaleur. Tournons comme des totons tout l'après-midi. Rentré crevé mort.

Aujourd'hui, continuons la tournée des bivouacs, et ce soir, d'après ce que lui dit Repiton, le Général constate qu'il a été un peu vite hier. Il en est furieux.

Cet après-midi, le 40e R.A.N.A. a présenté un cantonnement et des hommes impeccables. Le 1er RMSM a également fait une très belle présentation. Tous les officiers se trouvant réunis, le Général s'adresse à eux et insiste sur la question des jeunes officiers qui ne sont pas assez dressés et manquent d'autorité. J'en éprouve quelque appréhension jusqu'à ce qu'il ait précisé que ces observations ne lui ont été dictées par personne mais correspondent à ses propres impressions.

Ce soir, à dîner, le Général nous raconte que Clerc est récemment allé à Alger, à l'E.M.G.G., réclamer des camions. Après une longue discussion, son interlocuteur l'interrompt : *« Enfin, Clerc, écoutez, parlons sérieusement, jouons cartes sur table. Vous embarquez 600 véhicules en excédent... »* Clerc proteste vigoureusement. Alors l'autre : *« Mais si, mais si, je le sais. Alors il y a une solution pour tout arranger : part à deux, 300 pour vous, 300 pour moi, et on n'en parle plus ».*

Le plus beau, c'est que nous n'avons pas un seul véhicule en excédent. Mais ils en sont convaincus, dur comme fer. Ce qui est triste, c'est que s'ils croient à de telles sottises pour le matériel, il doit en être de même pour le personnel ; ils sont bien capables de freiner les envois de renforts.

Le Général observe qu'il est bien possible que le Général de Gaulle ait involontairement contribué à la naissance de cette légende sur la rapacité de la division. Il aurait dit un jour en riant : *« Leclerc ? Oh je ne m'en occupe pas. Il fait la guerre pour son compte personnel et se débrouille toujours pour trouver ce qui lui manque. »*

Nous recevons avant le déjeuner la visite d'officiers britanniques, le général Robinson, commandant de district, accompagné de trois colonels. Ils sont très aimables mais paraissent inquiets ; la question de l'hygiène les préoccupe. Il conviendrait d'incinérer les ordures, de surveiller les feuillées... Ils ont peur que nous ne contaminions l'eau de Hull et surtout que nous n'amenions d'Afrique des maladies subtiles aux conséquences épouvantables. A part cela, ils sont extrêmement courtois et serviables.

**Dimanche 14 mai 1944 - Hessle Mount**

Ce matin, messe pour la fête de Jeanne d'Arc. Elle a été retardée de trois jours, ce qui a mis le Général de mauvaise humeur parce qu'étant maintenant rentré, il ne peut plus y couper, et il a horreur des cérémonies avec personnages officiels.

Nous quittons Hessle Mount à 10 h 45 pour prendre le Lord Maire de Hull au Guild Hall à onze heures.

Au premier étage, dans une sorte de salon d'attente, nous trouvons deux personnages de haute taille, vêtus de noir et portant de doubles colliers de métal supportant de lourds pendentifs armoriés.

Le Lord Maire a un collier d'or, celui du Shérif est en argent. Leurs épouses les accompagnent, ainsi qu'un cinquième personnage que je ne situe pas car il n'est revêtu d'aucun insigne. Nous échangeons des amabilités. Le Général signe le livre d'or du Guild Hall et nous repartons, le Lord Maire avec le Général, les autres dans une seconde voiture.

Au départ, le Lord Maire m'indique un itinéraire que je ne prends heureusement pas, car la seconde voiture qui l'empruntera, débouchera dans le dos des troupes qui rendent les honneurs. Bien stylé la veille par le commandant Rouvillois, je guide la voiture jusqu'au front des troupes disposées devant l'église Saint-Charles, et le Général les passe en revue avec le Lord Maire.

Très belle musique pendant la messe, et la chorale du 501e. Sermon du Père Gevigney qui commence par déclarer que les Anglais aiment beaucoup Jeanne d'Arc et qu'en conséquence il peut se permettre d'en parler librement devant eux. Après quoi il enchaîne sans se gêner le moins du monde...

A la fin de la messe, le Général et le Lord Maire se dirigent tranquillement vers la sortie. Je les suivais, lorsque, arrivé vers le milieu de la nef, je me rends compte que les orgues sont en train de jouer la Marseillaise. Nul ne s'en était avisé. Il est trop tard pour se raviser et nous sortons dignement.

En rentrant à Hessle Mount, le Général aperçoit un command-car devant la maison. Je reconnais le numéro 411771 et le porte-fanion familier sur l'aile gauche et me précipite pour trouver Legrand qui m'annonce la prochaine arrivée du personnel de la maison du Général. Les deux touristes et les remorques des command-cars sont malheureusement restées à Oran et rejoindront plus tard.

L'après-midi nous allons avec Gribius à Dalton Hall, pour reconnaître un peu plus en détail le cantonnement du Q.G.. Grande bâtisse aux bonnes proportions dans un très beau parc. La demeure est vaste et confortable. Le Général rend visite au propriétaire, le lieutenant-colonel Lord Hotham.

Nous prenons le thé dans l'aile qu'il habite. Sa femme et son fils aîné sont là. Très aimables, ils nous parlent surtout de réquisitions et de l'impossibilité d'entretenir leur propriété.

Un grand tour à travers notre zone de manœuvre, et nous rentrons.

Je préviens Clerc et Gribius, qu'en leurs qualités de chefs de service et de bureau, ils ont dorénavant leur place à la table du Général. Cette perspective n'a pas l'air de transporter Gribius d'enthousiasme. Certes, sans que cela diminue en quoi que ce soit la profonde estime et, pour ma part, presque l'affection, que nous portons au Général, il est difficile de considérer que sa compagnie soit toujours un élément de détente.

L'ascétisme du Général est effectivement terrible. Il n'a pas perdu sa jeunesse de caractère, mais ses manifestations en sont étouffées. Il a des moments de gaieté, et une gaieté juvénile, mais plus émouvante que détendante. Les efforts que nous faisons les uns et les autres pour détendre engendrent eux-mêmes une contrainte. J'en souffre souvent pour lui. J'observe aussi que je n'arrive à être naturel qu'en tête-à-tête avec lui et je n'y parviens pas quand nous sommes plusieurs en sa présence. Je me demande comment va fonctionner le nouveau régime qu'il a décidé de mettre en vigueur, à savoir prendre ses repas avec ses chefs de bureaux et de service. Nous serons quinze ou seize à table. Cette formule imposera aux *grands fauves* une contrainte qu'ils n'avaient pas connue jusqu'alors. Lui-même supportera-t-il tant de monde autour de lui ?

Le colonel Dio est arrivé. Il est allé tout droit à son P.C. d'où il a téléphoné qu'il le trouvait inacceptable. C'est compréhensible. Tout son groupement tactique est sous la tente.

Langlade lui a fait réserver deux chambres très confortables dans un très beau château des environs, appartenant à un Lord grincheux et hostile. Mais Dio ne saurait accepter d'être le seul au chaud. Il demande que tout son état-major soit logé dans du "dur" pour pouvoir travailler. Il semble que l'on pourrait y arriver en déplaçant une batterie du 40ème R.A.N.A.

Le Général a eu l'air affecté que Dio soit allé directement à son P.C. sans passer par le Q.G.. Mais n'était-ce pas normal qu'il allât tout de suite retrouver ses troupes à leur cantonnement ? Il viendra sûrement au Q.G. après.

Ce soir je demande au Général l'autorisation d'aller retrouver les camarades à la grande popote. Je n'y trouve de place qu'à une table où je ne connais presque personne. Je rentre tout de suite après le dîner avec un vilain cafard et me console en astiquant furieusement mes bottes.

## Lundi 15 mai 1944 - Hessle Mount

Dans la lettre que le colonel de Langlade a adressée aux autorités britanniques de Swansea pour les remercier de leur accueil et dont il a envoyé copie au Général à titre de compte-rendu, je relève la phrase finale : *« Les premières heures d'Angleterre ont été un rare réconfort pour la division et un grand encouragement. Elles ont été la preuve de la continuité de l'amitié britannique pour la France malheureuse, amitié à laquelle chaque Français attache une valeur capitale. »*

*Note - Quelques jours après l'arrivée de Leclerc en Angleterre, les premiers convois vont débarquer à Swansea au nord-ouest de l'Angleterre.*

*Quelques heures plus tard, le Général s'y rendra lui-même.*

*Au milieu du mois de mai 1944, le regroupement de la division sera terminé.*

*Le château de Dalton Hall abritera le PC, l'Etat-Major, et les unités du Quartier Général.*

*Le gros du travail ayant été fait au Maroc, durant les quelques mois que la division passera en Angleterre il restera à "mettre au point" à fignoler les détails.*

*Les rapports Vichystes, Français Libres continuent à être difficiles.*

*Le Général voulait que sa division ait une âme, une personnalité propre, il prônait l'unité des Français d'où qu'ils viennent et pensait sans cesse à l'avenir de la France.*

## Mardi 16 mai 1944 - Dalton Hall

Nous avons emménagé ce matin dans notre nouvelle et somptueuse résidence. Je ne dirai pas que ce fut sans difficulté.

Il manque la moitié du personnel, ce qui ne facilite pas les choses. Le commandant du Q.G. n'est pas là et la plupart des bureaux sont à peine représentés. Nous nous installons tant bien que mal dans les vastes pièces où nous nous sentons un peu perdus.

Le Général s'ennuie dans son immense bibliothèque.

La demeure est belle et a dû avoir grande allure autrefois. Mais il y a quelque chose de poignant dans le silence qui s'appesantit aujourd'hui sur ces appartements tapissés de portraits d'ancêtres dont les regards sans vie ne fixent plus qu'une morne solitude et paraissent attendre sans illusion, de devenir la proie de la finance internationale ou des colonies de vacances.

Le dîner se passe mieux que le déjeuner pour lequel il y a eu du tirage. Le Général est alternativement de bonne et de mauvaise humeur. Les Américains nous ont envoyé un télégramme pour nous demander de quoi se constitue notre musique, et si nous avons besoin d'instruments. C'est un sujet de conversation inattendu et plaisant.

Après le dîner, dans le grand salon tendu de damas rouge, sous les portraits dont les cadres s'ornent de couronnes fermées, Bagneux et Gribius s'asseyent devant le long Bechstein noir et jouent à quatre mains *Au clair de la lune* et *Oh mon amour*.

Le Général entre, en manteau et képi. Un froid. Il désire manifestement aller se promener. Il appelle Bagneux pour lui parler et s'écarte un instant avec lui. Gamet, Gribius et moi nous retirons discrètement. Cela me fait un peu de peine.

Dehors il pleut. Les grands arbres du parc sont gonflés et luisants. Les hautes colonnes de la façade se profilent sur le ciel gris encore vaguement lumineux. Tout cela ne fait pas très *guerre*.

## Vendredi 19 mai 1944 - Dalton Hall

Les autorités de Hull ont demandé un officier français pour venir assister au jugement de deux marins français accusés de Dieu sait quel péché relativement véniel. Le commandant Repiton désigne Schompré, qui est très au courant de la législation britannique. Celui-ci se rend au tribunal, réclame un avocat pour les marins, se démène, discute avec les juges sur des points de droit anglais et, à leur étonnement, fait acquitter dans les formes les deux accusés eux-mêmes sidérés.

Ma bronchite va mieux. J'avais réussi, malgré ma fièvre, à accompagner le Général hier dans une tournée des cantonnements, mais en rentrant, n'en pouvant plus, je me réfugie dans ma chambre et me couche, embobiné dans de l'ouate thermogène et avec un grog à assommer un bœuf. Vers 9 heures, le Général vient très gentiment prendre de mes nouvelles et s'amuse de mes méthodes thérapeutiques. Mieux ce matin. Continue les grogs.

Difficultés avec Gamet pour la question des finances. Il manifeste un excès de scrupule qui met le Général en fureur, car autant celui-ci est strict et dur pour lui-même, autant il s'exaspère lorsqu'il a l'impression que ses officiers ne jouissent pas des mêmes avantages que ceux de Londres.

## Samedi 20 mai 1944 - Dalton Hall

Rendons visite au général Robinson, commandant du district qui était venu voir le Général à Hessle Mount samedi dernier. Le temps est maussade et nous entrons dans la purée de pois près de Hickleton, à côté de Doncaster où est son P.C.

Celui-ci est une demeure moins pompeuse que Dalton Hall mais d'une architecture plus séduisante à mes yeux de Français. Une pierre de taille grise agréable, un fronton gracieux, des reliefs de la bonne époque. L'intérieur est aussi moins grandiose et nous circulons à travers un dédale de couloirs sans dégagements. L'officier d'ordonnance nous introduit enfin dans une assez vaste pièce, confortable, dont les murs sont entièrement recouverts de tableaux de toutes sortes, chasse, famille, chevaux et même hélas, de médiocres reproductions de tableaux célèbres de genre Van Dyck.

Robinson nous accueille avec à ses côtés le colonel Turner que j'appelle *le gémissant*, mais qui n'en est pas moins très sympathique. Une petite table supporte quelques verres, un flacon de sherry et une assiette de petits gâteaux.

Avant d'arriver, le Général m'avait dit : « *Ce qui est très agréable, c'est que je n'ai rien à lui dire.* » Il trouve tout de même le moyen de lui demander deux ou trois choses : des livres français pour les hommes, etc.

Robinson, bien enfoncé dans son fauteuil, nous pose de son côté un tas de questions en jouant avec le cordon de son monocle, les inévitables questions sur le ravitaillement pendant « *The march to Tripoli* », l'eau ? l'essence ? et puis aussi l'âge du Général de Gaulle. Il paraît étonné que le Général [1] n'ait pas fait la dernière guerre et demande où il a gagné toutes ses décorations.

La propriété appartient à Lord Halifax et, lorsque nous nous retirons, Robinson nous montre, dans une grande pièce qui sert sans doute de salle de réunion, un très beau portrait du père de l'actuel propriétaire, et un autre de sa mère. De part et d'autre, une grande distinction de traits.

Nous avons, à titre provisoire, un nouveau popotier, le Père Fouquet. Un petit padre tout rond, vif et rigolo, colonial, et, comme tel, n'ayant pas froid aux yeux.

Il doit rejoindre le 501 auquel il fera sûrement du bien. Il a été au Cameroun et en Ethiopie et parle de façon intéressante des différents types de missionnaires qu'il a rencontrés. Les Anglais sont sympathiques mais flemmards ; ils n'aiment pas faire des tournées et ne les font pas bien ; en revanche ils sont parfaits lorsqu'ils s'occupent d'écoles et dans les tâches sédentaires. Les Américains voyagent beaucoup, mais il leur faut des véhicules confortables, des tentes, des T.S.F. et des frigidaires. Les Italiens ne sont pas très actifs, en revanche les Allemands le sont extrêmement. En somme, les caractères des différentes races.

Repiton nous raconte ce soir les pourparlers qui ont eu lieu à la fin de la campagne de Syrie entre Maitland Wilson d'une part et d'autre part Verdillac, Conti, etc.. Verdillac a dit aux Anglais qu'il ne voulait pas rencontrer *leurs alliés*. Malgré cela, lorsqu'il pénètre avec Conti dans la salle où doivent se dérouler les pourparlers, il y aperçoit, à côté des Anglais, le général Catroux, Repiton et un ou deux autres officiers français. Il les ignore et la conversation s'engage. Au

---

[1] Il s'agit du Général Leclerc qui n'a pas fait la guerre de 1914, il était trop jeune.

bout de quelque temps, Wilson forme des sous-commissions pour étudier des points de détail. Lorsque leurs membres ont quitté la salle, on s'aperçoit que l'interprète est parti avec eux. Maitland Wilson se tourne vers Repiton et lui demande de bien vouloir servir d'interprète. Repiton accepte et est donc amené à s'adresser à Verdillac pour traduire ce qu'a dit Wilson. Verdillac ne bronche pas, mais Conti s'énerve au point que Verdillac est obligé de le calmer. Les pourparlers continuent. Catroux restait dans son coin et ne disait mot.

Puis, comme Verdillac discutait d'un point que Wilson ne paraissait pas bien saisir, il demande à ce dernier l'autorisation d'intervenir et se met à en discuter directement avec Verdillac. Celui-ci tique nettement, mais la conversation se poursuit jusqu'au moment où Catroux ayant mentionné le Maréchal Pétain, on voit Verdillac devenir violet, se lever brusquement, s'avancer au pas cadencé jusqu'à la hauteur de Catroux et là, au garde-à-vous, mais dans un état de grande excitation, se lancer dans une déclaration embrouillée, rageuse et incompréhensible. Il s'agissait de la gloire du Maréchal, de la confiance, de l'abnégation... Au milieu de tout cela, il fait le salut militaire, bien qu'étant tête nue, le tout donnant l'impression d'une perte totale de contrôle. Les Anglais n'y comprenaient rien et les compagnons de Verdillac en paraissaient eux-mêmes atterrés. Enfin il revient à sa place et les autres enchaînent avec cette désinvolture cordiale et un peu forcée que l'on affecte toujours pour faire oublier un incident gênant.

Pendant cette même période, la réception de Maitland Wilson au grand Sérail. Il y arrive avec Catroux. En descendant de voiture, il trouve sur le perron, après les petites filles qui lui ont offert des fleurs, un officier supérieur de la marine qui lui dit que l'Amiral Bouton (ou Mougeon ?) l'attend à son bureau. Il s'agit d'un représentant de Pétain. Catroux a un haut-le-corps. C'est impossible. C'est à nous de prendre possession des lieux et l'amiral n'a pas à nous y recevoir.

Wilson hésite, il a déjà acquiescé, il ne sait que faire. De son côté, le marin parle avec volubilité, profite de la confusion, se dirige vers le bureau, entraînant Wilson qui le suit machinalement en se tournant d'un air ennuyé vers Catroux : *« Il faut que j'y aille... »*. Finalement, ils arrivent tous trois devant la porte du bureau et Wilson, empoisonné, entre seul, en laissant Catroux devant la porte. Il ressort au bout de deux minutes à peine, mais c'est encore trop pour Catroux qui bouillait de fureur dans le grand salon où étaient entassées toutes les personnalités de Beyrouth.

Après le dîner, conversation autour du Général avec Tournier, Clerc et le Père Fouquet.

Nous parlons de la résistance, des communistes, de la Russie. Je me demande si les communistes de la métropole ne sont pas plus *nationaux* que ceux d'Alger.

Après la guerre, il faudra que tous ceux qui se sont battus pendant quatre ans aient leur mot à dire. Tournier se lève et avec une violence qui me surprend, déclare que nous nous faisons des illusions, que nous ne serons pas du tout reçus comme nous nous y attendons. Que les héros seront ceux du maquis et de la résistance, que le Tchad ne sera plus qu'une vieille histoire, une honorable aventure du passé. Il a peut-être raison. Je ne m'attends d'ailleurs à rien de particulier. Je me demande surtout pourquoi il a sauté comme un bouchon de champagne.

Reçu une lettre de tante Gerda. Elle a donné de mes nouvelles à son mari qui est en Suisse et qui a l'air de pouvoir communiquer avec mes parents. Je suis touché de sa sollicitude. Mais je suis aussi terrifié à l'idée qu'il pourrait leur arriver quelque chose. Je ne suis pas tranquille avec toutes ces histoires de représailles et d'otages qui circulent sans arrêt.

L'opinion du Général à l'égard des Américains subit les mêmes variations qu'hier à l'égard des Anglais. De grandes colères, puis le calme lorsqu'il se rend compte que ses griefs n'étaient pas fondés.

Aujourd'hui, il présente un front serein et me dit qu'après tout il n'a pas l'impression qu'on ait voulu nous rouler. Les Américains ont leurs propres difficultés et ils ont fait leur possible pour nous.

Francis White m'a téléphoné que David Watkins était avec lui à la division polonaise. J'espère pouvoir aller les voir. David est un garçon très fin et de beaucoup d'esprit. Il a toujours été parfait pour nous et je ne peux pas oublier la sympathie et la compréhension que nous avons sans cesse trouvées chez lui.

**Lundi 22 mai 1944 - Dalton Hall**

Ce soir, réunion de chefs de corps dans la salle à manger. Après la réunion, bavardage en groupes.

Pour une raison quelconque, je monte avec d'Allonnes au premier étage et lui fais visiter quelques bureaux. En passant devant la porte de la chambre du Général, je l'ouvre machinalement, cédant sans doute à l'habitude de m'assurer que tout est en ordre. La pièce est pleine de fumée. Une étincelle a enflammé un fauteuil et le parquet commence à brûler. Nous arrivons juste à temps pour arrêter l'incendie. Le pauvre cher Loustalot en est malade.

Le Général m'envoie ce matin à Hull acheter un cadeau pour le commandant Minjonnet qui prend le commandement du 12e R.C.A.. Je rapporte un portefeuille en peau de porc à coins d'or.

Après le déjeuner, un photographe américain qui vient de prendre des tas de photographies de la division demande, pour terminer, à en prendre une ou deux du Général à son bureau. Celui-ci accepte à contrecœur. J'emmène ensuite l'Américain dans mon bureau pour lui donner quelques renseignements et lui montre quelques photos que j'ai conservées de la dernière inspection du

Général de Gaulle à Rabat. Je tombe sur l'une d'elles qui représente le Général de Gaulle saluant le fanion du 12e R.C.A. : en plein milieu, entre les hommes au garde-à-vous, on aperçoit Minjonnet à côté du Général de Gaulle. Je vais aussitôt porter la photo au Général. Il trouve que c'est une bien meilleure idée que le portefeuille. J'irai demain à Hull chercher un cadre et il la donnera toute encadrée à l'excellent *père Mingo*.

**Mercredi 24 mai 1944 - Dalton Hall**

Courses à Hull. Cadre pour Minjonnet. Collier pour le *N'Gaparou* de Gribius.

Après le sympathique déjeuner au 12e RCA pour la prise de commandement de Minjonnet, le Général pique un accès de palud. Il demande à Langlade d'aller à sa place à York. J'y pars dans la Buick avec Repiton.

Sapp, le chauffeur, presse un peu sur l'accélérateur parce que nous sommes en retard. Arrivons tout de même à l'heure pour saluer le major général Cuff et le lord maire de York. Photo de groupe sur le trottoir sous les yeux calmement curieux des badauds.

Nous assistons à un film intéressant sur les opérations de Tunisie. Leur genèse, la hâte mise à les préparer, leur conduite. Je note que lorsque le film montre des Français, on voit des soldats qui ont l'air de soldats, mais pas de matériel. Lorsque ce sont des Anglais, ce sont aussi des soldats, mais avec du matériel. Là aussi l'impression de combat est juste. Lorsque les Américains apparaissent, l'écran ne montre plus que du matériel : pour une attaque qui a, paraît-il été importante, on voit des canons tirer, les départs, puis les arrivées. C'est un beau feu d'artifice. Il est suivi d'un silence après lequel, sur l'écran, 24 hommes en deux colonnes accolées montent péniblement une colline tandis qu'une voix de baryton annonce : « *We took point 609* ». Ces braves gens ont dû *en baver* ce jour-là, mais à l'écran ce n'est plus que du cinéma et l'effort sans doute délibéré de mise en scène évoque plus le studio que la dure réalité.

Ce matin au breakfast, quelqu'un dit que les Américains débarqués à Casablanca étaient devenus très liés avec les colonels français qui leur avaient résisté. Un peu agacé par le ton de la remarque, je dis d'un ton rogue que cela n'a rien d'étonnant, et qu'il est monnaie courante que ce genre d'officiers se montrent, par la suite, serviles et plats à l'égard des Américains. De Gaulle, qui n'a rien à se reprocher, ne songe pas à recourir aux courbettes. Il y a un silence et j'ai l'impression que mon voisin n'apprécie pas ma réplique.

Le Général est encore souffrant. Il m'a fait traduire toute la journée des notes de *Blood and Guts*. Lorsque je les lui apporte, au bout d'environ cinq heures de travail, il les parcourt pendant dix minutes et me dit qu'il n'y a qu'à les classer... Il a décidé de partir pour Londres demain et d'en revenir après-demain. J'ai d'abord été déçu de ce retour rapide qui m'empêchera de faire des courses. Mais cela vaut finalement mieux. La vie à Londres est trop chère.

Hier matin, le Général est allé voir manœuvrer le régiment de chasseurs de chars. Il est revenu satisfait d'y être allé et mécontent de ce qu'il a vu. C'est bien ce qu'il pensait. Le matériel est très bien entretenu mais ils n'ont aucune idée de la façon de l'employer. Il me dit :

- *Si ce régiment était engagé demain, il serait entièrement détruit en une demi-heure. Tout est à faire.*

En fait, la Marine a absolument voulu engager des troupes à elle. Au moment où l'on s'est demandé, à Alger, quel régiment de chasseurs de chars nous donner, et cela d'ailleurs lorsque nous étions déjà sur le point d'embarquer et alors que le Général réclamait son régiment de chasseurs de chars à cor et à cri depuis cinq mois, la Marine a fait donner tout ce qu'elle pouvait et est arrivée gagnante au poteau. Ce régiment, formé à la hâte, n'a pas été instruit. Il a été livré à une nuée d'instructeurs de tous les bords et de toutes les paroisses qui, dit-on, se contredisaient les uns les autres.

Lorsque le régiment est arrivé ici, le Général a dit au commandant par intérim qu'il allait lui envoyer des instructeurs. Le pauvre capitaine Bonnet l'a supplié de n'en rien faire : ils en avaient déjà eu tellement qu'ils ne comprenaient plus rien à rien. La réaction est bien normale. D'un autre côté ce que le Général cherchait tant à éviter, c'était précisément d'avoir un régiment en retard sur les autres.

Il est difficile de ne pas penser que l'état-major d'Alger ne cherchait pas, lui, à obtenir ce résultat.

**Samedi 27 mai 1944 - Dalton Hall**

Le séjour à Londres n'a été qu'une longue galopade. Après une journée de courses ininterrompues, je trouve à l'hôtel un bref message des Américains nous avertissant que la voiture que nous avions envoyée passer la nuit à sa base, ne reviendrait pas. Sapristi ! Le Général ne peut tout de même pas rejoindre Hull en faisant de l'autostop

Je passe la journée du lendemain en visites et coups de téléphone, une bonne vingtaine, pour décrocher une autre voiture. Je finis par l'obtenir, mais sans chauffeur, et trop tard pour reprendre la route.

Ce matin donc, je m'installe au volant et nous rentrons sans incidents. C'est d'ailleurs une chance. En cours de route, le Général a voulu prendre le volant. Eh bien, non, je ne peux pas m'y faire. C'est peut-être son seul défaut, mais c'en est un. Il conduit abominablement mal. Il est raide comme un manche à balai aussi bien pour tenir le volant que pour changer de vitesse. Il ne connaît pas les signalisations britanniques mais ne fait aucun effort pour s'en soucier et les ignore avec la désinvolture la plus candide. L'optimisme avec lequel il se faufile entre les trottoirs et les camions, sans ralentir, est tout simplement terrifiant. J'en étais malade !

Je n'ai eu le temps de voir personne à Londres, ni Audrey, ni tante Gerda, ni Mrs Brindle, ni Mrs Maizel. Tout juste déjeuné avec Guillebon et Bagneux à la hâte.

Au moment du départ de Dalton Hall, on m'avait remis une lettre de Christian Boissonnas. Elle me fait tant de plaisir que je la lis au Général dans la voiture. D'abord parce qu'elle me donne de ses nouvelles en détail, ensuite et surtout parce qu'il m'écrit : « *Tes parents savent le parti que tu as pris et, bien entendu, ils t'approuvent chaudement.* »

Chaudement ! Chaudement Dieu soit béni. Non pas que j'aie vraiment douté de leur justesse de vue, mais il est tellement réconfortant de penser que nous communions dans le même idéal, que nous sommes tendus vers le même espoir, animés par la même foi. Tout est tellement plus beau ainsi !

**Dimanche 28 mai 1944 - Dalton Hall**

Epuisé par le voyage de Londres et par la chaleur qui s'est brusquement abattue sur nous. Le Général est d'excellente humeur, il fait une partie de baseball avec Gamet et quelques autres.

**Mardi 30 mai 1944 - Dalton Hall**

Un peu ennuyé parce que la caisse a sauté. Je m'évertue en vain à comprimer les dépenses mais avec le Général, c'est peine perdue. Certes, il se contente de peu pour lui-même mais voici maintenant qu'il veut rééditer la petite scène de Temara et offrir un abreuvoir à tous les officiers de la division après le discours qu'il se propose de leur adresser dans quelques jours.

Tout cela vient de son refus d'accepter sa troisième étoile. Il doit donc mener le train d'un général de division avec une solde de général de brigade. Cela lui coûte cher et il faudrait tout de même trouver une solution. Si le Général de Gaulle vient en Angleterre, je me demande si je ne lui en dirai pas un mot. Ce serait peut-être du toupet, mais j'aurais le sentiment d'interpréter le vœu de toute la division.

Cet après-midi à York rendu visite au général Cuff pour le remercier de la réception du 23. Puis le Général me dicte les éléments du discours qu'il veut faire aux officiers lorsqu'ils auront tous rejoint. Le gros de la division et de l'état-major doit arriver demain.

**Mercredi 31 mai 1944 - Dalton Hall**

A déjeuner, Sir Ramsden, M.P. pour le Yorkshire. Gentleman d'âge mûr et des plus sympathiques, il nous apporte un nombre considérable de bouteilles d'excellents vins. Nous les apprécions à leur juste valeur, hésitant à décerner la palme au rouge ou au blanc, aussi remarquables l'un que l'autre.

Après le repas, arrivée de l'état-major : Lantenois, Quilichini, Boissoudy, Giraud, Barboteu. Nous leur faisons servir des saucisses dans de l'ananas, du Shredded Wheat, du jus de tomate et pas de pain. Devant leurs mines interdites et bientôt déconfites, Repiton et Bernard parviennent à garder leur sérieux mais je suis obligé de sortir. Dans le couloir, Tournier et Person sont pliés en deux de rire. Le Général est hilare.

**Vendredi 2 juin 1944 - Dalton Hall**

Le Général, tous ces jours-ci, a été d'excellente humeur. Tout son monde arrive, la machine embraie, il est content. Il est allé hier au XIIe Corps U.S. dont nous relevons. Le général Cook lui a plu. Un homme pondéré, humain, qui écoute et comprend, et qui, malgré une apparence qui n'est pas celle du militaire standard, sait donner des ordres et les faire exécuter. Repiton qui a accompagné le Général, est également très satisfait de cette visite.

Je le suis moins de la façon dont le Q.G. fonctionne. Il est peut-être convenablement organisé mais il manque de tenue. Sans vouloir abuser du stick et des gants blancs, je trouve que l'on devrait se préoccuper un peu des apparences extérieures. C'est au Q.G. que les visiteurs reçoivent leur première impression de la division. Il ne faut pas qu'elle soit attristante.

J'en ai parlé au Général et le nom de Rouvillois a été prononcé. Le Général pense que ce serait un bon choix, mais qu'il serait dommage de le retirer du 12e Cuirassiers où il sera un excellent adjoint pour le colonel Noiret.

Cet après-midi, nous recevons la visite du général Matchek qui commande la division polonaise stationnée aux environs. Un vieux militaire, assez exubérant et pas déplaisant du tout. Pour le recevoir, le Général s'est entouré de Repiton, de Boissieu, de Compagnon et de Gachet, très ennuyé de n'être pas rasé !

Avant-hier, je travaillais dans mon bureau. Par la fenêtre, je pouvais voir les vaches sur la vaste pelouse bordée de beaux arbres qui s'étend devant le château. Un bruit de moteur me fait lever les yeux. J'aperçois sur la gauche deux grandes ailes gris-vert frappées d'une étoile blanche. Les vaches se carapatent dans toutes les directions, puis un petit avion apparaît et, tout guilleret, se pose en cahotant sur la pelouse. Je préviens le Général qui lève le nez de dessus ses papiers et me dit d'aller voir :

- *J'espère que ce n'est pas le général Patton !*

Non, c'est un aimable capitaine qui vient voir Lumianski. Je le fais conduire en jeep.

La famille de Lord Hotham est très excitée par cette apparition inattendue et les gosses se pressent autour du petit appareil.

Hubert Rousselier a rejoint la division. Il a débarqué cet après-midi avec Mirambeau.

Cachet est hérissé de fureur, prédit les pires calamités à la division et accable de critiques l'entourage du Général. Quilichini, les épaules voûtées, promène dans les couloirs une humeur de buffle parce que le Général l'a maintenu au 1er bureau. J'essaie de le remonter mais il m'envoie aux pelotes en grondant :

- *C'est de l'abus de confiance de la part de votre Philippe.*

Le baromètre n'est pas au beau.

Autre affaire cet après-midi. Le Général voudrait, paraît-il, donner le commandement du 501 à Warabiot. Avant la visite de Matchek, il reçoit Cantarel. Après, Warabiot. Lorsque celui-ci se retire, j'entre chez le Général. Je le trouve debout au milieu de son bureau, les mains dans les poches, le corps un peu penché en arrière, dans une attitude que je lui connais bien et qui est celle d'une profonde réflexion. En m'entendant entrer, il se retourne et me sourit. Ce n'est pas un sourire de satisfaction, mais plutôt contraint, comme pour donner le change.

Boissieu, qui a l'air d'être au courant, pense aussi que l'affaire est importante.

Notre cher Vezinet porte admirablement ses galons de lieutenant-colonel.

**Dimanche 4 juin 1944 - Dalton Hall**

Il pleut, il pleut encore, il pleut toujours et dans mon cœur plus encore que sur les grands arbres du parc.

**Lundi 5 juin 1944 - Dalton Hall**

Ce soir cinéma au village. Le film est sombrement idiot mais il réussit à faire rire. C'est toujours ça de gagné. En rentrant dîner, Gribius, Torres Vedras et moi faisons sur la route un pas cadencé terrible.

A table, Gribius nous apprend qu'à cause de la négligence de l'état-major d'un de nos groupements tactiques, un colonel britannique a perdu une heure à attendre et a fini par repartir les mains vides. C'est déplorable pour notre réputation. X., du Q.G., ne comprend pas et trouve l'histoire drôle. Lorsqu'on lui explique, il change de sujet. Je suis à la limite de l'exaspération.

C'est le moment que X. choisit pour déclarer que les Américains nous embêtent, et son voisin pour s'indigner que Patton ait dit à ses soldats qu'ils étaient les premiers soldats du monde. J'explose. Qu'est-ce qu'il voulait donc que Patton dise à ses soldats ? Qu'ils ne sont bons à rien ? Qu'ils sont une bande d'andouilles ? Quoi ? Du tact ? Est-ce que nous en avons, nous, du tact ? Patton fait du chauvinisme ? Eh bien et nous ? Qu'ils s'écoutent donc parler, nous ne faisons que ça depuis que nous sommes arrivés en Angleterre. C'est bien simple, c'est un robinet !

Ni les Anglais ni les Américains ne savent rien, ils n'ont jamais rien su faire, il n'y a que nous qui ayons la science infuse ! c'est une rengaine : le château est de style français, ce qu'il y a de beau dans le parc a été copié sur Versailles, les tableaux sont inspirés par l'influence française... et tout le reste, on le compare, sans arrêt ! Ah ! la cuisine française ! Ah ! les vins français ! Ah !

compare, sans arrêt ! Ah ! la cuisine française ! Ah ! les vins français ! Ah ! les bidets français !

C'est entendu, j'apprécie Versailles, Rigaud, Vatel et les bidets, mais faut-il toujours éplucher l'hospitalité qu'on nous offre avec cette aigreur de parents pauvres et nous hérisser contre tout ce que nous avons la chance d'avoir sous le prétexte *qu'en France c'était mieux*, ce qui est d'ailleurs à voir.

A onze heures du soir, visite du commissaire de police qui fait une ronde. Je bavarde avec lui et en apprends une bien bonne. Il y a deux entrées principales au château. La grande porte d'entrée qui ouvre sur la terrasse, mène au grand vestibule sur lequel donne le bureau du Général ; elle est réservée à celui-ci et aux officiers supérieurs de l'état-major. La seconde, contiguë au poste de police, est celle du *Message Center* et de tous les officiers de l'état-major. Et bien c'est cette dernière qui est condamnée le soir, en sorte que la porte par laquelle tout le monde peut entrer la nuit est celle qui est précisément interdite le jour. Ce n'est pas d'une logique éblouissante.

## Derniers préparatifs juin – juillet 1944

*Les Anglo-saxons ont débarqué en France le 6 juin. Les troupes françaises attendent avec envie d'en faire autant et se préparent.*

*L'entente avec les Anglo-saxons est irrégulière, bonne parfois sur le plan humain et individuel, méfiante politiquement.*

*De fréquentes réunions de chefs de corps vont permettre au Général de faire le point.*

*Prise d'armes à Dalton Hall, remise des insignes de la division. Le 21 Juin, visite du général Patton. Manœuvres. Le 21 juillet, Leclerc et son aide de camp partent pour Londres pour régler quelques questions.*

*Le 22 juillet, ils quittent Londres et arrivent quatre heures après à Bournemouth. Derniers préparatifs avant le débarquement en France.*

**Mardi 6 juin 1944 – Dalton Hall**

Les alliés débarquent en France

Lucas me l'annonce à 9 h 25 du matin. Je monte au 2e Bureau. Devant la TSF, Buis, Gribius, Person et Laferrière. Il s'agit de l'estuaire de la Seine. On parle aussi de Calais et de Dunkerque.

**Jeudi 8 juin – Dalton Hall**

Les événements se succèdent depuis l'annonce du débarquement allié.

D'abord l'inspection, hier, du général Cook, commandant le XIIe Corps. Elle agite un peu l'état-major. Pille est arrivé juste à temps pour prendre ses fonctions de popotier et préparer un dîner de 25 couverts qui sera parfait.

Barboteu prend le commandement de son QG et les consignes de son prédécesseur qui ne cesse de fulminer. Tout finit par s'arranger. Le général a une chambre avec un lit et même des draps.

Il arrive après un déjeuner où l'excellent colonel Crépin, pour tout arranger, nous amène au pied levé un général artilleur américain au demeurant très sympathique. Après quoi débarquent, sans crier gare, deux colonels américains, le *juge* et le *finances*. Ils ont admirablement choisi leur nom et nous les expédions à la base le plus gracieusement du monde mais sans traîner.

Le peloton de Peschaud, en casques blancs, apparaît, précédant la *Packard* à plaque rouge portant les deux étoiles d'argent. Les trois pelotons alignés devant le perron exécutent au commandement de Boissieu un présentez-armes impeccable. L'état-major a réussi à se ranger en ordre. C'en est incroyable. Cook est accompagné d'un jeune sous-lieutenant nommé Hall qui a vécu huit ans à Paris et parle français comme un Parisien. Cela me facilitera les choses.

Visite des bivouacs. Au bout de cinq kilomètres, le Général donne l'ordre de semer le peloton d'escorte qui ne va pas assez vite et la voiture dépasse comme un flèche les pauvres M.P. de Peschaud.

Les unités défilent sous les yeux de Cook. RMSM, RBFM, RMT, RCA, 501. Tout cela se présente très bien mais le temps presse. De retour au QG, masse de détails à régler. Je m'écartèle entre Pille qui n'a pas assez de fourchettes et le Général qui me réclame pour interpréter.

Cook est un homme âgé, calme et réfléchi. Il paraît parfaitement informé des questions que le Général aborde et fait preuve d'une grande compréhension des problèmes.

Le dîner est réussi. Rémy se dépense. Malaguti, à côté de Cook, ne parle malheureusement pas anglais et ne se met pas en frais, mais Repiton y supplée avec bonheur. Langlade, toutes voiles dehors avec le colonel Sears. Le Général, simple et à son aise.

Après le dîner, promenade dans le parc. Hall me demande si nous préférons être avec les Anglais ou avec les Américains. Je donne une réponse ambiguë, ni chèvre ni chou. Alors, avec une candeur qui me laisse pantois, il enchaîne :

- *Oui, voyez-vous, ce que je n'aime pas chez les Anglais, c'est que tout chez eux a l'air si bon marché. Allez dans une YMCA ou dans une NAAFI, vous voyez des chaises bancales, des tables branlantes, ce qu'on y vend est quelconque. Mais si vous allez à la Croix-Rouge américaine, tout est de première qualité depuis l'ameublement jusqu'aux marchandises. Et puis, si vous comparez les matériels, l'Anglais donne toujours l'impression d'être du toc. Comparez donc leurs camions avec nos GMC...*

J'écoute avec beaucoup de surprise en m'émerveillant de la relativité des choses. Nous qui coulons si souvent sur l'organisation et le matériel britannique des regards admiratifs, voire envieux. Mais surtout, je ne peux pas m'empêcher de faire observer tout doucement que nous avons traversé le désert avec des *Bedfords* et que nous n'avons pas eu à nous en plaindre. Cela n'a pas l'air d'entamer la confiance tranquille de mon interlocuteur dans la supériorité évidente du matériel d'Outre-Atlantique. *The best in the world.*

Kling, l'aide de camp, me parle de son patron avec affection. Cook aussi est un homme qui réfléchit le soir, échange des idées avec ses proches, porte à ses unités une affection attentive et paternelle. La façon dont Kling me le dépeint me rend ce vieil homme plus sympathique encore, et Kling aussi.

Le lendemain, ce matin, le breakfast et le départ sont moins bien réussis, mais la rapidité d'exécution du *message center* permet de remédier juste à temps à l'oubli du motard pour guider la voiture de Cook jusqu'à Market Weighton.

Dans l'ensemble, l'impression général est bonne. Cook a eu l'air très content de son inspection. Ce vieux général américain, décoré en 1914 de la croix de guerre avec palmes, nous comprend. Il paraissait même ému à l'idée de commander, vingt ans après, à une grande unité française.

Autre atmosphère aujourd'hui. Nous allons déjeuner chez Matchek, notre voisin polonais. Il nous reçoit très cordialement. Sa division est installée d'une manière très confortable. En Angleterre depuis quatre ans, ils sont mieux équipés que nous en matériel. Mais pendant le repas, Matchek découvre au Général la tragédie de ces Polonais, qui sont de bons soldats, qui savent se battre mais qui font la guerre sans espoir.

– *Vous, mon général,* dit-il d'une voix lointaine, *vous avez de la chance. Vous savez où vous allez. Vous retrouverez peut-être votre pays en ruines, mais vous pourrez reconstruire. Tandis que, pour nous, il n'y a pas d'espoir. Que pouvons-nous attendre ? Que notre pays soit occupé par les Allemands ou par les Russes, nous serons également opprimés...*

Il ajoute que l'occupation russe leur a coûté aussi cher que l'occupation allemande. Les Polonais qui ont été pris par les Russes n'ont jamais été retrouvés. Nul ne sait ce qu'ils sont devenus, et il y en a plus d'un million.

Après cette visite au cours de laquelle j'ai pu voir Francis White, nous allons au 40e RANA d'où Mirambeau nous emmène à Kilham, au foyer du soldat d'une de ses batteries. Ce foyer est tenu par une vieille dame anglaise qui a exprimé le désir d'offrir le thé au Général.

Nous trouvons une table très coquettement préparée et couverte de friandises, et quatre dames étonnantes. L'une d'elles, une forte femme, âgée maintenant, a été infirmière en France en 1914, et nous le dit avec fierté.

Nous savons qu'elles gâtent les hommes de la batterie avec des attentions maternelles. Ceux-ci leur rendent une affection si précieuse. Cette batterie est d'ailleurs d'une tenue irréprochable. C'est celle de Pélissier-Tanon. Le sourire du Général, dans cette atmosphère nette et chaude, est d'un charme infini.

Les premiers insignes de la division viennent d'arriver. Ils n'ont pas rectifié les contours de la Bretagne qui lève un peu trop le nez. Tel quel, l'insigne rencontre l'agrément de l'état-major, mais il lui faut maintenant affronter le jugement des corps de troupe.

## Dimanche 11 juin 1944 – Dalton Hall

Nous avons quitté Dalton Hall hier matin à cinq heures et demie. Je croyais que c'était pour voir le Général de Gaulle, mais le Général m'apprend que nous allons voir le général de Guinguand, le chef d'état-major de Montgomery.

Au Berkeley, nous trouvons Guillebon et un officier d'état-major anglais qui nous indique où se trouve le P.C. de Monty, sur la côte sud, près d'un grand port. Nous fonçons, la demi-heure d'avance que j'avais prévue selon mon habitude, nous laissant une chance d'arriver à l'heure. En approchant du village indiqué, nous dépassons de longues files de chars et de camions, tous recouverts de housses étanches et munis de cheminées d'aération.

A travers les glaces des voitures de commandement nous apercevons les lorgnettes à leurs places et les sacoches préparées devant les sièges. Tout a l'air impeccablement préparé pour le grand départ et c'est un peu poignant pour nous qui ne passons encore que dans notre Buick luisante, un simple stick sur les genoux.

L'aide de camp américain du général de Guinguand nous accueille à l'endroit prévu et nous guide vers une petite villa au milieu d'un parc. Nous entrons dans un living-room classique et plaisant. Canapé et fauteuils recouverts de chintz à fond blanc, et au milieu, un général de brigade anglais et Henderson, l'un des aides de camp de Monty.

Sherry. Puis arrivée de Guinguand : *« Mon cher Leclerc, etc. »* Il est très aimable. Le Général se recroqueville de timidité comme toujours lorsque sa modestie est mise à l'épreuve. Le déjeuner est rapide et se déroule gaiement. La conversation roule sur des questions de chars, de chenilles, de calibres de canons, sur la campagne du Fezzan... Après le café, Guinguand nous invite à le suivre.

Dans la voiture, en venant, le Général m'avait confié qu'il avait quelque chose à dire à Guinguand, mais à lui seul. Et voilà que le brigadier et Henderson nous suivent. Nous entrons tous les cinq dans une petite pièce claire. En face de la cheminée, accroché au mur, un de ces grands panneaux de cartes à trois volets, fermé.

L'aide de camp de Guingand ouvre le triptyque et nous voyons une carte à grande échelle de la moitié nord de la France et une carte renseignée des côtes normandes. Dans le coin, en haut à droite *« Top secret »*.

En quelques mots, Guinguand explique l'idée de manœuvre, ce qui a été fait, ce qui reste à faire.

Nous écoutons, sans bouger, son débit un peu saccadé, et la sécheresse technique avec laquelle il énumère les destructions réalisées, celles qui sont encore à effectuer. Il ne cille pas, nous non plus. Que restera-t-il après ?

Le topo est terminé. Après les remerciements, le Général annonce qu'il va se retirer. Je suis ennuyé qu'il n'ait pas pu voir Guingand seul à seul. Mais voilà qu'il se dirige brusquement vers la porte et l'ouvre. Une seconde d'étonnement, puis Guingand, courtois, lui emboîte le pas.

Pendant que l'aide de camp referme le triptyque, je m'avance derrière Guingand, m'arrête sur le seuil de façon à le bloquer et, me retournant, adresse la parole au général anglais qui faisait mine de suivre. Il s'arrête pour me répondre et je poursuis la conversation, parlant très lentement de Dieu sait quoi, en continuant à bloquer le couloir.

De l'autre côté de l'antichambre, derrière une porte vitrée, j'aperçois de dos Guinguand qui a l'air d'écouter... Je bavarde de plus belle jusqu'à ce que le général Leclerc, tout souriant, rentre dans l'antichambre. C'est gagné. Il n'a pas pu dire tout à fait tout, mais en tout cas le principal, à savoir qu'il aimerait bien être replacé sous commandement britannique.

Le soir à Londres, le Général va voir Koenig et dîne avec le Général de Gaulle. Il le trouve en pleine forme et très optimiste, *« l'optimisme,* me dit-il, *de quelqu'un qui touche au but et voit triompher les arguments qu'il a toujours défendus et parfois seul contre tous. »*

Le Général de Gaulle lui a raconté en riant son arrivée en Angleterre. Belle réception, fanfare, guêtres blanches, officiels, etc. On le conduit tout de suite chez le Premier ministre. Celui-ci le reçoit non pas à Downing Street, mais dans un train. Oui, nous sommes en opérations.

Il y a là entre autres, M. Eden et le maréchal Smuts. Amabilité débordante.

« *Mon cher général*, etc. puis, après un temps : *vous savez, le général Eisenhower voudrait vous voir... Oui, c'est au sujet d'une proclamation.* »

Le Général va donc voir le général Eisenhower qui lui montre sa fameuse proclamation aux Français dans laquelle il déclare que le commandement militaire allié va prendre le pouvoir en France « *en attendant...* »

Ce à quoi le Général de Gaulle répond tranquillement qu'il n'est pas question de dire ça, qu'il faut tout changer. Catastrophe, on discute et finalement on lui demande d'envoyer un projet. Il envoie un texte qui ne rappelle plus que de très loin la rédaction initiale.

C'est alors que Bedel Smith lui répond qu'il est désormais trop tard pour changer parce que le débarquement doit avoir lieu le lendemain. Procédé douteux.

Après quoi, Eisenhower aurait invité le Général de Gaulle à venir le voir et lui aurait exposé en détail tout son plan de débarquement.

Il lui en avait, semble-t-il, déjà parlé mais sans donner de précisions. Il s'était borné à dire que tout était prêt mais que la décision dépendait de plusieurs conditions, dont les prévisions météorologiques.

A quoi le Général de Gaulle avait répondu que s'il attendait que toutes les conditions soient favorables, il risquait de ne pas pouvoir débarquer.

Sur le chemin du retour à Hull, le Général se plaint de ce spécialiste américain des tank destroyers qui est venu vérifier ce que nous avions signalé à propos de ce matériel.

Quand Maggiar lui a dit que ses M.10 avaient déjà 2 000 miles, ce général lui a répondu que ce n'était pas beaucoup et qu'un char devait pouvoir en faire 10 000.

Lorsque le Général a rapporté cette réponse à la table de Guinguand, il y a eu un éclat de rire et ils ont tous demandé le nom du *technicien*. Le Général a eu le tact de ne pas le révéler, mais il est ulcéré du procédé.

Les Anglais ont l'air, individuellement, de priser de moins en moins les Américains. La position de Churchill est difficile. Le Général de Gaulle ne contribue pas à la lui rendre confortable et il paraît que les deux hommes se sont heurtés assez violemment. Mais il est de fait que l'on ne peut pas parler plus de cinq minutes à un Anglais sans qu'il lui échappe une remarque acerbe à l'égard de ses alliés d'outre-Atlantique.

La règle est générale, il n'y a que l'acuité du trait qui varie.

La nuit dernière, vers une heure du matin, un Américain entre dans le bistrot où je me trouvais. Un journal à la main, il crie : « *All them chaps in Berlin are Germans...* »

Quelques rires, mais derrière moi, une jeune femme se lance dans une violente diatribe contre les Américains. Elle continuait quand je suis parti vingt minutes après.

**Lundi 12 juin 1944 - Dalton Hall**

Samedi dernier à Londres, Koenig était venu voir le Général vers onze heures du soir pour lui demander un officier supérieur et un adjoint à envoyer faire du recrutement en France.

Il y avait certaines conditions requises. Dans la voiture, le Général cherche et arrête son choix sur Barboteu et Divry. Un contrordre arrive ce matin par téléphone : il ne faut plus qu'un capitaine. Ce sera donc Divry.

Avalanche de colonels tant britanniques qu'américains pour une inspection qui est en train de se dérouler. Mes voitures ne sont pas impeccables et je manque de chauffeurs. Celles du Maroc sont en train de débarquer à Hull. Elles arriveront trop tard pour la visite du Général de Gaulle qui doit avoir lieu demain. La jonglerie continue.

(Minuit) Les voitures sont arrivées à la nuit. Juste le temps de leur donner une bonne douche en prévision de la journée de demain. Pille aura une *jeep* pour faire son marché. Je le plains et lui envie sa belle humeur. Nous avons prévenu le Corps d'armée de l'auguste visite. Après quoi, Londres, en nous confirmant l'heure et le lieu d'arrivée, nous a demandé de prévenir *Blood and Guts*. Où mettrons-nous tout ce monde ? Mais la rencontre du *Grand Charles* et de *Blood and Guts* vaudra le déplacement.

**Mardi 13 juin 1944 - Dalton Hall**

Branle-bas aux aurores. Mise en place du dispositif. Tout est prêt à l'heure dite. J'envoie les voitures au terrain et pars avec le Général à 10 h 30. Il fait malheureusement un temps de cochon et c'est sous une pluie fine qui tombe sardoniquement depuis neuf heures du matin que nous arrivons au terrain où le 40e RANA, impeccablement aligné derrière son étendard tout neuf, présente les armes. Salut - Revue - J'ai ôté mon imperméable et suis le Général dont la moustache est un peu hérissée.

Ayant profité d'une seconde de battement pour aller demander où sont les voitures du Général de Gaulle que je ne vois pas, je me fais doucher,

- *Je vous ai déjà dit de rester à six pas derrière moi quand je passe devant les troupes, vous comprenez ?*

- *J'y étais, mon Général.*
- *Ah bon.*

Mauvais, mauvais, la journée s'annonce mal.

Quelques instants plus tard, nous apprenons que la visite est annulée à cause du mauvais temps. Voilà qui ne va pas arranger les choses. Retour au Q.G. dans un silence dangereux.

Le 1er RMSM rend les honneurs devant le château. En face, sur la pelouse, les 700 officiers de la division. Le Général les console de leur déception en leur donnant les dernières nouvelles qu'il a apprises, genre qui-ne-sont-pas dans-les-journaux.

Il garde à déjeuner les officiers supérieurs qui avaient été invités pour le Patron. Pille a tout admirablement arrangé et le repas est excellent.

Il continue à pleuvoir, comme pour noyer sous un déluge la déception de toute la division.

Ce soir, le regard du Général a été particulièrement affectueux. Rien d'autre que ce regard. A-t-il senti combien il avait été désagréable toute la journée ? C'est toujours la même chose. Sur le moment il me met hors de moi. Et puis, le soir, quand les soucis de la journée le quittent, il suffit de ce regard...

Visite inopinée de Bagneux et de Boris. Ils viennent me parler de la visite du *Grand Charles* qui est remise à demain sous réserve d'une confirmation téléphonique. Il est prévu qu'il inspectera les trois régiments de chars et les trois bataillons du RMT, ce qui est normal. La question que pose Bagneux est celle du RBFM. Il me dit, ce que je ne savais pas, qu'en les accueillant à Oran, le Général avait été plutôt sec. Il les avait pris sur le mors de bride. Or le régiment est plein de bons éléments. Il n'aurait pas été mauvais que le Général de Gaulle y allât demain. Je trouve que Bagneux a raison et propose d'aller en parler tout de suite au Général.

Mais il est 11 h du soir. Brève discussion que je tranche en montant chez Gribius.

– *Non, le Général n'a pas "envisagé" de visite au RBFM.*

Je monte aussitôt chez lui mais, hélas, il n'y a plus de lumière sous la porte. De toute façon il faudra trouver un moyen d'amortir les effets du coup de caveçon d'Oran. Avec le Général, d'ailleurs, la dignité est toujours reconnue.

Un officier supérieur de la liaison britannique est venu nous voir ce soir. Dans la conversation, le Général prononce le nom du général Briggs qu'il avait beaucoup apprécié à la 8e Armée. Nous sommes tous étonnés de voir notre interlocuteur faire la moue. Le Général baisse la tête d'un air mécontent et change de sujet. A quoi bon ?

Ce soir, à la popote, discussion sur l'attitude des Américains et de Churchill. Les commentaires sont aigres. Tous considèrent comme un insupportable camouflet qu'Eisenhower, Churchill et même, *of all persons*, ce vieux hibou de Smuts soient déjà allés se promener à Bayeux, tandis que le Général de Gaulle attend encore l'autorisation de poser le pied sur la terre de France.

C'est tellement inconcevable que la presse britannique elle-même s'en indigne et prend notre parti. Si cela n'aide guère, il est au moins consolant pour le Général de Gaulle que le monde allié s'émeuve en sa faveur. Voilà à quoi aboutit la muflerie des deux grandes démocraties.

En tout cas, on ne pourra pas dire de lui qu'il est rentré dans les fourgons de l'étranger.

**Mercredi 14 juin 1944 – Dalton Hall**

Pendu ce matin au téléphone, je finis par obtenir Boverat qui m'appelait lui-même de Londres pour m'annoncer que tout était décommandé. Je lui demande si c'est à cause de *l'autre voyage* et il me répond qu'il croit que oui. Tout de même ! ce n'est pas malheureux ! J'affiche néanmoins dans mon bureau, bien en vue, la caricature du *News Chronicle* protestant contre le refus de laisser le Général de Gaulle aller en France, et une autre où on le voit mélancoliquement assis sur un énorme Sherman couvert de toiles d'araignées et appelé *Résistance française*, tandis qu'à ses pieds de minuscules mais innombrables colonnes d'engins américains s'embarquent vers une côte que l'on aperçoit au loin.

- *C'est une bonne chose qu'il passe beaucoup d'étrangers dans mon bureau,* dis-je au Général qui opine en riant.

**Samedi 17 juin 1944 – Dalton Hall**

Ballade dans la nature à la recherche d'une manœuvre que nous ne trouvons pas. Il fait un affreux petit vent du nord glacial. Nous tombons dans un exercice d'artilleurs : des messieurs sur des pitons, reliés par des fils à leurs voisin – Cela ne nous grise pas et nous rentrons pour trouver le chef d'état-major de Patton, le général Gaffey. Il a de très belles bottes.

La *Buick* s'est mise à faire un bruit alarmant. Je téléphone à Renaud de venir l'ausculter. Il vient et diagnostique un pont arrière gravement atteint Mais il en profite pour me parler du cas de X. qui le préoccupe beaucoup : Weil me confirme qu'il y a un problème mais que le Général ne veut pas en entendre parler. Le seul qui pourrait crier casse-cou serait Guillebon mais il ne le fera pas. *« Il plane à l'échelon des chefs d'états »* murmure Weil en plissant ses yeux malicieux. Il ajoute que pour beaucoup de questions le Général est devenu très *touchy*.

J'ai été effectivement surpris de la façon dont hier, à l'issue d'une inspection, il a reçu les commentaires pourtant très courtois du colonel américain au sujet des camions et véhicules de transports généraux. Il s'est embarqué sur la guerre au Sahara et nos vieux camions Ford, ce qui n'avait rien à voir avec le problème. J'en étais gêné. Il l'a senti lui-même car il m'en a parlé ce matin dans la voiture. J'en ai profité pour souligner que, s'il est normal de soigner les engins de combat, il ne faut pas négliger les moyens de transport. Il serait dangereux de se reposer sur l'idée toute faite *qu'ils marchent toujours*.

Je suis préoccupé par cette affaire. Je ne suis pas technicien et ne puis pas jurer que c'est X ou Y qui a raison. Mais il y a un problème et un malaise. Il risque de nuire à la division. Cette division, je la sens tourner comme un moteur et je m'inquiète au moindre raté.

Il est souvent facile de diagnostiquer avec assez de certitude pour que j'estime pouvoir m'engager vis-à-vis du Général. Mais cette fois-ci, la question me dépasse. Je vais me changer les idées en dînant avec Boissieu et Bagneux.

## Mercredi 21 Juin 1944 – Dalton Hall

Réunion de tous les officiers de la division ce matin pour la remise des insignes de la division, ces fameux insignes pour lesquels nous avons eu tant de mal à nous décider et qui nous ont donné tant de soucis. Finalement, ils sont bien, malgré le nez de la Bretagne que Bellenger n'a pas rabaissé.

Des haut-parleurs ont été installés sur la pelouse et le Général s'adresse à ses officiers.

Nous devons être tout à fait prêts car nous entrerons de plain-pied dans la bataille. Nous n'aurons pas le temps de nous habituer. Il faudra nous montrer dignes de la confiance que le Général de Gaulle a placée en nous en réussissant à nous faire venir.

Nous n'avons pas le droit de le décevoir. Après le combat, il y aura encore du travail. Beaucoup de gens pensent que la France ne se relèvera pas. Il faudra unir nos efforts. Hier la classe dirigeante a manqué à son devoir. En 1940, elle a été responsable de ce que la France n'était pas préparée à contenir l'attaque de l'Allemagne. Depuis 1940...

A cause des galons que nous portons et de l'autorité qu'ils nous confèrent, il nous reviendra d'assumer notre part de responsabilité soit dans l'armée soit dans la vie civile. Il ne s'agit pas là de politique. Chacun de nous doit utiliser la parcelle d'autorité qu'il détient pour aider le Général de Gaulle à assurer le relèvement du pays.

Pour l'instant, l'objectif essentiel est la libération. Chacun doit y travailler et se dire *« Si je ne suis pas capable de chasser le boche, c'est que je suis décidément vichyste »*.

En arrivant à la question des insignes, il déclare qu'il a donné le n° 1 au capitaine Divry qui est parti pour la France. Il réserve le n°2 pour le Général de Gaulle. Il prend le n°3 pour lui et il donne le n°4 au lieutenant Girard qui l'a empêché de mourir de faim. Il me l'avait dit ce matin, mais je suis tout ému par cette déclaration publique à laquelle je ne m'attendais pas.

Nous ne savons pas grand chose sur la campagne de France, que ce qu'en disent les journaux. Une seule fausse note, cette caricature montrant un *Tommie* qui tient à la main une boîte de conserves, et entouré de Français hilares. En légende : « *Le Tommie qui a offert de partager sa boîte de ration* ». Un démenti circule rappelant que la Normandie a toujours été une région particulièrement riche et que, si elle est bien ravitaillée, cela ne prouve pas que toute la France le soit. C'est pénible et je me demande si la vérité n'est pas que l'on a sorti en l'honneur des arrivants tous les trésors précieusement conservés pour ce jour-là.

Je ne sais pourquoi ce petit choc paraît avoir causé une fêlure. Il me rappelle ce qu'on raconte du portrait du Maréchal qui serait demeuré dans la préfecture de Bayeux le jour de la visite du Général de Gaulle. Qu'allons-nous trouver là-bas en arrivant ? Je me suis tellement fait à l'idée d'une unanimité derrière le Général de Gaulle qu'il m'est pénible de penser qu'il puisse en être autrement. Et pourtant.

Et quelle confiance avoir dans nos alliés américains ? Leurs dirigeants, même lorsqu'ils nous comprennent, n'en doivent pas moins penser d'abord à leur intérêt. Les soldats sont naïfs, les Français versatiles.

Heureusement qu'ils sont gaffeurs...

Je vois défiler ici pas mal d'officiers supérieurs américains. Un grand nombre d'entre eux, j'aurais dû les compter, porte la fameuse décoration aux trois drapeaux : côte à côte les drapeaux allemands, italien et français. Je sais bien qu'ils ont leur raison de coller nos trois couleurs à côté des deux autres emblèmes et que c'est à ces imbéciles d'Afrique du Nord que nous le devons, mais je me demande s'ils vont continuer à porter ce ruban en France avec la même inconscience qu'en venant ici. Inconscience ? je l'espère du moins.

En lisant les journaux, la joie de la libération s'assombrit à la vue des villages en ruines. Ce soir, la photographie représente un adorable petit château du dix-huitième. La silhouette en est si familière, avec le fronton gracieux, les balustres des ailes, les colonnes du corps de logis, si typiquement de chez nous. Je me penche sur le journal, le charmant visage est sans yeux et derrière la façade élégante, à travers les hautes fenêtres fines, le ciel... Dieu fasse que ce ne soit pas là le visage de la France.

Durant son voyage en France, le Général de Gaulle était accompagné de plusieurs personnalités. Parmi elles le général Béthouard. Cela m'a rappelé ce triste retour du Général de Gaulle à Londres le 29 juin 1940 après sa visite à Trentham Park.

**Vendredi 23 juin 1944 - Dalton Hall**

Ce soir le Général broie de nouveau du noir. Il est inquiet. Ne va-t-on pas nous utiliser dans les derniers ? Pourquoi ne nous parle-t-on pas encore de notre emploi ? C'est long. Je lui représente que nous faisons partie d'un mécanisme énorme, que nous en sommes une parcelle, que les opérations avancent lentement. J'essaie de me donner le change à moi-même, le cœur gros de le sentir retomber dans son angoisse, et tristement convaincu de la vanité de mes pauvres arguments. Il n'y a pas de dérivatif pour une conscience comme la sienne.

Le Général a remis aujourd'hui leurs insignes de la division aux deux officiers de liaison américains, Lumiansky et Plutchek. Ils ont gagné l'affection du Général et celle de ses officiers. Dans la lignée des Watkins, Giddings, Wiggins et Farman, ils ont su, sans jamais manquer à leur devoir, nous comprendre et nous aider. Ils ont su tenir tête lorsque notre intérêt était d'adopter le point de vue américain plutôt que le nôtre. Ils y ont gagné notre confiance et notre amitié.

Le colonel de Langlade a une discussion avec le commandant des transmissions. Le Général tranche et me dit ensuite :

- *Si les gens commencent à s'engueuler, c'est qu'ils commencent à se connaître et à savoir travailler ensemble. C'est normal.*

## Mardi 27 juin 1944 – Dalton Hall

Nous avons assisté avant hier au banquet final de cette fameuse manœuvre *Kestrel* qui nous a mis aux prises pendant plusieurs jours avec la division polonaise.

Départ à quatre heures du matin avec Guillebon. D'abord au P.C. du colonel Dio. Beaucoup d'arbitres et une ambiance de sympathique bonne humeur. Puis aux avant-postes où l'infanterie polonaise attaque de front nos points d'appui. Le général d'Arcy, grand directeur, circule en tous sens dans son char, avec ou sans Langlade dont le képi bleu est le panache blanc.

Notre contre-attaque de chars se déclenche. Dans son P.C., Dio, massif et goguenard, est environné de détonations produites par un flegmatique sapeur britannique qui tire des pétards d'une musette pendue à son cou et les jette deci de-là pour créer l'ambiance... c'est gentil.

Au beau milieu de la contre-attaque, les chars reçoivent l'ordre de stopper. Aussitôt le Général se hérisse et s'apprête à intimer à Cantarel l'ordre de continuer. Mais il se reprend et va voir d'Arcy. Il y a eu une erreur, un bataillon a été pris pour un autre, la situation va être rétablie, mais il faut que nos chars attendent un peu...

Une demi-heure après, le feu vert est donné et l'attaque reprend. Mais cette interruption n'a pas dissipé la confusion, au contraire. Branet qui commande la deuxième vague de chars, ayant vu les *Cromwells* polonais stopper comme les nôtres sur une crête, a cru qu'il les avait anéantis et n'en tient pas compte, si bien que nous assistons au spectacle étonnant d'un escadron de *Sherman* arrivant tranquillement sur la position tenue par les *Cromwell*, les abordant et traversant leurs lignes avec une superbe indifférence... les arbitres couraient en tous sens en levant les bras, d'Arcy se ruait dans son char entre les deux camps, enfin un carrousel ravissant devant lequel le Général ne savait plus s'il devait rire ou gronder.

Finalement, nous sommes partis sans attendre l'attaque finale de la brigade blindée.

Le soir même, la compagnie de Miss Drasdo venait de Hull jouer *Beaucoup de bruit pour rien*. Bons acteurs, jolis costumes. Malheureusement il pleuvait. Ils durent jouer dans la salle de cinéma du village et beaucoup de gens ne vinrent pas, croyant que le temps avait fait annuler la représentation prévue en plein air. Après la pièce, collation au château et, la pluie ayant cessé, pittoresque promenade dans le parc des personnages de Shakespeare mêlés à nos uniformes kakis.

Aujourd'hui, en revanche, journée abominable. Le téléphone n'arrête pas. Il y a une manœuvre après-demain et naturellement, conformément à la loi de l'emmer..ment maximum, Patton s'annonce pour demain, Cook pour après-demain. Lundi prochain, Koenig vient remettre des étendards à certains régiments et le Général veut en faire une grande cérémonie. Il invite tout le monde à la fois, les officiers, les sous-officiers, les anciens... A l'écouter, il faudra un buffet pour 2 000 personnes. Pille en perd les cheveux qui lui restent.

Ce matin exercice Z, c'est-à-dire de gaz. Pille et Kan cassent dans le salon des ampoules pleines de cochonneries... Un nuage s'élève et tous les officiers de l'état-major se précipitent à travers le nuage comme des écuyères à travers un cerceau, en reniflant. Après ces gracieuses évolutions, chacun s'ébroue, qui toussant, qui crachant, qui se mouchant. C'est une petite fête de famille charmante.

Hier soir, après le dîner, je vais faire signer par le Général des papiers concernant la mission de Quilichini à Londres et reste, après le départ de celui-ci, pour quelques questions de détail. Lorsque je me dirige à mon tour vers la porte, le Général s'assied à son bureau et j'entends, dans le silence de la vaste bibliothèque, la phrase familière

- *Ah ! mon pauvre Girard.*

Le ton de voix est très las. Je me retourne et nous nous regardons quelques secondes en silence. Il a un sourire triste :

- *Tout ça est bien difficile. Je me demande si ça leur fait plaisir, que je les invite à dîner, ou si ça les embête.*

Il y avait eu à dîner Dio, Langlade, Vezinet et Verdier. La conversation avait été anodine, alimentée surtout par la récente manœuvre et le travail de la journée. Je proteste, parce qu'il le faut bien, mais je le sens trop désabusé pour y pouvoir quelque chose. Il a un mot amer :

- *Tout a changé. Nous nous connaissons depuis trop longtemps peut-être.*

Le silence retombe. Je vois qu'il s'est rendu compte de ce que j'observe avec ennui chaque jour lorsque nous entrons dans la salle à manger, sans pouvoir guère y remédier, le glissement en oblique des officiers vers la seconde table en sorte que le Général reste parfois presque seul en face du colonel Bernard.

Il a encore quelques phrases pénibles dont la lucidité inattendue ne permet guère de réplique. Il se lève lentement, vient près de moi de ce pas dégingandé dont il se promène souvent dans son bureau.

- *Vous, vous m'avez rendu de sacrés services... vous me faites souvent la tête* (Je sais bien, hélas, que je prends trop souvent ce qu'il appelle ma tête de protestant. Aucun de nous n'est sans aspérité)... *Mais le problème n'est pas celui-là... Il est que le temps du Tchad et de Ksar-Rhilane est passé ; les Sherman et les P.C. dans les châteaux augmentent les distances. Et puis, il y a aussi que nous ne sommes plus en opérations. Quels que soient les efforts demandés par les préparatifs du combat, ils ne sont rien à côté du combat lui-même. Le soir, les officiers recherchent une détente. Ils la recherchent entre eux, auprès de ceux qui peuvent, comme eux-mêmes, se dégager de leurs soucis et accéder à une gaieté nécessaire.*

Que dire ? J'ai moi-même bien souvent cherché à m'évader, couru vers les camarades, pour parler d'autre chose. Mais ce n'était pas toujours facile, et je crois bien l'avoir rarement fait lorsque je le savais seul, non pas d'une solitude voulue, mais de la solitude de l'isolé.

Ce soir encore, se retrouvant avec moi devant sa table désertée, il a eu le même sourire fatigué pour dire à Pille :

- *Pille, maintenant c'est vous qui désignerez les officiers qui s'assoiront chaque soir à ma table.*

## Mercredi 28 juin 1944 – Dalton Hall

La visite du général Patton a commencé normalement, c'est-à-dire que vers 9 heures, nous avons reçu un coup de téléphone nous prévenant qu'il n'arriverait pas à 10 heures, comme prévu, parce que les conditions atmosphériques l'obligeaient à venir en voiture.

Le 40e RANA abandonne donc le terrain d'aviation de Leconfield pour la troisième fois.

Patton arrive finalement à midi, accompagné du général Caffey dont les bottes continuent à être impressionnantes, et du colonel Codman. Il est en culottes de cheval, avec son petit blouson habituel orné d'une imposante barrette de décorations. Sur le sein droit, l'insigne d'un régiment de tirailleurs français, plus le cimeterre des goums marocains. L'ensemble est voyant mais ne manque pas d'allure, et la silhouette et la tête sont belles.

Le 1er RMSM rend les honneurs et Rémy sourit aux anges sous les compliments que lui attire la tenue incontestablement remarquable de son régiment.

Ensuite, derrière le château, présentation des officiers supérieurs de la division, tous là sauf Tournier qui représente le Général à Leeds à une conférence du professeur Vermeil, un mien cousin si je me souviens bien.

Après le déjeuner, visite aux unités. Elle se passe bien. Au 501, Cantarel débite un petit compliment et remet à Patton l'insigne du régiment dont la devise est *« en tuer »*. C'est tout indiqué pour Patton qui n'a que ce mot-là à la bouche et l'observe avec la plus parfaite gaieté.

Au retour, il est manifeste que Patton n'a aucune envie de reprendre la route en voiture. Codman téléphone à l'armée pour demander un avion mais n'en obtient pas. Patton se résigne et nous quitte après une conversation sur le tir des chars qui met ce pauvre Lumiansky dans un état noir.

Je me replonge aussitôt dans la préparation de la manœuvre de demain et de la chiennerie de lundi prochain. La matinée a été effroyable.

Reçu une lettre de tante Gerda. Oncle Herrman a pu donner de mes nouvelles à maman, mais pourquoi ne me parle-t-on jamais de Papa ?

Je vois son bureau, tout tapissé de livres, ma mère sur le divan, tricotant sous la lampe, lui debout au coin de la cheminée, et puis, complétant ce tableau dont je m'aperçois qu'ils font partie, oncle Marcel, oncle Jacques et tante Christiane.

Le planton entre, la vision s'efface. Il est déjà dix heures. Le Général, rentré tard d'une reconnaissance de son P.C. avancé de demain, est encore à table. Tout à l'heure nous allons parler de la prise d'armes de lundi. Il y aura les gens les plus étonnants : le prince Félix de Luxembourg, le ministre de la guerre de Tchécoslovaquie, des généraux belges, polonais, yougoslaves, un Radetzki, le lord maire de York naturellement, et celui de Hull, les autorités britanniques de la région, les huiles de Londres... un raout à tout casser.

Cet après-midi, pendant que le colonel Codman téléphonait à l'Armée pour avoir son *Ship*, le général Patton entre dans mon bureau. J'étais dehors avec le général Gaffey mais, par la porte ouverte, j'ai pu voir qu'au moment de sortir, Patton s'est arrêté devant les deux découpures de journaux que j'avais collées au mur : de Gaulle ligoté pendant que Smuts et Churchill étaient à Bayeux. Il est bien resté une minute à les contempler.

### Samedi 1er juillet 1944 – Dalton Hall

Rentrons d'une manœuvre de P.C. de trois jours destinée à étudier les transmissions de la division. Elle était montée par nous, mais ces bons Américains, après avoir eu peine à croire qu'une semblable manœuvre pouvait se monter en dix jours, s'y sont vivement intéressés. Le Corps d'armée s'en est mêlé et a décidé de s'y faire représenter. Finalement le nombre des participants a plus que doublé et le Général y est allé en personne. Il y est parti d'excellente humeur. Il ne se tenait plus de joie de quitter son bureau. C'était comme un départ pour la chasse.

Du côté américain, le directeur de la manœuvre a pris le mors aux dents et, si on ne l'avait pas arrêté, il aurait, dans son enthousiasme, lancé les P.C. à l'assaut des arbitres. Heureusement le général Cook avait parfaitement compris l'idée de manœuvre du Général. Son exposé liminaire au Corps d'armée était très clair et net. Il concluait en recommandant discrètement à ses officiers de nous laisser travailler.

En fait il y a eu pendant toute la manœuvre un défilé ininterrompu d'officiers américains au P.C. principal. Nos pauvres officiers d'état-major verdissaient dès qu'ils voyaient arriver une nouvelle feuille d'érable ou un nouveau poulet. Ils étaient d'ailleurs tous extrêmement gentils mais ils paraissaient très intéressés et se montraient curieux comme des chouettes. Leur souci amical de ne pas nous déranger ne pouvait vaincre leur désir sympathique de profiter de l'expérience.

Dans l'ensemble, tout s'est bien passé et la manœuvre a permis d'enregistrer des progrès certains, même au cours de l'exercice lui-même. Le gros problème paraissait, pour moi, le P.C. avancé. Comment fonctionnera-t-il ? Le premier jour le Général est parti en avant avec une seule voiture blindée derrière lui. Le troisième jour, il est parti du Q.G. en char avec deux voitures radio, ce qui a constitué le P.C. avancé, qui est en réalité un P.C. de combat.

Il y a eu discussion au sujet de l'affaire du 3e Bureau. Quand j'ai abordé le sujet pour la première fois, je me suis fait envoyer au diable. Un peu plus tard le Général est revenu sur le sujet et m'a demandé si je ne pouvais pas envoyer un télégramme. Il est évident que oui, mais je suis certain aussi qu'il aura besoin sur le terrain, pour prendre une décision, d'un officier informé dans le détail de la situation tactique de la division. Ce matin, nous avons emmené Gachet. Sa présence a été utile. L'ambiance était parfaite.

Hier, visite à différents P.C.. Au GTM, Malaguti reçoit le Général dans un camion somptueusement aménagé : armoires, bar, etc.. Au GTL, nous trouvons le Duc (Langlade) au premier étage d'une grange, assis seul, sur un escabeau, en pantoufles de marocain jonquille. Son groupement est aussi vanné que lui, ce qui n'a rien pour me surprendre si j'en juge par moi-même.

Ce matin, sous une pluie battante, au GTD. Nous y trouvons Dio, impavide comme à son ordinaire. Le Général attrape ce pauvre B. devant Boris qui se sent affreusement gêné et vient me raconter la scène. Je le console. B. est un charmant camarade et n'aura aucune raison de lui en vouloir.

Ces trois derniers jours ont été passionnants mais je suis effrayé de ce qui reste à faire pour que la division soit au point.

---

[1] Le Duc : surnom de Langlade.

**Dimanche 2 juillet 1944 – Dalton Hall**

La journée a été épouvantable. Un temps chaud, lourd et moite, pas du tout ce qu'il fallait pour préparer la prise d'armes de demain.

Pour commencer, je m'aperçois que si on les laisse faire, nos bons généraux de Londres vont prendre les itinéraires les plus fantaisistes, et multiplier par cent les chances de se perdre. Il faut absolument les prendre en main dès la sortie de Londres. Confection fébrile d'itinéraires fléchés et renseignés que Beurdeley remettra à chacun d'eux en même temps que leur essence.

Contrôle des invitations. Certains refus me soulagent car il n'aurait pas été possible de jouer le *God Save the King* sans jouer l'hymne américain et la musique ne le connaît pas encore. Car nous avons une *musique*, une vraie, celle de Camberley. Mais son répertoire est limité.

Répétition de l'entrée des généraux dont les rôles sont tenus par des sous-officiers du 3e bureau. Ils s'en tirent très dignement, à part quelques bousculades dans les tournants.

Puis étude du défilé. Pour vérifier la cadence, nous défilons devant le bureau : Guillebon, Mirambeau, Plantagenet, Schwartz et moi. A la fin, notre imposant peloton est salué par une salve d'applaudis-sements : c'est Person qui, d'une fenêtre du château, fait la foule.

Incroyable ce qu'il y a de choses à prévoir et à mettre au point. Même les topographes sont en piste. Et pour l'occasion, ma tête est un calorifère et mon nez se prend pour le Niagara.

Je crois que la formule de P.C. avancé qui a été retenue sera bonne. C'est elle que l'état-major souhaitait, mais nul n'osait la défendre. J'ai mis candidement les pieds dans le plat, essuyé les rebuffades prévues, après quoi tout le monde est content.

**Lundi 3 juillet 1944 – Dalton Hall**

Belle journée. Non pas qu'il ait fait beau. La pluie ne s'est arrêtée de tomber que juste pendant la prise d'armes. Mais tout s'est parfaitement passé.

Les débuts n'avaient guère permis de le prévoir. Les derniers préparatifs avaient été un casse-tête. Naturellement Koenig est arrivé avec une heure de retard, ce qui mangeait l'heure d'avance initialement prévue. Je ne vivais plus et bénissais le ciel d'avoir pris mes précautions pour son itinéraire. Finalement il arrive juste à temps.

La prise d'armes a beaucoup d'allure. Les régiments sont impeccablement rangés tout autour de la vaste pelouse bordée d'arbres magnifiques. Ils se distinguent par leurs coiffures, les bérets des chars, les calots rouges des spahis, bleu ciel des chasseurs, bleu marine à liseré rouge du RMT, bleu marine à liseré blanc des cuirassiers. L'ensemble a une personnalité et une élégance frappantes.

Devant les étendards posés horizontalement sur des faisceaux, Koenig, plus martial que jamais, la silhouette tendue et cambrée, s'adresse à la troupe avec brièveté, netteté et clarté.

La bénédiction des drapeaux est donnée par le Père Houchet, non sans pittoresque. Le cher padre s'avance à petits pas, un peu tordu selon son habitude. Il s'arrête devant les étendards, le dos voûté, se découvre et tire de sa poche une sorte de ruban qu'il se passe autour du cou, son étole. En terminant, il remet son bonnet de police et fait demi-tour... à gauche. Comme plus tard, on lui en faisait malicieusement la remarque, il répond avec son bon sourire finaud :

- *C'est le demi-tour liturgique.*

Le défilé qui suit n'est pas professionnellement impeccable, mais il n'en est que plus émouvant. Il ne présente pas une mécanique mais une fierté tendue qui se projette vers la tribune d'une façon presque tangible. En voyant passer les spahis, les chars, les bataillons du Tchad, j'ai la gorge serrée d'émotion.

Pille s'est surpassé. Devant le buffet étonnant qu'il a réalisé, se pressent les gens de Londres. Noiret, l'amiral d'Argenlieu, Vallin, le cher général Sicé, Dejean et M. Sémet qui a offert les drapeaux.

Du côté anglais, Morris et Robinson n'ont pas pu venir ni le très aimable Sir Ramsden qui nous avait apporté de si bons vins, mais il y a Sir W.H. Bartholomew, le Regional-commissionner, Cuff qui nous a si courtoisement reçus Repiton et moi à York, le brigadier Dibb, le colonel Morgan, le lord maire de Hull...

Enfin, du côté des pays amis occupés, le prince Félix de Luxembourg, détendu et souriant, le général Inger ministre de la défense de Tchécoslovaquie, des Belges, des Polonais, des Yougoslaves...

Je bavarde quelques instants avec l'amiral évoquant des souvenirs de 1940, le *Westernland*, sa blessure à Dakar...

Boverat a retrouvé son frère et ils ont déjeuné tous les deux en tête-à-tête dans mon bureau.

Lambert m'a demandé pourquoi il n'y avait pas d'Américains. Je lui ai répondu la vérité, ni Patton ni Cook n'ont pu venir et je suis sûr que le Général a regretté que son commandant de Corps d'armée n'ait pas été là. Il aime bien Cook et je le dis d'ailleurs avec simplicité à Garretson, son aide de camp, qui le représente.

Il y a eu les petits incidents classiques. Le matin, je vois que le Général ne porte pas sa fourragère et veux la lui mettre. Il commence par m'envoyer au bain puis accepte de tomber la veste pour que Loustalot y couse le bouton nécessaire, mais à condition que je lui trouve un insigne du Tchad à mettre dessus. Quelques instants après l'arrivée de Koenig, je suis appelé dans le bureau du Général. Koenig est en battle-dress, avec ses quatre étoiles. Il tient à la main sa barrette de décorations et voudrait bien la fixer... je m'escrime en vain avec des épingles et finalement, dans un éclat de rire général, il tombe à son tour la veste...

En partant, Garretson me charge de présenter ses devoirs au Général et m'assure qu'il a été très ému par la cérémonie, qu'il a beaucoup admiré, etc., puis il ajoute :

– *Vos officiers racontent beaucoup de choses. Ils croient qu'on ne les emploiera pas. Ils se trompent. Ils seront employés, et peut-être plus tôt qu'ils ne le pensent. Nous ne voulons qu'une chose, c'est rentrer derrière vous à Paris. Vous y rentrerez les premiers, nous y tenons.*

Lord Hotham paraît avoir été aussi très ému par cette cérémonie dont le cadre de sa propriété a si heureusement rehaussé l'éclat.

Après le départ de Koenig, le dernier à se retirer, le Général, qui a peu déjeuné, demande quelques sandwiches. Il est très content et je lui rends compte des remarques élogieuses que j'ai entendues. Nous passons en revue les différents éléments de cette réussite et je marque mon admiration pour la façon dont Gribius a orchestré l'ensemble du ballet. Peu après il se lève pour aller remercier Gribius.

Dans le salon, je trouve Guillebon et nous nous asseyons près d'une fenêtre ouverte sur le parc déserté. Il se met à me parler de la division. Il me dit la confiance qu'il met en elle. Je vois combien il l'apprécie et je trouve dans ses paroles l'écho de l'attachement que j'éprouve moi-même pour elle. Guillebon n'est pas quelqu'un qui se livre. Pendant ce court tête-à-tête dans la grande pièce silencieuse, je crois voir s'entrouvrir des volets jusqu'à présent fermés. Il a abandonné ce ton sarcastique et cette manière imposante qui malgré son esprit et sa drôlerie, sont parfois déroutants. La conversation se poursuit et je passe un long moment de détente à profiter d'une intelligence que je savais supérieure mais dont je découvre avec joie l'extrême sensibilité.

**Jeudi 6 juillet 1944 – Dalton Hall**

Matinée hier à Hull d'où je ramène le colonel Cotscho. Puis à York avec le Général à un concert dans la cathédrale, la 5e Symphonie de Beethoven et le Requiem de Brahms. Beethoven n'est pas à sa place dans ce cadre et Brahms, malgré des beautés, m'ennuie.

Le soir, exercice de déminage de nuit. Rentrons à trois heures du matin.

Incident entre le colonel M. et le colonel de L., provoqué par une fausse manœuvre du second à propos du travail d'avancement. Le Général paraît surtout sensible au caractère discourtois de la réaction du colonel M. qu'il considère, dans les circonstances actuelles, comme une faute grave. La solution vers laquelle il penche risque de créer toute une affaire. Il reconnaît que si M. est allé sans ménagement jusqu'au bout de son droit, il n'en était pas moins, réglementairement parlant, dans son droit.

Finalement le papier préparé rentre dans un tiroir.

Ce soir, départ inopiné pour les F.T.A. d'où nous ramenons deux officiers mis aux arrêts. Irrité par cette seconde difficulté, le Général me met sans y penser dans une situation très embarrassante. Il oublie que je ne suis que lieutenant. Le résultat est que je passe mon humeur sur les pauvres secrétaires et chauffeurs du P.C. qui n'en peuvent mais.

Maintenant, le malheureux se promène seul dans le parc, ressassant ces nouvelles épreuves. A qui se confier ? Il doit décider par lui-même et les deux questions sont graves. Quelle solitude sur cette terre pour un homme comme lui. Là-bas, sa femme qui est, m'a-t-on dit, un beau caractère, serait à ses côtés, mais ici ?

**Vendredi 7 juillet - Dalton Hall**

Après réflexion, le Général s'est ravisé et m'a fait brûler la lettre au colonel M. qu'il avait préparée hier. Cela me paraît mieux ainsi.

Aujourd'hui, le général Matchek vient déjeuner. Le Général a voulu qu'il soit reçu au mess de l'état-major. Celui-ci n'a pas apprécié la perspective de recevoir des étrangers et ne fait que ronchonner. C'est d'autant plus étonnant que le repas se passera très bien et que l'atmosphère sera des plus gaies et cordiales. Drôle de mélange. Les Français sont les meilleurs fils du monde mais ils détestent être dérangés dans leurs habitudes.

Ce soir, lettre *en priorité* du colonel Malaguti adressée au *cabinet du général* pour lui signaler *l'inadmissible* blocage du courrier. Le moral des hommes est atteint, le commandement français est au-dessous de tout, etc..

Il est exact que le courrier ne fonctionne pas bien. Nous nous en sommes déjà aperçus, mais n'arrivons pas à savoir si la faute en incombe aux services français ou américains. Cela n'excuse pas l'outrecuidance du procédé. L'incident remplit à nouveau dangereusement la coupe.

Le Général paraît, cette fois, en avoir assez :

– *Si le Général de Gaulle veut lui donner une division, qu'il la lui donne puisqu'il en veut une, mais il n'y a pas de place pour nous deux ici.*

Il songe même à partir pour Londres demain au lieu de Dimanche.

**Samedi 8 juillet 1944 - Dalton Hall**

Je téléphone à Londres pour savoir si le général Koenig pourra recevoir le Général demain matin. Boverat me répond qu'il est en voyage, et son intonation me donne à penser *qu'il est de l'autre côté*.

Puis à Hull pour voir où en est l'aménagement du camion P.C.. Mise au point des panneaux à doubles charnières pour le montage des cartes. Rayonnages pour les livres. Etude de la fixation des tentes qui se déploieront de chaque côté du camion en prenant appui sur lui. Chaise de cuir. Lit sobre. Le tout sera net et, je crois, commode. Le patron du garage est parfait, il comprend tout de suite, a d'excellentes idées et exécute très bien. Il s'arrête avec un sourire désabusé devant un half-track et un scout-car de la brigade des chars. Ceux-là n'avancent pas, car les instructions pour leur aménagement sont sans cesse modifiées.

Dîner à Beverley avec les Schompré, Pierre Bourdan et Bagneux.

**Lundi 10 juillet 1944 – Dalton Hall**

Départ à midi pour Londres où nous arrivons à cinq heures. Le Général va voir Koenig chez qui je retrouve d'Allonnes.

Ce matin, j'emmène le Général chez le tailleur pour lui faire faire des tenues. Puis il va faire une course qui lui plaît infiniment plus : il va chez *Holland et Holland* acheter un fusil de chasse. Longue inspection gourmande des beautés de ce grand armurier. Il essaie longuement l'arme qu'il a choisie, fait modifier la crosse et la sécurité. Ce soir encore, il m'en reparle : *« c'est un beau fusil »*. Comme l'armurier lui demandait quelles initiales il fallait porter sur l'étui, le Général avait hésité. Aucune initiale ne sera gravée, car il donnera peut-être l'arme à son fils aîné.

Déjeuner rapide au Berkeley avec Quilichini, d'Allonnes et Janney, et reprenons la route aussitôt après.

Dès l'arrivée à Dalton Hall, le Général me demande de convoquer le colonel Malaguti pour ce soir neuf heures, et le commandant Cantarel pour dix heures.

A dîner, le Général, malgré ses préoccupations, se montre très aimable pour son invité, M. Ramsden qui a tenu à nous apporter encore quelques bouteilles de son excellent vin. Le repas est encore égayé par la nomination du lieutenant-colonel Bernard au grade de colonel plein, ce dont tout le monde se félicite, et moi le tout premier, car sa conscience et sa bonté ne lui ont fait que des amis.

Arrivé à neuf heures, le colonel Malaguti sort de chez le Général une demi-heure plus tard et me demande où est le colonel Bernard pour aller le féliciter.

Quelques instants après le Général m'appelle. L'air préoccupé, il s'interroge sur la décision qu'il a prise de remettre la question entre les mains du Général de Gaulle. Il est aussi attristé de cette nouvelle preuve de la difficulté qu'éprouvent les Français à s'entendre.

Le prince Félix de Luxembourg a écrit au Général pour le remercier de son accueil le 3 Juillet. La lettre est belle et émouvante. Une phrase touche particulièrement le Général : *« Permettez-moi, mon général, comme le représentant du plus petit pays allié, mais dont le cœur est peut-être l'un des plus proches de la France et de votre cause, de vous féliciter bien sincèrement pour la tenue de vos hommes... »*

Nous évoquons l'allure des régiments ce jour-là, la résolution qui redressait les visages et animait le grand silence tendu des régiments.

– *Oui,* commente le Général pensivement, *je crois que c'est exact.*

Puis il me parle longuement du Luxembourg, que sa famille connaît bien et dont une partie, je crois, habite à proximité du Grand-Duché.

Le général Koenig était bien allé en France. Il y avait vu *Monty*, entouré de petits chiens et de canaris, joignant à son esprit et à son talent, la séduction d'une grande vedette.

**Mardi 11 juillet 1944 - Dalton Hall**

Le Général m'a donné une précision... elle n'est pas encore officielle et je la porte en moi avec émotion.

**Jeudi 13 juillet 1944 - Dalton Hall**

D'Allonnes est arrivé hier de Londres, porteur d'une lettre urgente de Koenig. Le général me la donne à lire. Elle concerne le colonel Malaguti et fait appel aux sentiments du Général. Il est ému. Le cas de conscience est grave et la discussion est longue, parfois cruelle. Il me dicte enfin une lettre que je tape aussitôt.

Le lendemain, dès huit heures, il m'appelle et m'en dicte une autre, d'un trait. Son visage est dur, la lettre aussi. Il ne reste plus trace de l'émotion de la veille. Il a réfléchi toute la nuit et les arguments sont maintenant nets, tranchants, définitifs. Le combat intérieur est terminé.

Pourtant, en relisant la lettre, il hésite encore :

– *Vous êtes d'accord ?*

Il se recueille un instant.

– *Voilà.*

Je tape la troisième lettre qu'il vient me dicter pour aller plus vite et d'Allonnes file aussitôt reprendre le train pour Londres.

**Samedi 15 juillet 1944 – Dalton Hall**

Départ à six heures du matin pour un exercice du I/RMT. Nous traversons des champs de blé d'où je sors trempé jusqu'à la ceinture. Le Général est impavide. Ensuite au GTD que je bénis pour son café au lait bouillant. Puis inspection du II/RMT sur pied d'embarquement. Parfait dans les moindres détails. Le Général a le sourire en s'attablant à la popote du colonel Dio.

L'après-midi, au R.B.F.M., puis retour au P.C.. Trop de travail pour aller dîner avec Langlois.

**Dimanche 16 juillet 1944 – Dalton Hall**

C'est officiel. Nous serons en France dans vingt jours. Le colonel Nichson est arrivé hier soir. Le téléphone fonctionne sans arrêt avec l'Armée.

Le Général a obtenu tout ce qu'il désirait. Nous allons toucher 18 *Sherman* à tubes de *105*. Nous emmenons toutes nos pièces de rechange et pas seulement une partie. Deux compagnies américaines vont venir en chercher et en emmener directement 400 tonnes pour nous alléger. Le détachement précurseur va faire mouvement demain et les premiers éléments de la division après-demain. Les premiers bateaux seront à quai le 28.

C'est un gain de 51 jours sur les prévisions initiales. Mais que peut signifier cette hâte soudaine à nous mettre en route et cet empressement à nous donner tout ce que nous demandions ?

Le camion P.C. est prêt. Il a été présenté avant-hier au Général qui en a paru satisfait. Les voitures sont en état, le camion de transport doit arriver demain et j'ai obtenu une remorque de *Jeep*.

**Lundi 17 juillet 1944 – Dalton Hall**

Je perds toute la matinée à accompagner le Général au RMSM et aux FTA. Dès le retour, reprise fébrile des préparatifs. J'essaie un deuxième chauffeur pour remplacer celui qui nous a été envoyé par le 12e Cuir et qui a failli nous tuer ce matin.

D'Allonnes est revenu de Londres. Je ne sais pas de quoi il est excédé en ce moment. Il l'est avec autant de constance et de variété que d'esprit.

**Mardi 18 juillet 1944 - Dalton Hall**

Mise en ordre un peu partout, remplissage des caisses au bureau, fixation des tentes sur le camion, courses au RBFM et au GTD. Je tourne en rond et ai la tête cassée. Tout le monde déménage, on gave les camions et les remorques. Le Général de très bonne humeur, puis mauvaise, puis bonne...

**Mercredi 19 juillet 1944 - Dalton Hall**

Une à une, les caisses ont disparu, les corbeilles se sont envolées de ma table, les livres de la cheminée, les dossiers de l'étagère. Il y a eu un joli feu de joie dans la cheminée ce matin. On dirait qu'un gigantesque aspirateur fonctionne. Les couloirs bruissent de souliers à clous et, dans les escaliers, chacun s'efface devant de brusques flots de caisses titubantes couvertes de signes cabalistiques que la maîtrise des peintres achève de rendre incompréhensibles.

Nichson nous a quittés lundi. Le Général lui avait remis la veille un insigne de la division et j'ai eu l'impression qu'il était ému.

Son humeur est très changeante en ce moment. Je crois surtout qu'il voudrait être partout à la fois pour s'assurer que tout se passe bien. Il s'ennuie à ne rien pouvoir faire. A plusieurs reprises, il est entré dans mon bureau mais ne s'y est pas attardé, sentant que sa présence arrêtait le travail, c'est-à-dire cette activité à l'apparence éminemment désordonnée qui est celle des déménagements.

Hier il était de très bonne humeur. Il avait reçu ses décorations, le Bain et la D.S.O.. Il s'était esclaffé lorsque je lui avais apporté les écrins. Il avait sorti les décorations, les avait trouvées jolies, nous avait demandé notre avis à d'Allonnes et à moi, puis, pour juger de l'effet, il avait passé la cravate du Bain au cou de d'Allonnes et m'avait épinglé sa D.S.O. sur la poitrine. Après quoi il m'avait réclamé son appareil et nous avait pris tous deux en photographie devant la fenêtre.

Au cours de la réunion des chefs de corps, hier matin, il leur a demandé de publier eux-mêmes un ordre du jour à leurs unités à l'occasion du départ de la division, dans lequel ils affirmeraient leur confiance envers le Général de Gaulle, afin d'affermir la confiance des troupes envers leurs chefs. *« Vous leur direz ceci... et puis cela... et puis aussi... »*. Enfin il leur indique les trois ou quatre éléments essentiels de l'ordre du jour, et termine en demandant à recevoir copie des textes, *« non pas à titre de contrôle, bien sûr, mais pour mettre dans sa collection »*. Le colonel Vézinet gloussait de joie.

Le Général m'en parle ce matin. Il voudrait évidemment cimenter la division dans une même confiance, effacer toute trace du passé, pousser à cette fusion que le combat consacrera demain. C'est pour cela qu'il n'a pas voulu que l'ordre du jour émane de lui, et qu'il a choisi cette solution. Il me demande si j'ai compris et si je crois qu'ils auront compris. *« Je dis mal ces choses-là, en général »* ajoute-t-il avec un sourire touchant. C'est inexact, il les dit bien, avec simplicité et de la manière la plus claire.

Le départ du colonel Malaguti n'a pas suscité de remous, mais seulement une sorte de gêne. Même ceux qui désapprouvaient sa manière d'agir, avaient confiance dans ses qualités de chef. Le Général lui-même n'avait jamais douté de sa valeur professionnelle. Mais l'incompatibilité entre les deux caractères était trop patente pour ne pas constituer, au combat, un danger pour la Division.

Il est sept heures du soir. Les voitures sont chargées, ce qui n'a pas été sans peine, et Legrand les a emmenées au point de rassemblement. Le Général s'est rongé d'ennui toute la journée, mais je n'y pouvais vraiment rien.

Qu'allions-nous trouver de l'autre côté ? Cela fait un drôle d'effet de penser que nous allons rentrer en France. A travers les émotions de surface, c'est une sorte d'étonnement à peine conscient que l'on aperçoit au fond de soi. Depuis maintenant quatre ans que l'on ne pense qu'à rentrer en France, que l'on en parle comme d'un rêve, on se trouve... dans le vide, à la pensée que ça y est, que c'est pour demain. Je jongle avec l'idée sans parvenir à y croire. Au demeurant, ça n'y est pas encore. Mettre le pied sur le sol de France ne sera qu'un commencement, et le reste sera peut-être long. Alors je me demande si cette passion du retour ne nous manquera pas lorsque nous aurons cessé d'être en exil ? Ou bien au contraire, le fait de nous battre sur notre propre sol ne nous stimulera-t-il pas davantage encore ?

Je ne parle pas du reste. Je m'aperçois d'ailleurs que je ne suis-pas vraiment ému. J'ai eu trop à faire tous ces jours-ci. Il n'y a de place en ce moment que pour l'étonnement. Le moment est donc venu ? C'est donc bien vrai ! Il y a des jours où je doutais presque que cet instant pourrait jamais venir, autrefois, lorsque j'étais là-bas sur mes dunes...

Et puis n'allons-nous pas trouver un pays en ruines, bourré d'étrangers. Le visage de la France ne sera entraperçu qu'à travers les décombres de quelques villages à peine encore peuplés de quelques Français. Que sera cette image auprès de celle que nous conservons depuis quatre ans ?

Il y aura aussi cette exaspération d'être à la fois si proche et si terriblement loin des siens. Deux cents kilomètres, et toute l'Allemagne !

Quelle situation !

Et à côté de nous, nos braves alliés ruminant leur chewing-gum en ne se penchant que sur une carte, pourront-ils comprendre à quel point nos nerfs seront à fleur de peau ? La conjonction d'une inconscience placide et de la routine quotidienne ne provoquera-t-elle pas des explosions ? Je me rappelle cette boutade de G. l'autre jour :

– *Je crois que si je rencontre un gosse qui me dise "O.K. Johnny" je lui flanquerai une paire de claques.*

Et cette peur de l'avilissement du pays. Qu'il soit resté lui-même mon Dieu. Qu'en auront fait quatre années de souffrance ?

**Jeudi 20 juillet 1944 – Dalton Hall**

Dernier jour à Dalton Hall. Ce matin l'état-major est parti, en bon ordre. Je vais à Hull et passe au retour par Beverley pour dire au revoir à Evelyne de Schompré.

Une lettre de Divry est arrivée de France. Les Français veulent voir l'Armée française. Le moral des recrues dont il s'occupe est très élevé, l'égal de celui des volontaires de 1940. Mais il termine sur une note amère : *« Vraiment la France a besoin d'un peu d'air pur, de beaucoup de jeunesse et de pas mal d'enthousiasme. »*

L'enthousiasme... c'est bien ce que nous craignons. Divry a employé quelque part le mot *avachi*. Oui, par quatre années de misère et de mensonges, par la faim, la douleur, le désespoir, l'égoïsme... ce que les Allemands nous auront laissé de jeunesse suffira-t-il à hâter notre redressement ?

**Samedi 22 juillet 1944 - Bournemouth**

Nous avons quitté Dalton Hall hier à l'aube. Il pleuvait. Les deux voitures étaient rangées sous le péristyle d'entrée dans un silence que ne troublait que la pluie. Personne, ni garde, ni sentinelle. Rien que les vaches sur la pelouse qui cernait la vaste cour d'entrée, ses grilles grandes ouvertes sur le parc. Un bruit de canne sur le dallage de l'antichambre, quelques claquements de portières, les voitures roulent sur le gravier trempé et nous nous retournons une dernière fois vers la longue façade triste dans le petit jour gris.

A Londres, le Général se précipite à Upper Grosvenor Street pour régler avec Boullettreau quelques questions d'avancement. Pendant qu'ils sont enfermés tous les deux, d'Allonnes arrive au comble de l'agitation, trépignant d'impatience. Il ne se maîtrise plus, il faut qu'il voie le Général de toute urgence, on veut lui enlever un régiment de chars, en catimini, dans son dos, il faut le prévenir, non, attendez, si, tout de même, mais il sera de toute façon trop tard, c'est terrible... Je monte prévenir le Général que d'Allonnes a quelque chose de très urgent à lui dire. En entendant ce dont il s'agit, le chef d'état-major paraît très étonné que le Général ne soit pas au courant. Du côté du Général, la réaction est parfaite. Il réfléchit, sourit tristement et murmure :

- *Qu'ils sont cons.*

Puis se mettant à penser à la Division, il fronce les sourcils, sa moustache se hérisse et il gronde :

- *Et puis je n'admets pas que l'état-major N. se mêle de mes affaires.*

Dans l'escalier, il ajoute :

- *Ils ont de la suite dans les idées.*

Sans doute est-ce un mélange de vieille hostilité contre les Free French et de maladresses dans les procédés.

Au déjeuner, l'incident réglé, le Général en parle avec gaieté

- *D'ailleurs, vous savez, il ne faut pas croire que le Général de Gaulle nous aime tant que ça, Larminat, Koenig et moi. Il doit nous considérer un peu comme des enfants terribles.*

Nous avons reçu les premiers ordres du jour adressés aux unités conformément aux instructions du Général.

– Celui de Barboteux : « *... cet instant maintenant si proche qui fait frissonner tout notre être...* » J'adore l'idée de Barboteux frissonnant.
– Celui de Dio est bref et bien tourné.
– Celui de Vézinet est remarquable, sobre et mesuré.

Le Général m'a affectueusement exprimé hier son regret que je ne sois pas passé capitaine. Je le remercie en l'assurant que mes deux galons me suffisent amplement.

Mais il fronce les sourcils et m'explique que la signature a changé de mains à cause des abus qui se sont produits dans la mission de liaison où les capitaines et les colonels ont poussé comme des petits pains azymes.

Je vais chez M. Semet, prendre le fanion du Général et excuser celui-ci qui n'a pu venir lui-même.

Ce matin, nous avons quitté Londres à huit heures après avoir déposé un pli chez Koenig pour Maurice Schumann et sommes arrivés à Bournemouth à midi. Nous avons la Manche devant nous. J'installe le P.C. pendant que le Général va au Corps d'armée.

Ce soir, après dîner, il vient bavarder quelques instants dans mon bureau. Il est très détendu. Il se demande à quoi les alliés vont nous employer. Il a constaté qu'il y avait eu beaucoup de contre-ordres et de changements de dernière minute pour notre mouvement de Hull à Bournemouth. La plupart auraient pu être évités. Il espère que les choses se passeront différemment en opérations.

Le bruit de la mer m'énerve. J'ai déjà mis le panneau de black-out à la fenêtre pour ne plus l'avoir sous les yeux. Mais son murmure est obsédant. C'est la même qui, là-bas, lèche les côtes normandes. Nous y serons bientôt. Le Général m'a dit la date et la connaître donne une sorte de vertige. Que ces jours vont paraître longs !

## Dimanche 23 juillet 1944 - Bournemouth

A l'hôpital voir Belvalette et Colomieu qui ont été blessés dans un accident d'auto. Colomieu n'est pas très atteint et en a pour quinze jours, mais le pauvre Belvalette a une fracture du crâne qui le retiendra au moins deux mois à l'hôpital.

Le Général me raconte que l'amiral d'Argenlieu a reçu récemment un télégramme annonçant la prochaine arrivée à Londres de trois personnalités d'Alger. Il n'apparaît pas que leur voyage soit motivé par des raisons importantes ni urgentes. Il est en revanche probable qu'ils iraient volontiers faire un petit tour en France. Au premier, qui est ministre, l'amiral répond : *« mais comment donc, je serai ravi... »*. Puis dans deux autres télégrammes il rappelle que la conduite du second personnage, assez connu pour sa résistance aux alliés à Casablanca, ne rend pas sa présence en Angleterre tellement souhaitable, et qu'enfin il serait difficile d'expliquer la venue du troisième à un moment où il y a pas mal à faire. En sorte que finalement personne n'est venu.

- *D'ailleurs,* ajoute le Général en riant, *tous les Français de Londres reviennent de Normandie. C'est incroyable. Tous ceux que je rencontre s'étonnent : Comment ! Vous n'êtes pas encore allé en France ?*

Il semble en particulier que les officiers de la MMLA (Mission Militaire de Liaison Alliée) que nous appelons méli-mélo-méla, aient été parmi les premiers à traverser la Manche. Pour se faire reconnaître de ceux qui ne peuvent les distinguer, comme nous le faisons, à certains signes caractéristiques, ils sont censés porter un brassard soulignant leurs fonctions administratives. En fait ils ne le portent pas, ce qui ne saurait étonner personne, et les bons Normands, voyant tous ces officiers en tenues impeccables, hochent, paraît-il, la tête et constatent :

- *Ben oui, pour des officiers, y a des officiers, seulement pour des troupes, y en a point...*

**Lundi 24 juillet 1944-Bournemouth**

Rien à signaler aujourd'hui que la visite rapide du général Cook. Il est comme toujours, sympathique et calme. Nous n'allons malheureusement pas rester longtemps sous ses ordres. Il semble que nous devions changer de Corps dès notre arrivée en France. Le Général lui en exprime son regret. Il est sincère. Il appréciait Cook et ne sait pas ce qu'il trouvera...

Il a fait magnifiquement beau toute la journée. Hier, en revenant du RMSM, nous avons croisé des colonnes de chars, rangées sur le bord de la route, prêtes à embarquer. Le Général a soupiré :

\- *Ah ! voir des chars français dans les champs de France...*

On parle de troubles en Allemagne, des échauffourées entre S.S. et troupes régulières... Il ne faut pas prendre ses désirs pour des réalités et ce ne serait pas la première fois que l'on prévoirait, sans beaucoup de raisons, un effondrement imminent de l'adversaire. S'il venait à se produire, ne serions-nous pas tous ici effroyablement déçus d'arriver trop tard ? Je jongle avec cette gênante constatation.

Disons que notre joie ne serait pas, dans ce cas, sans mélange. Hélas cette déception-là nous sera sans doute épargnée !

Le développement en Allemagne d'un mouvement anti-nazi présente d'ailleurs un autre danger. S'il parvenait à renverser le régime, demain ou après-demain, il aurait droit à toutes les sympathies de nos alliés américains. Ils traiteraient avec lui comme les Anglais en 1918 avec la République de Weimar. Est-ce que cela d'ailleurs n'arrivera pas fatalement ?

Déjà beaucoup d'Américains et d'Anglais établissent depuis quatre ans une distinction entre l'Allemagne et le régime Nazi.

Cette tendance ne restera pas inexploitée et les Allemands sauront l'utiliser pour berner une fois de plus les Alliés, ce dont nous ferons comme d'habitude, les frais.

La raison commanderait aux Allemands de tout faire pour que l'on ne se batte pas chez eux. Il faudrait pourtant que cela arrive. L'écrasement de l'Allemagne sur son sol est nécessaire à la paix de l'Europe. C'est affreux à écrire, mais ce résultat nécessaire vaudra les vies humaines qu'il coûtera. En les épargnant en 1918, Foch nous a coûté bien plus de vies qu'il n'en a sauvées. Aujourd'hui ce ne sont pas les nôtres qui sont en jeu, mais celles des générations futures.

**Mercredi 26 juillet 1944 – Bournemouth**

L'histoire est parfaite : pendant le mouvement entre Dalton Hall et Bournemouth, Montfort, à la tête de son bataillon médical, arrive à un carrefour mal signalé. Il étudie sa carte et voit quelle route choisir. Pour être sûr que derrière lui personne ne se trompera, il prend un brave infirmier africain qui se trouvait là, le place au bord de la route et lui donne pour consigne de rester au bord de la route, le bras bien tendu dans la direction à prendre. Ceci fait, il remonte en voiture et se remet en route, la conscience en repos.

La colonne passe, et personne ne se trompe grâce au bras tendu du bon Africain. Toutefois le dernier véhicule ayant franchi le carrefour et personne n'étant venu le relever de sa mission, notre consciencieux tirailleur reste fidèle à son poste, tel la statue de Chappe au carrefour Raspail-Saint Germain. Une seconde colonne se présente et suit le bras tendu, une troisième colonne apparaît, il est toujours là. Les heures passent, comme les colonnes, et la nuit vient.

Du crépuscule émerge alors une Jeep montée par des Américains. Intrigués par cette statue solitaire, ils s'arrêtent et l'un d'eux vient la questionner. Le bras de plus en plus raide, le factionnaire répond qu'il montre le chemin. Les fils d'Outre-Atlantique se consultent. Le cas leur parait grave. Ils interrogent le brave tirailleur avec ménagements : Est-ce qu'il se sent bien ? Il n'a pas mal à la tête ? Puis d'un commun accord, ils se décident à le faire monter dans leur voiture et le conduisent droit à l'hôpital.

J'aurais aimé assister au spectacle. Le médecin de service est convoqué d'urgence. Il se livre à un examen minutieux, tant des circonstances, que du sujet. Cet examen l'éclaire sans nul doute car il conclut que le patient est atteint d'une grave appendicite. Je ne ris pas. Le pauvre garçon est encore à l'hôpital où il semble que l'on se dispose à l'opérer en dépit de ses protestations véhémentes, et du rapport qu'il a envoyé à son capitaine.

Cette grande folle de 2e D.B. !! Renaud est entré dans mon bureau tout à l'heure pour bavarder. Je lui montre un porte-cartes que je viens d'arranger pour moi et j'ajoute que j'en ai trouvé les morceaux dans une pièce vide de Dalton Hall après le départ du Q.G. Renaud s'esclaffe :

- *Ah ! ben moi, t'sais, j'en ai trouvé bien d'autres après le départ de la division, tu l'croirais pas*
- *Vraiment ?*
- *Tiens. En m'baladant un peu dans les coins, j'ai trouvé un canon.*
- *Un canon ?*
- *Oui, un canon... et puis aussi 28 tonnes de munitions... et puis pour finir, tiens-toi bien, un pendu.*
- *Quoi ?*
- *Oui, un pendu, on l'avait oublié là..."*

Le mieux est que tout cela est exact. A vrai dire les munitions du colonel Rémy n'ont pas été exactement *oubliées*. Ce n'était qu'une apparence. Le canon, c'est une autre histoire. Quant au pendu, il en est effectivement resté un dans le Yorkshire. Un pauvre garçon qui n'a trouvé que cette solution pour ne pas déserter tout en ne suivant pas la division qui l'aurait emmené loin de sa bien-aimée.

Courses dans les cantonnements toute la journée d'hier et en ville. Aujourd'hui, éclairage du camion P.C.. Puis à l'atelier de réparation voir le *Sherman* du Général et en vérifier l'aménagement. Cours acheter deux plumiers et deux corbeilles pour fixer à la table qui va y être installée. C'est une curieuse sensation d'acheter des *plumiers* pour les mettre dans un *Sherman*.

Cotentin – 1er août 1944

Le Général et Girard débarquent

# De Vesly à Paris
# août 1944

*Note – La division débarque le 1er août dans le Cotentin*

*Le P.C. s'installe à Vesly et le 6 août la 2e D.B. se met en route vers Avranches, Château-Gonthier, Le Man d'où elle remonte vers Ballon.*

*L'action est menée du sud au nord sur deux axes et le général trouve toujours la progression trop lente.*

*Précédant l'avant-garde, il s'empare lui-même du pont d'Alençon dans la nuit du 11 au 12 août. Il ne s'y attarde pas et dépassant de nouveau le gros de la D.B. encore engagée en forêt d'Ecouves, il installe son P.C. à Fleuré, à 2 km d'Argentan encore aux mains des Allemands, dès le 13 août.*

*Très vite, il comprend qu'il va devenir indispensable de libérer PARIS de toute urgence. Le commandement américain hésite longtemps à lui donner cet ordre et il doit, le 21 août, prendre l'initiative d'envoyer un détachement léger vers la capitale. Cette incartade qui provoque la fureur de certains généraux américains, est aussi à l'origine de la décision du général Eisenhower d'envoyer enfin la 2e D.B. vers Paris.*

*Le départ a lieu le 22 août.*

Normandie

**Mercredi 2 août 1944 - Vesly FRANCE**

En France. Nous y sommes depuis hier.

Nous avons fait mouvement samedi, de Bournemouth sur Southampton où se trouvait la *Marshalling area*. Le départ a eu lieu avant l'aube. Il pleuvait. Dans le petit jour livide, notre convoi a dépassé un cirque. Au milieu de ses voitures, un éléphant...

Après avoir parqué nos voitures dans les rues de Southampton, nous nous rassemblons dans un camp : longues files de grandes tentes de grosse toile verte. Aussitôt arrivé dans la sienne, le Général, qui a une attaque de palu, se couche, un mouchoir sur les yeux pour se protéger de la lumière selon son habitude. Je me promène dans le camp, vais déjeuner à la chaîne et me retire ensuite pour faire la sieste en prévision d'une nuit agitée. Je suis réveillé par le Général. Il a des cauchemars, est extrêmement agité dans son sommeil et il me paraît fiévreux.

Assez angoissé par son état, j'envoie chercher Richet. Il arrive au bout de dix minutes qui me paraissent un siècle et me rassure. C'est une forme normale de paludisme chez un homme qui vit beaucoup sur ses nerfs. Je garde pourtant de cet instant une impression profonde. J'ai eu peur pour lui, et pour nous tous.

Dans la nuit, la rame de Pille et la rame Desré font mouvement. La nôtre démarre à six heures du matin. Long stationnement dans les rues de Southampton pour atteindre finalement le quai vers 9 h. Nous y trouvons la compagnie Dupont du III/RMT.

Le chargement des voitures dure toute la journée. La caravane du Général est placée sur le pont. Dès qu'elle y est, je la fais ranger et le Général monte s'y installer. Il est encore très fatigué et s'endort aussitôt.

On nous prévient que l'embarquement du personnel est prévu pour quatre heures du matin et que nous coucherons donc à terre. Je me promène sur les quais. Leur atmosphère, les cheminées des remorqueurs, les mâts des chalutiers, l'odeur d'iode, me rappellent mon vieux port de Dieppe. Dans un coin, la compagnie Dupont, rassemblée, exécute des chœurs et les hommes poussent la note au milieu des applaudissements.

Nous dormons pendant quelques heures dans le grand hangar. L'embarquement a lieu à 4 h 30 du matin. Aussitôt à bord, nous descendons dans une sorte de cale aménagée qui comporte deux à trois cents couchettes en quatre étages superposés. Je m'effondre sur l'une de celles qui sont réservées aux officiers du Q.G.

Le réveil, vers 8 h 30, est lourd. Je monte sur le pont. Nous sommes toujours dans la rade. Au mât de notre bâtiment flotte le pavillon à croix de Lorraine et, en dessous, le pavillon du Général. La veille, en effet, le commandant du bateau ayant appris que c'était le Général Leclerc qu'il avait à son bord, avait sauté au plafond

– *Leclerc ? Celui du Tchad ?*

Et il avait absolument tenu à ce que son pavillon flottât au mât pendant la traversée.

– *... et, bien entendu, que le Général utilise ma cabine, ma salle de bains, la passerelle...*

N'ayant jamais eu de *marque* du Général, j'avais d'abord suggéré de hisser simplement la flamme à croix de Lorraine. Le commandant avait répondu qu'il mettrait la flamme, mais qu'il voulait aussi battre le pavillon de commandement personnel du Général. S'il n'existait pas, il la ferait confectionner pendant la nuit. C'est bel et bien ce qu'il a fait. Sous la flamme à croix de Lorraine, un pavillon carré, mi-bleu mi-blanc en diagonale, on dit je crois tranché, et portant deux étoiles, flotte dans le soleil levant. Je le considère avec émotion et pense aux années écoulées depuis ce jour de 1940 où ma vue s'est brouillée en apercevant nos trois couleurs dans Whitehall, et au chemin parcouru depuis juillet 1943.

N'est-ce pas inouï de voir, sur un bateau battant pavillon américain, flotter la flamme à croix de Lorraine des terribles *Free French* ?

Nous levons l'ancre vers 10 h. Le temps est radieux et la traversée calme. Vers 8 h du soir, nous mouillons en face des côtes de Normandie. Elles se distinguent à peine dans la brume, mais elles sont là. Une nuée de bateaux à l'ancre couvre la mer autour de nous. Je m'endors sur le pont, entre Sarazac et Silvy.

Au matin du 1er août, le réveil est une fanfare, la douche est joyeuse et le jus bienvenu. Repiton et Schompré arrivent vers 9 h 30 dans une barge amphibie. Ils nous annoncent qu'une vedette va venir chercher le Général. Nous nous équipons. Il faut que je prenne les affaires du Général en plus des miennes. J'y arrive en en fixant la plupart sur mon dos. L'embarcation annoncée accoste vers 11 h. Elle danse terriblement. Nous descendons l'échelle de coupée. Le Général saute le premier, puis Repiton, Schompré, moi, Gribius et le colonel Bernard. On oubliait Guillebon et Quilichini. Ils arrivent et sautent à leur tour, Quilichini tout empêtré de couvertures et de paquets.

La vedette s'éloigne du bateau et bientôt les côtes se précisent. Je ne m'étendrai pas sur ces minutes. Le ciel gris, les embruns, le bateau dansant comme un fou, mes musettes me tirant sur les épaules. De toutes parts des bateaux, les uns à l'ancre, les autres coulés pour former une digue, et à travers leurs silhouettes indécises, une longue bande rose et quelques arbres... la France.

Je ne pouvais en détacher mes regards. Ce sont des choses qu'on ne décrit pas et j'en reste moi-même étonné.

L'embarcation accoste une sorte de jetée métallique sur laquelle nous grimpons. Puis, le Général en tête avec moi, nous nous dirigeons en silence vers la plage. C'est une plage de sable, bordée par un remblai parsemé de touffes d'herbe drue. Sur le sable, des camions et des *Jeeps*. Quelques silhouettes en tenues américaines dans le fond. Une atmosphère de désolation. En approchant de la plage, le Général murmure d'une voix changée :

- *Ça fait une drôle d'impression.*

Je réponds sur le même ton, avec effort :

- *Ça fait rudement plaisir.*

Et puis, soudain, deux photographes surgissent, puis quatre, puis six, comme des moustiques. Le temps que nous ayons atteint la plage, ils sont vingt qui se bousculent et c'est tout juste s'ils ne nous bousculent pas nous-mêmes pour mieux prendre le Général. Dans le grésillement des déclics, apparaît un général américain ; c'est Walker, notre commandant de Corps, un petit homme tout rond au sourire satisfait. Les objectifs claquent à qui mieux mieux.

– *Voulez-vous vous serrer la main encore une fois...*

Les photographes prennent du champ, trébuchent, jettent un regard rapide derrière eux pour reculer davantage en tenant leurs appareils braqués sur le Général... Celui-ci commence à s'énerver... La grosse mer nous a empêchés de toucher terre là où nous attendaient notre voiture, notre commandant de Corps et ses photographes, en sorte que nous sommes sans moyens de transport pour échapper à cette cohue dont nous nous serions passés. Le Général commence à attraper Repiton qui envoie Schompré chercher la voiture. Sur ce, Walker offre la sienne au Général. Les photographes s'interposent. Ils voudraient que le Général retourne à la jetée et rejoue la scène du débarquement en revenant vers la plage où il serait alors reçu par Walker à la tête de la jetée. Cela confine au grotesque. Le Général sourit :

– *Non, nous faisons la guerre, laissez-moi tranquille.*

Nous grimpons dans la voiture, le Général derrière avec Bernard et Guillebon, moi devant. La cohue autour du command-car amuse le Général qui se déride tout à fait. Nous réussissons à démarrer, poursuivis par les objectifs jusqu'au *Transit area*.

Dans un P.C., à quelques kilomètres, nous trouvons Janney, Compagnon, le colonel Rémy, Putz et le 1er R.M.S.M. Le Général donne quelques directives et part pour le XXe Corps où nous déjeunons. Il semble que les Américains pensent à mettre sur pied un Corps d'armée français.

Nous partons ensuite pour l'Armée. Les routes sont encombrées par des convois qui les sillonnent sans interruption dans tous les sens. Nous traversons des villages en ruines où nous apercevons en passant des Français et quelques rares gosses.

Au P.C. de la 3e Armée, nous sommes reçus par le général Gay. Nous attendons Patton pendant à peu près une heure. Il rentre enfin, accompagné de Gaffey et de Codman. Après quelques instants d'entretien, nous passons à table. Le Général est très détendu, Guillebon aussi, nos hôtes sont très aimables et le dîner se déroule dans la gaieté.

Nous rentrons enfin à Vesly où se trouve le Q.G.. C'est une installation de fortune, mais Bernard, Repiton et Lancrenon nous y accueillent avec du beurre et du camembert !! Le Général paraît très satisfait. Il apprécie Patton. Quels que soient les défauts que les rumeurs lui prêtent, c'est un homme qui fait la guerre et qui nous la fera faire. Le seul nuage à l'horizon est la lenteur du déchargement des bateaux.

Ce matin, nous apprenons que les éléments du Q.G. sont encore à bord. Le Général ne dispose d'aucun moyen de commandement et cette situation risque de durer deux jours.

Ce soir, le Général est allé dîner chez des cousins à lui.

**Jeudi 3 août 1944 - Vesly**

Réveillé à quatre heures du matin par l'arrivée de la caravane. Elle est aussitôt installée au milieu du verger et mise en état. Quelques éléments du P.C. débarquent dans la matinée. J'arrive à me laver, mais pas à me changer.

Apparition du colonel de Langlade. Il est hors de lui pour des questions de solde.

Il fait beau.

Je tourne en rond dans le P.C..

Moral bas...

**Vendredi 4 août 1944 - Vesly**

Matinée désagréable. Humeur sombre. Pessimisme. Des tas de gens défilent au P.C., des civils, des officiers de la division. Le Général part pour le Corps d'armée et me demande de conduire la *Jeep*. Je reprends volontiers la place au volant que j'occupais déjà en Afrique. De retour au Q.G., nous y trouvons les voitures enfin débarquées.

Cet après-midi, nous avons aperçu Coutances, très démoli mais encore bien joli de loin. A Villedieu-les-Poêles, des civils se rassemblent au passage du Général et l'acclament.

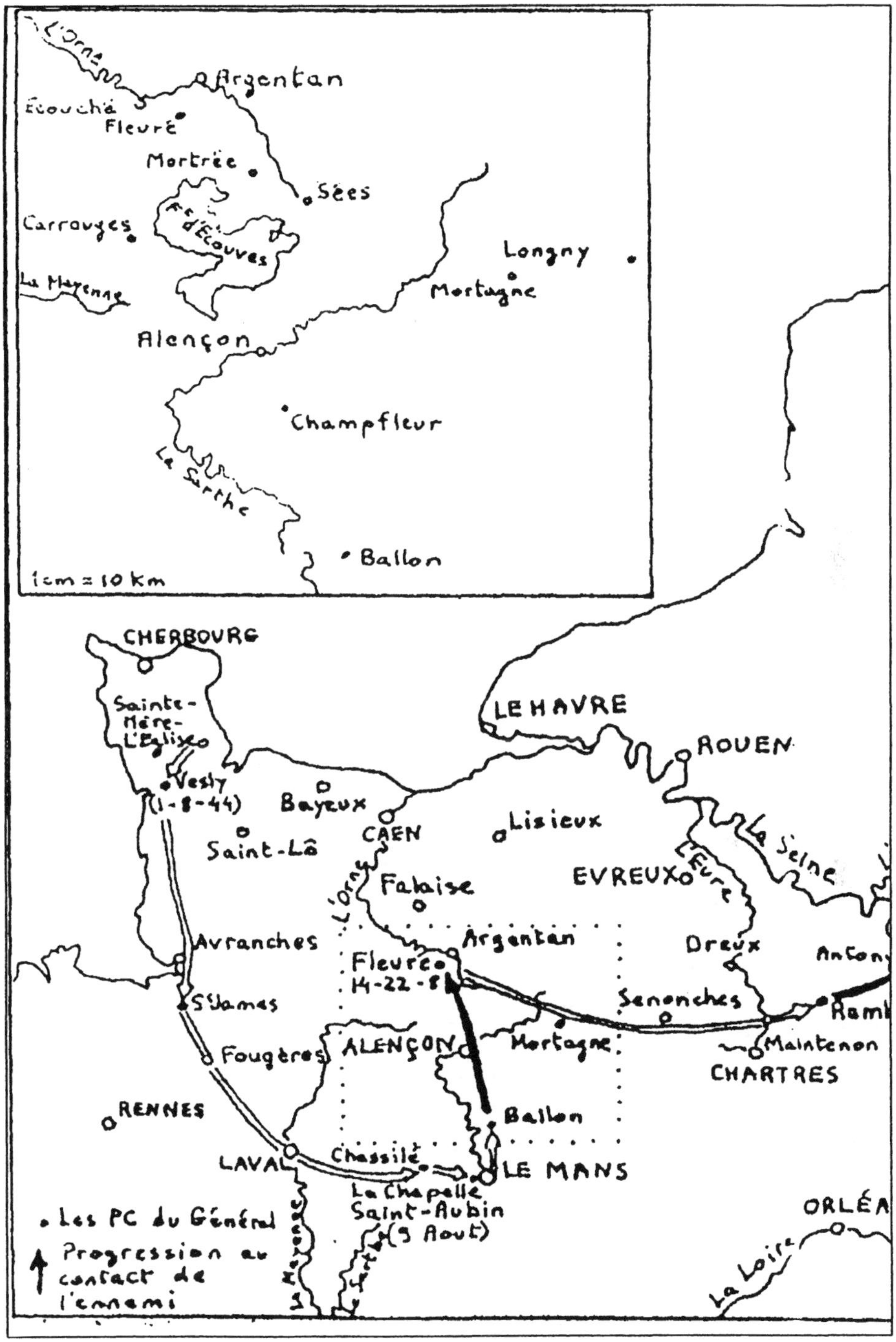
L'Orne
Argentan
Écouché
Fleuré
Mortrée
Sées
Carrouges
Ft d'Écouves
Longny
Mortagne
La Mayenne
Alençon
Champfleur
La Sarthe
Ballon
1cm = 10 km
CHERBOURG
Sainte-Mère-L'Eglise
Vesly (1-8-44)
Bayeux
Saint-Lô
CAEN
LE HAVRE
ROUEN
Lisieux
La Seine
L'Eure
EVREUX
Falaise
L'Orne
Argentan
Avranches
Fleuré 14-22-8
Dreux
St James
Senonches
Fougères
ALENÇON
Mortagne
Maintenon
CHARTRES
RENNES
Ballon
LAVAL
Chassillé
LE MANS
La Chapelle Saint-Aubin (9 Août)
ORLÉA
La Loire
La Mayenne
La Sarthe
Les PC du Général
Progression au contact de l'ennemi

**Samedi 5 août 1944 – Vesly**

Arrivée à quatre heures du matin de Hensey, le colonel de liaison américain. Réunion dans la caravane du Général. Nous devons nous attendre à faire mouvement dans la journée. C'est curieux. Hier, au XXe Corps, Walker a été formel :

- *Rien avant après-demain.*

Les ordres de départ sont lancés. Bagages. Préparatifs. A 10 h, contre-ordre. Le colonel Hensey ne se montre pas en mesure de nous éclairer. Le Général, qui aime la précision, tranche :

- *Allez au Corps. Sauf contre-ordre, je fais mouvement à 8 h du soir.*

Nous ne savons pas exactement où est le Corps et il y a silence radio. Les Américains sont en train de foncer du côté de la Bretagne. Nous voulons en faire autant. Une plaisante animation commence à régner. Les sourires s'épanouissent sur tous les visages. Mon pessimisme de ces deux derniers jours s'évanouit.

A la vérité, le peu que nous avons vu n'est pas inspirant. Le Général, à qui je confie mon désappointement, me répond que le Général de Gaulle n'y peut rien et qu'il est trop tôt pour que son action personnelle se fasse sentir. Il reste que, à part Koenig et Chevigné, l'armée n'est pas représentée comme il le faudrait dans les régions libérées.

Je veux bien croire que le Général de Gaulle sait ce qu'il fait et je lui fais confiance, mais je suis impatient.

Nous retombons dans le genre d'acrobaties du temps de la force L, puisque nous avons failli partir avant que tous les éléments aient débarqué, notamment l'état-major.

**Dimanche 6 août 1944 - Chassilles**

Nous ne sommes finalement partis de Vesly que ce matin. Nous roulons en convoi et je conduis la *Jeep*. La route est agréable et facile. Je ne sens la fatigue qu'en arrivant dans ce ravissant pays au sud d'Avranches. Instants d'émotion dans différents villages où de braves gens acclament le Général. A plusieurs reprises des hommes et des femmes courent après la voiture pour lui serrer la main :

- *Ah mon général, comme ça fait plaisir de voir des Français. Bravo pour le Tchad... On vous attendait... laissez-moi vous serrer la main...*

Presque tous criaient :

- *De Gaulle... vive de Gaulle...* et souvent les gosses eux-mêmes, ce qui faisait diablement plaisir.

Chaque fois que nous traversions un rassemblement de population, le Général se levait dans la *Jeep* pour dire bonjour aux gens.

Il est de bonne humeur parce que l'avance américaine continue. Il me parle de Patton et de Wood avec beaucoup de sympathie. Il découvre les Américains. Je lui fais remarquer qu'il voit maintenant ceux qui font la guerre, et ceux-là sont sympathiques. Il opine :

- *Ils sont un peu fous et c'est ce qu'il faut pour faire un bon militaire.*

Repiton et Guillebon sont allés à la 4e D.B. américaine, celle de Wood, qui a si magnifiquement exploité vers le sud. Ils y ont été admirablement reçus. Ils ont été frappés par la personnalité de Wood qui nous avait fait une curieuse impression à notre arrivée en Angleterre. Le général américain leur explique pourquoi, après réflexion, il a *« changé son plan »* et a décidé de partir dans une autre direction que celle qui était prévue, et de *« foncer tant que ça peut »* :

- *Vous comprenez... c'est par là qu'il fallait aller... voilà pourquoi j'ai changé mes plans... je ne veux pas que l'Armée me pousse, je veux tirer l'Armée derrière moi...*

Repiton campe le personnage d'une façon savoureuse et le Général tressaille d'aise. On sent que si Wood apparaissait, il l'accueillerait avec effusion. Il a senti le soldat.

La situation est curieuse. Nous ne savions pas hier où étaient le Corps ni les Boches. Tout est mouvant, ce qui complique singulièrement les transmissions. Nous fonçons dans le bleu comme les Boches l'ont fait en 1940. Chacun son tour. Wood dit que les F.F.I. l'ont beaucoup aidé, notamment lorsque sa division a tellement avancé que les lignes boches se sont refermées derrière elle.

Cela n'a heureusement pas duré longtemps. C'est à une situation de ce genre que le pauvre Maillaud a dû de se faire prendre devant St Malo, ce qui est bien dommage car c'est un charmant garçon.

Claude Dauphin, en brillant capitaine, est venu interviewer le Général, et a réussi à lui arracher un petit laïus qu'il a enregistré sur disque.

Au cours de leur promenade dans le secteur de la 4e D.B., Guillebon et Repiton sont tombés sur Mme Troadec dans un village libéré le jour même. Ils rapportent un message d'elle pour son mari. Le Général en est profondément heureux et le répète à plusieurs reprises. Il conserve beaucoup d'affection pour Troadec qui m'a précédé auprès de lui et qui est effectivement un chic type.

Avant-hier, Langlade est venu au Q.G. absolument hors de lui pour une question de solde. Il était question de ne verser aux hommes que la moitié de leur solde, l'autre étant déposée, je crois, dans une sorte de caisse d'épargne. Il écumait :

- *Le Français, voyez-vous, est un type qui aime toucher son argent. Il n'aime pas qu'on le garde pour lui. Il a horreur de ça. C'est idiot, si vous voulez, mais c'est comme ça.*

Devant cette explosion, l'intendant Gamet reste coi, nous aussi. Dès qu'il voit que le Général reste seul, Langlade fonce, nous plantant là. Gamet prend un air de martyr et gémit :

- *Je vais encore ramasser tout sur le dos ...*

En fait, il n'en a rien été. Le Général a pris une décision de circonstance, comme naguère en A.E.F., et le Duc s'en est retourné chez lui satisfait.

**Jeudi 8 août 1944 - Chassilles**

Toute la journée d'hier dans un état de semi-alerte, à attendre des ordres. Réunion de chefs de corps sur l'herbe.

Ce matin, visite au XX^e^ Corps. Il ne me plaît pas.

Arrivée du colonel Billotte à la division, ce qui provoque un effet de surprise. Il prend le commandement du groupement tactique de Warabiot.

Dans l'après-midi, brusque départ. Laissant la division faire mouvement vers la région du Mans, nous fonçons à toute allure en *Jeep* jusqu'au XV^e^ Corps où nous arrivons avant l'officier de liaison. De là vers Le Mans. Comme la ville est encore occupée par les Boches, nous nous arrêtons au bord de la route pour passer la nuit dans une petite maison isolée, près d'un carrefour.

Guillebon qui nous a suivis, est là. Il pleut. J'aménage tant bien que mal un coin pour le Général dans la seule pièce habitable. Guillebon et moi contemplons, les sourcils un peu levés, celle qui nous reste. Pendant la nuit, nous prenons chacun notre tour de veille devant la porte du Général. Nous sommes inopinément renforcés par l'arrivée de Renaud et d'El Kouhy qui semblent un peu perdus.

**Mercredi 9 août 1944 - La Chapelle St Aubin**

Nous tournicotons à toute allure dans le secteur pour échouer en fin de journée à La Chapelle St Aubin. Le Général assiste à un *Te Deum* dans l'église du village. Il est logé dans une maison d'assez belle apparence et bien tenue mais où l'on n'entend point héberger d'autre que lui. Je passe une excellente nuit à la belle étoile dans un charmant verger à côté de *Tailly* .

Le GTD s'est fait méchamment bombarder en passant par le goulot d'Avranches.

**Jeudi 10 août 1944 - Ballon**

Premiers contacts. Ce matin a eu lieu, à proprement parler, le départ du P.C.A. (P.C. avancé) regroupé hier à La Chapelle St Aubin. Il fait mouvement vers Tulagne d'où le Général pousse jusqu'au carrefour des quatre routes. Il fait une chaleur folle. Nous avalons des nuages de poussière et je me faufile avec

---

1 Le char du Général.

peine à travers des encombrements incessants. Les choses ne se présentent pas bien. Nous sommes bloqués par la 5e D.B. américaine.

Première visite du général Haislip, commandant le XVe Corps, un homme de petite taille, trapu, d'un certain âge, au visage bienveillant et sympathique. Il faut commencer à faire attention aux panneaux rouges qui doivent signaler aux avions que nous ne sommes pas une cible.

Le P.C.A. se porte sur Ballon d'où le Général se rend à Meurcé. Il y trouve le GTD effondré. Dio s'est foulé la cheville, le pessimisme règne ici comme partout. Les Cuirs sont très frappés par la mort de de Laître qui s'était distingué ce matin même. Le Général se prodigue pour faire remonter le moral. Il secoue sévèrement un officier défaillant et envoie Repiton expliquer aux autres groupements que *« c'est dur aussi pour les voisins »*. Savelli, lui, domine la situation avec le calme sarcastique qui lui est habituel.

Nous rentrons à Ballon où Guillebon, qui rentre du GTL, nous dit que l'ambiance est également au noir.

Le Général, ennuyé, ronchonne. Heureusement, le chef d'état-major de la division américaine voisine vient nous exposer ses propres difficultés, ce sont les mêmes que pour nous : un sale terrain, l'impossibilité de manœuvrer, une poussière et une chaleur déprimantes... le Général envoie sur-le-champ Repiton raconter cela à Dio et à Langlade pour les remonter.

Je profite d'un moment de calme pour piquer une tête dans la rivière. Sur la route en remblai qui borde un pré couleur d'émeraude, des voitures de pompiers apportent une note de couleur d'un anachronisme charmant.

**Vendredi 11 août 1944 - Champfleur**

Quittons Ballon à 6 h 30 en Jeep pour Meurcé. Le GTD en est tout juste parti lorsque nous arrivons. Le P.C.A. nous y rejoint mais le Général le laisse de nouveau en plan et file sur Doucelles. Un des officiers qui s'y trouve est encore très frappé par les premières pertes que nous avons subies. Sensible et bon, le cher garçon n'a pas dominé les brusques chocs de la journée d'hier. La réaction du Général est vive. Il l'attrape sévèrement :

- *Vous ne pensez qu'à enterrer vos morts.*

Il est aussi affecté que nous tous, je le sais, mais il a aussi la charge d'une division dont il faut abréger le flottement.

Il décide d'aller voir Dio et se dirige vers la *Jeep*. Je lui dis qu'il vaudrait mieux attendre le P.C.A. et prendre un *Scout-car* . Les routes sont infestées de snipers et il est inutilement dangereux qu'il s'expose à leur tir dans une *Jeep*. Il me rabroue vertement et je m'installe au volant, un peu ulcéré qu'il ait pu penser que je craignais pour moi. A peine avais-je roulé deux minutes dans la campagne qu'à 500 mètres de nous une ombre saute sur la route et nous met en

---

1 voiture blindée de reconnaissance

joue. Je donne un brusque coup de volant tandis que, derrière nous, Maurois décharge sur le sniper le contenu de sa mitraillette que, sur un clin d'œil vite compris, il avait tenu prête dès le départ. Le boche a disparu. Le Général donne l'ordre de faire demi-tour avec un rire un peu fâché, et nous rentrons à Doucelles.

Le P.C.A. est arrivé, et les voitures sont rangées près du carrefour. Un obus siffle. Le Général est debout au milieu du carrefour, pas content. La canne tapote la route. Les obus se rapprochent. Les têtes disparaissent dans les fossés. Il reste là, de plus en plus irrité, et moi à deux mètres de lui, ne pensant qu'à mes idiotes de voitures, serrées les unes à côté des autres, juste à ce satané carrefour qui est manifestement visé. J'apprendrai une heure plus tard que les obus venaient du 40e RANA. Ç'aurait été un comble !

Le Général pousse le P.C.A. jusqu'à Coulombiers où nous retrouvons Dio. Une heure de répit, puis nous repartons en avant pour le carrefour de La Hutte où Savelli est arrêté par une résistance sur la route d'Alençon. Poussières, jumelles, piétinement.

Nous repassons par Coulombiers et de là rejoignons Noiret devant Bourg-le-Roi. La division pousse sur tous les axes. Ici la progression paraît trop lente au Général. Il s'énerve, réclame son char et fonce vers le village. Des regroupements sont en train de s'effectuer et provoquent de sérieux embouteillages. Presque à coups de canne, le Général lance le 12ème Cuir sur Champfleur et, voyant *Tailly* arriver, grimpe dedans avec Weil et moi. Nous arrivons devant Champfleur. Deux *Sherman* brûlent en compagnie de quelques chars boches. Le Général donne l'ordre de déborder le village avec *Tailly* et fait trois prisonniers au passage. Nous entrons dans Champfleur par l'ouest. Sur la place, devant l'église, nous sommes reçus par Noël et retrouvons Rouvillois, parfaitement calme et maître de lui. Les balles sifflent de tous les côtés parce que les fantassins ne savent pas que nous sommes dans la place et continuent à tirer. Le Général a retrouvé le sourire et plaisante gaiement avec Rouvillois.

Nous sommes à dix km d'Alençon. Le P.C.A. s'installe dans un champ au nord de Champfleur. Là, le Général donne l'ordre à Noiret de pousser des reconnaissances de nuit sur Alençon. Il insiste sur l'importance vitale de s'emparer des ponts.

**Samedi 12 août 1944 - En forêt d'Ecouves**

Hier soir, je m'étais roulé dans mes couvertures et étais parvenu à m'endormir lorsque, vers deux heures du matin, je suis réveillé par un sifflement suivi d'un choc sourd. C'est un obus qui n'a pas éclaté. Je me dégage de mes couvertures et interroge la sentinelle. Elle n'a rien entendu... je vais jusqu'au Général. Il dort paisiblement. Comme je regagnais mon coin, lentement et non sans perplexité, un autre obus arrive. Je n'avais donc pas rêvé, et celui-là explose bel et bien, et met le feu à un half-track. Le champ, bondé de véhicules, s'illumine. Trois ou quatre arrivées se succèdent. C'est sans doute un mortier. Mille bruits rompant le silence. Des ombres courent, des moteurs tournent. L'énervement se calme et le champ est évacué. Seul y reste le P.C.A.

J'ai réveillé le Général que les explosions avaient à peine fait bouger. Il demande l'heure. Il est deux heures et demie.

- *Gachet, allez voir ce que fait le colonel Noiret.*

Après avoir tourné en rond et copieusement bâillé, je finis par me rembobiner dans mes couvertures. La suite m'a été racontée par Guillebon. Gachet rentre vers 3 h 15 et rend compte que Noiret est arrêté à deux ou trois kilomètres et compte marcher sur Alençon au lever du jour. Le Générai entre en fureur, saute dans la *Jeep* de Gachet et part. Guillebon grimpe dans son command-car et prend la route à sa suite, abandonnant royalement son bagage sur le terrain. Arrivé chez Noiret, le Général réveille tout le monde :

- *Allez ! en avant !*

et part sans plus attendre, emmenant avec lui une section d'infanterie et un peloton de chars. Un civil, monté sur la voiture de tête doit les arrêter lorsqu'ils atteindront la dernière place avant le pont. Une fois arrivés là, le Général fait descendre les fantassins et les envoie reconnaître le pont. Celui-ci est libre. Le Général s'y rend en *Jeep*, descend avec sa canne et s'assied sur le parapet.

Il donne quelques ordres aux chars pour la garde des abords du pont, regarde autour de lui :

- *Bon ça y est. Guillebon, je m'en vais rentrer au Q.G. pour donner des ordres.*

Et il repart tranquillement, toujours suivi par le command-car de Guillebon.

Malheureusement ou heureusement, la *Jeep* du Général dépasse la route qui devait les ramener vers le sud jusqu'à Champfleur, et, dans la nuit, continue pendant trois bons kilomètres en direction de Mamers. Là, le Général sentant que quelque chose ne va pas, fait arrêter et constate qu'il n'est pas sur la bonne route. On entend un bruit de chars. Ils écoutent. A ce moment, une voiture arrive de la direction de Mamers.

– *Attention*, dit Guillebon, *ce sont peut-être des Boches.*

Le chauffeur de Gachet fait signe à la voiture de s'arrêter. De l'intérieur de la voiture, une voix répond dans une langue étrangère.

– *Ce sont des Boches*, dit le Général toujours debout au bord de la route, *tirez.*

Deux des occupants de la voiture s'écroulent, le troisième se rend.

– *Rentrons à Alençon*, dit le Général.

Le prisonnier vient en effet de dire qu'une Panzer division était en train d'arriver de Mamers.

De retour à Alençon, le Général installe son P.C. dans la maison qui fait le coin du pont, où trône d'ailleurs une superbe photo du Maréchal, et organise rapidement la défense d'Alençon avec les éléments du GTD qui commencent à arriver. Des bouchons sont mis en place aux lisières est, à cause de la Panzer, et nord.

La Panzer n'arrivera jamais ; ses éléments de tête ont dû comprendre en trouvant les deux cadavres dans la voiture.

En revanche les éléments de tête de la 116e D.I. qui venait occuper Alençon, ont été reçus par nos 57 qui ont ouvert le feu sur eux à 50 mètres.

C'est ainsi qu'au lieu de deux divisions allemandes, les braves gens d'Alençon n'ont vu passer que la 2e D.B. En un sens, le bombardement de mortier a été providentiel. Les réflexes du Général lui ont donné l'heure d'avance qui compte.

Pendant toute la matinée, le GTV, commandé par Billotte, défile dans Alençon. Pendant ce temps, dans l'autre maison du coin, je trouve, dans une vaste cuisine en contrebas, un de ces cafés au lait qui font croire au paradis. Et offert si gaiement et de si grand cœur.

Nous suivons le GTV et le rejoignons à Sées d'où nous partons pour la forêt d'Ecouves avec le bataillon Putz. Le P.C.A. s'installe au carrefour de la route de Carrouges et d'Argentan, au nord de la forêt. Putz tourne à gauche pour aller tendre la main à Roumiantzof qui essaie de traverser la forêt. Branet part vers le nord en direction du Cercueil.

Brève visite de Maurice Schumann et d'Elisabeth de Miribel.

### Dimanche 13 août 1944 - Au sud d'Argentan

Réveil lourd après une nuit troublée. Notre carrefour est perdu et peu protégé par quelques automoteurs d'artillerie. Toute cette forêt est pleine de panzers et je ne suis pas tranquille de le savoir endormi là dans ces conditions. Je veille jusqu'à 1 h, dans un silence qui ne m'apaise pas et finis par m'assoupir, casque en tête et revolver en main.

Ce matin j'apprends que la liaison a été prise entre Putz et le Roum. Ce dernier poussa sur Carrouges par l'Est. Le GTD est monté par le Suc. et le GTL, à travers la forêt à sa droite. Ils ont eu des itinéraires difficiles. Le Général ne les y a envoyés qu'à son corps défendant et pense à leur faire faire demi-tour pour venir le rejoindre devant Argentan, par Alençon.

A ce moment, nous apprenons que Langlade est sorti de la forêt, et, quelques instants après, que Dio a pris Carrouges. D'Allonnes me raconte que le GTD fonçait, toutes voiles dehors, à travers une fusillade qui crépitait de partout comme un brasier. Ce fut, à la fin, une véritable charge ; Dio, seul en tête dans sa *Jeep*, et derrière lui, lancés comme des bolides et tirant à toute volée dans tous les sens, les *Sherman* de Noël. Cette trombe bouscula tout jusqu'à Carrouges. Elle était tombée sur le flanc d'une division blindée qui faisait route vers

Sées. Le carnage a été terrible. Les mitrailleuses étaient blanches. Nombre incalculable de prisonniers dont certains pleuraient, paraît-il, de peur.

Le P.C.A. se déplace vers Argentan où Roumiantzof a été envoyé. Le Général veut aller le rejoindre et, méprisant tous les avis, monte en char et pique vers la ville. C'est une folie. Il semble que Roumiantzof a dû se replier devant une résistance trop forte, et voilà que le Général fonce, avec son canon en zinc et quelques chars légers ramant derrière lui.

En approchant des lisières de la ville, des spahis nous font signe. nous progressons à l'abri des haies jusqu'à ce que nous trouvions Gerberon. Il nous dit que personne n'a vu le Roum mais qu'il y a *« du gros »* sur la droite de la ville. Immédiatement le Général lance *Tailly* vers la droite en esquissant à peine un arc de cercle et engouffre ses 35 tonnes dans une ruelle.

De braves gens, en beaux habits du dimanche, nous applaudissent sur le pas de leur portes. Cela fait une drôle d'impression. Mais ils nous disent aussi qu'il y a des Boches. Je vois le mouvement de leurs lèvres par l'épiscope et me décide à rappeler le Général aux règles de la plus élémentaire sécurité. Pour ce faire, j'empoigne sans cérémonie la jambe de son pantalon et tire dessus. La raison l'emporte sur l'impétuosité et il donne l'ordre de faire demi-tour.

Le P.C.A., où nous rentrons, a été installé à deux kilomètres au sud d'Aritan sur un glacis en plan incliné en pleine vue de la ville et des Allemands. Mais notre vue est belle aussi, ce qui peut être consolant.

Rien entre les Boches et nous jusqu'à 10 h du soir lorsque quelques chars légers viennent entourer le P.C..

**Lundi 14 août 1944 - Fleuré**

Le P.C. fait un bond en arrière avant que la brume ne se lève. Il se replie derrière la crête, à proximité du village de Fleuré, mais encore presque en vue d'Argentan. Sans doute pour rester dans l'ambiance, l'endroit choisi est un champ de blé ravissant sans ombre et sans eau.

Par la fenêtre de la caravane du Général on aperçoit les clochers d'Argentan. C'est presque un défi. Je remercie le ciel que l'artillerie allemande ait vécu.

La division se regroupe après son empoignade avec les panzers dans la forêt d'Ecouves.

Visite du colonel Bernard. Le Général m'annonce que je suis capitaine. Effet bizarre.

**Mardi 15 août 1944 - Fleuré**

Le Père Houchet vient dire la messe et le général Haislip nous rend visite.

Les choses vont médiocrement. Deux Corps d'armée font mouvement sur Dreux mais nous restons à garder notre position. Le Général est furieux. Il écrit une lettre à Patton pour lui dire que si la division n'a pas l'honneur de marcher sur Paris, il lui donnera sa démission.

Après la visite de Haislip, il commande un *Piper-cub* et part pour l'Armée.

De Lattre a débarqué à Fréjus.

**Mercredi 16 août 1944 - Fleuré**

Le Général est rentré tard hier soir, et satisfait. Il a vu Patton et Bradley. Patton lui a formellement promis qu'il aurait satisfaction. L'atmosphère était détendue. Montrant le général Wood, le vainqueur de Rennes, Patton dit au Général :

- *Vous voyez Wood... eh bien il est encore plus emmerdant que vous...*

Nous sommes toujours devant Argentan et le temps commence à paraître long au Général. Il piétine et s'énerve parce que les Américains n'exploitent pas, à son avis, avec assez de vigueur. Nous avons d'autre part l'impression que les Britanniques n'avancent pas.

Dans l'ensemble, les succès de la 2e D.B. paraissent considérables.

7 000 tués ou prisonniers, 600 véhicules, 70 *Panthers*, 10 *Tigres* détruits plus une quarantaine de canons de calibres variés... Un bataillon au complet a défilé à Carrouges devant le colonel Dio. Belle revanche sur 1940.

Allons au GTL cet après-midi en *Jeep* et sans escorte, ce qui me met d'autant plus en boule que, lorsque j'ai demandé ce matin à aller au P.C. principal, le Général n'a pas voulu que j'y aille seul. Alors ?

Attaque de la presse américaine, patronnée par Claude Dauphin. Le Général les reçoit de bonne grâce, assis à croupetons au milieu du pré.

Un des avantages de cet endroit sans ombre ni eau, est l'institutrice du village voisin, Fleuré, qui nous prépare d'excellents repas. Elle vient cet après-midi rendre visite au Général qui lui remet une photographie dédicacée, dénichée par mes soins dans la caisse d'archives.

**Jeudi 17 août 1944 - Fleuré**

Hier soir, après dîner, le Général est appelé d'urgence par Patton. Nous partons en command-car, suivis par la *Jeep* dans laquelle je mets Cometti armé d'une mitraillette. Vers 11 heures du soir, nous arrivons à Valframbert où nous trouvons Gaffey, le chef d'état-major de Patton et quelques généraux dont celui de la 90e D.I..

Gaffey explique qu'il a reçu l'ordre d'attaquer *demain matin* (c'est-à-dire ce matin), sur Trun pour fermer au sud de Falaise la brèche par laquelle se vide la poche de La Ferté-Macé. Il demande au Général son avis.

Celui-ci, ennuyé, réfléchit, étudie la carte et commence à dire que le terrain est tout à fait défavorable à une division blindée et que cette opération est typiquement une affaire d'infanterie. De combien de divisions dispose Gaffey pour déborder la position ?

La réponse est *« d'un régiment à trois bataillons »*.

Le climat se gâte. Dans la tente peu éclairée, les visages font une sorte de halo autour des cartes étalées sur la table. Celui du Général s'est fermé. Il s'agit d'une fumisterie et il n'aime pas ce genre de plaisanterie. Le général Gaffey n'apporte rien à la discussion. Il veut que la D.B. se charge de l'affaire avec un soutien minable d'infanterie et, à toutes les objections du Général, il se borne à répéter d'un air buté :

- *J'ai reçu l'ordre d'attaquer demain matin, j'attaquerai demain matin.*

C'est pénible.

Au bout d'une heure de discussion dans cette pénombre vert foncé, le Général se rend compte que la solution proposée signifie ni plus ni moins que le massacre complet de deux divisions. Rien n'est préparé, les moyens sont nuls. Ni reconnaissance, ni renseignements, ni réserves, ni voisins, ni possibilité d'exploitation... Il le dit tout net. Le ton monte. Gaffey tout de suite, le prend de très haut, sur le mode théâtral :

- *C'est moi qui commande et je vous en donne l'ordre.*
- *C'est inexécutable. Il n'y a pas le tiers de ce qu'il faut.*
- *Vous refusez d'obéir aux ordres ?*

Je crois même qu'il a dit quelque chose comme *« greffier, inscrivez »*. Enfin ça va très mal. Le Général demande que la question soit soumise à Patton. Gaffey répond qu'il le saisira mais après la mise en place. Il ne téléphonera pas au milieu de la nuit qu'il ne peut pas attaquer. Nouveau geste très scénique. Cela devient odieux. Nous avons l'air d'être pris au piège.

Finalement la discussion se termine vers 1 h du matin et nous rentrons au Q.G. sans accident, ce qui est miraculeux. Le Général écume.

Je convoque pour ce matin Billotte, Langlade, Rémy et Guillebon. Le Général a trouvé une bonne solution qui limitera les dégâts. Il la leur expose. Billotte, très souriant, approuve.

Pendant l'entretien, appel téléphonique du CTV. Une pression se fait sentir sur Ecouché. Quelques instants après, deux officiers de liaison arrivent du VII^e^ Corps, qui se trouve à notre gauche, et nous avertissent que nous pourrions être attaqués à Ecouché par *plusieurs* Panzers (divisions blindées).

Le Général rend compte immédiatement à l'Armée qu'en raison de cette menace, il est obligé de suspendre tout mouvement. Il envoie Guillebon le confirmer.

De cet incident, nous tirons deux conclusions. La première est qu'il est vain d'espérer se tailler une réputation en attaquant sans en avoir les moyens. Gaffey, qui est, je crois, banquier dans le civil, ne devait sûrement pas agir ainsi avant d'endosser l'uniforme de général.

La deuxième, c'est qu'il faut attaquer Trun par le nord. Les Anglais peuvent le faire à partir de Falaise. C'est précisément pour leur laisser le champ libre que nous avons été *arrêtés* il y a trois jours sur la ligne Ecouché-Argentan, alors qu'à ce moment-là, la 5e D.B. américaine et nous aurions pu facilement progresser jusqu'à Falaise. Seulement maintenant, force est sans doute de constater que les Anglais n'avancent pas, et l'on veut avancer à leur place. Est-ce par gloriole ou dans l'intérêt général ? Qui lo sa ? Toujours est-il qu'il est trop tard et que l'adversaire a eu trois jours pour se reprendre et qu'il n'a pas dû perdre de temps.

Cette farce est sinistre. Je me demande ce qu'en pensera Patton. Il serait navrant que le ressort soit cassé et qu'après le départ que la division vient de prendre, nous soyons mis au rancart pour avoir souligné que l'attaque du favori était une c...rie.

Cela fait maintenant quatre jours que nous sommes devant Argentan. C'est long. Il paraît que la ville est truffée de mines et de *booby-traps*. Pendant ce temps-là, les autres approchent de Paris et les Allemands se réorganisent après avoir été bousculés par la division. C'est enrageant.

9 h 50. Guillebon vient de rentrer de l'Armée. Les ordres pour l'attaque sont confirmés mais Gaffey a reconnu qu'il était indispensable de tenir Ecouché sans s'y affaiblir. Langlade va faire mouvement sur les arrières de la 90e D.I. mais attendra qu'elle ait atteint son objectif pour le traverser et tenter l'exploitation. Le Général envoie Lumiansky au P.C. de la 90e. Il lui dit de leur répéter qu'à son avis c'est une *mauvaise opération* et il ajoute *mal préparée, mal construite, mal organisée.*

Il a tout de même le sourire.

16 h 00. Retour de Lumiansky. Tout est décommandé. Gaffey est muté à la IIIe Armée. Son attaque est abandonnée. Nous passons aux ordres du Ve Corps, qui fait partie de la 1ère Armée. Le général Gerow, notre nouveau commandant de Corps, vient d'ailleurs prendre contact avec le Général. Il lui dit qu'il n'ira pas jusqu'à Trun mais fera seulement une sorte de crochet au nord d'Argentan, vers l'ouest, puis nord-est, puis nord-ouest, puis enfin plein est en direction de Paris. Curieuse histoire, mais il est sympathique et a l'air de savoir ce qu'il veut.

Guillebon me dit que Gaffey a l'air d'avoir compris le Général, sa franchise et les raisons qu'il a invoquées. Ce serait la preuve d'une grande largeur d'esprit. Je veux bien le croire. Enfin, nous changeons une fois de plus de

Corps. Nous en avons déjà fait pas mal : le XII$^{e}$, le XX$^{e}$, le XV$^{e}$, le Corps provisoire de Gaffey, maintenant le V$^{e}$. Lequel demain ?

Tout à l'heure, nous avons reçu une dégelée d'artillerie boche à 500 m du P.C.A.. Cela n'est pas de jeu puisque l'hypothèse est que les Boches n'ont plus d'artillerie.

Tout cela est de la faute de ces satanés artilleurs qui sont venus se mettre en batterie à côté de nous. A-t-on idée ? Dès que je les ai vus arriver, je me suis douté que nous étions bons pour recevoir un tir de contre-batterie. Il n'a pas tardé.

20 h 45. Nous sommes gentiment seringués par l'artillerie boche qui s'est réveillée et se manifeste par intermittence. Je vois le moment où la caravane du Général sera transformée en décombres calcinés. Ce diable d'homme est terrible. Quel besoin a-t-il d'installer son P.C. en plein champ, à découvert, en vue des observatoires ennemis, entre un carrefour aussi important que visible et repérable sur la carte, et un village... Il affecte l'indifférence, mais je sais ce qui m'attend s'il vient à être privé de son camion P.C.... Et nous serions dans de beaux draps s'il ramassait un mauvais coup.

## Samedi 19 août 1944 - Fleuré

Cette fois, ça y est. Hier matin, après une nuit très calme, nous faisons une liaison avec le P.C. principal et rentrons déjeuner au P.C.A. Quelques arrivées d'obus sur le carrefour. Le tir recommence pendant la sieste. J'écris une lettre dans la tente-bureau qui flanque la caravane d'un côté, en pendant à celle où nous déjeunons. Un sifflement, un boum à 20 mètres devant moi. La poussière dissipée, je vois mon pauvre Belgacem par terre. Une ambulance a la bonne idée de passer à ce moment et le prend.

Il n'est blessé qu'à la cheville et sans gravité. Le Général sort de sa caravane et se dirige vers le 3$^{e}$ bureau. Je descends dans la direction de Boissieu. Nouvelle arrivée, tout près. Je m'aplatis dans le trèfle. Cette fois un nuage de poussière recouvre la caravane. Elle est bien atteinte. La tente latérale dans laquelle nous prenons nos repas est bouleversée, les pneus et les réservoirs d'eau et d'essence sont crevés, la batterie en miettes. Quatre trous dans la carrosserie, et les vitres ont volé en éclats. A l'inspection, je décèle un trou juste au-dessus de ma table, un éclat de l'obus qui a blessé Belgacem.

Le Général parle d'autre chose et se borne à donner l'ordre de déplacer le P.C.. L'opération ne se fait pas sans difficulté. Le P.C.A. ne dispose d'aucun moyen approprié et son commandant n'est naturellement pas là.

Nous nous installons, cette fois, dans un endroit plaisant, un verger clos et ombragé, le contraire de ces observatoires que le Général affectionne mais qui ne sont pas précisément ce qu'il faut pour les voitures d'un P.C..

Les instructions du V$^{e}$ corps nous parviennent dans la soirée. Elles ne paraissent avoir ni queue ni tête au point que le Général se fâche, dépêche Weil au Corps et se met à table de très mauvaise humeur. Weil revient vers 9 h. Il n'a pas pu voir le commandant de Corps, et les ordres sont confirmés. Le Général monte dans la *Jeep* de Weil et part pour le Corps. Il ne rentre que ce matin, assez satisfait de la tournure que prennent les choses.

Les ordres étaient mal rédigés et la situation n'avait pas été clairement expliquée. En fin de compte la manœuvre est compréhensible et le général Gerow connaît son métier.

Notre secteur devient une sorte de marmite où tourbillonnent un nombre extraordinaire de divisions, des Américains, des Anglais, des Français, des Polonais, des Canadiens et aussi, sans doute, des Allemands.

Le Ve Corps piétine devant Chambois. Je ne serais pas étonné que le colonel de Langlade dont la mission est de couvrir l'attaque de l'infanterie sur sa droite, ne finisse par outrepasser quelque peu ses instructions et prenne Chambois tout seul, par lassitude.

Guillebon rentre du Corps d'armée où le général Gerow tenait une conférence. Il y avait là un major anglais, liaison de la 11e division du Corps d'armée Horrocks qui fait lui-même partie de la 1ère Armée américaine. Guillebon a été sidéré du respect que les vieux officiers américains, d'un grade élevé, témoignaient envers ce jeune officier dont l'attitude désinvolte frisait l'insolence.

Il semble qu'il règne une certaine animosité entre la 1ère et la 3e Armées. La 1ère est à prédominance d'infanterie. Elle éprouve de la condescendance à l'égard des *cavaliers* de la 3e. Le mouvement tournant du XVe Corps (3e Armée) a tout de même été une belle réussite. Mais, à la 1ère Armée, on le considère comme une *balade*, une opération fantaisiste qui n'est pas réellement de la guerre. La guerre, c'est eux qui la font. Ils l'ont faite dans le Cotentin et devant Falaise, en avançant mètre par mètre, en grignotant verger après verger. Après cela, quel effet a dû leur faire l'avance rapide du XVe Corps et son arrivée devant Argentan alors qu'ils piétinaient encore devant Falaise.

C'est toujours la vieille querelle entre fantassins et cavaliers, entre le travail ingrat et lent des uns, l'audace et le coup de dé fulgurant mais pesé des autres, entre le pas et le galop. Deux formations, deux conceptions, deux nécessités. Pourquoi faut-il que les deux esprits s'affrontent sans cesse ? Certes ils ont peut-être raison d'être fiers de leur effort. Mais nous avons coupé la route de Paris et nous aurions très bien pu continuer jusqu'à Trun et peut-être même Falaise. Nous avons été arrêtés parce que c'était le secteur de la 1ère Armée. Quatre jours après, la 1ère Armée n'arrivant pas à boucher sa part de la brèche, on nous a demandé de le faire. Pendant ce temps, la 11e D.B. US et le Corps d'Horrocks se bornent à faire le tour de la poche, arrivent sur notre flanc gauche et nous demandent avec un sourire suave de leur laisser libre la route de Paris. Le Général a trouvé cela un peu fort, et les Américains aussi.

Weil a été envoyé s'enquérir des intentions concernant Paris. A son retour, il nous dit que personne n'ira. D'abord les Américains pensent qu'il sera plus facile de déborder la ville par le nord et par le sud. Il disent aussi qu'il serait dommage de se battre dans la capitale et de risquer des destructions. Enfin, et sans doute surtout, ils n'ont pas tellement envie de libérer Paris trop rapidement parce que son ravitaillement représente 3 000 tonnes à transporter par jour. Ils ne sont pas avides de se mettre cette charge sur les bras. C'est bien gentil. Toujours la même optique. Dans sa dernière déclaration, notre *"Supreme Commander"* n'a pas dit un mot pour les villages de France qui ont été détruits. Rien. Et Dieu sait qu'ils ont été bien plus abîmés qu'il n'était nécessaire. Mais il leur importe peu. C'est la grande omelette qui compte.

Maintenant ils s'arrêtent pour se regrouper. Une vaste salade de Corps et de divisions. Nous ne savons pas encore à quelle Armée le Ve Corps va être rattaché ni quelles divisions en feront partie.

Quant à notre marche sur Paris, elle ne paraît intéresser personne. Ils comprennent bien notre point de vue lorsque nous le leur exposons, mais ils ont autre chose à faire que de s'en occuper. Aux échelons plus élevés, il n'est pas certain que les vues des grands chefs rencontrent les nôtres. Horrocks sûrement pas, Montgomery je ne sais pas, Patton peut-être mais il est mis à l'écart dès que le combat est terminé.

Le Général a donc décidé, si les choses ne tournent pas comme il l'entend, de rééditer la *« marche sur Tripoli »*. C'est humoristique et il a parfaitement raison. Mais il serait dommage d'être obligé d'en arriver là.

Le Général n'est pas enthousiasmé par la stratégie des Alliés depuis le débarquement. Avec les moyens dont ils disposaient et compte tenu des circonstances, il estime que leurs troupes auraient déjà pu atteindre la Champagne. Mais il n'y a pas de plan. Une préparation insuffisante et pas de coordination. L'improvisation a régné et la confusion actuelle en est le résultat. Il revient sur l'affaire de la poche de Falaise qui lui paraît significative. Tous les Allemands ont réussi à en sortir. Par manque de liaison entre les deux armées, le commandement allié a laissé filer 250 000 Boches. C'est affligeant et il n'y a pas de raison que ça change. Le jour où le combat sera porté dans nos régions industrielles, ces erreurs se chiffreront par des destructions encore plus graves.

Bonne progression du GTL dans l'opération sur Chambois à notre droite.

**Dimanche 20 août 1944 - Fleuré**

Ce matin le Général va au 5e Corps avec Weil.

Pendant ce temps, je vais à la base chercher la *Sedan* et rejoins ensuite le Général.

Il sort de sa conférence à moitié satisfait. Le général Gerow a compris son point de vue :

- *Vous n'êtes pas seulement général de division, vous représentez l'armée française.*

Mais alors la réaction est toujours la même :

- *Cela ne dépend plus de moi, adressez-vous au-dessus.*

Le Général ne se l'est pas fait répéter. Il est monté en *Piper-cub* et est parti pour l'Armée.

Le hic est le sens puritain de la discipline qu'ont les Américains. Le Général doit les affoler un peu avec ses menaces de démission. Il y a des choses qu'ils ont du mal à comprendre. Le Général a raison d'aller les leur expliquer, mais je doute qu'il puissent percevoir clairement les raisons de son attitude. Ils doivent continuer à prendre pour de l'indiscipline ce qui n'est que la conscience d'avoir à remplir une mission extra-militaire.

Pendant que le Général est à l'Armée, je demande à déjeuner à Gribius, Loustalot étant invité par la brave dame qui nous nourrit pratiquement depuis cinq jours.

Gribius nous raconte que nous avons bien failli ne pas le revoir. Il effectuait une liaison avec le G.T.L. qui protège le flanc droit de la 90e D.L américaine pendant son attaque sur Chambois.

Voulant atteindre Omméel, à l'est de Chambois, il traverse le petit village de Villebadin. Il était en *Jeep*, son fidèle Pont à ses côtés. Comme il s'engageait dans la rue du village, il voit venir à sa rencontre une sorte de half-track suivi d'une *Jeep* et d'une moto, tous tenant bien leur droite. En arrivant à leur hauteur, il s'aperçoit que ce sont des Boches. Ceux-ci l'ayant également identifié, poussent des clameurs et se mettent en devoir de le canarder à coups de grenades, pistolets et autres projectiles variés incluant même une mitrailleuse.

Gribius se faufile heureusement sans dommage, prend la première ruelle à droite où il rencontre des spahis qui se lancent à la poursuite des assaillants.

J'apprends ce soir que ces alguazils, comme les appelle le colonel de Langlade, ont fait trois trous dans le pauvre Gournail qu'ils n'ont heureusement envoyé qu'à l'hôpital, après quoi ils sont tombés sur un char de Minjonnet qui a mis un terme à leurs exploits d'un coup de 75 de plein fouet.

Le Général me dit que Hodges est le type du vieux soldat, appliqué, consciencieux, méticuleux.

Nous allons nous *regrouper*, expression qui fait toujours frémir le Général. Ensuite ? Eh bien il faut tout de même espérer que nous marcherons sur Paris. Il est difficile de prévoir la résistance que nous trouverons en chemin. Il ne doit pas rester grand chose par ici. De leur côté, les Russes se prépareraient à lancer une grande offensive...

Crépin me parle de la *prise d'Argentan*. Il n'apprécie guère les deux divisions d'infanterie de notre Corps d'armée. Elles sont lentes, comme si elles attendaient pour attaquer que les Boches s'en aillent.

Le premier jour, il a obtenu que l'artillerie ne tire pas sur Argentan. Avec ses trois groupes il a appliqué son tir aux lisières, neutralisant ainsi les mitrailleuses ennemies mais épargnant la ville.

Seulement, le lendemain les Américains ont encore rencontré de la résistance (pensaient-ils être accueillis avec des fleurs ?) et ont fait donner leurs 155 toute la nuit. La ville n'existe plus.

Or il n'y avait presque pas de Boches dedans.

**Lundi 21 août 1944 - Fleuré**

La consternation règne au P.C. avancé. Depuis ce matin le Général est hérissé.

Il a commencé par prendre la décision d'envoyer Guillebon en direction de Paris avec un détachement léger, chars, autos-mitrailleuses, infanterie (Morel-Deville, Parceval). Ensuite le commandant Weil a été expédié chez Bradley pour lui rendre compte de cette initiative. Il y est parti comme un chien qu'on fouette, ce qui est explicable. Enfin Trévoux est envoyé au Général de Gaulle qui a débarqué hier à Cherbourg, avec la même mission.

Il vaudrait mieux que ce soit le Général de Gaulle qui frappe sur la table plutôt que le Général.

Autre incident au G.T.L. Nous avons été prévenus que la division allait se regrouper dans les environs de Sées après avoir été relevée par les Britanniques.

Le Général ne peut plus tenir en place et veut commencer le regroupement tout de suite. Ce serait évidemment l'idéal. Malheureusement nous appartenons à un Corps d'armée qui ne nous a pas encore donné l'ordre de quitter notre position actuelle. Au point où nous en sommes arrivés, ce détail ne compte plus.

Constatant que le G.T.L. n'est plus au contact et n'en pouvant plus d'attendre, le Général donne l'ordre de se replier ce soir sur Médavy. Et puis, bien qu'il sache que le Corps veut maintenir le G.T.L. en place jusqu'à la relève, il envoie Gachet rendre compte.

Le bon Gachet revient avec l'ordre formel de maintenir le G.T.L. en place et, peu après, Granville apporte l'ordre écrit.

Ils se sont fait recevoir fraîchement :

- *Votre général donne des ordres, le mien aussi,* et le reste à l'avenant.

Nous sommes dans la plus grande perplexité. Les coups de boutoir du Général risquent de le brouiller avec tout le monde, et de compromettre les dispositions favorables que les Américains pourraient avoir à notre égard.

L'affaire Gaffey est réglée. L'intéressé a la bonne grâce de la regretter et d'espérer que le Général voudra bien tout oublier. Je me demande si cela ne pousse pas celui-ci à prendre encore plus de liberté vis-à-vis de ses supérieurs actuels.

Le Général a d'ailleurs une façon très particulière de commander la division. Après avoir, au Maroc et en Angleterre, accordé un soin minutieux à la mise au point de chaque détail, il ne s'attache plus aujourd'hui qu'au combat. Son tempérament s'accommode mal des fonctions de divisionnaire et il ne se trouve à l'aise qu'à l'échelon de la brigade, du régiment, voire de l'escadron de tête.

Du point de vue tactique, la méthode est efficace car elle lui permet de juger sur place et de décider rapidement.

Mais elle complique le fonctionnement des rouages de commandement de la division. Depuis quatre jours le P.C. avancé ne sert plus à rien. Ce n'est qu'en période de mouvement qu'il se substitue, du point de vue opérationnel, au P.C. principal dont le rôle est surtout administratif. Il est de fait que les résultats sont positifs. Les rouages chauffent, les gens s'énervent, mais les unités avancent. En réalité, il importe avant tout au Général d'être entièrement plongé dans l'ambiance du combat. Il n'y parvient en toute liberté que dans la légèreté de son P.C. avant, bien éloigné de la harka qu'est forcément le Q.G., dans l'isolement de sa guitoune dont une simple lance marque l'entrée, à peine gardé par quelques chars qui pourront en un clin d'œil lever le camp à sa guise.

Revenons au détachement Guillebon. Le commandant Repiton a été envoyé à la 1ère Armée aujourd'hui pour expliquer que tout allait beaucoup trop lentement et qu'il fallait aller à Paris tout de suite. Il y est reçu très courtoisement et s'entend répondre que les Boches se sont organisés autour de Paris, qu'il faut du temps, etc..

Ce soir, à dîner, le Général dit à Repiton que Weil est allé prévenir Bradley au groupe d'Armées de l'envoi de la mission Guillebon et qu'il faudra qu'il aille à son tour en prévenir le Corps d'armée demain. C'est suivre la voie hiérarchique un peu à rebrousse-poil et cela sent le fait accompli. Il recommande à Repiton de bien réfléchir à ce qu'il dira et de bien préciser que cette initiative n'a pas de but politique. Le détachement est une sorte de précurseur. Les instructions que lui a données le Général de Gaulle sont de maintenir l'ordre à Paris en attendant l'arrivée des autorités compétentes, il [1] ne peut pas encore y aller lui-même avec sa division, alors il délègue une sorte de patrouille... Bien entendu cette mission de *Gouverneur de Paris* ne l'empêchera nullement de conduire sa division au combat quand on le lui demandera.

### Mardi 22 Août - Fleuré

Weil rentre. Sa mission ne paraît pas tellement avoir été de rendre compte de l'envoi du détachement Guillebon, que d'expliquer à Bradley que nous étions mal employés, que les troupes n'avançaient pas, qu'à part Haislip,

[1] Il s'agit du Général Leclerc.

les généraux du Corps d'armée ne valaient pas tripette et que le général d'Armée était à limoger.

J'exagère, mais c'était un peu ça. Bradley l'a reçu très gentiment et lui a répondu que tout allait très bien, qu'il fallait avoir un peu de patience et que nous irions à Paris puisqu'il avait dit que nous irions, et les premiers.

Sur l'offre d'un whisky, Weil s'était retiré et avait refait ses 500 km en sens inverse.

Le Général lui a reproché de n'avoir rien rapporté de tangible mais, comme dit très bien Weil, il est difficile d'espérer un résultat tangible lorsqu'on envoie un simple chef d'escadron porter un pareil message à un général commandant un groupe d'Armées. Cette réflexion évoque pour moi des souvenirs.

La mission Guillebon éveille quelques échos. Hier soir, le Corps d'armée téléphone à Gribius pour lui demander si nous avions des éléments de reconnaissance du côté de Senonches.

En toute bonne foi, Gribius répond que non.

- *Vous êtes sûr ?*
- *J'en suis sûr.*
- *Bien sûr ?*
- *Bien sûr.*
- *Ah...*

Ce matin lorsque Repiton part pour le Corps d'armée, le Général précise que Gribius n'était pas au courant et lui recommande de l'expliquer au Corps. Si celui-ci comprend, il aura du mérite. Il est clair que l'envoi du détachement Guillebon s'explique parfaitement et qu'il faut pousser. Mais des difficultés sont inévitables.

Lorsque Weil a dit au Général que Bradley ne voulait pas aller à Paris, qu'il avait débordé par le sud et allait maintenant déborder par le nord, le Général s'est écrié :

- *Comment ! il va y avoir une bataille au nord de Paris et nous n'y participerons pas !*

C'est tout lui. Il voudrait à la fois aller Paris et se battre au nord de Paris.

Repiton revient du Corps d'armée vers la fin de la matinée. J'étais au Q.G.. A mon retour, je trouve le Général parti. Il s'est tout simplement passé que le Corps d'armée a répondu à Repiton :

- *S'il a envoyé ce détachement, qu'il le rappelle.*

Cette réponse n'a évidemment pas été du goût du Général qui a sauté dans un *Pipercub* et est parti non pas pour l'Armée mais pour le Groupe d'armées.

Il est maintenant 5, 5 h 30. J'attends son retour tandis que la grande kermesse du Q.G. s'installe autour de nous dans un vrombissement de moteurs et un remue ménage qui contrastent avec la tranquillité de ces deux derniers jours.

# La ruée sur Paris
# août 1944

*Note – Le 23 août la 2ème D.B. arrive à Rambouillet où le Général donne ses ordres pour "s'emparer de Paris". après avoir entendu le rapport du commandant de Guillebon*

*Le 24 ce sont les combats sous Paris, d'Arpajon à la Croix de Berny, sévères, puis la nuit tombée, le capitaine Dronne est entré dans Paris.*

*Le 25 enfin la 2ème D.B. pénètre dans la capitale, et obtient la capitulation du Gouverneur allemand.*

*En même temps Christian Girard retrouve ses parents, avec quelle émotion.*

*A peine le magnificat mouvementé de Notre-Dame achevé, le Général installe son P.C. Porte de la Chapelle d'où il dirige l'opération qui va sauver Paris une deuxième fois, en arrêtant au Bourget la Division allemande qui devait reprendre la capitale.*

*Cette mission accomplie la D.B. panse ses plaies pendant quelques jours extraordinaires où Paris lui fait fête.*

*Le Général va à Tailly, retrouver son épouse et ses enfants, mais dès le 7 septembre c'est le départ vers l'Est, à la poursuite de l'ennemi en retraite.*

Août 1944 – Arrivée à Paris

Général de Gaulle et Girard à Montparnasse

**Mercredi 23 août 1944 - Rambouillet**

Galopade à tombeau ouvert vers Paris. La division se rue sur les routes. Elle a des ailes.

Le Général est rentré du Groupe d'armées hier soir après le dîner. Il a aussitôt alerté tout l'état-major et donné ses ordres de mouvement pour les premières heures de la matinée.

Nuit agitée. Pluie. Réveillé toutes les demi-heures par Pierre ou Paul.

Nous démarrons en pleine nuit, en voltige, car personne n'a réussi à être tout à fait prêt à l'heure dite.

A cinq heures du matin, le général Gerow a téléphoné pour demander au Général de partir sur le champ. C'est un comble ! Après nous avoir fait poireauter pendant quatre jours, il aurait voulu faire avancer le départ d'une demi-heure !

La conversation téléphonique se termine en queue de poisson.

Nous fonçons sur Rambouillet avec 5 autos-mitrailleuses, deux scout-cars et les officiers du P.C. avancé.

Le temps est assez beau. Il n'y a presque personne sur la route, population sympathique mais calme.

Nous atteignons Rambouillet à 13 heures, Savelli en tête dans sa jeep. Nous y trouvons une patrouille de spahis du colonel de Guillebon et le colonel de Chevigné. Nuée de reporters que le Général houspille un peu.

Guillebon vient rendre compte. Il semble qu'il y ait eu un défaut de transmission. Estimant pouvoir pousser jusqu'à Paris, il en a demandé l'autorisation au Général, mais il semble que son message ne soit jamais arrivé. Il n'a reçu que l'ordre d'aller à Versailles et la mort dans l'âme, a dû faire demi-tour. Il dit au Général qu'il a éprouvé à ce moment-là la plus grande humiliation de sa vie. En retraversant Arpajon, il s'est fait crier par des femmes : *« Alors... et Paris ? »*

Le Général en est ulcéré. Malheureusement le GTV n'arrivera au plus tôt que vers 6 h du soir.

Guillebon dit également que lorsque les civils demandent aux Américains pourquoi ils ne vont pas à Paris, ceux-ci répondent que c'est parce que cette mission est dévolue à la 2e D.B. Ils disent cela depuis trois jours, ces trois jours pendant lesquels nous piétinons d'impatience et que, somme toute, les - Américains ont perdus pour rien. Le Général avait raison sur toute la ligne.

Le Général de Gaulle arrive à Rambouillet peu de temps après nous. Le Général se rend aussitôt auprès de lui et lui rend compte de la situation.

Il ne peut pas entrer à Paris *tout de suite*. La route n'est pas libre et les Allemands s'accrochent. La division fera de son mieux pour aller vite.

**Vendredi 25 août 1944 - Gare Montparnasse**

Le P.C.A. a quitté Rambouillet hier au petit jour. Le Général en jeep avec moi. Il faisait un temps de cochons. Nous prenons la suite du CTV qui fonce plein est vers Arpajon puis s'infléchit au nord en direction de Paris.

La journée a été dure. Les sagouins s'accrochent bien et ils ont de l'artillerie, du 88 et tout le tam-tam. C'est terriblement enrageant. Le Général veut être partout à la fois et grogne d'impatience.

Nous trouvons Billotte arrêté au carrefour qui précède la Croix de Berny. Le sous-groupement Warabiot décolle derrière lui et se porte à sa droite, vers l'est. Le mouvement est lent. Le Général trouve que les éléments ne se déploient pas assez. Il piétine. Son impatience s'accroît pendant l'après-midi. Elle atteint son point de rupture au carrefour d'Antony où il a l'impression d'un flottement dans le groupement auquel il a confié l'effort principal. Des chars et des autos-mitrailleuses s'y entassent. Le commandant Putz est toujours arrêté devant le carrefour de la Croix de Berny fortement tenu. Massu s'est distingué devant Massy où il a fait beaucoup de prisonniers. Le colonel Warabiot a effectué son mouvement sur Wissous et, après quelques avatars, a réussi à déborder la Croix de Berny par l'est. S'il n'y avait pas cette satanée résistance sur l'axe principal... Il arpente le carrefour de long en large, le visage crispé par ce faux sourire qui dénote chez lui la tension de l'affût. C'est à ce moment qu'il aperçoit Dronne. Il l'appelle et cet appel est un grondement. Le fidèle Dronne rend compte. Il a été arrêté dans sa manœuvre de débordement de la Croix de Berny par la progression de Warabiot. Je vois le Général se pencher. Sa voix est rauque, il hache les mots :

- *Allez... Entrez par n'importe quel moyen... ne vous occupez pas de la division ni des points d'appui... foncez... droit sur Paris.*
- *Bien mon Général.*

Il semble qu'un itinéraire paraisse possible par l'est de la prison de Fresnes. Le Général y lance son vieux fidèle. Il saura se faufiler.

Beaucoup d'émissaires ont défilé cet après-midi, dont Petit-Leroy. Je regrette de ne pas l'avoir vu. Je connais bien sa famille. Il paraît que le Général lui a confié un message pour Choltitz. Repiton me dit que l'on craint des destructions. De son côté, le groupement Langlade avec Massu a passé la Bièvre et progresse en direction du pont de Sèvres.

Dans la nuit, Billotte rend compte que Dronne a atteint la porte de Gentilly. A quatre heures et demie, le Général réunit Dio, Noiret et Vezinet et leur donne ses instruction. A sept heures, le P.C. démarre. Dronne est entré dans Paris. Le GTV fait demi-tour pour emprunter le même itinéraire.

Pendant ce temps des agents viennent dire au Général que la route de la porte d'Orléans est libre. Il lance Boissieu avec ses chars légers derrière lesquels Rouvillois et ses *Sherman* suivront. Nous venons tout de suite après le Général en tête de son P.C.A., dans son scout-car.

L'accueil des Parisiens est délirant. J'éprouve un extraordinaire sentiment d'irréalité. C'est une sorte d'éblouissement. Nous nous frayons un passage jusqu'à la gare Montparnasse. La place disparaît sous les visages frénétiques et les bras levés. Une immense clameur nous étreint. Dans un groupe d'infirmières ondoyant sous la joie comme un champ de blé sous la brise, je crois reconnaître ma filleule Micheline, mais ce n'est pas elle. La voiture passe. Nous descendons devant la gare où le P.C.A s'installe. Le Général pousse un peu en avant avec Rouvillois, le laisse réduire une résistance et nous rejoint.

Après avoir installé son P.C. et transmis plusieurs instructions par téléphone, je prends soudain conscience de ce phénomène : il ne s'agit plus d'un téléphone de campagne, c'est l'automatique. Le cadran semble émerger d'un brouillard. Est-ce possible qu'il me suffise de composer un autre numéro que celui de la Préfecture pour savoir... Quatre années me retiennent. Je ne peux pas. Je cherche un autre téléphone que celui du P.C.. Une dame du centre d'accueil m'indique une cabine, dans le coin d'une salle vide. Je lui demande d'appeler mon numéro, de voir si ce sont mes parents qui répondent, et si ce sont eux, de ne pas brusquer les choses pour que l'émotion ne leur soit pas trop forte. Elle compose le numéro et, dans le silence étouffant de la cabine, j'entends dans le récepteur la voix de ma mère. J'ai pris l'écouteur, mais je n'ai pas pu parler, pas plus qu'elle, accrochée à ce fil :

- *Paul... Paul... c'est Christian.*

J'ai fait trois pas hors de la cabine et tout a lâché. Je n'aurais pas cru cela possible. Ce que j'avais voulu leur éviter, c'est moi qui l'éprouvais.

Après avoir tourniqué encore pendant cinq minutes dans le P.C., je demande au Général si je peux m'absenter vingt minutes. Il me l'accorde avec un sourire affectueux et je saute dans une jeep. La rue de Sèvres est déserte. Seuls une infirmière et un passant isolés sur le trottoir qui longe le mur de Laennec. Ils se retournent en entendant la voiture arriver et se mettent à bondir sur place en hurlant. Je tourne sur les chapeaux de roue dans la rue du Bac et Varenne s'ouvre sur ma droite. Là-bas devant le 19, une silhouette noire ouvre les bras et les laisse lentement retomber dans le crissement des freins :

- *Te voilà, mon fils.*

Comme elle est pâle, et lui aussi, dont je redéchiffre les traits comme à tâtons. Quand je ressors, la jeep disparaît sous une grappe humaine d'où émerge la figure de Maurois, hilare et couverte de rouge.

Palewski – Girard – Leclerc – de Gaulle – Koenig

Général Leclerc et Girard à l'Etoile

Je rentre au P.C. juste à temps pour en repartir avec le Général. Nous allons à la Préfecture de Police où Billotte attend la capitulation du Général von Choltitz. Le bâtiment grouille de monde et bourdonne comme une ruche. N'ayant pas de nouvelles, Billotte envoie La Horie au Meurice. Vers deux heures nous nous mettons à table. Au milieu du déjeuner apparaît le Général commandant la 4e D.I. américaine qui est à notre droite. Il n'a pas l'air très content. Je conçois que notre situation puisse lui paraître étrange.

Après une longue conversation pendant laquelle je vois de loin que le Général s'impatiente, celui-ci rentre dans la salle à manger. Constatant que ma place a été prise par un inconnu, je descends à l'office où je trouve Bagneux attablé avec un FFI à une longue table bruyante. Je me joins à eux et profite d'un excellent déjeuner dans une extraordinaire atmosphère de kermesse. Toujours cette impression d'irréel en pensant à ce qui se passe à quelques centaines de mètres.

Je remonte ensuite chez Billotte où nous attendons encore pendant une demi - heure. Puis une clameur annonce l'arrivée du Général von Choltitz. Nous sommes dans une salle de billard. Avec le Général se trouvent Billotte, Repiton, Betz et dans une embrasure de fenêtre Dampierre et moi. Il y a aussi le colonel Rol et un civil que le Préfet de Police a absolument tenu à faire entrer et le général Chaban-Delmas.

A l'entrée de Choltitz, le Général est au fond de la pièce, face à la porte d'entrée. Il a le visage tendu, la moustache un peu hérissée. Choltitz a l'air hagard. Lourd, il se déplace avec peine. Le Général le fait asseoir et règle la question de la capitulation. Choltitz et le Général signent l'acte mais la difficulté est de rendre la capitulation effective dans les différents centres de résistance qui tiennent encore.

Nous quittons la Préfecture de Police en scout-car, emmenant Choltitz avec nous. A la gare Montparnasse, il est confié à Gribius et l'on organise l'envoi de missions de parlementaires mixtes, un Français et un Allemand. qui porteront à chaque îlot de résistance les ordres de cesser le feu que leur commandant va maintenant signer.

Sur ces entrefaites, le Général de Gaulle est annoncé. Il arrive vers six heures moins le quart, avant qu'une garde d'honneur ait pu être mise en place. Devant la gare, son apparition provoque un délire. Il s'assied devant la table qui a été installée sur le quai pour le Général et celui-ci lui rend compte des événements de la journée.

Je m'éclipse pour aller aux Invalides où il doit passer la nuit. De là, rue de Varenne où Jacques et Chiffon viennent se joindre à nous pour effacer le temps.

**Samedi 26 août 1944 - Paris**

Ce matin rue Saint-Dominique pour voir le Général de Gaulle. Il doit faire aujourd'hui son entrée solennelle dans Paris et donne l'ordre au Général - de disposer des éléments de la division à l'Etoile, à la Concorde, à l'Hôtel de Ville et à Notre-Dame.

Pendant que nous déjeunons chez Chauland sur l'esplanade des Invalides, le général commandant le Ve corps nous envoie son chef d'état-major pour dire qu'il n'a pas autorisé le défilé. Le Général répond qu'il n'y a pas de défilé et que ses troupes ne bougent pas. Elles ont d'ailleurs une mission de *réserves* qu'elles rempliront très bien là où elles seront placées pendant la cérémonie. Le chef d'état-major insiste en vain et repart assez dépité.

Vingt minutes après, le lieutenant-colonel américain de liaison apporte un télégramme interdisant au Général de faire participer des éléments de sa division à cette cérémonie. Le Général envoie l'officier, accompagné de Guillebon, porter le télégramme au Général de Gaulle.

Nous rentrons au P.C. qui est maintenant installé à Latour-Maubourg. Arrive un nouvel émissaire. Le général Gerow demande à voir le Général en personne. Le Général fait répondre qu'il ne peut pas venir lui-même et qu'il envoie le commandant Weil à sa place. A peine ce dernier est-il parti avec l'enthousiasme que l'on devine, que l'autre colonel se présente. Cela me fait penser à Ouzou-Bénard et Paquet-Civière, les deux personnages du clocher de l'église d'Auffay. Il confirme le vœu de Gerow de voir le Général personnellement. Je vais prévenir le Général. Il me répond qu'il a envoyé Weil chez Gerow et qu'il veut qu'on lui fiche la paix. Je transmets la première partie de la réponse au colonel américain qui repart avec un air tragique.

Quand je revois Weil, je lui demande ce qui s'est passé. Presque rien, me répond-il, Gerow lui a simplement dit :

- *Vous direz au général Leclerc que je regrette qu'il ne soit pas venu quand je l'ai fait appeler pour une question de service. Dans notre armée, cela relève de la cour martiale.*

L'entrée du Général de Gaulle a lieu au milieu d'une foule en délire. Rien n'a été organisé, aucun service d'ordre. Il descend les Champs-Elysées dans une étonnante cohue, environné d'un goum de civils, suivi entre autres de Koenig, de l'amiral d'Argenlieu et du Général qui avait l'air morose. Avec quelques autres volontaires, j'essaie de contenir les bords de la foule pour qu'ils ne se referment pas au passage du Général de Gaulle.

A Notre-Dame, un coup de feu déclenche une fusillade. Panique, cohue, des FFI s'en mêlent, des Américains légèrement titubants tirent. Le Général de Gaulle ressort de la cathédrale au bout d'un quart d'heure, toujours impassible. Sur le parvis, le Général fait sa tête des plus mauvais jours. On ne sait pas qui tire. Les coups de feu partent des toits, un peu partout, et l'on essaie vainement d'empêcher les gens dans la rue de riposter. Paris délire de joie mais est également au comble de la nervosité. Telle quelle, l'atmosphère est inouïe.

Le soir, réunion des chefs de corps au P.C.

**Dimanche 27 août 1944 - Porte de la Chapelle**

Guillebon trouve que le Général a eu raison de ne pas aller hier chez Gerow. Il avait reçu des ordres contradictoires, les uns de son gouvernement, les autres de son commandant de corps d'armée. La question le dépassait. Il ne pouvait que laisser son supérieur hiérarchique s'arranger avec son gouvernement. S'il était allé chez Gerow, celui-ci aurait pu lui donner l'ordre d'exécuter un mouvement. Le refus d'exécuter un ordre d'opération aurait été autrement plus grave que celui de se rendre à une convocation.

Guillebon avait d'ailleurs exposé la question très franchement au colonel de liaison. Il avait ajouté que l'on pouvait se demander dans quelle mesure les ordres du général Gerow étaient conformes aux vues du Département d'Etat. Ils avaient en effet pour résultat d'empêcher toute participation des troupes américaines et britanniques à la cérémonie.

L'affaire a d'ailleurs dû s'arranger. Koenig est allé voir Gerow hier soir à son sujet et s'est longuement entretenu avec lui. Le général Juin a d'autre part dit à Guillebon qu'il avait connu des situations semblables en Italie et avait réagi comme le Général.

Maman a pu assister à la cérémonie et tout voir, juchée sur un automoteur grâce à la sympathique protection du commandant Lancrenon.

Le P.C.A. s'est installé à la porte de La Chapelle. Nous reprenons les opérations de dégagement de Paris. Il y a encore de nombreux îlots de résistance, surtout au Bourget. C'est incroyable de faire la guerre dans des endroit aussi familiers et dans une ambiance de 14 juillet. Je suis obligé de faire contenir la foule pendant que le Général lit le message d'un agent de liaison, consulte sa carte et réfléchit à l'ordre à donner. Comment expliquer à ces braves gens qu'il s'agit de choses sérieuses ! Mais tout s'arrange car lorsque après les avoir envoyés au bain, il a pu se concentrer et régler la question, il est le premier à répondre à leur impatience affectueuse et je n'ai qu'à le regarder pour savoir le bien qu'elle lui fait.

**Lundi 28 août 1944 - Porte de La Chapelle**

Le Général m'envoie hier soir porter une lettre au Général de Gaulle. Je le trouve dans la salle à manger de la rue Saint-Dominique où il est en train de dîner dans l'obscurité avec Palewski, Rancourt, Guy, etc.. Il s'enquiert de la situation de la division, des troupes américaines, demande si les accès sont minés.

De là, une heure chez mes parents puis retour difficile au P.C. avec une essence pleine d'eau.

Pendant la nuit, le colonel Law apporte des ordres étonnants du Ve corps. Tout en continuant à tenir notre secteur actuel, qui est vaste, nous devons reconnaître *de façon offensive* une zone qui en représente plus du double. Elle inclut la forêt de Montmorency qui est, paraît-il, truffée d'ennemis. Nous serons ultérieurement relevés par une division d'infanterie et nous devrons alors nettoyer la forêt. Ce n'est pas sérieux.

Ce matin, Guillebon va voir Gerow et le résultat de cette visite ne manque pas de sel : d'abord Gerow réduit de moitié notre secteur... Ensuite il explique à Guillebon, non sans quelque embarras, que la division d'infanterie qui doit venir nous relever aura du retard parce que le général Eisenhower lui a donné l'ordre de... défiler dans Paris. Il croit devoir souligner que l'ordre a été donné avec l'accord du Général de Gaulle et de Koenig.

Le Général a bien ri.

Repiton, rentrant d'une liaison au Corps, nous dit que le fameux mouvement de débordement de Paris par le nord et par le sud ne paraît pas avoir réussi. La seule importante tête de pont sur la Seine est finalement celle de Paris. Il y en a une autre, plus petite, à Mantes, dans le secteur du XVe corps.

Les combats sont durs. Gonesse tient toujours. Des camarades tombent. Dupont, Vaziers. A quinze kilomètres de Paris, c'est à peine concevable.

L'atmosphère du P.C.A. est orageuse. Gachet est hors de lui. Dio ronchonne. Le flegme de Guillebon n'est guère partagé. La division a été éprouvée et ses nerfs travaillent.

### Mercredi 30 août 1944 - Porte de La Chapelle

Hier à Paris, au Q.G., puis voir les unités. Etrange de les voir installées dans des décors si familiers. La base est à l'hôtel de la Cascade, le GTV au pré Catelan, le détachement du Roum à Longchamp ! Le P.C. principal est une aimable pagaille.

Après un déjeuner rapide chez Chauland, nous allons voir défiler les Américains. Le service d'ordre est correct mais la foule n'a pas la densité de celle du 26 août. Dans la tribune, Bradley et ses généraux du Corps d'armée, parmi lesquels Gerow. Le Général de Gaulle est là, avec Koenig, d'Argenlieu, Noiret et des personnalités FFI. Le défilé n'a rien de transcendant et comme la tribune est placée au point de dislocation, le spectacle n'est pas exaltant.

Ce matin, visite à Gerow. Une fois les questions de service réglées, longue explication sur l'affaire de l'entrée du Général de Gaulle à Paris. Gerow explique qu'il aurait voulu être prévenu plus tôt de façon à pouvoir prendre les mesures nécessaires car il se sentait personnellement responsable de la sécurité du Général de Gaulle. *« Autant que de celle du Président Roosevelt »*, ajoute-t-il. S'il avait su, il aurait demandé une couverture aérienne, etc.. Il reproche ensuite au Général, sur le ton le plus courtois, de ne pas être venu le voir quand il le lui a demandé. Il voulait, dit-il, lui donner l'ordre d'utiliser toute sa division pour la cérémonie. Le Général écoute tout cela avec un air plutôt ennuyé. En sortant, il me demande ce que j'en pense. J'ai trouvé l'entrevue un peu pénible et les explications données pour le moins peu convaincantes. Le Général fait quelques pas et hausse les épaules :

- *Tout cela ne signifie rien. On ne peut-pas discuter d'une question qui a des implications diplomatiques. Le Général de Gaulle ne voulait pas que les Américains s'en mêlent. On ne peut pas le leur dire. Dans ces conditions il est évidemment difficile de discuter.*

Finalement nous ne sommes plus en opérations, au moins pour quelques temps. En rentrant du Val de Grâce où il est allé voir les blessés, le Général soupire :

- *Ah Girard, est-ce qu'on ira plus loin ?... En Bochie*

Je reste au P.C., ce soir, pour laisser quartier libre aux autres. G. est dans une phase de pessimisme. Il est désabusé, déçu par les Français chez qui il n'a pas trouvé de ressort ni de fierté nationale :

- *Ils n'ont rien fait, rien préparé, ils n'ont pensé qu'à vivre.*

Il parle avec agacement des flots de discours qui se donnent libre cours.

**Jeudi 31 août 1944 - Paris**

Gribius a réussi à obtenir que le P.C.A. se replie sur le P.C. principal, aux Invalides, maintenant que la situation tactique le permet. Nous revenons donc nous installer à Latour-Maubourg que je trouve dans un fâcheux état de désordre et de saleté. Je prends, sans ménagements, les mesures nécessaires dans mon secteur.

Inhumation de nos morts à Pantin. Tristement émouvant, Cerlu, Dupont, tant d'autres...

**Samedi 2 septembre 1944 - Paris**

Grande agitation hier. Il semble qu'il y ait eu une manœuvre destinée à maintenir la division à Paris comme force de police. Diethelm était chez le Général lorsque je lui ai apporté le papier qui venait d'arriver à ce sujet.

Aussitôt le ministre parti, nous filons rue Saint-Dominique. Avant de monter en voiture, je demande au Général s'il veut que je téléphone pour prendre un rendez-vous avec le Général de Gaulle :

- *Non, surtout pas,* me répond-il, *ils s'arrangeraient pour m'empêcher de le voir...*

Il pense que cette manœuvre a son origine dans le désir de Koenig d'avoir du monde à Paris, ce qui se comprend évidemment.

Rue Saint-Dominique, je trouve le pauvre Gudin aux prises avec un tas de loufoques du genre de ceux que j'ai connus en juin 1940.

De chez le Général de Gaulle, le Général va chez Diethelm. Le ministre est de l'avis du Général, notre maintien à Paris serait une catastrophe.

Arrivée du général de Larminat : toujours le même, ouvert, sympathique et droit comme un i, mais il me donne l'impression d'être écœuré. Je ne sais pas de quoi.

**Lundi 4 septembre 1944 - Paris**

Le Général s'inquiète des difficultés que le Général de Gaulle rencontre. Il paraît assez pessimiste. Il ne croit pas qu'il soit possible d'éviter des troubles et va presque jusqu'à craindre une guerre civile. Je retrouve les préventions traditionnelles à l'égard de *l'entourage*. Il estime qu'il ne faut pas se laisser impressionner par les journaux. *Le Popu*, *l'Oeuvre* et *l'Humanité* prétendent que le peuple de France réclame Cachin, Marty et Thorez. Je suis convaincu que le peuple de France s'en fiche. Il lui faut une autorité qui remette de l'ordre. Cela ne s'improvise pas. Et sans doute lui faut-il aussi un peu de propreté.

La question des F.F.I. reste aussi inquiétante. Il importe de la régler pour éviter des malentendus qui pourraient avoir des conséquences graves. Nous n'éprouvons certes aucune prévention à leur égard. Nous y aurions mauvaise grâce après tout ce qu'ils ont fait et enduré. Mais il faudrait maintenant qu'ils soient organisés. En ce moment, ils ne constituent pas précisément un élément d'ordre. Ils me rappellent plutôt certains Free French de 1940 chez lesquels l'esprit d'aventure l'emportait un peu trop sur toute autre considération. La rigueur est encore plus nécessaire aujourd'hui, ici, que là-bas en 1940.

**Mercredi 6 septembre 1944 - Paris**

Qu'écrire ! Nous attendons l'ordre de départ et le Général se montre impatient. On le serait à moins. Les Alliés avancent sans arrêt. Les Russes attaquent à l'Est. Tout a l'air de crouler, et cependant on parle encore de lignes genre Siegfried.

Ici la situation est calme, l'ordre se rétablit peu à peu, et il semble que l'action du Général de Gaulle commence lentement à porter ses effets salutaires.

Je me demande aussi si je ne discerne pas comme une sorte d'indifférence. Les gens de la division commencent à penser à *l'après-guerre*. J'y pense moi-même, par moments, comme dans un rêve, comme à quelque chose de vague et d'irréel. Cela paraît encore si lointain. Regretterai-je quelque chose ? Peut-être. Non pas la guerre, mais cette ambiance de travail et d'effort en commun dans un climat de sympathie mutuelle. Retrouvera-t-on jamais cela dans le civil ? C'est une des plus belles choses qui soient. Se consacrer totalement à une tâche utile, qui vous dépasse et qui vous plaît, au milieu de camarades qui vous comprennent et que vous comprenez. Ah ! Si Dieu voulait que la France de demain ressemble au Tchad de 1941, qu'elle serait belle et qu'elle étonnerait le monde.

Le Général part en *Piper-cub* pour Tailly.

**Jeudi 7 septembre 1944 - Paris**

Le Général rentre de Tailly à 14 h 30 au moment où, ne le voyant pas revenir, je m'apprêtais à lui envoyer sa voiture avec deux autos-mitrailleuses d'escorte.

Le général Gay est là, avec Mancher. Il s'agit de notre départ, demain...

# De Paris à Baccarat
# septembre à octobre 1944

*Note – Affectée de nouveau au 15ème Corps d'armée américain sous les ordres de Haislip, lui-même sous les ordres de Patton à la 3ème Armée, la division doit faire mouvement vers la région de Bar-sur-Aube et du pays de Clairvaux.*

*Elle traversera la Brie et la Champagne répondant avec souplesse aux ordres de son chef. Dès qu'un passage difficile retardait l'avance des colonnes, le Général s'y arrêtait lui-même, passant des heures à la sortie d'un pont pour s'assurer que la discipline du mouvement était bien assurée. Les P.C. de l'avant sont habitués à l'apparition soudaine de la Jeep portant les 3 étoiles sur la plaque écarlate.*

*Le 11 septembre la division franchit la Marne, elle pousse jusqu'à Contrexéville et Vittel. Quelques jours plus tard en Lorraine, ses éléments de tête vont se heurter à une brigade blindée allemande.*

*Le GTL la rencontre au moment où elle s'engage dans Dompaire, en décime la majeure partie et trouve 43 chars abandonnés sur le terrain. Puis, après Dompaire et une visite chez Haislip le Général reçoit l'ordre de faire mouvement vers l'Est.*

*La division au prix de violents combats passe la Moselle à Châtel.*

*De là elle atteindra Moyen, Gerbeviller, Vathiménil et crée des*

*têtes de pont sur la Meurthe à Mesnil-Flin.*

*La progression s'arrête car l'armée américaine a besoin de se regrouper. L'inconfort dans lequel vivent les hommes est grand, le Général et ses officiers sont inquiets de la situation intérieure de la France.*

*Le Général fera un voyage à Paris, pour se renseigner. Leclerc se rend souvent à Lunéville auprès du P.C. du Corps d'armée espérant apprendre qu'une nouvelle opération se prépare. Les Allemands avaient installé une ligne de défense au pied des Vosges, la Vor-Vogesenstellung.*

*Les Américains demandent au Général de progresser à l'est de la Meurthe, d'élargir sa tête de pont pour permettre l'installation de troupes américaines entre le fleuve et la Vor-Vogesenstellung. Cette opération ne convient pas à Leclerc, il demande que le plan soit modifié et qu'on l'autorise prendre Baccarat. C'est un nœud de communications très important pour les Allemands qui l'ont fortement défendu. Le 30 octobre, masquée par un brouillard propice, la division se masse à l'est dans la forêt de Mondon et le 31 après une manœuvre remarquable, Baccarat est pris.*

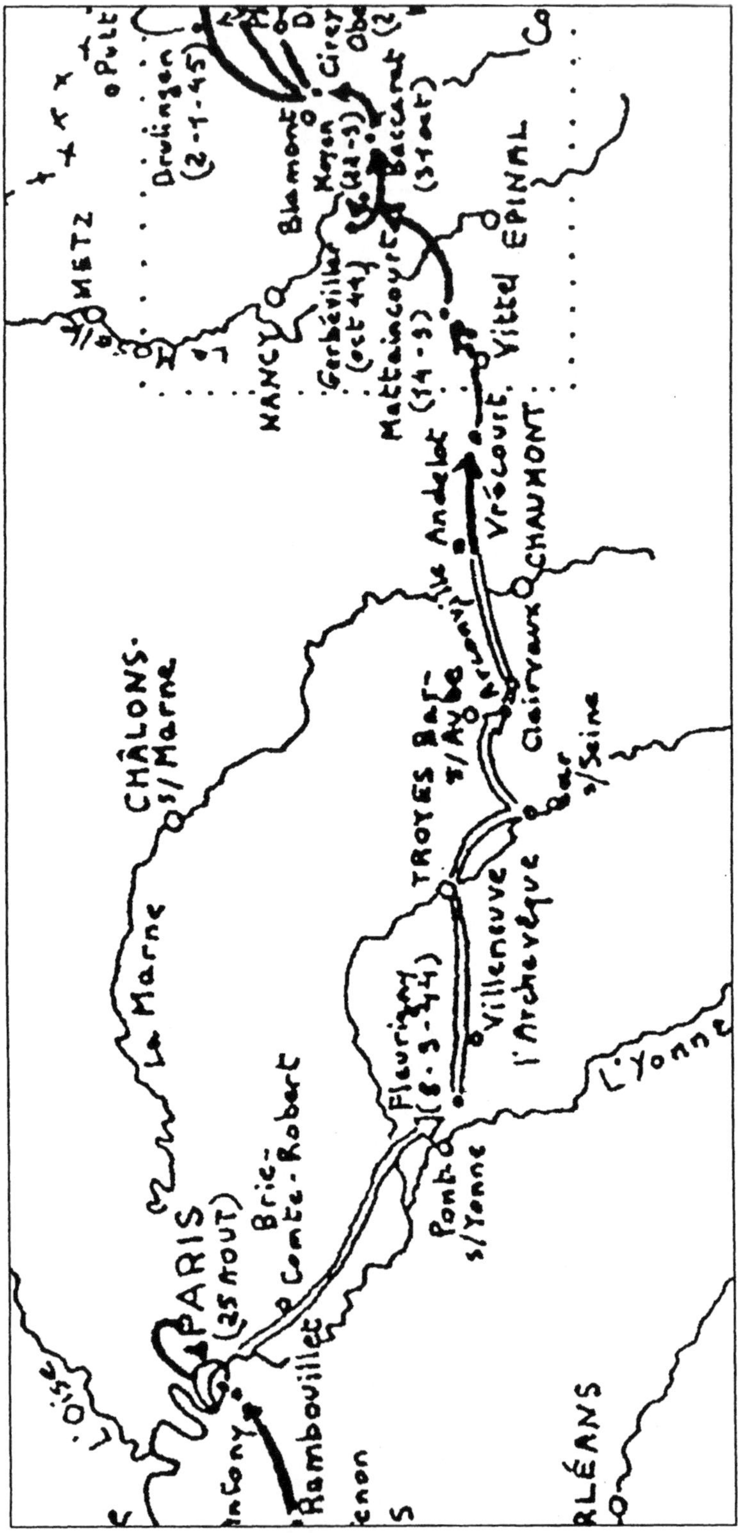
PARIS
(25 AOUT)
Brie-Comte-Robert
Rambouillet
La Marne
CHÂLONS
s/Marne
TROYES
Bar
s/Aube
Villeneuve
l'Archevêque
Pont
s/Yonne
L'Yonne
Bar
s/Seine
Clairvaux
CHAUMONT
Vrécourt
Vittel
EPINAL
NANCY
METZ
Blamont
Drulingen
(2-1-45)
ORLÉANS

**Vendredi 8 septembre 1944 - Fleurigny**

Nous avons quitté Paris à deux heures après avoir rendu visite à Pleven et à Diethelm. Le Général a l'air fatigué. Pendant le déjeuner, chez Chaulant, il parle de la situation intérieure qui le préoccupe. Il reproche au Général de Gaulle sa mansuétude, alors qu'à son avis, la situation réclame de la fermeté. Il est heureux de lui avoir écrit que les Français veulent des hommes neufs. Pleven lui a cité, avec un air catastrophé, les noms d'une ou deux personnalités que le Général de Gaulle songerait à appeler auprès de lui. La franc-maçonnerie lui paraît un spectre très surfait, mais elle est encore redoutée.

Nous bivouaquons à Fleurigny, dans un joli château un peu triste. Cette demeure ancienne frappe beaucoup les Américains.

**Samedi 9 septembre 1944 - Arconville**

Le mouvement continue, sur le mode administratif, encore qu'il n'y ait rien, semble-t-il, entre les Boches et nous. Le CTV protège le flanc sud de la 3e Armée. Notre objectif est une zone d'attente dans laquelle nous allons nous rassembler.

Tout le monde est de bonne humeur. Nous sommes restés assez longtemps à Paris, presque trop. Il était temps que la division reparte.

Il fait beau mais l'on sent que le froid n'est pas loin. Le paysage devient plus sévère que ceux que nous avons traversés jusqu'à maintenant.

Enfin, d'après ce que nous apprenons, il y a encore beaucoup à faire et nous avons du pain sur la planche.

**Dimanche 10 septembre 1944 - Arconville**

Déjeuner au XVe Corps. Visite du général Gaffey. Sourires. Nous sommes tout à fait raccommodés. En fait il semble que la ferme résistance du Général lui ait évité de commettre une erreur. Il apporte un ordre d'opérations. En avant.

**Lundi 11 septembre 1944 - Vrécourt**

La division a repris son mouvement hier, Langlade en tête sur deux axes, Minjonnet au nord, Massu au sud. Roum fait flanc-garde vers le sud et y subit d'ailleurs des pertes.

Le dispositif est étrange. Notre axe est très étroit et notre objectif très éloigné : 8 à 10 km de largeur sur 150 à 200 de profondeur.

Toute la journée d'hier, la division a été retardée par les ponts et par quelques points de résistance. Minjonnet est arrêté deux heures à Laflanche. Le soir Massu est engagé devant Contrexéville et Minjonnet, un peu en arrière de lui, sur l'axe nord.

Un télégramme de Lantenois nous donne de sérieuses inquiétudes pour le ravitaillement en essence, mais finalement tout s'arrange et nous en recevons ce matin.

Il semble que la Moselle soit fortement tenue. Nous l'atteindrons, mais pour la franchir, il faudra une grosse opération d'infanterie avec un pilonnage d'artillerie sévère. La région est pourrie de forts et il serait étonnant que les Boches ne les aient pas utilisés.

Une carte renseignée trouvée ce matin sur un prisonnier, montre que nous sommes arrivés en plein sur le flanc du dispositif ennemi et presque sur les arrières des éléments qui refluent du sud.

Tout à l'heure, le Général est entré dans le bureau et a demandé à Gribius, sur un ton enjoué :

- *Alors ? Quand devons-nous capituler ?*

et devant nos regards interrogateurs il a expliqué :

- *Mais oui, c'est nous qui sommes encerclés.*

C'est exact, à l'exception d'un étroit passage pour nos arrières. Les Allemands occupent Andelot, Langres, Epinal, Neufchâteau, etc. en somme ils sont installés tout autour de nous et nous sommes enfoncés comme un coin dans leur dispositif que nous coupons en deux, nous-mêmes nous trouvant d'ailleurs à peu de choses près dans une situation aussi inconfortable. En tout cas elle ne manque pas de pittoresque.

**Mercredi 13 septembre 1944 - Valleroy-le-Sec**

Vittel a été délivré hier par une très bonne opération du GTL montée par Massu, avec Minjonnet. Comme nous arrivions en jeep devant la ville, nous croisons Repiton qui nous arrête et nous apprend que le fameux camp d'internés est dans l'établissement thermal et que les internés sont là. Il ajoute que le spectacle est étonnant. Le Général, enchanté, décide d'y aller. Il trouve divertissant que ce soient des Français qui délivrent aujourd'hui toutes ces malheureuses Anglaises et Américaines. Nous arrivons dans la grand-rue. De hauts immeubles entourés de doubles rangées de barbelés derrière lesquelles une foule de deux à trois mille personnes composée surtout de femmes et, dans un coin, de quelques tirailleurs hilares, poussait de véritables hurlements :

- *Vive la France !... Vive Leclerc !...*

Le Général fait ouvrir la grille et demande à voir les directeurs du camp. Il est reçu par un capitaine anglais en uniforme et un grand Américain en civil. Le Général demande au capitaine s'il vient d'arriver.

- *Mais pas du tout,* répond l'Anglais, *je suis là depuis quatre ans. Je vous attendais,* et il demande à son tour au Général s'il désire voir les internés français.
- *Non,* dit le Général, *je viens voir tout le monde. En 1940, nous avons été admirablement reçus par les Anglais. Les Américains nous ont donné des armes. Nous sommes particulièrement heureux qu'il nous ait été donné de vous délivrer.*

Nous apprenons quelques heures après que Mme Paul Reynaud se trouvait dans le camp. Le Général me charge aussitôt de télégraphier à Palewski pour qu'il prévienne Paul Reynaud et sa fille.

Aujourd'hui le baroud continue. La situation est inextricable. Il est cinq heures. Langlade est en train de se faire attaquer dans le dos à Ville-sur-Illon par une quinzaine de chars et de l'infanterie. Il a replié son P.C. vers le nord et Roumiantzoff, heureusement bien placé, va prendre cette attaque de flanc.

Ce matin, à Dompaire, Massu et Minjonnet sont tombés sur un nid de *Panthers* qu'ils ont tirés comme des lapins. Les T.D. (chasseurs de chars) des fusiliers-marins étaient embossés dans des broussailles et voyaient les *Panthers*, chassés par l'artillerie, sortir des bois en zigzaguant comme s'ils ne savaient où aller. Ils les attendaient et les tiraient à bonne portée. Un groupe de trois T.D. a eu à son actif sept *Panthers* et un *Tigre*. Grâce à l'astucieuse utilisation de l'*air support* et à sa précision, l'affaire est un très gros succès.

Weil est parti en *Pipercub* voir ce que c'est que cette attaque sur Langlade. Il semble qu'il y ait eu un petit accroc. La liaison nous avait indiqué hier que la 79e division US avait son P.C. à Mirecourt. Les renseignements fournis sur la position de cette unité avaient paru un peu optimistes. Ils impliquaient un dispositif ennemi assez branlant. Le Général avait montré quelque scepticisme. Néanmoins, sur la foi de ces précisions, il avait poussé en avant avec vigueur. Or nous apprenons ce matin que la réalité est toute autre. Il y a eu une tentative américaine sur Mirecourt, mais elle a été repoussée. Dans ces conditions notre avance est un peu aventurée. Nous partons voir Massu et Minjonnet pour les ralentir. De son côté Billotte pousse au nord de Langlade pour le couvrir un peu sur sa gauche.

22 h 00 : d'après les télégrammes que nous recevons et les dispositions que le Général vient de prendre, il se peut que la journée de demain soit chaude.

**Jeudi 14 septembre 1944**

Rien de nouveau, le secteur est calme.

Nous avons eu hier la visite de Lady Queensbury, portraitiste connue qui ravitaille le *Tatler*, *Life*, etc. en visages célèbres. Elle a croqué Monty et Bradley et consorts et voudrait faire une esquisse du Général. Il se dérobe, répond qu'il est très occupé, ce qui est d'ailleurs vrai. Finalement il est convenu que le chauffeur reviendra voir le lendemain si le Général peut disposer du temps nécessaire.

Il me dit, bien entendu, ce matin, de donner une réponse négative au chauffeur lorsque celui-ci se présentera. Ce dernier arrive pendant que le Général est à l'église. Je lui demande d'attendre et vais à la rencontre du Général que je trouve sur le parvis. Gribius vient justement de lui confirmer que tout est calme dans le secteur de Langlade. Je dis au Général que j'ai écrit un mot à Lady Queensbury pour effacer l'impression de la réception un peu fraîche qu'elle a reçue hier soir et que, s'il est d'accord, je l'envoie chez le Général .... pour qu'il y ait au moins une fois un képi français dans les journaux alliés. Le Général me jette un regard noir

- *Quoi ! vous me le reprochez ?*
- *Je trouve cela dommage, mon Général.*
- *Bon, allez, faites-la venir.*
- *Mais si vous avez du travail...*
- *Non. Faites-la venir.*

L'affaire de Dompaire qui était finalement une contre-attaque, se soldera par soixante chars boches détruits. Le Général la commente

- *On pourra dire que nous avons rempli notre mission.*

Si nous nous étions arrêtés sur la ligne Remoncourt-Vittel, cette contre-attaque aurait tranquillement débouché par Mirecourt sur le flanc de la tête de pont de Charmes et aurait fait sauter tout le dispositif américain.

C'est un succès important. Ce que nous avons détruit hier était, outre les restes de la 21e Panzer, un bataillon de *Panthers* flambant neuf, venu tout exprès de Stuttgart pour prendre de flanc les arrières de la 3e Armée.

Il est neuf heures. En ce moment le Général est sagement assis dans son bureau, un livre à la main, et supporte, non sans mérite, le pinceau de Lady Queensbury.

Le dîner, avec Crépin et Gravier, a été très détendu. Le Général insiste sur la nécessité de la fusion des armes. Il souligne la différence entre l'esprit de corps et l'esprit particulariste des armes. A son avis, l'officier de réserve est supérieur à celui d'active dans le domaine des services qui demandent un esprit d'organisation sur une grande échelle. Il faut aérer les doctrines périmées des gratte-papiers d'antan, refondre l'Ecole de Guerre qui apprenait à des gens trop âgés ou au contraire inexpérimentés, à se payer de mots. L'amalgame des armes réalisé au sein de la division aura l'excellent résultat de faire tomber un certain nombre de barrières pour, en tout cas, un petit nombre d'officiers.

Nous y avons de tout, même des marins, et ceux-ci se sont admirablement battus. A moins d'être incorrigibles, nos officiers n'éprouveront plus, en présence d'officiers d'autres armes, ce sentiment de méfiance qui était traditionnel avant la guerre.

Il regrette que la 1ère D.M.1. soit restée renfermée sur elle-même. Ils se veulent les *purs des durs* et n'ont pas de contacts avec l'extérieur. Pour eux, ce qui n'est pas des leurs ne vaut guère. C'est dommage.

L'esprit de la division a certainement gagné au passage de ses plus anciens éléments par le Tchad, qui était un territoire sain et organisé, puis à l'apport des éléments étrangers qu'elle a absorbés. Nous en avons retiré une largeur de vues qui ne se retrouve peut-être pas ailleurs.

**Samedi 16 septembre - Mattaincourt**

Le Général reçoit des visites toute la nuit. Il s'agit du barrage de Bouzey dont les Américains viennent de découvrir l'existence. Ils craignent que les Allemands ne le fassent sauter pour inonder toute la région. Il paraît bien difficile pour la division de s'en emparer. Le barrage est loin d'ici et il serait déjà long à atteindre s'il n'y avait pas d'ennemis. Mais en plus il y en a et il ne faudrait pas moins de deux groupements tactiques, sinon de toute la division pour se frayer un chemin jusqu'à l'ouvrage. En fin de compte, le Corps renonce à nous confier cette mission.

Les Allemands attaquent La Horie à Noméxy. Le Général modifie son dispositif.

**Dimanche 17 septembre 1944 - Mattaincourt**

Les fusiliers-marins du R.B.F.M. viennent d'inscrire une jolie histoire à leur actif.

Une patrouille de deux T.D. pousse jusqu'à la Moselle. Au retour, en pleine zone ennemie, un des T.D. tombe en panne, son embrayage patine. Le chef de peloton fait remorquer le char jusqu'au plus proche village, et le camoufle dans une grange en le faisant entièrement recouvrir de branchages puis de paille. Il laisse 8 hommes avec deux jeeps, en leur recommandant de ne pas se montrer jusqu'à ce qu'on puisse venir les dépanner.

Ce n'est que deux jours plus tard que l'avance américaine permet l'opération. Un char de dépannage accompagné d'une petite escorte se met en route et l'on se demande ce que l'on va retrouver.

En approchant du village, les hommes du RBFM aperçoivent en travers de la route une énorme barricade derrière laquelle pointe la gueule menaçante d'un canon et se profilent des uniformes allemands. Sapristi ! Voilà qui sent mauvais ! Mais lorsque le char de dépannage amorce un demi-tour prudent, quelque chose s'agite derrière les tenues *feldgrau*. Ce quelque chose est un béret de marin...

Il s'était simplement passé que les huit fusiliers-marins s'étaient vite ennuyés dans leur grange. Ils étaient sortis de dessous leur paille et avaient décidé de faire une petite patrouille. Sur la route, ils étaient tombés comme par hasard sur une compagnie cycliste allemande. Ils l'avaient proprement mise en déroute, et avaient ramené au village un canon de 105 tout attelé avec ses servants ; en tout 17 chevaux et une vingtaine de bicyclettes. Ils avaient réussi à mettre leur char en marche et à l'amener à l'une des issues du village, et avaient installé à l'autre bout, le canon de 105 avec ses servants allemands sous la surveillance d'un marin revolver en main. La défense du village avait été organisée ainsi dans toutes les règles : fignolant leur affaire dans les moindres détails, ils avaient versé le matériel capturé, contre reçu, au maire qui, de son côté, fournissait quinze hommes par jour pour compléter la garnison !

Quand on raconte cette belle histoire au Général, il se met à gronder

- *Dire que ce sont des types comme ça qu'on a empêché de continuer à se battre en 1940 ! La responsabilité de leurs cadres est écrasante.*

Lorsque le RBFM avait été affecté à la division, en avril, le Général l'avait accueilli plus que fraîchement. En Angleterre, il lui avait refusé le port de la fourragère rouge :

- *Je ne connais qu'un seul régiment de fusiliers-marins qui puisse prétendre au port de cette fourragère*, avait-il dit en substance à Maggiar, *c'est celui de la 1ère DMI. La marine s'est trop mal conduite pour que j'autorise votre régiment à la porter avant qu'il n'ait fait ses preuves au combat.*

Le régiment avait serré les dents et s'était mis au travail en silence. Aujourd'hui ses preuves sont faites, et au-delà. Le Général décide de le reconnaître en autorisant le régiment à porter de nouveau sa fourragère.

La camaraderie qui a rapproché au feu les fusiliers-marins et les spahis du Levant est d'ailleurs une de ses grandes satisfactions. Il en parle souvent.

Grande agitation hier soir à cause de l'attaque que Lahorie a subie à Châtel où il s'était aventuré un peu prématurément au lieu de rester à Noméxy. On annonce d'autre part un mouvement de 70 chars sur Epinal qui pourrait annoncer une nouvelle contre-attaque pour demain. D'où une modification de notre dispositif en conséquence.

Ce matin il pleut à verse et rien n'a encore été signalé à 9 heures.

**Lundi 18 septembre 1944 - Mattaincourt**

Le Général ne vit qu'en période d'opérations actives. Comme dit Guillebon :

- *C'est un homme d'action. Dès qu'il n'y a plus d'action, rien ne va plus.*

Le P.C.A. léger qui se déplace avec lui est suffisant en opérations. Certes les quelques officiers qui le composent sont sur les dents et courent dans tous les sens comme des lapins, mais sa mobilité est essentielle et jusqu'à présent il a réussi à fonctionner convenablement. En revanche, dès que le mouvement s'arrête, l'étroitesse de ses moyens devient gênante et l'absence de ceux du

Q.G. devient sensible. L'ennui qui s'empare alors du Général est une complication supplémentaire.

**Mardi 19 septembre 1944 - Mattaincourt**

A peine le Q.G. était-il venu nous rejoindre hier matin à Mattaincourt, que nous avons été convoqués au XV$^{e}$ Corps chez le général Haislip. Nous devons y déjeuner avec Patton.

La jeep soulève des flots de boue sur les routes défoncées. Nous arrivons dans un bois saturé d'eau. Le P.C. du XV$^{e}$ Corps est dans une petite clairière gluante. Vers midi et demi, une jeep de la Military Police apparaît, suivie de celle de Patton, avec son klaxon double et démesuré fixé sur le capot, et sa profusion d'étoiles scintillant partout. Dans la voiture, on ne voit de lui qu'une sorte de tas de tissu beige surmonté d'un casque sous lequel il a l'air de dormir. Il se déplie pourtant avec agilité, et arbore un large sourire pour serrer les mains du Général avec effusion. Nous passons aussitôt à table où le déjeuner, très classique, est copieusement arrosé de champagne. Il paraît que Patton en est friand. En tout cas, ils ont tous l'air un peu pompette. Même le général Haislip, toujours si pondéré, paraît sensible à la gaieté ambiante.

Le repas se termine, tout le monde se lève et tandis que nous nous regroupons à l'entrée de la tente, Patton se dirige à grands pas vers sa jeep et se met à fouillousser dedans en compagnie de son aide de camp, Codman. Il se redresse et appelle le Général. Quelques photographes surgissent des environs, et là, debout au milieu de la clairière trempée, après avoir posé son cigare sur l'aile de la jeep, il épingle une décoration sur la poitrine du Général sidéré. Poignées de mains, félicitations, remerciements... puis soudain

- *Attendez...*

et il en épingle une deuxième à côté de la première.

Re-félicitations, et comme le Général, un peu gêné, remercie, Haislip lui tapote l'épaule et, le visage plissé par un sourire amical :

*Mais vous avez beaucoup fait pour l'honneur de l'armée américaine...*

Après cela Codman vient me demander des dates et des noms de lieux

- *Il faut bien faire des citations, n'est-ce pas, c'est mieux.*

Puis il remet au Général un paquet de cinq Silver Stars et de vingt-cinq Bronze Stars pour la Division.

Ceci fait, la conversation devient plus sérieuse. Patton veut recommencer à avancer dès le lendemain. Il expose son idée de manœuvre et montre au Général l'objectif qu'il lui assigne. Le porte-carte est posé sur le capot de la jeep. Le Général, courbé sur la surface de mica, se concentre. Il demande des précisions, indique les appuis qui lui seront nécessaires. Tout se passe verbalement.

Le Général remonte en jeep un peu préoccupé. Les ordres lui ont parus vagues et il voudrait être sûr qu'après tout ce champagne... Nous repartons sur les chapeaux de roues, par des routes détrempées jusqu'au P.C. de Billotte auquel le Général donne ses premières instructions, puis nous rentrons à Mattaincourt. Weil nous y rejoint bientôt avec des ordres écrits. Ils sont explicites et satisfaisants.

Il est 8 heures du matin. Nous devons décoller avec le P.C.A. dans une demi-heure. C'est l'atmosphère familière d'attente qui précède chaque départ. Elle est un peu énervante. Les bagages sont faits. L'on se sent désœuvré, et en même temps tendu vers les premières nouvelles qui ne sont pas encore arrivées des éléments de tête. Ont-ils pu passer ? Sont-ils tombés sur du dur. Il n'y a pas eu un seul message depuis six heures du matin. Le bruit court qu'une contre-attaque pourrait venir du sud-est, Raimbervilliers – Saint-Dié. Le Général ne tient plus en place.

**Mercredi 20 septembre 1944 - Giriviller**

La journée d'hier s'est bien passée. Dans l'ensemble la progression a été satisfaisante bien que le passage de la Moselle à Noméxy-Châtel ait été ardu. Nous sommes restés assez longtemps sur la berge à regarder les colonnes passer.

Le soir, Delerue se présente au P.C.A., juste avant le dîner, porteur d'un pli du général Billotte. Il le présente en l'accompagnant de commentaires qui font sourciller le Général.

Le pont aménagé par le génie à Châtel était à voie unique. Il apparaît qu'à partir de l'après-midi, le D.C.R. (détachement de la circulation routière) a interdit le passage à tous les véhicules de récupération. La Mercédès du général Billotte est arrêtée comme les autres lorsqu'elle se présente. En l'apprenant, le général Billotte se fâche et déclare que si sa voiture ne passe pas, il fera arrêter le chef de poste et rentrera lui-même à Paris.

Le Général lui envoie ce matin une lettre courtoise, lui offrant de lui rendre sa liberté puisqu'il semble qu'il souhaite rentrer à Paris. Le général Billotte répond par retour du courrier qu'il accepte puisque le Général veut bien lui rendre sa liberté.

**Jeudi 21 septembre 1944 - Giriviller**

Guillebon a été désigné pour prendre le commandement du groupement Billotte. En ce moment nous ne bougeons pas. Il faut attendre que la 6e D.I. américaine ait pris Epinal, et ce n'est pas fait.

Un ordre est arrivé, mutant le bon Coupé dans une unité FFI. Le Général est entré dans une fureur noire. Télégrammes dans tous les sens.

Le Général est fidèle dans son estime et dans son amitié. Il a l'une et l'autre pour Guillebon. Elle se manifestait dans la lettre qu'il adresse au Général de Gaulle à l'occasion du général Billotte.

**Vendredi 22 septembre 1944 - Giriviller**

Je me sens las ce matin. L'inaction y est sans doute pour quelque chose. Peut-être aussi ces départs, celui de Billotte et celui de Roumiantzoff, après d'autres.

Je pense que Paris doit offrir aujourd'hui de belles occasions. Même en écartant toute considération d'intérêt personnel, en se plaçant à un point de vue général, une certaine gêne grouille dans les profondeurs. Une vague impression d'entourloupette. Il doit en être aujourd'hui comme hier et comme demain. La division continue. Les hommes de Koufra tiennent leur serment de ne pas déposer les armes avant que les couleurs françaises ne flottent à nouveau sur Strasbourg délivré. Ils iront même plus loin porter nos couleurs au cœur de l'Allemagne, par les chemins bourbeux, les villages en ruines et le froid.

Le Général l'écrivait hier : « *La campagne devient plus dure, l'hiver approche, les joies et les gloires de la libération du bassin parisien sont terminées, mais je reste néanmoins secondé par la même équipe d'officiers de premier ordre qui ne connaissent que deux mots : "servir" et "combattre".*

« *O militaires si commodément désintéressés, poursuivez votre chemin vers les gloires gratuites de la ligne Siegfried. D'autres se chargent de reconstruire le pays derrière vous. Il a peut-être été dur pour beaucoup, après quatre longues années, d'avoir dû repartir quelques jours à peine après avoir renoué avec le passé, et bien souvent de passer à quelques kilomètres de la porte oubliée sans s'arrêter ou presque.*

« *La division a toujours bon moral. Les nouveaux venus sont très "dans le mouvement en avant". Ce n'est pas étonnant de leur part et c'est une bonne chose. Les anciens ne sont pas en reste. Ils continuent. Mais il passe parfois comme une ombre sur leur visage ou dans leur voix. C'est sans doute celle de ce qu'ils ont entrevu ou laissé derrière eux. Le remous est très lent, sourd et ne freine pas l'élan. Il faut une oreille exercée pour entendre ce qu'une élémentaire pudeur interdit d'exprimer. Allons, appuyons-nous s'il le faut sur l'enthousiasme des plus récents arrivés sans chercher à discerner ceux qui attendaient cet instant depuis quatre ans et ceux qui simplement volent au secours de la victoire.*

Longue discussion avec X. avant le déjeuner. Il est déprimé, un peu comme moi ce matin, mais il en est à un stade que j'ai dépassé depuis longtemps. Il en veut au Général, il l'accuse de ne pas être bon, de l'avoir trompé, que sais-je... Certes il n'a pas la vie gaie et le métier qu'il fait ne lui plaît pas. Il aurait voulu en changer, lui aussi. Il a essuyé un refus. Et cependant il n'a pas repris sa situation à Paris, pour rester avec la division.

J'essaie d'expliquer. L'intérêt du service, l'utilisation des compétences, etc... La mission de X est fatigante. Je m'en doute. Le Général est ce qu'il est.

Seule compte l'action et nous ne serions pas ici s'il en avait été autrement. Je crains de n'avoir pas convaincu mon interlocuteur sauf quand je lui ai affirmé que le Général faisait passer avant toute autre considération ce qu'il considérait, à tort ou à raison, comme l'intérêt du service. C'est déjà ça, malgré la concession que représente *à tort ou à raison.*

Rouvillois et Quilichini passent la Meurthe et poussent une reconnaissance sur la Vézouse.

**Dimanche 24 septembre 1944 - Moyen**

Hier après-midi, le Général part se promener à pied. Je l'accompagne. Nous sortons du village, en direction de la campagne. Je n'ose pas lui dire que c'est imprudent. Il n'y a plus de maisons, rien que des bois et des taillis. Il ne devrait pas faire ça.

Nous bavardons de choses et d'autres et je lui fais part de l'impression de léger déséquilibre que j'ai ressentie dans la division. Les jeunes foncent, les anciens "continuent". Il comprend et me dit que si nous devons entreprendre une campagne d'hiver, il demandera que la division ait une longue période de repos pour les hommes et pour la remise en état du matériel.

Trévoux ramène de Paris une lettre de maman avec quelques affaires que j'avais demandées. Etonnante impression de revoir, pour la première fois depuis quatre ans, la grande écriture ferme et pointue sur une enveloppe... Je relis la lettre quatre ou cinq fois.

Trévoux a été reçu par le Général de Gaulle qui n'était pas, ce jour-là, de bonne humeur. A propos du général Billotte, il avait ronchonné :

- *Mais je le savais bien qu'il devait s'en aller, c'est très normal, il doit prendre le commandement de la 1ère division FFI qui se forme à Paris.*

Pourquoi ne pas l'avoir dit tout simplement ? Ce départ a créé à la division des remous prévisibles sinon utiles. Au GTV, l'état-major regrette un chef dont l'autorité et la compétence étaient incontestables. Mais c'est tout juste si l'on ne sent pas, entre les lignes, que le Général est tenu pour responsable de son départ. Le son de cloche est tout autre chez les anciens des chars qui bougonnent :

- *Il est venu pour avoir ses deux étoiles et maintenant qu'il les a, il fout le camp.*

Enfin un peu plus loin, je suis obligé de protester violemment contre l'insinuation que le Général l'aurait mis à la porte. C'est insensé. Mais voilà comment les choses les plus simples peuvent être différemment interprétées.

Avant-hier soir, le Général va voir Dio et pousse ensuite jusqu'au Mesnil-Flin, pour voir la tête de pont de Rouvillois. Le village est aux deux-tiers détruit. Des maisons brûlent encore. Des meubles jonchent la longue rue du village. Mais les habitants, des larmes encore dans les yeux, se précipitent vers le Général :

- *Merci, mon général, merci, si vous saviez comme nous sommes heureux...*

Un vieux paysan passe près de nous, les yeux gonflés, le regard lointain.

En apercevant le Général, il ralentit, retire sa casquette, fait un large salut, et d'une voix étranglée par l'émotion, dit seulement :

- *Merci, mon général, c'est bien.*

Nous restons un moment silencieux, nous détournant vers les maisons éventrées et le pauvre mobilier profané. Lorsque j'entends la voix du Général répondre à ces braves gens, je perçois qu'il est lui aussi au bord des larmes.

Le soir il raconte cette scène poignante à ses officiers ; c'est toujours, appuie-t-il de sa voix un peu rauque, dans les villages qui ont le plus souffert, lorsque les maisons sont des ruines encore fumantes, que l'on trouve l'accueil le plus profondément ému.

Trévoux revient de Lunéville où la population est ravie d'être libérée et amusée des conditions dans lesquelles elle l'a été. La 79e D.I. américaine a pris la ville mardi, puis a dû se replier devant une contre-attaque allemande. Les opinions varient comme toujours sur les effectifs qui ont mené cette dernière opération. Mercredi matin, les Allemands qui avaient repris la gare et le remblai du chemin de fer, décrochent et se retirent en camions. Dans l'après-midi, les Américains se présentent en formation déployée et procèdent à une attaque en règle, avec bonds, grenades, etc.. Les civils tentent en vain de leur expliquer que ce n'est plus la peine, qu'il n'y a plus personne, ils assistent au déroulement complet d'une opération de grand style.

Sans doute est-ce la raison pour laquelle nous attendons depuis quarante-huit heures sur l'objectif qui nous était assigné et que nous avons même un peu dépassé. Cela ne serait rien si l'artillerie de nos bons voisins, puisque nous avions pour mission d'appuyer au sud l'attaque de Lunéville par la 79e, ne tirait pas sur nous. Mais hélas, elle a démoli 4 et blessé 18 de nos hommes cette nuit sur l'objectif qu'ils occupaient. C'est un peu ennuyeux.

**Lundi 25 septembre 1944 - Moyen**

Je suis réveillé cette nuit par du bruit. C'est Gribius qui apporte au Général des ordres qui viennent d'arriver. Il est deux heures du matin.

Le XVe Corps nous demande de pousser le long de la ligne est de la forêt pendant que la 79e D.I. américaine la nettoiera. Trois cent cinquante avions seront chargés *d'anéantir* à dix heures du matin la division allemande nichée dans la forêt.

Le Général ronchonne. Notre front est déjà très étendu vers le sud-est.

Nous avons sur notre droite la ligne des fortifications de campagne de Blamont. Une progression ne doit dans ces conditions être amorcée qu'avec prudence. Or l'opération est prévue pour 10 h du matin, ce qui donne à peine le temps de diffuser les ordres et ne permet pas d'amener à pied d'œuvre le GTV qui est disponible. Il faudra faire donner le groupement Dio qui vient d'être éprouvé par le passage de la Meurthe.

A 5 h le Général part avec moi pour le P.C. de Dio. Il fait noir. Il a plu toute la nuit mais le temps a heureusement l'air de se calmer un peu. Nous trouvons Dio et Vézinet avec les yeux un peu vagues de gens fatigués que l'on tire du lit à des heures indues. Le Général s'entretient avec eux pendant vingt minutes et ressort, le visage un peu crispé et le regard absent. L'opération, telle qu'elle se présente, ne plaît évidemment à personne. Les ordres donnés prévoient un départ sans esprit de retour. Le Général se demande ce qu'il va faire maintenant. Sa canne s'agite un peu et tapote le sol. Je lui suggère de rentrer au P.C. qui ne doit faire mouvement qu'à 8 h. Nous remontons en jeep et rentrons. A 7 h 45 l'opération est annulée par flash à cause du mauvais temps qui empêchera *« l'anéantissement aérien »*.

Hier, un capitaine de l'entourage de M. Diethelm, apporte au Général une lettre du ministre de la Guerre. L'enveloppe porte la mention *« A porter au Général Leclerc de toute rigueur et par tous les moyens dès l'arrivée à Nancy »*. Le Général ouvre le pli. Le ministre fait état d'un télégramme qu'il vient de lui envoyer par trois voies différentes. Mais pour être bien sûr que le Général le reçoive, il le lui envoie *ci-joint*. Le Général regarde dans l'enveloppe, la retourne, lorgne de nouveau. Pas l'ombre d'une pièce jointe. Le pauvre capitaine repart pour Nancy la chercher.

Le général Haislip vient voir le Général dans la matinée. Après son départ vers midi, nous nous mettons à table. Presque aussitôt Gribius apparaît et nous prévient que le Général de Gaulle va arriver d'une minute à l'autre.

Le Général me dit avec candeur :

- *Eh bien, vous rajouterez deux couverts.*

Je comptais sur quatre à cinq personnes. Il en débarque dix : Guy, Rancourt, le général Juin, Giraud, Jouve, Charbonneau, etc.. Conversation sur les opérations. Le Général de Gaulle détendu, affable et souverain. Après le repas, le Général exprime le vœu de lui présenter un certain nombre de militaires méritants des groupements tactiques.

Malheureusement, si les chefs de corps sont à l'heure, les méritants n'arrivent pas à temps et le Général de Gaulle repart pour Nancy sans les avoir vus. Cette prise d'armes avortée me vaut une altercation avec Gachet. Il est d'une humeur de crin parce qu'il s'est fait successivement traiter de noms d'oiseau ce matin par Dio et par le Général.

Comme dans l'un et l'autre cas, il n'y était pour rien, ces deux douches l'avaient un peu hérissé.

Il tombe des cordes.

## Mercredi 27 septembre 1944 - Gerbeviller

Il est toujours question de l'opération sur Parray. Elle déplaît à tout le monde et les nerfs se tendent. L'infanterie d'une division blindée n'est évidemment pas faite pour attaquer des forts.

Hier après-midi, le Général va voir Haislip au Corps d'armée pour lui exposer les difficultés de l'opération et demander que l'on modifie certaines choses dans les ordres. Pendant qu'ils s'entretiennent dans le camion P.C., Janney arrive avec des copies de l'ordre d'opération. Doit-il les montrer au Général ? Je réponds que le Général est précisément en train d'en discuter avec le commandant de Corps.

Le soir à dîner, la question de l'opération revient sur le tapis. Le Général raconte son entrevue avec Haislip, puis :

- *C'est tout de même terrible. J'ai exposé au général Haislip un tas de difficultés. Je lui ai donné mon avis sur cette opération. Il a très bien compris. Il s'est montré tout à fait d'accord pour modifier les données de l'opération dans le sens que j'indiquais. Il m'a assuré qu'il en tiendrait compte. Et patatras, je reçois une heure après un ordre dans lequel il n'est tenu compte de rien de ce que j'ai dit.*
- *Comment se fait-il que le général Haislip ne vous ait pas parlé de cet ordre ?*
- *Pourquoi ?*
- *L'ordre était déjà fait quand vous étiez avec lui.*
- *Comment déjà fait ?*
- *Mais oui, Janney en avait des copies...*

Le Général éclate de fureur. J'ai quelque peine à le calmer. Ce qui est inquiétant dans cet incident, c'est qu'il démontre que les ordres d'opération sont préparés en dehors du commandant de Corps d'armée. Voilà qui n'est pas gai.

Aujourd'hui l'opération est encore remise. Nous nous replions sur Gerbeviller, laissant Moyen à Langlade. Le Général est installé dans une aile de ce qui reste du château de la princesse d'Arenberg.

## Jeudi 28 septembre 1944 - Gerbeviller

Il est de nouveau question que nous changions d'armée. Nous passerions de la III$^{e}$ à la VII$^{e}$, celle du sud. Cette perspective ne nous sourit pas du tout, mais pas du tout. La VII$^{e}$ n'a ni essence, ni munitions, rien. Et puis, du point de vue commandement, nous nous entendions à peu près bien avec certains officiers de la III$^{e}$ et très bien avec d'autres, en particulier avec Haislip. Que sera-ce à la VII$^{e}$ ? De toute façon, Weil a été envoyé dire à la III$^{e}$ armée que nous aimerions bien rester avec eux...

Tournée dans les cantonnements toute la journée. Nous sommes très bien installés.

**Vendredi 29 septembre 1944 - Gerbeviller**

Nous ne restons pas à la III$^{e}$ armée. Le général Patch, Commandant de la VII$^{e}$, est passé à la division aujourd'hui. Nous étions à la base. Il a été reçu par le colonel Bernard.

Lambert de Guise me dit que les Allemands ont aménagé des installations considérables en sous-sol dans le bassin de Briey. Une usine de *V 1* et une de *Messerschmidt*. Seule la première est terminée. La seconde couvre 10 km, entièrement pavés, dallés, aérés et asséchés, entre 80 et 120 mètres sous terre. Les Américains qui ont l'habitude des grands travaux, en sont eux-mêmes sidérés.

On dit que si Bradley n'avait pas stoppé la III$^{e}$ armée pour faire avancer la I$^{ère}$, nous aurions peut-être pu atteindre le Rhin, et nous aurions en tout cas mis la main sur une quantité beaucoup plus importante de matériel. Au début, les Allemands s'étaient retirés sans rien emmener. Quand notre avance s'est arrêtée, ils sont revenus et ont pu à ce moment-là emporter presque tout, et notamment, leurs V 1.

Un espion déguisé en curé a été pris dans nos lignes et va être fusillé demain. Il a été démasqué par le Père Houchet qui lui a fait dire la messe et l'a observé en feignant de lire son bréviaire. L'homme a avoué. Il était envoyé par le Sicherheit Dienst.

Nous avons reçu hier un coup de téléphone alarmé du XV$^{e}$ Corps.

- *Il paraît que vous êtes violemment contre-attaqués et que les forces françaises et américaines se replient dans votre secteur. Qu'est-ce qui se passe ?*
- *Rien ne nous a été signalé. Nous allons nous renseigner.*

Nous téléphonons dans tous les sens, sans aucun résultat. Rien ne bouge nulle part. Nous arrivons enfin à avoir le fin mot de l'histoire.

Un peloton de T.D. (chasseurs de chars) est allé en relever un autre aux avant-postes. Des éléments du Génie américain travaillaient dans un village voisin. Ils aperçoivent les chasseurs de chars qui, une fois relevés, rentraient vers nos lignes. Les sapeurs américains prennent ce mouvement pour un repli, en concluent que nous sommes contre-attaqués et se replient eux-mêmes sans perdre de temps. Peut-être qu'entraînés par leur imagination, ils auront décrit au Q.G. les terribles circonstances de notre retraite et raconté que nous étions tous morts.

Notre passage à la VII$^{e}$ Armée pose de nombreux problèmes au 4$^{e}$ bureau et inquiète le Général. Il a un peu peur que nous ne soyons *kidnappés* par l'armée B. (I$^{e}$ Armée française).

**Samedi 30 septembre 1944 - Gerbeviller**

J'écrirais « *rien de nouveau* » s'il fallait en juger par le calme qui règne à Gerbeviller. La situation actuelle crée un décalage complet. Au Q.G., rien de nouveau, mais à quinze kilomètres de là, Geoffroy est tué par une rafale de mitraillette en effectuant une reconnaissance dans un bois qui paraissait désert et le bruit court que Dubut serait grièvement blessé. Encore une série noire. Le Général en est vivement affecté. Pourquoi faut-il que la fatalité s'acharne sur sa vieille et chère équipe.

Ce soir je tape des tas de lettres à des V.I.P. au sujet de notre avenir. L'atmosphère est sombre et je suis moi-même d'assez mauvaise humeur. Le Général est seul dans sa chambre et fait des patiences. Comme cette solitude doit lui peser. Je vais aller passer une tête à tout hasard.

**Dimanche 1er octobre 1944 - Gerbeviller**

Ce matin au GTV qui fait une opération locale au profit de la 45e D.I. américaine. Guillebon est très à son affaire. Il pousse son P.C. très en avant. Les Boches ressortent de l'artillerie, du mortier, un tas de cochonneries variées. Les Américains avancent lentement. Notre opération a l'air de les agiter un peu.

Ce soir à Roville, dire adieu à ce pauvre Geoffroy. Nous avons appris que Dubut aussi était mort. Trois balles dans la tête. Quelles pertes et de quelle qualité ! Peut-être qu'emportés par leur fougue ils auront sous-estimé l'adversaire, ou auront été surpris par une résistance qui semble depuis quelques temps s'affirmer... Ce sont hélas toujours les plus ardents.

**Lundi 9 octobre 1944 - Gerbeviller**

Une semaine de repos et de routine, émaillée d'une visite à Haislip jeudi, d'une réunion de chefs de corps et d'une visite au 4e bureau de la VIIe armée vendredi, ainsi que de quelques soirées bien charmantes.

Hier, visite du général Patch, le commandant de la VIIe armée. Il est grand, mince jusqu'à paraître sec, et très nerveux. Culottes de cheval, bottes, calot. Il ne mettra jamais son casque, même pour monter aux observatoires où le général Haislip ne l'accompagnera d'ailleurs pas. Il déclinera avec, sur son visage fin, un air : *« Oh ! moi je connais ça par coeur »* parfait.

Ce matin, c'est M. Jacquinot, ministre de la Marine, qui débarque avec l'amiral Missoffe, l'amiral Lemonnier. Et une suite nombreuse. Le Général les promène dans la division pour leur montrer les éléments du RBFM. Il a l'air très content. Il apprécie M. Jacquinot qui pige et ne fait pas de phrases.

Patatras, au milieu de la visite, le général Marshall, chef d'état-major de la VIIe armée s'annonce pour 1 heure. Le déjeuner est avancé, son ordonnance bouleversée, et sa qualité tristement compromise. Inutile de dire que Marshall n'arrivera pas à l'heure annoncée. Il est maintenant 3 h. Le Général a mis le ministre en voiture et aussitôt après il est parti lui-même pour Lunéville, pensant qu'il valait mieux aller à la montagne que d'attendre qu'elle vînt.

Arrivée du colonel de Boissoudy.

**Mercredi 11 octobre 1944 - Gerbeviller**

La situation est inchangée. Nous sommes toujours à Gerbeviller. Il semble que les Boches décrochent devant nous. Mais le problème n'est pas là, il est ailleurs et il est double. D'abord combien de temps la guerre va-t-elle encore durer ? Nous ne pouvons guère le prévoir. Ensuite il y a le problème de l'intérieur. Les choses n'ont pas l'air d'aller si bien que ça là-bas derrière. Le Général en est préoccupé. Je retrouve, le soir, ses attitudes de Temara : il craint que la France ne se replonge comme une folle dans la politique avant même que la guerre ne soit finie. Toutes les vieilles barbes ressortent. Il semble que rien n'ait changé et que l'on s'occupe à Paris beaucoup plus de la politique que de la guerre.

On raconte que Witasse s'en est allé récemment faire une patrouille en direction d'un château occupé par les Allemands. Il est reçu par quelques coups de feu. Arrivé devant la demeure présumée tenue, il commande le feu. Ses chars, précis, tirent. Un coup dans le salon, un coup au premier étage, un coup dans la porte d'entrée. Bien. Dans la tourelle, Witasse ajuste ses jumelles et considère le travail en expert.

- *A propos, comment s'appelle ce château ?*
- *Le château de V... mon capitaine.*
- *V... ? V... ? nom de .... c'est à mon oncle ! "CESSEZ LE FEU"*

Récemment, un bataillon de la division attaque, en liaison avec une unité américaine. Nos alliés apprécient leur artillerie, qui est puissante. Ils avancent entre deux de ses redoutables manifestations. Au cours de cette attaque, donc, deux de nos types, qui avançaient pendant que l'artillerie reprenait son souffle, aperçoivent un grand corps étendu de tout son long dans le champ, et qui ne bougeait plus.

- *Pauvre type, il a eu son compte.*

A ce moment, ils remarquent, émergeant de la longue capote qu'aucun tressaillement n'agite, deux superbes bottes en caoutchouc. La tentation est trop forte. L'un d'eux y cède, empoigne un pied et commence à tirer. Mais aussitôt un terrible sursaut secoue le corps du *cujus* et des protestations énergiques s'élèvent outre-tombe. Il n'était pas mort, il attaquait.

Que doit-on raconter sur nous !

Aujourd'hui aux avant-postes de Bénamesnil, avec Quilichini, pour voir Joubert. Village en ruines, sous le feu de l'artillerie qui se déclenche dès qu'une tête se montre. Quelques obus saluent notre arrivée. Le Général, économe des autres, tient conférence dans une cave. Des impacts ponctuent l'entretien. Il veut néanmoins grimper à l'observatoire. Demarle l'y emmène. Ce n'est pas sage du tout. Enfin, tout se passe bien.

**Vendredi 13 octobre 1944 - Gerbeviller**

Le Général est allé chasser hier à Portieux et a tué un cochon. Je suis allé déjeuner chez Quilichini. Aujourd'hui à Doncières voir les FFI aux avant-postes. Ceux-là sont très bien.

**Samedi 14 octobre 1944 - Gerbeviller**

Un vent étrange souffle sur la division. Est-ce une lame de fond ou bien la conséquence du ralentissement des opérations ? Je ne sais, mais le fait est certain et il m'est confirmé de plusieurs côtés. Il affecte les anciens, ceux qui se sont battus depuis quatre ans le long des pistes du Fezzan, en Cyrénaïque, en Tunisie. Ces vieux Free French marcheront tant qu'on le leur demandera. Mais ils s'interrogent de plus en plus sur leur véritable utilité.

Ce n'est pas qu'ils renâclent contre l'ingratitude de notre mission actuelle, la gadouille, ces nettoyages partiels et ces avances locales, ce petit grignotage infime et quotidien. Le problème n'est pas là. Mais on dit que la France a besoin d'entendre parler de nous. Bon. Cela a peut-être été vrai en 1942 et 1943, et puis jusqu'au 24 août dernier. Mais maintenant ? Son oreille doit commencer à devenir un peu distraite et l'on peut douter que le passage de la Meurthe ou nos progressions sur la Vézouse la passionnent.

Alors ? Pendant que Geoffroy part en patrouille et Massu en reconnaissance, pendant ce temps-là, les FFI, pas ceux de Doncières, les autres, les politiques, volent et pillent sous prétexte d'épuration : nos politiciens d'hier s'emploient à relever des cloisons entre les Français, certains Free French même, peut-être... Voilà. Où est la vérité ? Où est notre utilité ? Où le rendement sera-t-il le meilleur ? Où la division servira-t-elle le plus efficacement son pays ? Dans les boues de la Forêt Noire ou bien à Paris ?

De quoi aurons-nous l'air si en délivrant nos prisonniers en Allemagne, nous avions à leur dire : « *Dépêchez-vous de rentrer, la révolution gronde à Paris* ». Ils pourraient nous répondre : « *Que fichez-vous ici ? Les Américains auraient pu le faire aussi bien que vous, votre place est là-bas.* » Voilà le ver qui ronge en ce moment.

Le Général ne l'ignore pas. Il estime pour sa part essentiel que la France soit présente jusqu'au bout sur les champs de bataille. Certains, qui en conviennent, se demandent pourtant s'il faut que ce soient sa division et lui, ou bien plutôt ces généraux dont la francisque n'a pas eu le temps de s'effacer tout à fait.

**Dimanche 15 octobre 1944 - Gerbeviller**

Prise d'armes du Génie et remise de décorations. Il fait beau. La cérémonie est simple et réussie.

Au retour, le Général parle de notre situation. Il voudrait que la division entre en Allemagne, que les Allemands voient des soldats français sur leur sol, dans leurs villages. Il préfère que la division ne rentre à Paris qu'à la victoire, pas avant. Paris ne présente pas tellement d'intérêt pour nos officiers en ce moment. La situation est trouble. Trop de gens déjà en place se sentiraient menacés par un tel retour et joncheraient le sol de peaux de bananes pour discréditer les vieux Free French.

Il évoque ensuite des souvenirs. La visite de Vassiliev à Temara. Il me rappelle sa conversation avec le général soviétique. Celui-ci, posant la main sur le bras du Général et lui demandant avec un sourire :

- *Qu'est-ce que vous pensez de l'armée américaine ? Elle ne vaut pas grand-chose, n'est-ce pas ?*

Il incarnait tout l'esprit des militaires de l'Armée Rouge, courtois, d'une modestie orgueilleuse, dissimulant leur mépris de tout le reste sous une cordialité souriante.

Puis le problème des FFI. Il a eu à dîner hier soir le commandant Kapff, petit et sympathique, qui a amené les quatre compagnies FFI qui font maintenant partie de la division et s'y comportent très bien. Elles réussissent parce qu'elles sont encadrées. Leurs capitaines ont beaucoup de qualités, cran, énergie, camaraderie. L'un d'eux accompagnait Kapff hier soir, très sympathique aussi. Un jeune ouvrier qui a été remarquable dans la résistance. Mais tous démontrent que l'éducation militaire ne s'acquiert pas en huit jours. Il y a une technique du commandement qui ne s'improvise pas. Ce n'est pas grave pour quelques officiers, surtout s'ils sont choisis. Mais il doit y en avoir beaucoup d'autres. Qu'est-ce que cela donnera le jour où ils auront à commander dans des unités régulières ? Le plus vexant, c'est que tout cela n'est pas de leur faute. Ils ne pensaient pas à se coller des galons sur les manches. Ils avaient même préparé des signes distinctifs entièrement différents de ceux de l'armée régulière. Et puis un beau jour l'ordre est arrivé de Londres. Tous ceux qui commandent à tant d'hommes sont capitaines, à tant commandants, à tant colonels... Si l'on avait attendu, il aurait été facile de faire la même chose, mais avec discernement, en fonction des qualités de chacun. Tout le monde y aurait gagné, y compris les intéressés et leurs subordonnés.

Il y a huit jours, la sentinelle de garde à la porte du château présente les armes à la Princesse d'Arenberg qui revenait de la messe. Le commandant du Q.G., témoin de la scène, attend que la charmante silhouette soit rentrée dans le château et manifeste son étonnement. La réaction de la sentinelle pouvait être justifiée par le bon goût ou la courtoisie, mais elle n'était évidemment pas conforme au règlement. Ordre du chef de poste, répond la sentinelle. L'excellent Barboteux convoque l'aspirant et s'enquiert. L'autre répond tranquillement :

- *Princesse... hôtesse du Général, etc.*

Et comme Barboteux s'emporte, il couronne le tout d'un air pincé :

- *D'ailleurs, c'est peut-être une princesse du sang.*

Barboteux a échappé de peu à l'apoplexie. Quant à la principale intéressée, elle s'est beaucoup divertie cet après-midi de l'histoire en recevant une fois de plus, au coin du feu, le petit groupe habituel, Trévoux, Bagneux, Gérard, Bonnet, etc.

**Lundi 16 octobre 1944 - Gerbeviller**

Ce matin, après une assez fastidieuse visite au 3e R.A.C., le Général me prévient qu'il désire aller à Paris demain. Naturellement la voiture est au diable vauvert en train d'être mise au point. Tandis que nous attendons Haislip, annoncé pour le début de l'après-midi, le Général m'explique les raisons de sa décision. Il a récemment décliné l'offre que lui avait faite le Général de Gaulle, du poste de chef d'état-major général. Le discours qu'a fait hier le Général de Gaulle l'a frappé par la résonance amère qu'il y a discernée. Il a été pris de scrupules. Il s'est demandé si sa lettre exprimait bien sa pensée et si son refus avait pu être pris pour une rebuffade. Il ne veut surtout pas que le Général de Gaulle puisse avoir l'impression que tout le monde le laisse tomber. Il s'interroge sur l'intérêt de l'Armée : est-il dans le maintien de la division sous sa forme actuelle ou dans son éclatement pour encadrer d'autres unités ?

Sur ces entrefaites, Haislip vient nous demander de préparer une opération destinée à aider le 6e corps américain. La ligne à prendre est défendue par des travaux de campagne allemands. Ce n'est encore pas une mission pour une unité blindée. Le Général est agacé que sa division soit mal employée.

**Dimanche 22 octobre 1944 - Gerbeviller**

Le voyage à Paris s'est bien effectué. La *Cadillac* s'est surpassée et nous sommes arrivés juste à temps jeudi pour le déjeuner prévu avec Pleven.

Le Général a réuni ses chefs de corps ce matin pour leur expliquer le but de ce voyage : confirmer au Général de Gaulle que la division est à ses ordres, quelles que soient les tâches auxquelles il pourrait juger bon de l'employer.

Le Général de Gaulle l'a rassuré. Il a décidé d'employer deux grandes unités à *patrouiller* dans le pays, sans doute la 1ère DMI et la 1ère D.B.. La division conserve une mission de combat.

Au cours de notre séjour, je signale au Général certains bruits au sujet du désordre qui régnerait effectivement en province. Il a entendu dire la même chose et retourne voir Pleven la veille de son départ pour lui confier sa crainte que le Général de Gaulle ne soit mal informé et ne se fasse des illusions. Avec lui, il faut donner des faits précis, ne pas se contenter de l'avertir en termes vagues que les choses ne vont pas. En pareil cas, en effet, il demande des précisions. Si l'interlocuteur ne peut pas en fournir, le Général de Gaulle balaie tout d'un geste : *« Allons, allons, qu'est-ce que vous racontez ?... »* et c'est fini. Pleven promet d'aller le voir à ce sujet.

Au ministère de la guerre, le Général se bat pour ses propositions d'avancement. On lui a fait à cet égard une réputation parfaitement injustifiée de gangster. Il remet les choses au point. Il s'agit de propositions, pas de promotions ; il repart avec des assurances, indécis sur leur valeur.

Le Général a envoyé sa voiture à Tailly pour que sa femme vienne le rejoindre. Elle est grande et mince, le visage hâlé sous son voile de deuil, avec des yeux clairs, un regard droit, un visage énergique et gai. Elle est accompagnée de deux gosses adorables qui ont fait la conquête de l'ordonnance et du chauffeur. Ils ont promené ces derniers dans le village en les présentant à chaque paysan :

- *Ce sont les soldats de Papa.*

Sur la route du retour à Gerbeviller, le dit ordonnance laissera éclater son indignation d'avoir aperçu à Troyes, dans la vitrine du siège du parti communiste, la photographie du Général encadrée par celles de Staline et de Léon Blum. Je raconte la chose au Général qui s'en amuse beaucoup.

L'attitude des gens en place n'est pas toujours bien séduisante. Les camarades de la 1ère DMI qui se considéraient, en Afrique, comme les seuls vrais purs, ont été cruellement déçus. Ils se demandent si nous n'avons pas eu raison de faire tâche d'huile et d'ouvrir la division à des gens de tous les bords. Le Général me paraît lui aussi assez écœuré de ce qu'il a vu et entendu. Il m'en parle avec un détachement lointain et je sens mes illusions s'en aller l'une après l'autre tandis que je regarde au-dehors les grands arbres accourir et se perdre derrière nous.

La question des grades FFI est pratiquement réglée pour nous. Elle se posait puisqu'il y a quatre compagnies FFI à la division. Elle sera résolue par une transaction des chefs de corps, en accord avec les intéressés, qui consistera à prendre le juste milieu entre le grade FFI et le grade régulier. Les cas d'espèce seront réglés à l'amiable. La formule est applicable lorsqu'elle met en présence un subordonné honnête qui a fait ses preuves et un supérieur respecté qui a la confiance et l'estime de ses troupes.

- *Lorsque ce sera fait*, conclut le Général, *on ne pourra plus venir nous dire que la question est insoluble puisque nous l'aurons réglée à la satisfaction des intéressés eux-mêmes.*

Ce soir le Général reçoit une courte lettre, quelques mots à peine, mais de Marlène Diétrich. *« Mon général, je serais si heureuse si vous me permettiez de vous voir et de vous dire comme mon cœur est avec vous et vos troupes. Marlène. »*

## Mardi 24 octobre 1944 - Gerbeviller

La réunion au cours de laquelle le Général a expliqué à ses chefs de corps, avant-hier, dans la bibliothèque du château, l'objet et les résultats de son voyage à Paris, a été pittoresque. Mais la question continue à le tourmenter Je ne sais quel élément nouveau a pu intervenir depuis. Toujours est-il qu'il m'a fait appeler hier matin et m'a dicté une longue lettre pour Pleven. Dans cette lettre, il revient à la charge. Sans doute a-t-il pu tâter le pouls de la division et avoir confirmation de ce que je lui avais déjà signalé. Sans doute aussi n'échappe-t-il pas lui-même au malaise qui travaille la division.

En un mot, c'est maintenant la situation intérieure du pays qui lui paraît nécessiter tous les soins. Il brosse un tableau de la situation générale en France, pour conclure que le prestige du Général de Gaulle est en jeu et que, si cela continue, il pourra dans un mois « *entrer à l'Elysée* ». Il a cette phrase qui souligne la portée de son évolution :

- *Lorsqu'il y a deux mois je préparais un ordre d'attaque, j'avais l'impression de faire l'essentiel. Aujourd'hui, quand j'en prépare un nouveau, il me semble que je me livre à un travail accessoire.*

Le champ de bataille français est désormais à l'intérieur, et c'est ce que ressentent les anciens de la division qui en constituent les assises. Notre inaction augmente leur malaise.

Que l'on n'aille pas parler dans tout cela d'ambition ! Ce doit être un déchirement pour lui d'accepter que sa présence puisse être plus utile à Paris qu'en Alsace. D'ailleurs en relisant la phrase dans laquelle il se déclare prêt à aller les aider, il rajoute : « *malgré la gravité de quitter en pleine guerre une division unique dans l'armée française* » et me fait retaper la lettre. Ces quelques mots rajoutés soulignent l'ampleur de son cas de conscience. Mon regard, en prenant le papier raturé, croise le sien et mon expression lui livre ma pensée. Il se renverse dans son fauteuil, l'air las et soucieux :

- *Oui, voyez-vous, c'est bien difficile. Une décision comme celle-là, il ne faut pas la prendre à la légère, mais les grandes décisions doivent se prendre rapidement, sans cela il est trop tard, comme on l'a vu souvent. Et qui sait ? Si les Russes attaquent... si les Américains passent le Rhin... si l'Allemagne s'effondre et si la guerre se termine dans un mois... Nous pourrions entrer à Strasbourg... Mais je crois tout de même que le devoir est là...*

**Mercredi 25 octobre 1944 - Gerbeviller**

Le discours du Général de Gaulle que nous recevons dans le bulletin de ce matin ne nous enthousiasme pas. Il dit des FFI « *qu'en très peu de temps ils deviennent aussi bons que les combattants de la métropole.* » Il n'est pas sûr que ce soit bon de le dire, surtout que ce n'est pas toujours vrai pour tous. Certaines considérations sur l'avenir de la guerre laissent rêveur le lendemain du jour où les Alliés ont officiellement reconnu le gouvernement provisoire.

Tout cela est bien angoissant et fait paraître bien accessoire le pinaillage d'un ordre d'opération... le GTV s'emparera de Cucuville... etc..

Hélas ! nous nous attendions à de si belles choses ! Devrons-nous retrouver, ô Péguy, des révolutions plus mortes que des trônes... des progrès plus cassés que la vieille habitude...

**Vendredi 27 octobre 1944 - Gerbeviller**

Je suis au noir. Nous ne faisons plus rien. Tout paraît inutile. Je commence lentement à penser à mon propre avenir. L'intérêt personnel ne m'a guère inspiré pendant ces quatre années, mais devant l'étalage des ambitions, la course aux places, la bousculade parisienne, il vient un écœurement puis une révolte. Si ce doit être comme ça, ce n'était vraiment pas la peine. J'ai servi mon pays, mais si cela ne doit servir à rien, autant rendre mon tablier et rentrer m'occuper chez moi de mes affaires.

Sans doute est-ce tout simplement un coup de cafard. Mais il y a quelque chose de déplaisant à continuer à barboter dans la gadouille lorraine et à étudier les progressions de dix kilomètres chères à nos bons alliés, pendant que les Parisiens, après un coup d'œil distrait sur les entrefilets des journaux consacrés à la guerre, s'emploient bien tranquillement à remettre sur pied tout ce que pendant quatre ans nous avons espéré ne plus voir.

Vrout ! Merde ! Corne d'Ubu ! Où est le bâton à physique ! Hélas ! Hélas !

Nous n'en ferons rien. Comme en 1919, nous assisterons, dégoûtés, à l'exploitation de la victoire par les limaces, ô Forain. C'est la loi éternelle.

Sans doute avons-nous été bien orgueilleux de croire que nous pourrions jamais y changer une virgule.

**Lundi 30 octobre 1944 - Gerbeviller**

Le remue-ménage en vue de la nouvelle opération a commencé jeudi dernier, très lentement. Puis il est allé crescendo. Samedi l'on s'agitait tout à fait. Verdier rentrait de Paris, Naggiar réapparaissait. Il s'agit de Baccarat que le Général a demandé à cueillir en passant.

Hier il va voir Haislip et tombe d'accord avec lui sur les derniers points de détail, notamment la date de départ. Il lui faut quarante-huit heures pour tout préparer.

Rentré à son P.C., il reçoit l'ordre d'entreprendre l'opération le lendemain, c'est-à-dire aujourd'hui. Cela ne lui fait évidemment pas plaisir. Bien au contraire, il se met dans une colère :

- *C'est comme si on chantait, etc.*

Tandis qu'il est dans cet état d'esprit, un officier de liaison de l'Armée arrive. Ce bon jeune homme nous dit qu'il n'est pas au courant et que cette opération n'intéresse pas l'Armée. Je ne sais pas de quoi il parle, mais ce qu'il dit met plutôt de l'huile sur le feu.

Le Général fait atteler, monte en voiture et se rue littéralement au XV$^{e}$ Corps. La prise de contact est épineuse. Je me retire discrètement à l'écart, gardant un œil sur le camion P.C. pour voir s'il explose. Eh bien pas du tout. Haislip et lui sortent de là sans le moindre œil poché, parfaitement souriants et bons amis. Tout est arrangé, et l'opération est retardée, comme il le souhaitait, de vingt-quatre heures.

Nous quittons aujourd'hui notre joli château et l'enchantement de son hospitalité souriante. J'en suis d'autant plus triste que nous n'allons pas aller loin. Dix à quinze kilomètres. Juste assez pour retrouver la boue. Allons c'est elle qui est la règle... Partons d'un cœur léger.

**Mercredi 1er novembre 1944 - Gélacourt**

Baccarat est pris. Nous avons passé la nuit du 30 au 31 à Mesnil-Flin, tandis que les unités se mettaient en place à l'abri des arbres et de l'obscurité. Hier matin les grandes eaux se sont déchaînées. L'artillerie s'est mise à tonner. Les blindés sont sortis des hauts bois et ont dévalé sous un soleil merveilleux vers Baccarat. Sur une petite éminence, des colonels, et généraux de la 1ère Armée venus assister au spectacle. On dit, mais ce n'est sûrement pas vrai, qu'ils venaient voir le dompteur se faire manger par les lions. Baccarat n'était évidemment pas un objectif pour D.B.. Seulement il s'agissait de la nôtre. Rouvillois s'est surpassé. La Horie se met en retard en prenant un village qui était destiné à Massu. Mais tout s'arrange par un miracle de maîtrise et la ville tombe sans qu'un verre se casse.

Malgré tout le Général n'est pas content. Il ne se calme cet après-midi qu'en voyant Dronne dans Vacqueville en flammes. C'est que l'opération aurait pu être beaucoup mieux exploitée. Telle quelle, c'est un beau succès local. Ç'aurait pu être un succès de grande envergure si les Américains avaient amené une division d'infanterie derrière nous pour la jeter aussitôt dans la brèche. Ils auraient pu atteindre Blamont, Badonviller, Raon l'Etape...

Au lieu de cela, la surprise passée, l'ennemi va se rétablir et dans huit jours, le travail sera tout aussi dur.

Cette méthode des coups d'épingles est irritante. Elle coûte cher. Le Général ne l'apprécie pas du tout. Quand on lui demande d'exercer une pression, d'effectuer une progression locale, il commence toujours par essayer de prouver que cela ne servira à rien. Si l'ordre est maintenu, il cède, prépare son affaire et frappe un grand coup, par surprise, avec un choc brutal de blindés et d'artillerie. Après, il enrage que son succès reste localisé.

Enfin ! retournons au P.C. avant dont l'installation est, comme à l'accoutumée, de fortune. Mais le Général est tout à fait détaché des contingences et celle-là ne l'empêche nullement d'inviter des gens à dîner et à coucher comme s'il était encore au Bristol.

**Jeudi 2 novembre 1944 - Gélacourt**

Il est question que nous nous installions à Baccarat pour quelques jours, le temps que la division se regroupe et en attendant la reprise du mouvement. Le Général avait pensé choisir Azerailles. Il ne reste, hélas, qu'une seule maison en état dans ce gros bourg. Ce sera donc à Baccarat que nous irons.

Nous n'étions pas si mal à Gélacourt. Les poêles fonctionnaient et nous avions pu débarrasser assez de pièces de leurs plâtras et de leurs gravats pour les rendre habitables. Si les propriétaires ne tardent pas à revenir, ils pourront rétablir sans trop de mal une situation qui était bien compromise lorsque nous sommes arrivés.

Le seul inconvénient est qu'il pleut et que le toit n'arrête pas la pluie. La chambre du premier est inondée en dépit du bataillon de seaux que nous avons rassemblé dans le grenier. Le pauvre Châtel aura les pieds dans l'eau demain et je me demande si le plafond du rez-de-chaussée tiendra toute la nuit.

Repiton a dîné avec nous ce soir et nous a parlé de *Marcelle*, cette étonnante jeune fille de Baccarat qui est sortie de son maquis pour venir nous donner des renseignements précieux. Pendant qu'il montait l'opération avec le Général, Repiton a décidé que Marcelle servirait de guide à Rouvillois. Elle est donc montée dans le half-track de cet homme parfait qu'est Rouvillois. Elle a débouché à ses côtés sur le plateau d'Hablainville aussitôt couronné par mille explosions, elle a déboulé sur Gélacourt et de là sur Baccarat. Elle a montré le chemin qu'il fallait prendre, par derrière la cristallerie, et elle est rentrée triomphalement parmi les siens.

Repiton l'a revue ce matin, semblable à elle-même, franche et décidée, vêtue d'une capote d'adjudant et coiffée d'un casque. Elle l'a remercié avec effusion

- *Je sais que vous avez voulu me récompenser.*

Un sourire plisse le visage enthousiaste et malicieux de Repiton. C'est effectivement ce qu'il avait voulu. Marcelle méritait ce retour dans cette ville qui était pour elle ce que Paris était pour nous.

Elle a eu un joli mot sur Rouvillois. Evoquant son arrivée à Azerailles, elle confie à Repiton :

- *J'ai commencé par avoir un peu peur, au début, avec tous ces obus qui tombaient de tous les côtés.*

Puis, avec simplicité :

- *Ça n'a pas duré. A côté du Commandant, je n'avais plus peur.*

Repiton donne ce bref coup d'encensoir de la tête et des épaules qui souligne chez lui, mieux encore que les mots, la joie du cœur. Je me rappelle l'impression que m'avait faite à Champfleur la présence tranquille de Rouvillois au milieu des rafales.

**Samedi 4 novembre 1944 - Baccarat**

Aujourd'hui nous allons déjeuner à Epinal, chez le général Patch. Il reçoit son hôte très courtoisement. Il est grand, sec, enroué. Il porte la tête à la fois levée et projetée en avant des gens un peu myopes. Il paraît sincèrement désireux de nous conserver à la VIIe Armée et de plaider notre cause auprès des grands états-majors.

L'armée B, celle du général de Lattre, continue à exercer des pressions pour nous absorber, mais il semble que les Américains y résisteront.

Le Général n'a en effet aucune envie de quitter l'armée américaine, et cela pour plusieurs raisons. Une des principales tient aux méthodes périmées qui restent en honneur à l'armée B. Les intendants de de Lattre continuent à appliquer obstinément celles qui ont fait cent fois faillite. Ils n'ont rien appris et refusent d'évoluer. Leur entêtement agace les Américains qui ont leurs propres méthodes et ne voient pas pourquoi ce serait eux qui devraient se conformer aux habitudes d'une petite minorité. Nous sommes, pour notre part, toujours très bien reçus, parce que le Général a décidé, par réalisme et par logique, d'adopter les méthodes américaines. Le résultat est que nous obtenons sans aucune difficulté ce dont nous avons besoin. Il est absurde de vouloir vivre dans une société dont on a besoin, en se rebellant perpétuellement contre des habitudes qui ont prouvé leur efficacité.

Ce soir le Général reçoit la visite de Dauphinot qui vient de Saint-Germain où est installé notre B.R. (bataillon de recrutement). Il semble que l'on veuille le mettre à la porte du Quartier Gramont où il avait été pourtant entendu qu'il pouvait s'établir. Le Général en est très fâché et me dicte une lettre assez vive pour le ministre. Je lui fais supprimer une phrase qui me paraît un peu dangereuse *à écrire*. A cela près, je suis bien d'accord quant au fond. Ces procédés sont déplorables. A dîner, le Général commente l'incident avec une ironie amère :

- *Ça, voyez-vous, c'est tout simplement parce que ce bataillon marche bien. Les Français ne supportent pas que quelque chose marche bien. Il faut tout de suite qu'ils le changent. Ajoutez à cela, évidemment, que le bataillon dépend de votre serviteur, ce qui est une raison de plus pour qu'on le fiche en l'air.*

Cette caserne de Baccarat dans laquelle nous sommes installés est lugubre. Le papier à fleurs de mon bureau est déprimant au possible. C'est ce satané Gribius qui nous a fourrés là. Je comprends qu'il en ait assez de ces déménagements incessants et de ces P.C. impossibles, et qu'il ait voulu pour une fois avoir tout son monde sous la main. Oui da, il l'a. C'est un entassement sinistre, une marée de véhicules, un tourbillon de militaires, dans le décor navrant des casernes de l'Est, sur un fond de collines de sapins, de latrines et de murs agrémentés de graffitis d'un humour relevé : *« C'est du "peu". C'est du 28 au jus, Adieu les poules. etc. »*. Je reste rêveur devant ces inscriptions. Elles sont à la hauteur du décor. Je me demande si la révoltante laideur du second n'est pas responsable de l'indigence des premières.

**Dimanche 5 novembre 1944 - Baccarat**

Réception très sympathique à la cristallerie de Baccarat où les FFI et la municipalité offrent au Général un vin d'honneur dans le service commandé par Goering à son chiffre.

Puis je vais à Gerbeviller. Notre hôtesse d'hier n'y est pas, mais Catherine nous sert, à Gérard, Bagneux et moi, un déjeuner royal.

# Strasbourg et l'Alsace novembre 1944 à janvier 1945

*Note – Le XVème Corps d'armée américain se trouve en présence de la Vor-Vogesenstellung (pré-vosgienne) dont les tranchées, les réseaux s'appuient sur Blamont, Ancerville, St Pôle, et Neufmaisons ; mines et fossés anti-chars complètent la défense ; derrière cette position la Vor-Vogesen-stellung barre la trouée de Saverne, de la Petite Pierre au Donon : son point d'appui principal est centré sur Phalsbourg.*

*Chaque jour, le Général va "tâter" le front où ses propres détachements et l'infanterie américaine cherchent une fissure dans le Vor-Vogesenstellung.*

*Enfin le 17 novembre, La Horie entre dans Badonviller, par surprise.*

*Ce succès coûte cher, La Horie est tué. La Pré-vosgienne est tournée et la route de Cirey est libre.*

*De Badonviller le Général lance les autos-mitrailleuses des spahis sur Cirey où elles entrent dans la nuit du 18 au 19 novembre. Cette incursion brutale par des itinéraires aussi imprévus a désorganisé le dispositif ennemi. Phalsbourg et la trouée de Saverne sont fortement tenus par l'ennemi.*

*Le 21 novembre le Général décide (tandis qu'un détachement se présente devant Phalsbourg pour donner le change) d'envoyer 2 colonnes qui contourneront largement la trouée de Saverne et se dirigeront, l'une en direction de la Petite Pierre avec Rouvillois, la seconde sur Dabo avec Massu.*

*Malgré une résistance acharnée, les éléments ennemis sont débordés, les routes s'ouvrent sur les arrières de l'ennemi, vides et sans mines, vers les crêtes des Vosges.*

*C'est alors une ruée prodigieuse à travers la forêt de sapins : les chars lancés à toute allure rencontrent une colonne d'artillerie allemande, ils l'éventrent sans ralentir et d'un seul élan se trouvent en vue de la plaine que domine la flèche de la cathédrale de Strasbourg.*

*Le lendemain 22 novembre, les deux colonnes dévalent les pentes Est des Vosges en se rabattant comme deux gigantesques tenailles derrière la trouée de Saverne.*

*L'ennemi ne s'est encore aperçu de rien, que l'étau s'est déjà refermé sur lui. Quelques heures plus tard, Phalsbourg est pris à revers, ses défenses bousculées, la porte de l'Alsace est ouverte.*

*Le 23 novembre à Birkenwald le Général apprend que Strasbourg a été libérée par Rouvillois. Au palais du Rhin, plus tard, on me fera savoir que Rouvillois est arrêté devant le pont de Kehl dont les défenses sont trop fortes pour qu'il puisse le prendre. Il n'avait pas été clairement défini que Strasbourg serait dans l'objectif de la 2ème D.B.*

*C'est la VIIème armée du général Patch qui, en principe, avait cette mission mais quelques jours plus tôt Leclerc avait laissé entendre à Haislip que, si l'occasion se présentait, il ne la laisserait pas échapper. L'Américain avait admis cela en souriant.*

*La division a dû attendre pendant plusieurs jours à Strasbourg que l'infanterie américaine vienne la relever. Ce délai a, hélas, permis à l'ennemi de se ressaisir. La progression vers le sud s'est aussitôt heurtée à des défenses solidement établies. Il faudra beaucoup d'infanterie, bien plus que n'en comprend la division blindée, pour en venir à bout.*

*Pendant tout le mois de décembre 1944, la 2e D.B. continue à faire pression sur les positions allemandes défendant la plaine au nord de Colmar.*

**Lundi 13 novembre 1944 - Baccarat**

Nous sommes partis pour Paris le 6 avec Lantenois. Ma voiture était partie la veille chercher Mme de Hauteclocque à Tailly. Temps effroyable mais bonne route tout de même.

J'en profite pour aller aux Affaires Etrangères me renseigner sur le *cadre complémentaire* prévu à l'intention des *résistants*. Je suis aimablement reçu et l'on me montre un exemple de dossier déjà constitué. J'ouvre des yeux ronds. Ce candidat, chaudement recommandé par un de nos plus éminents représentants à l'étranger, est un garçon que j'ai bien connu à Londres, en juillet 1940, lorsqu'il regardait avec une condescendance ironique les *aventuriers gaullistes*. Ce brillant jeune homme s'est engagé dans l'armée britannique où son *curriculum vitae* indique qu'il a noblement résisté pendant toute la guerre dans des services genre transmission, sans jamais quitter l'Angleterre, pour finir avec le grade de *major*. Je m'abstiens de commentaires mais demande à voir, comme modèle, le dossier de quelqu'un d'autre.

Le 8 à Saint-Germain, inspecter le B.R. 2 avec le ministre de la Guerre. Puis voir les Américains. C'est assez enrageant de passer quarante-huit heures à Paris et d'aller voir tirer des recrues...

Départ le 9. A Nancy, la crue de la Meurthe nous force à faire un long détour.

Cérémonie le 11 au monument aux morts de Baccarat. Le soir, à la popote, remise au Général de la francisque en cristal du Maréchal Pétain.

Le 12, prise de commandement de Rouvillois à Magnières. L'attaque va reprendre. Je cours à Gerbeviller faire mes adieux avec Bagneux et Gérard.

Cafard. Ce matin, en arrosant les galons du cher Gribius, Lantenois observe que sur les quinze officiers de l'état-major qui sont là, il y en a deux d'active pour treize de réserve. Branet, ce matin, n'est pas plus enthousiaste. Lui qui est, comme l'on dit, adoré de ses hommes et estimé de ses chefs, lui aussi, il en a assez. Il a retrouvé les siens diminués physiquement et matériellement. Est-il juste de continuer à lui demander tous les matins de *tout donner*. Bah ! à quoi bon ! Nous savons bien que nous irons avec lui jusqu'au bout. Mais c'est plus dur maintenant. Il faut parfois reprendre son élan.

Tournée des P.C. L'opération est déclenchée, mais ce sont pour l'instant les deux divisions d'infanterie américaines qui jouent.

**Mercredi 15 novembre 1944 - Baccarat**

Il a fait un temps affreux hier. C'est mieux aujourd'hui. Nous en profitons pour aller voir ce qui se passe sur le front de la 79e DI américaine. A Montigny, l'atmosphère est plus calme qu'hier, moins de bombardements, moins de véhicules aussi. Nous continuons en direction d'Ancerviller, tournons à droite. Devant nous la route court droit à une crête qui se couronne, à intervalles rapprochés, de panaches de fumée.

- *Omph, grogne le Général, la crête est battue par les Boches... il faudrait peut-être...*

A ce moment, un obus éclate, là-haut, en plein sur la route. Nous échangeons un sourire dubitatif :

- *Oui... évidemment...*

La jeep roule sur l'étroite route gluante. Je passe en troisième.

- *Il y a deux solutions, attendre ou foncer après le prochain...*
- *Oui... oh... foncez.*

La boue gicle, nous grimpons la pente, redescendons ; au moment où je laisse un peu glisser les rênes, une arrivée résonne derrière nous. Le Général a un rire gai.

Après Ancerviller, nous stoppons dans un petit bois, en vue de Malloville. Une boue visqueuse couvre le sol. Des sacs partout dans les fossés, suivant cette curieuse habitude de l'infanterie américaine. Un soldat est encore là, assis devant sa mitrailleuse, mais sa tête est bizarrement penchée sur son épaule et il manque un gros morceau de son crâne.

Deux chasseurs de chars sont arrêtés au milieu de la route, en pleine vue d'ailleurs de l'ennemi. Nous laissons la jeep contre la lisière du bois et continuons à pied. Le chemin s'enfonce dans le bois, puis atteint une lisière sur la gauche. Le Général s'arrête, scrute l'horizon ; son doigt recourbé suit les lignes de la carte. Sur notre droite, des arrivées d'obus fracassantes, des crépitements de mitrailleuses. C'est toujours le combat pour Malloville. Il bruine. Le froid est humide. Une jeep passe transportant un blessé.

Nous retournons sur nos pas. Le Général a les sourcils froncés. La vue des chasseurs de chars au milieu de la route l'agace :

- *Qu'est-ce qu'ils foutent là au lieu de pousser... il ne doit pas y avoir tellement de 88 devant ...*

Vlaouf ! une arrivée, une seconde assez près. Leur fumée se distingue à travers les arbres dans la direction de notre jeep. Encore deux avant d'atteindre la voiture. Au moment où je mets en route, une autre. La boue chuinte sous les pneus de la jeep. J'accélère avec l'impression que ces nouvelles arrivées sont juste à l'endroit que nous venons de quitter.

Nous traversons les tranchées allemandes maintenant occupées par la 79e et regagnons Ancerviller. Le Général qui a son visage crispé des moments de concentration, hésite :

- *Oui, arrêtez. Je vais redire un mot à Morel-Deville.*

Je range la voiture le nez contre la façade du P.C.. Une jeep américaine vient se placer sur ma gauche. Nous entrons dans la maison. Le Général n'est pas depuis trois minutes dans le bureau de Morel-Deville que quatre belles arrivées nous assourdissent. Tout tremble. C'est la concentration bi-horaire sur le village. Encore quatre... Je considère avec inquiétude la porte du bureau. Elle s'ouvre.

- *Mon général, dit Morel-Deville, vous feriez mieux d'attendre que ça soit terminé.*

Encore quatre, assez près. Des tuiles dégringolent sur les jeeps rangées devant la porte. Pourvu que... je me penche avec anxiété : le pneu arrière de la jeep américaine est tristement aplati dans la boue. Je voudrais remercier le brave type qui est venu mettre sa voiture en écran devant la nôtre. Nous rentrons. Il fait froid. Une sortie de plus. Nous, encore, nous rentrons, mais eux, les pauvres...

**Samedi 18 novembre 1944 - Baccarat**

Pendant que Morel-Deville donnait des coups de boutoir dans la région Parux - Montreux - Neuviller, La Horie a réussi à s'emparer de Badonviller par surprise. C'est un succès important.

Ce matin, le Général va voir Guillebon qui lui apprend que La Horie vient d'être gravement blessé. Il doit être aux carrières de Badonviller, au nord de la ville. Le Général décide aussitôt d'aller le voir. Nous traversons l'agglomération. Le Général lit la carte et me guide. Nous atteignons la lisière des maisons. Devant nous, une grande route vide. Deux chars sont là, disposés en quinconce, et je remarque qu'il n'y a personne autour. La route se dirige droit vers le bois. Elle me paraît étrangement déserte et, avec ces chars que j'ai aperçus embossés à la sortie, je me sens vaguement inquiet. A une question que je lui pose, le Général me répond d'un ton impatienté que c'est la bonne route. La jeep fonce vers les bois, y pénètre. Toujours rien que le silence. Pas une âme. Et soudain, juste après un tournant, j'aperçois une barricadc d'abattis à 100 mètres devant moi. J'écrase le frein et fais demi-tour tandis que le Général consulte sa carte.

Effectivement, nous partions dans la direction des Boches. Le Général s'esclaffe et me demande pardon en riant. Je lui réponds, avec un rire un peu forcé, que cela me serait égal s'il ne s'agissait que de moi. J'ai vraiment eu chaud en apercevant cette barricade. S'il y avait eu quelqu'un derrière !

De là aux carrières où nous sommes accueillis par une fusillade inattendue. Les Boches, retranchés dans les bois voisins, canardent la route et les maisons où s'abritent nos troupes. Putz apparaît. Une jeep passe avec deux blessés sur son capot. Krementchousky, au volant, me jette en passant :

- *C'est le colonel de La Horie. Il est très gravement blessé.*

De retour à Badonviller, nous apprenons que La Horie est mort. A la mairie, le Général se recueille un instant devant lui, puis se penche et l'embrasse sur le front. La Horie était un camarade de promotion. Il avait monté les chevaux du Général, le fameux Iris XVI auquel il tenait tant. Il était le type du cavalier. Le Général l'aimait bien. Mazières aussi a été tué. C'est cher.

Pommeret me dit que nous avons eu de la chance ce matin à Badonviller. Il est en effet tombé pas mal d'obus pendant que nous regardions passer quelques autos-mitrailleuses avec le colonel Rémy. Des éclats perdus ont soulevé de la poussière ça et là autour de nous. Il se trouve seulement qu'un de ces petits nuages de poussière n'a pas été soulevé par un éclat, mais bel et bien par un obus. Le projectile, après avoir ricoché sur un toit, est venu se ficher en terre, à dix mètres de nous, en esquintant l'arrière d'une jeep, mais sans éclater. Quel tact à l'égard du Général...

**Dimanche, 19 novembre 1944 - Cirey**

La prise de Badonviller a ouvert la route de Cirey dont Morel-Deville s'est emparé hier. Nous y arrivons ce matin et y trouvons Guillebon. Le Général passe la matinée avec lui. Il est très énervé et nous avons une discussion assez pénible. Le P.C.A. nous rejoint et s'installe dans le château.

Dans l'après-midi, nous allons à Blamont.

Le soir, colloque devant les cartes. Le Général les étudie longuement, jambes écartées, la main gauche dans sa poche, deux doigts de la main droite sur sa bouche. Il gonfle les joues, souffle lentement sur ses doigts repliés.

Notre avance a disloqué le dispositif de l'ennemi qui se replie sur tout le front du Corps d'armée. La suite dépend de ce tête-à-tête. Le Général est fatigué et détendu. Il me demande, avec ce regard affectueux des moments de répit, si je ne lui en veux pas de son algarade de ce matin... Grands dieux non ! Quelle tension il supporte ! il est extraordinaire à voir dans le feu de l'action. Rien d'étonnant à ce qu'il ne soit pas toujours commode.

**Lundi 20 novembre 1944 - Cirey**

Massu est lancé à droite, Minjonnet à gauche. Le Général ne peut plus rien qu'attendre les résultats pour apprécier la décision à prendre.

C'est l'opération du GTV sur Badonviller et Cirey qui a été déterminante. Elle a coûté cher. La Horie, Mazières et 300 types hors de combat. Mais l'ennemi a été surpris. Il ne s'attendait pas à ce que des éléments blindés empruntent cet itinéraire impossible. La charge sur Cirey a achevé de le désorganiser.

Belfort est tombé ce matin et du Vigier est sur le Rhin. Le général Devers, commandant du Groupe d'armées nous l'a appris en venant nous voir cet après-midi au P.C. avant.

Au cours de l'avance d'hier, un de nos hommes va rendre visite à des jésuites quelque part dans la région de Cirey. Dans le jardin, il aperçoit quatre canons de 88. Il les considère avec intérêt. Deux jésuites sortent de la maison. Tous trois se congratulent, puis notre aumônier est repris par sa contemplation

- *Beaux canons...*
- *Oui, n'est-ce pas.*
- *Mais, où sont donc les servants ?*
- *Les servants ? Ah, ils sont là... oui... dans la cave...*

Notre ami opère une prompte retraite, encore précipitée par l'apparition des dits-servants qui ouvrent le feu sur la silhouette heureusement éloignée.

Une histoire analogue est arrivée à un autre garçon qui, après avoir vu plusieurs pièces abandonnées, en aperçoit une autre isolée sur sa droite. N'ayant rien de spécial à faire à cet instant précis, il se dirige vers la pièce pour voir s'il n'y aurait pas par hasard quelque chose d'intéressant à glaner à l'entour. En approchant, il constata qu'il y avait pas mal de choses intéressantes à côté, notamment les servants qui le reçurent sans aucune courtoisie... Lui aussi en fut quitte pour la peur.

Le colonel Repiton est allé hier à Nancy parler au peuple, en faveur de l'emprunt. Il nous décrit avec son sens aigu de l'anecdote, les discours de certains notables, avec trémolos, silences, main sur le cœur, etc.. Le Général est toujours enchanté d'apprendre à quel point il a pu être autrefois aidé par Pierre ou par Paul sans s'en être jamais aperçu.

**Mardi 21 novembre 1944 - Cirey**

9 h. La prise inattendue de Badonviller risque d'avoir des conséquences considérables. Le Général l'a vu tout de suite et je tire mon chapeau, une fois de plus, au coup de poker qu'il semble être en train de réussir. La trouée de Saverne est fortement défendue, mais sur ses axes de pénétration normale, sur les itinéraires *chrétiens*.

Maître de Badonviller, le Général a aussitôt poussé Guillebon sur Cirey, très à droite du dispositif allié déjà en place aux pieds des Vosges. Et de là, pendant que la 44$^{e}$ et la 79$^{e}$ DI américaines s'attaquaient le long de la vallée aux lignes de défense classiques des Allemands, il a lancé Massu, choisi *intuitu personae*, sur un itinéraire fou. Il l'a enfoncé en pleine montagne, le long d'une route étroite et sinueuse, dans le dos des Boches qui ferment la vallée.

Résultat : hier les half-tracks de queue de Massu faisaient du 60 à l'heure sur cette piste insensée et ne parvenaient pas à rejoindre la colonne. Les barricades et les réseaux de barbelés allemands étaient disposés de chaque côté de la route, prêts à être mis en place, mais prêts seulement... Les chars de Massu sont tombés sur des colonnes d'artillerie qui retraitaient bien tranquillement par cet itinéraire apparemment sûr. Ce fut une débandade affolée, canons et attelages renversés dans les fossés, mêlés aux ennemis hagards qui n'avaient pu fuir à toutes jambes à travers les pentes boisées. Les chars écrasaient tout, hommes et matériel, et sur ce tapis laminé par les chenilles, les voitures qui suivaient roulaient à 60 à l'heure. A la tombée de la nuit, Massu était arrivé au carrefour nord de Dabo, à dix kilomètres à peine de la sortie de la forêt, à dix kilomètres à peine de la plaine d'Alsace. Il n'était même plus à portée de radio.

En pleine nuit, Guillebon est lancé sur ses traces, pour occuper cet itinéraire car l'ennemi, devant Minjonnet, ne sait pas encore quelle débandade vient d'avoir lieu dans son dos.

Hier soir, en apprenant la charge de Massu, le Général ne tenait plus en place. Si nos éléments atteignent la plaine à midi, c'est la ruée sur Strasbourg. Le Général commentait hier soir avec mélancolie :

- *C'est La Horie à Badonviller qui a été la pierre d'achoppement de tout.*

**Mercredi 22 novembre 1944 - Birkenwald**

Le coup de dé est gagnant. Quilichini a buté sur Phalsbourg, mais Massu au sud et Rouvillois au nord ont atteint la plaine et ont convergé ce matin sur Saverne pour prendre les défenses à revers et ouvrir la porte de l'Alsace à Quilichini et au XV^e^ Corps. Leur jonction a été opérée à 2 h. C'est une opération superbe.

Nous avons emprunté ce matin l'itinéraire Massu. Il est littéralement jonché de cadavres et de matériel abandonné. Des colonnes de prisonniers défilent sans interruption. Revers inévitable mais sans gravité, quelques 150 ennemis attaquent notre détachement de circulation ainsi qu'un petit bouchon installé à un des carrefours de cette invraisemblable ligne de communication qui serpente sur 30 km à travers la montagne. La 79^e^ DI américaine doit venir l'occuper, mais son mouvement demandera un certain délai.

Il est satisfaisant pour l'esprit de penser que les deux grandes percées à travers les Vosges ont été réalisées à Belfort par la 1^ère^ Armée française et à Saverne par la 2^e^ D.B. Ceci devrait avoir un retentissement national profond.

Le Général a demandé aux Américains de marcher sur Strasbourg et ceux-ci le lui ont accordé. Il en a été heureusement surpris. Je crois bien d'ailleurs que, dans le cas contraire, le résultat aurait été le même. Haislip, qui nous comprend, doit s'en douter aussi.

C'est le dernier morceau. Il est de taille et nous sommes incertains sur ce que nous réserve la journée de demain. J'apporte au Général sa carte, préparée sur le grand panneau de campagne. Nous la considérons en silence.

- *Le morceau est beau... nous verrons bien...*
- *Oui... Mais ça,* ajoute-t-il avec un sourire décidé, *il n'y a pas d'hésitation possible. Dussions-nous tous nous faire casser la gueule, il faut y aller.*

**Jeudi 23 novembre 1944 - Birkenwald**

Birkenwald 8 h 30. Nous sommes encore à Birkenwald pour une heure, puis nous partirons vers Strasbourg derrière le CTV qui a débouché à 7 h 15.

L'après-midi d'hier a été longue dans cette gentilhommière ancienne, froide, démeublée et sombre.

Au 2e bureau, dans l'obscurité du bureau des secrétaires, j'aperçois une haute silhouette, d'allure très germanique, sanglée dans un long manteau de cuir luisant à épaulettes, tête nue, un visage dur, fermé. Dans la pièce voisine, j'interroge Betz. Son long visage fin a une moue indifférente :

- *Oh... un simple colonel... je n'ai pas le temps... d'ailleurs nous attendons un général fait prisonnier du côté de Saverne.*

Il a un geste de la main et se replonge dans ses papiers.

Une heure après, changement de tableau. Le grand Germain impassible n'est pas colonel, mais général, et c'est lui que l'on attendait. Il ne dit évidemment rien. Repiton le conduit au Général. Je vois passer dans le couloir à peine éclairé, derrière la silhouette penchée de Repiton, l'Allemand très droit, raide, toujours nu-tête. La porte de bureau s'ouvre et une vive clarté inonde le couloir. La lumière se reflète sur le manteau de cuir et fait briller les épaulettes rouges. Il entre, se met au garde-à-vous et incline légèrement le buste, froidement mais sans brusquerie. L'entretien est sans grand intérêt. L'Allemand reste impassible. Il reste convaincu de la supériorité de la race allemande. Cette guerre-ci, quelle qu'en soit l'issue, ne prouve rien. Après...

Il parlera un peu plus à Repiton, avec lenteur, par à-coups :

- *La 2e division française, car je suppose que vous êtes la 2e division française, elle marche vite, très vite... L'opération de Baccarat, une opération de premier ordre...*

Il porte des appréciations précises, froides. C'est entendu, nous avons bien joué, mais ils restent la race supérieure et les revers occasionnels ne signifient rien.

Le Général marche de long en large dans son bureau en chantonnant. Il est énervé, impatient. Cette attente est insupportable. Il voudrait savoir, foncer, être à Strasbourg, à Kehl, savoir si le pont sautera ou ne sautera pas, agir...

**22 h – Strasbourg**

Depuis cinq heures du soir, le P.C. est au Kaiserpalast, l'ex-kommandantur. Rouvillais est arrêté devant le pont de Kehl par des organisations trop fortes pour nous. Il n'est plus question de nous emparer du pont.

L'accueil des villages a été magnifique. Celui de la ville, mitigé. Nous y sommes arrivés tard, sous la pluie et dans une demi-obscurité.

Le Père Houchet a été très gravement blessé sur le chemin du pont de Kehl. J'accompagne le Général à l'hôpital. Le pauvre cher Padre, pâle comme la mort, délire. Le Général est violemment ému ; moi aussi. Houchet était beaucoup plus qu'un merveilleux camarade, il était un père pour toute la division. Ce serait une perte irréparable, et malheureusement Bicheler n'est pas là.

Vers 1 heure, pendant que nous déjeunons à Ittenheim, on apporte un communiqué entendu à la radio. Il annonce que la division s'est emparée de Saverne se trouve à 30 kilomètres de Strasbourg et *« lutte de vitesse avec la 1ère Armée française pour s'emparer de la ville »*. Le Général est furieux. Rouvillois est déjà dans la ville depuis deux heures mais l'effet de surprise joue encore et cette annonce risque de l'affaiblir. Ensuite, cette idée de *lutte de vitesse* est absolument contraire à tout ce qu'il est, elle est aussi étrangère à l'homme qu'au militaire.

Ce soir, à 9 h 30, Max Corre me téléphone qu'il vient d'entendre la radio annoncer que la 1ère Armée française venait de s'emparer de Strasbourg. A midi déjà, le Général avait pensé que l'information donnée par la radio émanait des services de presse de de Lattre. La question ne me paraît plus faire de doute ce soir.

**Vendredi 24 novembre 1944 - Strasbourg**

Le pauvre cher Padre est mort cette nuit. J'en ai énormément de peine. Il faisait partie de la famille. Nous aimions qu'il soit là, suçant sa pipe et tournant lentement ses gros yeux malicieux et pétillants.

**Samedi 25 novembre 1944 - Strasbourg**

Nous avons enterré Houchet ce matin, à la chapelle de l'hôpital civil. Son cercueil a été porté par le colonel Bernard, Lantenois, Boissoudy, La Hitte et Tournadre.

Et puis il y a Teddy Rasson, cette chère *Veuve Trévoux* si charmant, gai, plein d'allant, et qui aimait tant la vie. Quelle verve étincelante, quelle gentillesse avec tout le monde et quel parfait camarade il était.

Il a fallu changer de P.C. Nous finissions de déjeuner hier, dans le bureau d'angle somptueux et affreux du Général, autour d'une petite table ronde dressée dans un coin devant la cheminée. Il y avait le Général, Repiton, le colonel Dio et moi. Dio était arrivé avec Schompré, et comme nous avions déjà commencé, le Général l'avait prié de rester déjeuner avec nous. Schompré qui avait à faire, était reparti. Depuis quelques instants, des obus tombaient autour du bâtiment mais à une distance suffisante pour ne pas être gênants. Brusquement nous sommes assourdis par une explosion retentissante. Tout s'obscurcit. Nous nous écrasons dans nos fauteuils tandis qu'une pluie de débris de verre s'abat sur nous. Pendant quelques secondes, nous sommes aveuglés par une fumée épaisse. Lorsqu'elle se dissipe, nous contemplons avec ahurissement un spectacle de dévastation. Le lustre énorme et prétentieux s'est écrasé sur le parquet. Derrière le bureau dénudé par le souffle, la fenêtre est en miettes, et son chambranle arraché s'est abattu sur le fauteuil. Les rideaux pendant lamentablement sur un fond de flammes et de fumée. Ce sont des voitures qui brûlent.

Le colonel Dio s'est levé le premier en portant la main à sa nuque. Le Général s'est écrié :

- *Dio, vous êtes blessé ?*
- *Non, non, mon Général, je n'ai rien, rien.*

Il fait quelques pas, s'est retourné et a grommelé d'un air étonné :

- *Un drôle de truc.*

Il est évident qu'il y a encore beaucoup d'Allemands dans la ville, que l'artillerie ennemie en connaît bien le plan, et qu'elle a dû être renseignée sur l'emplacement du P.C.

Aussi avons-nous plié bagages pour nous installer sur l'arrière du bâtiment pendant que l'état-major allait reconnaître un autre P.C.

Le matin, le Général m'avait dicté un ordre du jour pour la division. *« Le serment de Koufra est tenu. »* J'en avais mis au net les rédactions successivement remaniées sur du papier à en-tête de la kommandantur. Il y avait, là une telle ironie du destin en même temps qu'un exemple si frappant du triomphe d'une volonté, que j'ai repêché les brouillons dans la corbeille à papier avec l'impression presque d'un sacrilège.

Le nouveau P.C. est l'ancienne *maison brune* du parti nazi. Bagneux l'a inspecté avec soin. En y arrivant, je suis descendu avec lui faire une visite sérieuse des caves.

Cet après-midi, nous avons vu arriver le général Vaterrodt qui commandait la place de Strasbourg. C'est dans son ancien bureau que nous étions hier lorsque le lustre a failli nous tomber sur la tête.

Strasbourg – novembre 1944

**Dimanche 26 novembre 1944 - Strasbourg**

Hier soir j'ai passé un mauvais moment. Je m'étais à peine glissé dans mon lit de camp au milieu d'un bureau en désordre, que des obus se sont mis à tomber aux environs. Etait-ce une réédition de l'affaire du Kaiser Palast ? Un coup court, un coup long, et chaque fois un peu plus près. Cela m'a paru durer une éternité mais il ne s'est rien passé et j'ai fini par m'endormir.

Ce matin, le Général devait recevoir les notables. Notre nouveau P.C ne se prêtant guère à une réception, je vais chez Bagneux dont les services sont installés dans la villa des Mathis. Le grand salon conviendrait parfaitement, mais il est jonché de matelas et de couvertures, la glace de la baie est cassée, c'est un désordre affreux. Il faut tout de même se décider. Vingt minutes après, des prisonniers italiens commencent à déblayer, balaient les tapis, replacent des meubles. Une photographie du Général de Gaulle sur la cheminée en pendant de la proclamation du 18 juin, une sentinelle devant la porte, le décor est parfait.

Quand je reviens à l'heure prévue avec le Général, les notabilités sont toutes là. Poignées de mains, des Alsaciennes en costume offrent un kugelhof au Général, un coussin, du vin du Rhin... échange de discours... le Général est détendu, il a son sourire des bons jours, ce charmant sourire un peu intimidé, comme s'il n'osait pas s'épanouir.

Peu d'officiels sont encore arrivés de Paris. La récente contre-attaque sur Sarrebourg les a peut-être fait hésiter. Nous les verrons bientôt arriver, sourit le Général, mais les lieux ne doivent pas encore leur paraître très sûrs.

Il nous a confié, hier pendant le dîner avec Repiton, qu'il réfléchissait au rapport qu'il allait envoyer au Général de Gaulle sur la situation de Strasbourg. Il faudrait exiger, au moment du traité de paix, la cession d'un territoire à l'est du Rhin pour protéger l'Alsace contre une nouvelle invasion.

**Mardi 28 novembre 1944 - Illkirch**

Nous avons quitté Strasbourg ce matin. La division descend vers le sud en direction de Colmar à la rencontre de la 1ère Armée.

Au P.C.A., avec Repiton, le Général parle de l'avenir et dit sa joie à la pensée de fouler bientôt le sol de l'Allemagne.

- *Après ça, Repiton, ça sera bien fini.*

*Oh ! non, mon général,* répliquai-je en souriant, *après ça, vous trouverez bien quelque chose d'autre à faire, l'Indochine par exemple ...*

A propos de la 1ère Armée, le Général déclare que si le Général de Gaulle accepte que nous lui soyons rattachés, c'est qu'il a ses raisons. Je fais la moue. N'y a-t-il pas plutôt beaucoup de gens qui désirent nous voir disparaître dans l'anonymat de l'Armée B ? Repiton me regarde, la tête de côté, les yeux plissés :

- *Vous voulez dire que la 2^e^ D.B. est morte ?*
- *N'est-ce pas là le problème ? Après Paris, après Strasbourg surtout, le plafond n'est-il pas atteint ? Que faire d'autre sinon muer, changer de forme.*
- *La 2^e^ D.B. devait atteindre Strasbourg. Elle doit continuer jusqu'à la libération de tout le territoire. Mais après, pour l'occupation de l'Allemagne, a-t-on vraiment besoin d'elle et n'a-t-elle pas mieux à faire ?*

Briot me raconte son entrée à Strasbourg. Il était en tête du sous-groupement Rouvillois. L'admirable tandem. La ville, me dit-il, ne s'attendait à rien. Les officiers allemands se promenaient tranquillement dans les rues, leur épouse au bras. Les voitures attendaient le long des trottoirs, sous la garde des chauffeurs placides. Le spectacle était celui du train-train quotidien. Au passage des chars, les Allemands levaient les bras, les laissaient retomber, les relevaient au char suivant, mécaniquement, comme s'ils n'essayaient pas de comprendre. On ne se donnait pas la peine de s'arrêter pour faire des prisonniers, on les chargeait simplement sur la plage arrière des chars.

A un moment donné, Briot avise un officier dont l'uniforme était particulièrement rutilant, le fait monter à l'arrière de son char et continue, debout dans sa tourelle ouverte. Quelques minutes plus tard il se retourne. L'Allemand, toujours là, lui tend quelque chose. Il le prend. C'était une grenade à mains.

La figure de Briot s'illumine et son rire fuse, inimitable, en cascades claironnantes.

Arrivé à la Kommandantur, Rouvillois avait décidé d'y demeurer avec quatre ou cinq chars légers, et avait poussé tout le reste du sous-groupement vers le pont de Kehl. Briot eut alors devant les yeux un spectacle inouï. Une nuée de voitures allemandes se ruait vers le pont. Elles montaient sur les trottoirs, cherchaient désespérément à se faufiler entre les chars. Ceux-ci tiraient dans le tas, sans viser, fonçant eux-mêmes vers le pont. Au retour, il eut une vision horrible : des dizaines de voitures, bourrées de cadavres, presque tous d'officiers.

Dans l'immeuble du parti, où nous logions, le *Gauhaus*, nous avons trouvé partout des armes, des casques, des paquetages, tout cela en tas et entièrement neuf. Le bâtiment était bourré d'armement et de munitions. D'où mon émoi, le soir de ce fâcheux bombardement. Ils avaient commencé à distribuer tout ce matériel aux fonctionnaires pour défendre la ville, lorsque cette idiote de radio leur avait appris que nous avions pris Saverne. Si elle avait attendu vingt-quatre heures, la surprise aurait été totale et nous aurions mis la main sur le plus gros gibier. Prévenus par cette annonce intempestive, les huiles et un grand nombre de leurs collaborateurs ont eu le temps de s'esquiver. Toutefois ils n'ont pas donné l'alerte pour ne pas créer une panique qui aurait entravé leur fuite, si bien que la majorité des troupes et la population ne s'attendaient nullement à notre irruption.

Un autre fait est certain. Vingt-quatre heures de plus, et il fallait un mois pour prendre Strasbourg. La ville aurait alors subi le sort de Caen et de Saint-Lô. Aujourd'hui encore nous avons vu sur le bord de la route les barricades et les rouleaux de barbelés tout préparés... Rien n'a eu le temps d'être mis en place. Mais il eût suffi d'un court répit pour que les portes se ferment et se ferment bien. Je crois sincèrement que la rapidité de manœuvre de la division a sauvé Strasbourg, et cela, grâce au génie tactique du Général et à l'état de perfection auquel il a réussi à porter la division.

Il est d'ailleurs curieux d'observer l'impression que cette division fait aux Américains qui travaillent avec elle. Je ne parle pas des unités, mais des isolés, de ceux qui vivent notre vie, les officiers de liaison, les correspondants de guerre, etc.. Tous ces gens sont consternés à l'idée que nous pourrions être rattachés à la 1ère Armée parce que cela les obligerait à nous quitter. Ils sont *pris* par l'atmosphère de la division et n'ont qu'une idée, celle de continuer avec nous.

C'est un peu différent avec les unités, mais le courant passe aussi. Le général commandant la 79e DI américaine a écrit au Général pour lui exprimer son regret de le voir quitter le XVe Corps et passer au VIe. Au début de l'opération qui devait nous conduire à Strasbourg, le Général avait détaché un certain nombre d'officiers de la division auprès des différents éléments des divisions d'infanterie américaines du XVe Corps qui devaient attaquer en premier et que nous devions ensuite dépasser. Il semble que ces officiers aient dû encourager l'infanterie américaine par leurs conseils et par leur présence, sans parler de la confiance que leur donnaient nos chars sur leurs ailes. A une réunion de ses chefs de corps, le général Haislip s'était mis en colère parce qu'il trouvait que son infanterie n'avançait pas : *« C'est trop fort... quand je m'adresse aux Français, ils réussissent toujours à atteindre leurs objectifs, et vous, vous n'y arrivez jamais... »* Il faut bien penser que l'esprit d'émulation est une corde que tout chef cherche à faire vibrer. D'ailleurs la 79e a très bien progressé, répondant comme il le fallait à l'impulsion du soldat qu'est le général Haislip.

Je ne sais si l'histoire de la prise du Fort Ney, telle qu'on me l'a racontée, est exacte . Je l'espère, car elle est jolie. C'était le lendemain de notre arrivée à Strasbourg. Ce fort où s'était réfugié Vaterrodt, le Gouverneur militaire de Strasbourg, tenait encore et le Général avait demandé à Langlade de le faire tomber avant de partir en permission. D'Alençon y était donc parti avec son escadron, une compagnie d'infanterie et une batterie de 105. C'était peu pour une forteresse solide et récemment aménagée. D'Alençon fait de son mieux et après une première démonstration de force, envoie un parlementaire porter un ultimatum au commandant de la garnison. En réponse, le chef d'état-major de Vaterrodt vient expliquer à d'Alençon que son chef ne capitulera pas sans y être obligé. Il va rentrer au fort et reviendra à 11 h 30 s'il y a du nouveau. Il convient manifestement d'appuyer par des arguments frappants la bonne volonté des plus sensés parmi les assiégés. Mais comment faire ? D'Alençon n'a que du 105 et ne peut guère matérialiser avec un calibre aussi faible les menaces contenues dans son ultimatum. A 11 h 30 le parlementaire ne réapparaît pas. Mais voici qu'arrive sur la route une batterie américaine de 155. Les assiégeants se précipitent :

- *Pstt ! Arrêtez ! Pourriez-vous nous tirer quelques coups de canon sur ce fort ?*
- *Mais comment donc,* répondent aimablement les Américains.

Les 155 stoppent, se déploient et commencent à cracher tout ce qu'ils peuvent sur le fort. Une demi-heure après, une ambulance battant pavillon blanc sort du fort et le chef d'état-major vient demander l'aman.

On me dit aussi que Rouvillois, après être resté quelques temps à la Kommandantur, avait rejoint ses éléments partis vers le pont de Kehl, laissant Joubert sur place. Celui-ci essaie d'arracher au général allemand un ordre de capitulation. L'autre hésite. Il demande à Joubert de quelle force il dispose pour appuyer ses prétentions. Par la fenêtre on n'aperçoit que quelques malheureux half-tracks et une ou deux jeeps puisque tout le reste est parti pour le pont. Le général regarde, hoche la tête : « *Non, non, dans ces conditions, je ne peux pas donner l'ordre de capituler.* » L'arrivée, quelques instants plus tard de nos éléments finira par le décider et l'ordre de capituler sera envoyé à la caserne Manteuffel.

Réfléchissant à ces opérations, le Général hoche à son tour la tête :

- *Voyez-vous, là-dedans, tout est une question de chefs. La charge de Dabo, c'est Massu. Strasbourg, c'est Rouvillois. Ce sont des hommes jeunes. Remplacez Massu par un homme âgé, fût-il de premier ordre, il n'aurait pas eu la fougue nécessaire. Si après la guerre on veut créer une arme blindée, il lui faudra des chefs jeunes... Le problème est le même pour notre aviation. Elle est à remanier de fond en comble. Ses cadres de sous-officiers étaient excellents, mais ses chefs n'étaient plus assez jeunes. Leur esprit séparatiste a aussi contribué à les perdre. Il faudra faire tomber les barrières. Ce sera très difficile en France.*

  *Une division blindée comme la nôtre devrait avoir ses deux escadrilles de combat en propre, à sa disposition constante sur le plan tactique. Ce serait encore un progrès sur la conception actuelle de l'Air Support. Nos cadres connaîtraient leurs aviateurs et réciproquement. Ils seraient habitués à travailler ensemble, connaîtraient leurs réactions, leurs méthodes de combat respectives. Mais ce serait un bouleversement complet de nos habitudes. Et cependant il le faudrait si nous ne voulons pas revivre 1940.*

### Mercredi 29 novembre 1944 - Illkirch

Les opérations n'avancent guère. Les Allemands ont essayé de se rétablir au sud de la ville et nous nous heurtons à une ligne qui barre solidement la plaine. Le Général n'est pas satisfait de la marche d'un de nos éléments. La scène, ce matin, est classique. A un carrefour il donne ses instructions à Vézinet et, en terminant, lui dit d'aller les transmettre lui-même à l'officier qui dirige l'opération. Mais après cela, il ne revient pas à la jeep. Il marche de long en large au milieu de la route, feignant de regarder des chars passer sur une chaussée artificielle. Je connais cette expression et cette attitude faussement désinvolte. Elle signifie qu'il se retient de ne pas aller lui-même prendre les choses en main.

Nous irons certainement y jeter un coup d'œil dès que Vézinet sera parti. De fait, la jeep a à peine disparu au tournant de la route que le Général revient à la sienne. Deux doigts m'indiquent la direction d'Erstein d'où nous continuons jusqu'à Osthouse. Partout des ponts sautés et des résistances organisées. Le Général est vraiment de très mauvaise humeur. Il n'y a qu'à regarder son expression pour comprendre qu'il vaut mieux se tenir à l'écart. Dans ces moments-là, il suffit d'un rien pour le faire exploser.

Cette perpétuelle tension. Je contemple les trois stylos alignés sur sa table. C'est parce qu'il n'aura jamais un stylo qui marche. Evidemment il y a peu de stylos qui marchent tout seuls. Il faut les aider, les remplir, parfois les prendre par la persuasion... Je le lui ai dit une ou deux fois, et puis j'ai compris que c'était inutile. Le peloton de secours est là, toujours prêt en cas d'alerte. Il est ainsi. Il faut que les instruments marchent. Ils sont faits pour ça. Il faut que la voiture parte au quart de tour, que le stylo écrive tout de suite... Et pourquoi pas, après tout ? Pourquoi devrait-il s'occuper de ce qui ne va pas dans le capot de sa jeep alors que son rôle est de faire progresser 3 000 véhicules sous le feu, en attendant d'en avoir davantage... Il y a quelque chose d'attendrissant dans la perplexité du génie aux prises avec la perfidie de l'accessoire.

Je me dis cela après coup. Sur le moment c'est autre chose pour l'accessoiriste.

Il y a eu, à la Préfecture de Strasbourg, un petit incident qui nous a rappelé des souvenirs. Peu après notre arrivée, un bataillon américain, du genre sécurité militaire, c'est-à-dire chargé de *garder* les bâtiments présentant un intérêt particulier, est venu s'y installer. Jusque là rien à dire. Mais lorsque le Commissaire de la République a débarqué et a voulu entrer, deux sentinelles américaines lui ont barré le passage. La consigne est la consigne. Il y avait d'ailleurs à l'intérieur du bâtiment quelques FFI qui, eux, pour les mêmes raisons, ne pouvaient pas sortir. Il fallut un échange de télégrammes jusqu'au Groupe d'armées pour que le Préfet puisse enfin prendre possession des lieux. On raconte que pendant tout ce temps, des camions américains déménageaient tranquillement la cave de la Préfecture. Je n'ose y croire.

**Jeudi 30 novembre 1944 - Illkirch**

Cette phase des opérations est fastidieuse. Tous ces ponts sautés paralysent les mouvements. On essaie à gauche, on tâte à droite, on grignote par-ci, on gratte par-là... Deux groupements tactiques sur quatre sont engagés, et l'état-major a autant de travail que si les quatre étaient en ligne. Le Général est nerveux, les combattants mécontents. Après la charge de Dabo et la ruée sur Strasbourg, une opération de curetage comme celle-ci, dans le froid et la boue, ne peut être que pénible pour tout le monde.

Les villages sont la consolation de la division. Ils rayonnent de drapeaux, de sourires et de sympathie. Ils sont plus chaleureux qu'ils n'ont jamais été auparavant. Et tout cela avec une émouvante dignité. L'on n'en remarque plus les rares villages où n'apparaît pas un seul drapeau.

Hier soir, Pommeret, envoyé par le colonel Rémy, a frappé à la porte du P.C.. J'ai réveillé le Général. Contrairement à ce que je craignais, il n'a pas poussé de hauts cris, mais a grommelé avec une grande lassitude. Pommeret avait l'air très ennuyé. Il n'y pouvait rien, le pauvre. Je l'ai remonté comme j'ai pu. Et je commence à avoir l'habitude. La division est une personne très nerveuse. Il y a des jours où l'on conçoit qu'elle doive lasser le Général. Mais c'est un si beau pur-sang. Alors suivant le cas, on la prend durement dans les jambes ou bien, au contraire, on lui flatte l'encolure, on la calme, là, là, doucement... là...

Bailloux et Parcevaux s'inquiètent ce matin de l'avenir de la division. Je reste vague. Il n'y a d'ailleurs rien de décidé. Inutile d'échafauder des hypothèses. Pour moi, j'ai voulu par deux fois faire autre chose. Le Général a voulu que je reste. Le pli est pris. J'irai jusqu'au bout, d'autant que, ce qui est plus grave, les autres plis se sont effacés.

Maintenant que le pré carré est presque nettoyé, j'évoque avec une sorte de tendresse les vieux souvenirs d'autrefois. Les ombrages rares de Fort Lamy, le matin, lorsque j'arrivais à la *case* du cher colonel Dupin, devant laquelle, tenu en main, le cheval *Koufra* attendait le Général. Ou bien celui-ci traversait la grand-place à cheval et venait à moi pour que je lui présente mon peloton d'autos-mitrailleuses rangé devant la porte du camp. Les quatre papayers de mon jardin, au pied desquels le lit enveloppé de sa moustiquaire avait l'air, le soir, d'un garde-manger pour moustiques. La réception chez moi, au retour de la deuxième opération du Fezzan et quelques jours plus tard, cet aimable lieutenant qui s'occupait de la banque, me prévenant gentiment que mon découvert, avait atteint la limite permise... Un découvert ? Je découvrais ce que c'était avec un intérêt un peu perplexe... Il y avait du soleil, de l'ardeur, une grandeur incomparable des horizons, une ferveur de la terre, de l'eau, des regards, un perpétuel grouillement de l'espace et, dans le silence moite de la nuit, cette conscience des sursauts qui secouaient le monde.

Déjeuner très agréable aujourd'hui pendant lequel la verve de Repiton fait écho à la bonne humeur du Général. Au café, la conversation s'oriente comme d'habitude vers l'avenir et le Général part sur un sujet qui lui tient particulièrement à cœur en ce moment : la place qui sera réservée à l'Armée française en Allemagne. Il craint que les Alliés ne cherchent à écarter les Français de la Rhénanie. Le bruit court que ce serait Eisenhower qui aurait décidé notre rattachement à la 1ère Armée. Ce serait le moyen de nous éloigner de Mayence, la Rhénanie semblant être réservée à la 3e Armée.

La prochaine guerre. La machine y tiendra une place considérable mais il ne sera pas possible de supprimer l'élément humain. Les grandes lignes demeureront les mêmes. Le changement proviendra de la portée des armes. Notre situation, avec Strasbourg et l'Alsace, n'en sera que plus délicate. D'où l'importance de prendre du champ et de nous inquiéter de notre place en Allemagne.

Ce soir, le Général est tout à fait requinqué. C'est parce que Quilichini a réussi un très beau coup sur Gerstheim, mettant à son actif 4 chars et 300 prisonniers.

Châtel apporte du XV$^{e}$ Corps une lettre du général Haislip, félicitant le Général et lui exprimant son regret d'avoir perdu la division. Si nos relations ont été, par moments, un peu tendues, ce qui est normal en période d'opérations, nous nous sommes finalement très bien entendus avec le XV$^{e}$ Corps. Les rapports entre les états-majors étaient excellents et le Général appréciait Haislip qui, de son côté, avait compris son bouillant subordonné et lui avait toujours facilité la tâche avec une grande largeur de vues ; il a déchargé le Général de l'opération de Manouviller, et il lui a accordé Strasbourg à un moment où les ordres n'étaient pas encore très nets à ce sujet. Enfin il a toujours été ouvert aux suggestions du Général.

Il a, lui aussi, parlé à Châtel de notre rattachement à la 1$^{ère}$ Armée, et lui a dit que les Américains le regretteraient. Lui-même, Patton et Devers, le commandant du 6$^{e}$ Groupe d'armées, avaient décidé d'en appeler tous trois à Eisenhower. Celui-ci avait répondu que, s'il n'avait tenu qu'à lui, nous serions restés dans l'armée américaine qui aurait été très heureuse de nous conserver, mais que ce rattachement avait été demandé par le Général de Gaulle.

Après le départ de Châtel et de Repiton, j'interroge le Général sur la formule du Corps d'armée. Ne serait-ce pas maintenant la meilleure solution pour lui ? Il hausse les épaules. Avec quelles divisions ? et qui commanderait la 2$^{e}$ D.B. ? Non, il ne demande rien d'autre que de continuer à commander sa division. Puis il parle en termes élogieux de Rouvillois. Il serait à sa place à la tête d'un groupement au lieu d'un sous-groupement.

Je ne peux pas arriver à me mettre dans la tête que nous vivons des heures historiques. Tout cela paraît si naturel. Je veux dire par là que tout ce qui arrive est, pour nous, dans la logique des choses. Nous suivons le chemin tracé. Le Tchad, le Fezzan, étaient du beau sport. En Tunisie, cela commençait à changer, chasser les Allemands du territoire. En France, les opérations ont pris une valeur sentimentale plus intense, certes, mais notre avance, nos étapes, n'ont pas eu pour moi, sur le moment, la valeur de choc qu'elles ont peut-être atteinte pour les Français de France. Il faut chaque fois une sorte de mise au point pour que je réalise pleinement la portée de ce qui s'est passé. J'ai été bouleversé par l'arrivée en France et par l'entrée dans Paris, mon village. Mais l'émotion est restée personnelle. Quand je lis des articles sur la Division et le Général, je reste surpris, presque confus, de penser au privilège qui m'est échu d'avoir vécu deux ans dans l'intimité de cet homme et d'avoir participé à sa suite à de si grands moments. Ce parcours, qui m'était alors apparu si naturel tant nous le portions en nous, prend alors toute sa dimension. Je le savais, mais je n'y pensais pas.

Quant à lui, je me répète qu'il est le libérateur de Paris et de Strasbourg, et je me demande si cela ajoute aux sentiments que je lui porte. Je ne crois pas. J'ai vécu deux ans à ses côtés. Je connais à fond le mécanisme de ses réflexes et de ses réactions. Il m'en a fait voir de toutes les couleurs et m'a bien souvent fait sortir de mes gonds. Mais voilà, il est si simple, si nature, si attachant par sa droiture, son humanité, sa noblesse d'esprit et son sens incomparable du devoir, que le reste n'y ajoute presque plus rien. Il va de soi. Je voudrais être peintre pour fixer ses attitudes familières, ses expressions. Le charme extraordinaire qui émane parfois de lui, ce charme qui touche tant les foules lorsque la guerre cesse de l'accaparer tout entier et qu'il veut bien se tourner vers elles et leur sourire. Que de fois, absorbé par la préoccupation du moment, il a dû décevoir ceux qui s'adressaient à lui ou cherchaient à le faire. Il a pu leur paraître ou borné ou bougon. C'est qu'il n'était pas là, qu'il ne les voyait pas. Beaucoup de ses propres officiers s'y sont trompés. Beaucoup pensent aussi qu'il est d'une intelligence limitée, qu'il n'a pas d'antennes. que sais-je ?... Et pourtant peut-il suffire d'être un bon militaire, un peu fruste pour avoir réussi, partant de Fort-Lamy avec un poignée d'hommes, à conduire une division blindée à Paris et à Strasbourg ?

**Vendredi 1er décembre 1944 - Illkirch-Graffenstaden**

Légère progression. Minjonnet, remontant du sud, a trouvé Benfeld évacué. Les Allemands semblent abandonner la rive ouest de l'Ill. Dans ce cas, toute la résistance va se concentrer devant nous, le long des montants de la poche, d'un côté devant nous, de l'autre devant Mulhouse.

Hier soir, nous reparlons de l'avenir de la Division qui préoccupe également le Général. Repiton arrive et confirme au Général que beaucoup d'officiers se consoleraient de ne pas entrer en Allemagne avec la 1ère Armée. Pour eux, l'important est que la Division conserve son rayonnement. L'occupation serait peut-être une récompense mais ne serait-elle pas un luxe ? De plus, un rattachement à la 1ère Armée plongerait la 2e D.B. dans l'anonymat. Bien des gens à Paris le souhaiteraient sans doute et verraient avec satisfaction cette encombrante unité enterrée bien loin dans l'oubli du côté du Danube.

Le Général continue à s'interroger. Il voudrait que la Division soit *« entrée en Allemagne les armes à la main »*.

Après le dîner, il sort pour aller chez Gribius. Je prévois qu'en rentrant il va de nouveau réfléchir à tout cela. Je ne sais trop moi-même que penser. Pendant que je fais une partie d'échecs avec Person, deux ou trois obus tombent sur le patelin. Il y en a déjà eu quelques-uns vers 7 h. C'est très incorrect.

**Mardi 5 décembre 1944 - Erstein**

Nous sommes maintenant aux ordres de la 1ère Armée et allons concourir à la liquidation de la poche de Colmar. Montsabert est venu ici ce matin et est resté déjeuner. Il est sympathique mais la nouvelle ambiance est déjà parfaitement perceptible. J'ai pu tout de suite l'apprécier, rien que par son officier d'ordonnance : attitude cordiale mais réservée, comme gênée. Je grillais d'en appeler à Cambronne, mais je n'ai rien fait. Je suis resté au contraire, très aimable et l'autre m'a paru se dégeler un peu.

Le Général a envoyé Repiton à Paris pour essayer de faire suspendre notre rattachement définitif à la 1ère Armée au moins jusqu'au retour de Moscou du Général de Gaulle. Il accumule tous les arguments en faveur de sa théorie : la 2e D.B. doit rester dans l'armée américaine, c'est dans ce cadre qu'elle servira le mieux en contribuant au rayonnement de la France. Il faut que la division entre en Allemagne, il importe que ses officiers y aient *combattu*, et il le faut aussi pour les hommes, pour qu'ils ne soient pas déçus, surtout les jeunes, etc..

Sans doute a-t-il raison, sans doute voit-il mieux notre propre intérêt que nous-mêmes, car nous sommes las. Je le constatais aujourd'hui avec Bagneux et Lantenois. Nous aimerions être enthousiastes, avoir encore envie de *bouffer du Boche*. Mais nous commençons à regarder plus souvent vers l'arrière que vers l'avant. Quant à cette Division à laquelle j'ai été si profondément attaché, qui me passionnait au Maroc lorsqu'il fallait la former, elle a grandi maintenant, elle vit de sa vie propre, elle n'a plus besoin que l'on s'inquiète de ses fièvres de croissance ou de ses insomnies.

Et puis elle a grandi si vite. Il y a tant de gens maintenant qui en sont presque des anciens et que je ne connais même pas. C'est une grande machine. Deux ans, comme c'est long.

Enfin, il nous semble que l'objectif est atteint. J'ai beau faire, la rive droite du Rhin ne m'intéresse pas. Il fallait nettoyer le pré carré, et c'est fait. S'il importe à son avenir que nous poussions jusqu'à Mayence et à Potsdam, eh bien, nous irons...

**6 décembre 1944 - Erstein**

Toute la matinée en jeep dans le secteur du GTD. Vu Compagnon. Incident amusant chez Briot. Le Général tourne dans ses positions et se fait conduire à son P.C., une petite villa bien calme. Il gravit le perron, entre. Un soldat apparaît et s'effare :

- *Eh bien quoi, où est le capitaine ?* grogne le Général.

Quelques secondes et Briot entre par le fond, drapé dans une confortable robe de chambre. Bonté divine, j'ai cru que le plafond allait crouler. Eh bien non. Le Général est de ceux qui reconnaissent les leurs. Les réponses précises de Briot lui ont confirmé que celui-ci était prêt à recevoir l'ennemi avec autant de sang-froid et d'assurance qu'il venait d'en montrer. Il s'est tout à fait détendu et l'entretien s'est terminé par une évocation des combats de Strasbourg dont Briot lui a montré des photographies. En sortant, le Général arborait un sourire ravi et il y avait de l'affection dans le ton dont il m'a dit :

- *Ce Briot, tout de même, quel type !*

Nous voyons encore Perceval, Lucchesi, Lenoir, puis allons au GTV. Au volant de la jeep, je tournicote dans le secteur avec flegme. Je suis heureux de revoir des camarades mais n'arrive plus à m'intéresser aux opérations. Boissieu vient au P.C. cet après-midi et me dit que beaucoup d'officiers sont dans le même état d'esprit. Pour eux aussi la guerre est terminée. Mais personne n'en souffle mot.

Ce matin au GTD, le Général a bavardé avec des sous-officiers et des hommes. Tous lui ont raconté, avec un large sourire, leur participation aux récents combats. En rentrant, le Général a conclu :

- *Non, on ne peut pas priver ces types-là d'aller à Berlin.*

Où est la vérité ? N'est-elle pas que les grands anciens, ceux du Tchad et d'Afrique, sont fatigués, et que ceux qui ne sont pas à la division depuis si longtemps, ne le sont pas encore ?

Ce soir, la conversation revient sur l'avenir de la division. Je soulève un coin du voile et pose au Général la question des officiers de réserve. Il répond que s'en séparer reviendrait à dissoudre la division parce qu'en perdant ses officiers de réserve type juin 1940, elle perdrait son ossature. Ce n'est pas, ajoute-t-il, au moment où le Général de Gaulle demande au pays un suprême effort militaire que la division doit donner l'exemple du repli.

Mais, mon Général, nous avons toute la France derrière nous. Il y a assez d'officiers pour que la poignée de ceux qui sont venus du Tchad puisse être relevée.

Non. D'abord personne ne demande à venir à la Division. Les officiers d'active eux-mêmes ne cherchent pas à se caser chez nous. On ne pense en ce moment qu'à la Résistance avec un grand R. Billotte l'a bien senti et c'est pourquoi il est rentré à Paris, pour faire partie de cette nouvelle armée, celle de la Résistance, dont nos politiciens veulent faire l'armée de demain. Il forme en ce moment la 10e D.I. Demain elle sera engagée et quoiqu'elle fasse, le chœur de la presse entonnera ses louanges. Voyez nos FFI... les règles, les traditions, la formation de St Cyr, tout cela risque d'être balayé. Il faut que notre division reste intacte pour pouvoir dire, en cas de nécessité : *« Holà, nous sommes là nous aussi »*.

Je ne pensais pas, mon Général, qu'après avoir libéré la France, il faudrait également sauver son armée. Est-ce que vraiment la poignée de réservistes de juin 1940 a pris pour son avenir une telle importance ? Ce serait bien décevant.

Mon pauvre Girard, si le Général de Gaulle nous avait chargés, nous, ses vieux compagnons, de remettre sur pied son armée, nous l'aurions fait. Mais il ne nous l'a pas demandé. La politique s'en est mêlée. Nous ne devons rien avoir à faire avec ces questions-là.

C'est un peu triste d'avoir combattu pendant quatre ans pour en arriver là.

Mais oui, c'est comme ça. Mais, dans l'intérêt de la France, il faut que l'outil que constitue la division, continue à être utilisé jusqu'à la victoire, pour peser dans la balance le jour du traité de paix.

Quelque soit leur état d'esprit actuel, tous ceux dont je vous ai parlé continueront jusqu'au bout, tant qu'on le leur demandera.

Mais oui, je le sais bien. Quand on a un idéal...

C'est une autre question. Jusqu'à Strasbourg, oui. Maintenant, je me rends à vos raisons. Mais si la question se pose vraiment de cette façon, je ne me sens guère de sympathie pour cette génération qui nous applaudit sans nous suivre.

Il en a été ainsi de tout temps.

**Jeudi 7 décembre - Erstein**

Le général de Montsabert passe au P.C. cet après-midi. Long entretien au 3e bureau. Après son départ, j'entre chez le Général pour je ne sais plus quoi. Il se met à rire en me voyant :

- *Mon pauvre Girard ! J'ai maintenant un argument définitif à donner au Général de Gaulle.*
- ... ...
- *Je viens de voir le Général de Montsabert et je ne suis pas d'accord avec les ordres qu'il donne. Les états-majors français n'ont rien appris. Ils recommencent les fautes de 40. En ce moment, ils font le jeu des Boches. Ils ne pensent qu'à une chose, attaquer Colmar. Ils vont se fourrer dans la montagne parce qu'ils ne peuvent pas déboucher de Sélestat. Je les avais prévenus. Ils ont trouvé un terrain inondé. Mais au lieu de passer par notre secteur et de lancer une division d'infanterie dans la plaine, ils vont attaquer Colmar par la montagne avec des goums et que sais-je ?... ça va être difficile, il y a des pitons, des oueds à traverser... ils vont y laisser beaucoup de monde au lieu de venir tranquillement attaquer à partir d'ici, parallèlement aux rivières, à travers la plaine, et de laisser Colmar se vider tout seul.*

  *Enfin, si ça leur fait plaisir... Seulement ce qui m'ennuie, c'est qu'ils peuvent très bien se casser les dents, et alors, s'ils n'arrivent à rien, ils se tourneront vers nous et nous demanderont de descendre à notre tour. Et ça, je ne peux pas. C'est une mission de division d'infanterie et, en plus de ça, dans huit jours, les Boches se seront renforcés, auront creusé et cette plaisanterie coûtera 300 types à la division. C'est vraiment terrible, mais ils n'ont rien appris.*

## Samedi 9 décembre 1944 - Erstein

Visite, hier, au XVe Corps. Nous allons chercher son P.C. à Sarrebourg où nous apprenons qu'il vient de faire mouvement sur Drülingen. Là, nous attendons jusqu'à deux heures le retour de ce bon général Haislip. Arrivé inopinément, le Général est touché de voir l'insigne de la division porté par tous ces officiers américains : Hagan, Allen, Haislip lui-même. Ils ont l'air vraiment désolés de nous avoir perdus et je crois que le Général regrette aussi très sincèrement le XVe Corps.

Haislip a d'ailleurs eu une belle attitude au moment de la récente contre-attaque allemande sur Sarrebourg. La 130e Panzer avait fait une jolie descente et était arrivée à 5 ou 6 km, pas plus, de Sarrebourg où se trouvait le P.C. du XVe Corps. Haislip ne s'est pas laissé démonter. Il n'a rien modifié de ses plans, a continué à pousser en avant ses troupes et son ravitaillement, comme si de rien n'était. Il n'a même rappelé personne, en un mot, il n'a pris aucune des contre-mesures qui étaient l'objectif recherché par les Allemands. Bien plus, le jour où cette contre-attaque lui arrivait presque dans le dos, le commandant du XVe Corps recevait à son P.C. Eisenhower, Patton et Devers. Il a eu le cran, non seulement de les laisser venir, mais de ne rien leur dire. Ils ont déjeuné tous les quatre bien tranquillement. Il faut avoir, pour cela, un bel équilibre.

Seulement, toutes les armées se ressemblent. Il a réussi. On lui a tout enlevé, la 79e et nous. A leur place, trois divisions neuves dont il dit, avec désespoir, qu'il faut tout leur apprendre. Il ne cache pas, d'ailleurs, que c'est à son avis un coup monté et qu'on lui a délibérément confié ces divisions inexpérimentées à cause de ses succès un peu trop marquants.

Cela me fait penser à ce que m'a dit Mundheim lorsque je lui parlais de notre rattachement éventuel à la 1ère Armée.

- *Ils disent tous que c'est pratiquement fait. Oui. Le général de Lattre tient absolument à vous avoir. D'ailleurs, vous savez, ils sont terriblement jaloux de vous. Oui, oui, jaloux. Ils se demandent comment vous vous faites toute cette publicité. Leur officier de presse pense que vous devez avoir un service de presse énorme.*

C'est superbe.

## Vendredi 15 décembre 1944 - Erstein

Une messe solennelle a été célébrée dimanche dernier, à l'église d'Erstein. La cérémonie était très bien réglée. Le maire a commencé par venir chercher le Général à son P.C. Devant l'église, la fanfare municipale, et sur le parvis, des vétérans portent deux drapeaux tenus cachés pendant les quatre ans de l'occupation allemande. Lorsque le Général descend de voiture, le curé l'accueille au bas des marches et la fanfare joue la Marseillaise, et la joue très bien.

La foule, sur la petite place, est recueillie. Les vieux alsaciens grisonnants se tiennent droits et ne bronchent pas, mais leurs yeux sont embués de larmes.

Le service est, lui aussi, parfaitement réglé. Deux fauteuils ont été préparés dans le chœur, j'y prends place aux côtés du Général. Lorsqu'ils seront tournés vers la nef au moment du sermon, j'aurai à faire effort pour garder mon sérieux devant les sourires amusés des premiers rangs. Mais le sermon est à la hauteur du reste. Le prêtre insiste notamment sur le fait que parler français n'est pas ici le privilège d'une classe. Ils ont organisé toute cette cérémonie avec un soin, une simplicité et une dignité remarquables. Le Général en a été profondément ému. Il y avait de quoi.

Lundi, nous sommes partis pour Paris d'où nous sommes rentrés hier. Le Général voulait faire une dernière tentative pour éviter notre rattachement à la 1ère Armée. Il réussit à arracher au ministre une lettre dans laquelle celui-ci demande à Devers de nous considérer comme faisant partie de l'armée américaine jusqu'à ce que le Général de Gaulle soit revenu de Moscou et ait pris une décision à notre égard.

Le Général de Lattre ne fait d'ailleurs rien pour modifier les inclinations du Général. Il a préparé une série d'articles dans le style sensationnel qui étaient destinés à être communiqués à la presse et qui ont été arrêtés au dernier moment par Meyer. Ils annonçaient notre rattachement définitif à la 1ère Armée. Seule *Patrie* en a publié un ; ce qui n'est pas étonnant.

Il a d'autre part fait paraître dans un journal de Strasbourg un papier expliquant que la très spectaculaire avance de la 2e D.B. sur Strasbourg n'avait été évidemment rendue possible que par l'action de la 1ère dans le sud du secteur. On n'est pas plus aimable.

Enfin, sa conduite à l'égard de la 1ère DMI n'est pas faite pour susciter chez nous les transports d'une affection débordante. Cette division Free French est très fatiguée et son matériel est à bout, elle manque d'équipements. Garbay qui a succédé à Brosset, déclare qu'il ne peut plus exiger de ses hommes une tenue uniforme parce qu'ils n'ont plus rien à se mettre sur le dos. Certains en sont à porter des sabots. Or cette division a reçu l'ordre de se rendre sur le front de l'ouest et doit pour cela traverser la France. Les Américains ont accepté de lui envoyer un lot d'habillement pour qu'elle puisse au moins se présenter correctement aux populations. Eh bien, l'Armée de Lattre a escamoté cet habillement et la 1ère DMI n'en a rien vu. Quoiqu'il en soit, G. a fait ses preuves et est un chef. Dans le bureau de Masson, il a dit devant le Général, en parlant de de Lattre : *« C'est un S... et en plus c'est un crétin. »*

L'histoire de la poche de Colmar devient triste. Comme le Général l'avait prévu, ils n'ont pas pu déboucher de Sélestat et se sont heurtés à une résistance importante autour de Colmar. Comme prévu également, ils nous ont demandé d'exercer une pression dans notre secteur et nous ont envoyé deux bataillons de parachutistes. Ceux-ci ont réussi à s'emparer d'un village, hier, mais l'opération leur a coûté 150 hommes.

Devers est venu au P.C. aujourd'hui. Le Général lui a exposé la situation. Il souligne que nos opérations depuis Strasbourg jusqu'ici nous ont coûté plus que de Badonviller à Strasbourg à travers les Vosges. Ce n'est pas une mission de division blindée. Il faut une division d'infanterie et beaucoup d'artillerie. Devers répond qu'il n'a pas une seule D.I. disponible, *« qu'ils sont en train de percer la ligne Siegfried »*, et qu'il est exclu de prélever quoi que ce soit sur le nord pour l'envoyer ici. Il paraît persuadé que Colmar va tomber dans quarante-huit heures. Le Général se montre très sceptique à ce sujet et maintient qu'en tout cas l'opération aurait été plus facile à partir de notre secteur.

## Dimanche 17 décembre 1944 - Erstein

Couches est arrivé hier soir avec une lettre urgente pour le Général, la réponse a été remise ce matin à Gribius qui partait en permission.

Après la messe, dans le petit bureau du premier étage, tout ensoleillé ce matin, le Général m'explique que la Défense Nationale est préoccupée par le front de l'Ouest et voudrait le liquider. On lui a demandé d'y aller avec la 2e D.B., sous réserve bien entendu de la décision du Général de Gaulle à son retour. Après réflexion, le Général a accepté. Il me demande mon avis. Cette mission risque de nous écarter du théâtre d'opérations allemand qui paraissait naguère tenir à cœur au Général. Elle pourrait, en revanche, permettre d'amalgamer une ou deux grandes unités FFI qui formeront ainsi avec la division, l'étoffe d'un futur corps d'armée. Il est probable que les opérations dans l'ouest ne seront pas terribles. Mais elles seront suffisantes pour que la cohésion naisse du combat.

A ce propos, je lui dis que l'on s'étonne, à la D.B., de le voir encore général de division et chevalier de la Légion d'honneur. Il sourit. Non, il ne faut reprocher cela à personne :

- *La vérité, c'est que le Général de Gaulle, la dernière fois qu'il est venu à la division, à Moyen, voulait me donner la cravate de commandeur. Mais je lui ai conseillé de la donner plutôt à Langlade...*

Il dit cela tout simplement, un sourire presque gêné éclairant ses yeux bleus comme le pâle soleil d'hiver caresse les murs de son bureau. Tout lui.

Puis nous tombons d'accord qu'il serait agréable de se retrouver sous les ordres d'un homme comme Larminat. Je dis en riant qu'il n'a que des travers mais pas de défaut grave. Le Général opine :

- *Dire que l'on a accusé le Général de Larminat de ne plus être équilibré, mais oui, de ne plus tourner rond... si... X et Y, tous les deux ont dit ça...*
- *C'est incroyable... mais vous savez, mon général, X a bien raconté à Paris qu'il avait été plusieurs fois obligé de commander votre division.*

**Mercredi 20 décembre 1944 - Erstein**

Tout va de mal en pis et chaque jour nous pénètre davantage de la certitude que notre affectation à la 1ère Armée serait pour nous une catastrophe. Lors de sa visite ici, le 15, Devers avait paru comprendre le désir du Général que la Division reste employée comme division blindée et, de préférence, dans son cadre actuel. La lettre de Diethelm était claire à ce sujet. Mais aujourd'hui le Général reçoit une lettre de Devers, datée du 18, donc trois jours après ce dernier entretien, et cette lettre est parfaitement désagréable. En la rendant au Général, j'observe qu'il ne serait pas invraisemblable qu'elle ait été inspirée par Delattre. Il commence à le croire.

Troadec nous quitte. Son départ est légitime mais a dû peiner le Général. Il était un des vieux, un des premiers fidèles. Il avait été auprès du Général jusqu'à ce que je lui succède à Fort-Lamy. Martin, venu me voir ce soir, me parle aussi de ce départ et de la lassitude qui gagne la division, ne serait-ce qu'à cause de cette immobilité déprimante sous un arrosage d'artillerie incessant. Je tente de me soustraire à cette contagion en écrivant des articles pour *Caravane*, le bulletin de la division qui a l'air de prendre assez bien.

**Vendredi 22 décembre 1944 - Erstein**

Langlade a vu le Général de Gaulle à propos de notre éventuel rattachement à la 1ère Armée. Le Général de Gaulle l'a reçu debout, lui a à peine laissé le temps d'ouvrir la bouche :

- *Non. Je sais ce que vous voulez me dire. Je n'en discuterai pas. Dites au général Leclerc qu'il reste où il est, j'irai le voir un de ces jours. Vous pouvez vous retirer.*

Si ce ne sont pas les termes exacts, c'était quelque chose d'approchant.

Le Général est amer... Il considère que le Général de Gaulle s'incline toujours devant les considérations d'ordre politique, qu'il ne nous a jamais vraiment soutenus, ne s'est pas occupé de nous.

- *Tout ce que j'ai fait*, grommelle-t-il d'un air désabusé, *je l'ai fait de ma propre initiative. Nous l'avons porté à Paris et, à son arrivée, il n'a pas eu un mot pour nous. A Brazzaville il n'était aimable qu'avec P.O. Lapie, à peine avec moi.*

J'essaie de le remonter en avançant que le Général de Gaulle ne paraît pas avoir l'habitude de prodiguer des encouragements lorsqu'ils sont manifestement inutiles. Cette froideur n'est-elle pas au contraire une marque de confiance ? Mes efforts me paraissent dérisoires et la situation bien injuste.

Il y a heureusement une diversion, cette contre-attaque allemande qui est préoccupante. De Lattre a été convoqué par Devers. Le Général s'imagine que c'est à notre sujet, il va *« tout mettre en oeuvre »* pour nous garder. Il brûle d'envie de courir sus à l'ennemi, persuadé que Patton nous donnerait tout le matériel nécessaire. La question de l'instruction des recrues ne l'arrête pas : *« on dit toujours ça... »*

**Samedi 23 décembre 1944 - Erstein**

Le sort en est jeté. Le Général de Gaulle arrive demain et passera la nuit à Erstein. Je n'aime pas ça. On prétendait ce matin qu'il était impossible que les Boches puissent ignorer cette visite. Ils seront renseignés une heure après l'arrivée du Général de Gaulle. Sauront-ils également l'heure à laquelle aura lieu la messe de minuit puisqu'elle ne sera pas célébrée à minuit ? Je ne serai tranquille que lorsque la dernière des sept voitures annoncées aura disparu à l'horizon le 25 au matin.

**Lundi 25 décembre 1944 - Erstein**

Tout s'est bien passé. Arrivé hier à trois heures, le Général de Gaulle a quitté la Division ce matin après une petite prise d'armes aux environs de Stotzheim.

Pendant toute sa visite, il a été bienveillant, élogieux et détendu, sinon souriant. Mais il y avait quelque chose de fatigué dans son expression, même lorsqu'il arpentait le front des troupes avec cette lenteur assurée et pesante qui lui est propre et qui en impose en même temps qu'elle décontenance.

Du point de vue des opérations, le Général de Gaulle estime que la guerre va se prolonger avec de durs combats pendant la plus grande partie de 1945.

En ce qui nous concerne, il semble que nous soyons destinés à devenir le noyau d'un nouveau corps d'armée. En fait, le Général de Gaulle paraît plein de compréhension à notre égard. Après tout, comme je le soulignais hier au Général, c'est de sa part une attention que d'être venu passer la nuit de Noël avec la Division. Il est vrai qu'il considère le Général comme un éternel resquilleur, jamais content de ce qu'on lui donne. Il ne s'en cache pas. Ce n'est pas tout à fait sans fondement mais ce n'est pas non plus très juste. Le Général ne réclame jamais rien pour lui. Il n'a en vue que l'intérêt général et, jusqu'à présent, il ne l'a pas si mal servi.

La messe de minuit a eu lieu à quatre heures de l'après-midi. Ce matin sous un ciel bleu sans nuage et dans un froid glacial, le Général de Gaulle passe en revue quelques blindés de Dio et un groupe d'officiers disponibles des unités au contact. Il gelait à pierre fendre. En passant devant le colonel de Langlade, le Général de Gaulle lui dit : *« Je vous félicite, mon Généra ! »*. Malgré un *« je vous re-félicite »* sonore, le pauvre Langlade, pétrifié de froid réalise trop tard de quoi il retourne. Ce n'est qu'après la prise d'armes qu'il pourra rejoindre le Général de Gaulle pour le remercier de cette promotion si inopinément annoncée.

Tout cela est déjà un peu effacé par des nouvelles inquiétantes. On parle de concentrations dans la Forêt-Noire, de trains de citernes, enfin de nombreux indices tendent à laisser prévoir que les Allemands vont nous tomber dessus comme ils l'ont fait au Luxembourg contre la 1ère Armée américaine il y a quinze jours. Ce pourrait être grave s'ils y mettaient les moyens. Il n'y a en effet plus personne dans le secteur et si nos lignes craquent, ce sera terrible pour les Alsaciens. Tous ces gens ont été admirables. Il serait atroce que les Allemands puissent avoir l'occasion de se venger sur eux.

J'ai passé le réveillon, hier, avec Bagneux et Pille, chez un ménage d'Erstein qui nous a reçus avec une gentillesse émouvante. L'idée que les Allemands pourraient revenir ici en maîtres me rend malade.

Et pourtant il n'y a rien pour les arrêter entre Strasbourg et nous.

Ce soir, pour nous consoler, j'ai fait préparer pour le Général les merveilles que Mme Martin a confiées pour lui à Langlade. Venu tout droit de ce petit restaurant de la rue Jean-Goujon où nous avons fait si agréablement popote pendant les quinze jours qui ont suivi la libération, son grand carton contenait tout un réveillon, verres, assiettes, champagne, galantine... noués de rubans tricolores.

**Jeudi 28 décembre 1944 - Obernai**

Il semble que nos alarmes aient été vaines. Mais toutes les précautions sont prises. Notre P.C. qui est maintenant à Obernai est plus en rapport avec le dispositif de la Division. Les nouvelles de la poche du Nord sont rassurantes et le danger paraît écarté. Le bruit court que nous serons affectés au XV$^{e}$ Corps. Cela signifierait un nouveau mouvement. Nous deviendrions unité de réserve disponible pour une éventuelle contre-attaque. De toute façon, c'est un retour à l'agitation, aux P.C. hâtifs, à la mobilité. Le Général sera content.

**Dimanche 31 décembre 1944 - Obernai**

Demain le monde aura vieilli d'un an. Cette année a été bien remplie. Que sera-ce en 1945 ?

Pour l'instant les événements se précipitent. Nous sommes relevés par notre sœur la 1$^{ère}$ DMI ou DFL comme elle se nomme elle-même. La pauvre avait presque atteint la côte atlantique lorsqu'elle a reçu l'ordre de faire demi tour pour venir nous remplacer. Nous repartons chez les Américains. Dans leur esprit, ce retour est définitif. Dans le nôtre, il s'agit surtout de décrocher de la 1$^{ère}$ Armée. Ensuite, ce sera peut-être le corps d'armée. Il est seulement regrettable que ce soient les camarades de la DMI qui fassent pour le moment les frais de l'opération.

# Alsace
# janvier à février 1945

***Note*** *– Au début de janvier 1945, au moment de la contre-offensive allemande des Ardennes, la division passe en Lorraine pour barrer d'éventuelles pénétrations ennemies vers Puttelange et Sarre-Union.*

*C'est là que le Général apprendra qu'il est question pour les armées alliées d'abandonner l'Alsace.*

*Le Général est indigné.*

*Il écrit à Paris que si une telle décision était prise un jour, la 2^e^ D.B. se ferait tuer sur place mais ne partirait pas.*

*La division ne sera heureusement pas réduite à cette extrémité et reviendra en Alsace pour arracher aux Allemands des villages martyrs déjà libérés, puis repris, et pour participer à la réduction de la poche de Colmar.*

*Cette longue période qui va de novembre 1944 à février 1945 a été très pénible moralement, de nombreuses discussions entre généraux n'arrangeaient rien. L'atmosphère était plutôt décourageante, on piétinait à la frontière allemande, au prix de bien lourdes pertes.*

**Lundi 1er janvier 1945 - Obernai**

Hier soir à Erstein où M. et Mme Hirtz nous avaient invités, Clerc, Belvalette et moi, à venir terminer l'année avec eux. Havre de paix, de confort, de gaieté, où nous oublions un instant la nuit qui nous entoure et ce qui se trame.

A minuit, pendant que nous levions nos verres en l'honneur de la nouvelle année, les Boches déclenchent une attaque dans le secteur du XVe Corps. Elle nous intéresse au premier chef. Elle signifie qu'ils cherchent à conserver l'initiative des opérations qu'ils ont reprise depuis leur offensive sur Bastogne. Ils ne doivent plus avoir beaucoup de réserves, mais ils savent que les Américains n'en auront pas plus eux-mêmes avant deux à trois mois pour pouvoir envisager une riposte. Leur jeu va consister à attaquer sans arrêt, tantôt ici, tantôt là, forçant constamment les Américains à prélever sur leurs réserves et les empêchant de monter une opération d'importance. Patton attaque dans son coin : ils attaquent sur Patch, etc..

Quant à nous, nous allons quitter l'Alsace pour la Lorraine austère, boueuse et, hélas, en ruines. Cette rocade sera-t-elle la dernière ou bien devrons-nous courir à notre tour de point affaibli en point faible ?

**Jeudi 4 janvier 1945 - Drülingen**

Nous y sommes en Lorraine, et il y fait un froid de chien. Ce matin je ne pouvais pas tenir mon stylo. Je le reprends ce soir grâce au poêle qui a vaillamment combattu le froid de glace d'une pièce inhabitée sans doute depuis longtemps.

La situation est effarante. Le XVe Corps résiste à la pesée allemande, mais que se passe-t-il ailleurs ?

Hier, nous étions partis assister à une contre-attaque menée par Massu. En route, nous sommes rattrapés par Châtel. Il nous annonce que le Haut Commandement américain aurait décidé l'abandon pur et simple de l'Alsace et le repli sur la ligne des Vosges.

Le Général est devenu pourpre. Nous grimpons dans nos jeeps et rentrons dare-dare au P.C.. Le Général fait appeler Vézinet et l'envoie sur-le-champ porter une lettre au Général de Gaulle. Elle est brève et nette : « *Si cet ordre est vraiment donné un jour, nous n'avons qu'une seule chose à faire, la division toute entière doit passer en Alsace et se faire tuer sur place jusqu'au dernier homme pour sauver l'honneur de la France... »*

Pendant que le cher Vézinet file sur Paris, le Général part pour le Corps avec Châtel.

A son retour il nous apprend que cet ordre insensé a bel et bien été donné, mais qu'il a été rapporté. En fait Eisenhower est dans une situation difficile. Il a six divisions en réserve : quatre en Amérique, deux en Angleterre. Tout le reste est sous Mac Arthur dans le Pacifique. Il n'y a pas ce qu'il faut en France.

Qu'arriverait-il si l'ennemi retirait tout ce qu'il a dans la région de Bastogne, l'amenait dans notre secteur et le lançait contre Haguenau ? Le VI^e^ Corps à qui l'on a donné les meilleures divisions du XV^e^ est loin de valoir celui-ci. Il ne résisterait pas comme le fait Haislip en ce moment. Et il y a d'autres sujets de préoccupation : la division que Pallu a vue hier se retirer dans la confusion, cette unité que nous avons dû aller chercher après avoir pris Baccarat à sa place... Mais il faut convenir qu'il y en a de meilleures, comme la 100^e^ et la 36^e^.

L'avenir paraît sombre ce soir. L'indignation soulevée par cet ordre heureusement rapporté a ravivé toutes les nostalgies et toutes les rancœurs. Elle a rappelé toute la cruauté de notre situation de minoritaires en tutelle sur notre propre sol déchiré. Quand nous avons demandé si nous pouvions recevoir de ces chasseurs de chars d'un modèle nouveau, armés d'un canon de 90 et qui venaient de sortir, on nous a répondu que le TD 90 *« n'était pas prévu dans le réarmement de l'armée française »*. C'est peut-être normal, mais cela ne porte pas à l'indulgence.

Interrompu par Lecomte qui vient convoquer Verdier de la part du Général. Il est 9 heures du soir, mais l'ordre est impératif. Lecomte raccroche l'appareil avec un demi-sourire ennuyé :

- *Ça va mal. Les ordres du Général n'ont pas été compris.*

D'Allonnes, qui rentre de Paris, vient me parler de l'état-major général. Il est plutôt caustique dans ses jugements. Il devait voir le général T. mais celui-ci refuse de le recevoir. Il passe chez le ministre, comme il en avait reçu l'ordre et lui dit qu'il va devoir quitter Paris sans avoir pu remplir sa mission. Le ministre décroche son téléphone :

- *Je vous donne l'ordre de recevoir le capitaine d'Allonnes.*

Rideau.

Acte II. Le bureau du général T.

- *Je vous reçois parce que j'en ai reçu l'ordre du ministre. Je n'ai pas le temps de discuter avec des capitaines...*
- *Je suis Capitaine, mais je suis chargé de mission par le général Leclerc commandant la 2^e^ Division Blindée.*

- *Ah oui... j'ai bien connu le lieutenant de Hauteclocque quand j'étais capitaine instructeur au quelque chose de géographie...*

L'atmosphère rayonne d'une chaude cordialité. Quelques instants plus tard, le général tranche :

- *Oh ! Je sais ce que c'est que la guerre, je l'ai faite avant vous. J'ai été blessé sept fois.*
- *J'ai neuf blessures, mon général, et j'ai trente ans,* répond d'Allonnes avec ce calme de tempête qui lui est propre.

La victoire a changé de camp. D'Allonnes a vu tous les colonels dans le bureau de T. et toutes les questions ont été réglées en une heure et demie.

**Vendredi 5 janvier 1945 - Drülingen**

Quelle fâcheuse habitude a le Général de claquer les portes. Il les claque à toute volée. Sans doute est-ce machinal. Ces choses sont faites pour être fermées. Vlan ! Ou bien est-ce la fatigue ? Il prend énormément sur lui pour les grandes choses. Alors, pour les petites, elles ne valent pas un effort de plus.

Dans ses moments de détente, il témoigne souvent d'une grande lassitude physique. Ainsi cette habitude de ne jamais poser son verre sur la table, mais de le laisser retomber. Les verres à pied en sont souvent victimes.

Nous nous sommes baladés cet après-midi, avec Gribius, aux avants-postes de la 100e DI américaine qui est devant nous. Le Général a été frappé par le manque de profondeur de ses lignes, 650 mètres au plus. C'est peu, et il faut que l'ennemi soit ou mal renseigné ou bien affaibli lui-même pour ne pas tenter de crever cette coquille.

Nous tremblons pour Strasbourg. L'ordre a bien été donné de "tenir" l'Alsace, mais il suffirait de si peu... Si c'était au moins le XVe Corps qui tenait devant Haguenau, nous serions tranquilles.

Ce soir, dans le calme de l'après-dîner, le Général conclut un tour d'horizon désabusé de la situation par une réflexion classique :

- *Enfin... nos types vont pouvoir se reposer un peu.*

Autant dire qu'à quelque chose le malheur pourrait être bon.

Il semble, et d'autres que moi ont la même impression, que l'arrivée de la division quelque part redonne du poil de la bête à nos amis américains. Le général commandant la 100e DI, une bonne division, téléphonait il y a deux jours à Haislip : « *Cela fait plaisir que les Français soient là. Oui, maintenant, cela va mieux...* ». Sans doute, connaissant son métier, éprouve-t-il le même sentiment d'insécurité que nous en regardant à l'entour.

**Samedi 6 janvier 1945 - Drülingen**

Tirons les rois avec nos hôtes. Mme Boehri est reine, le Général devient roi. Excellente galette arrosée d'un vin à la cannelle très bienvenu.

Pendant le dîner, conversation avec Repiton. Il estime que le moral américain est atteint. C'est stupide, mais c'est ainsi. L'affaire de Bastogne a finalement été un gros succès pour eux. Ils se sont très bien comportés et ont brisé l'élan des Allemands. Mais le résultat, inattendu, est une sorte de découragement à retardement. Si les Boches déclenchaient aujourd'hui une nouvelle contre-attaque, il n'est pas sûr que les Américains réagiraient aussi fermement qu'en Belgique.

L'affaire Patton est curieuse. Les choses pourraient difficilement se passer de cette manière dans l'armée française. Au moment de la contre-offensive allemande de Bastogne, Patton reçoit le commandement du 12e Groupe d'armées de Bradley. Comme Repiton s'en étonnait, l'officier de liaison américain lui dit en souriant :

- *Oh ! c'est provisoire, le vieux père Bradley reviendra.*

Il avait raison. Une fois les choses rétablies, Patton a repris son armée et Omar Bradley son Groupe d'armées.

En Alsace, les esprits sont troublés. A plusieurs reprises, les Américains ont conseillé aux civils d'évacuer leur village. De nombreux officiels français sont même allés jusqu'à quitter Strasbourg. L'absence du général Schwartz était motivée par une mission à Paris, mais elle a contribué au malaise. S'il est vrai que nous soyons un ballon d'oxygène pour certains de nos amis américains, nous pourrions utilement essayer d'avoir le même effet sur l'Alsace en y retournant.

Visite cet après-midi des premières lignes américaines dans le secteur de Simershof. Aucune densité, presque pas de combattants. La foule commence à 5 ou 6 km en arrière.

Un village est tenu dans un fond, il n'y a personne à la crête derrière laquelle, cependant, se trouvent les Boches. Curieux procédé. A part cela, les gens que nous rencontrons ont tous des bobines sympathiques.

Quelques FFI à une dizaine de kilomètres du front.

**Dimanche 7 janvier 1945 - Drülingm**

Vézinet rentre de Paris. Il y était arrivé le 4 à quatre heures du matin, deux chauffeurs s'étant relayés toute la nuit au volant de sa voiture. L'aide de camp du général Juin lui dit tout de suite que celui-ci est au courant. Vézinet attend donc le réveil de Juin pour lui remettre la lettre du général Leclerc. La question avait déjà agité la capitale. Churchill lui-même était venu de Londres. Une entrevue avait eu lieu dans le bureau d'Eisenhower, longue, orageuse. Le Général de Gaulle y avait été d'une extrême fermeté et avait réussi à faire comprendre au commandant en chef certaines choses que les petits Français apprennent à l'école. Il y a beaucoup de porcelaine dans cette vieille boutique qu'est l'Europe.

La poche belge est calme mais les Boches pèsent sur Haguenau. Les Américains les contiennent. Ils ont maintenant deux divisions blindées dans la plaine d'Alsace et l'on dit que de Lattre a envoyé la 1ère D.I.A. dans la région de Strasbourg, ce qui est bien. Mais pourquoi conserve-t-il deux divisions blindées dans la montagne au lieu de les placer dans la plaine, du côté de Phalsbourg, d'où elles pourraient se porter rapidement aux endroits qui viendraient à être menacés ?

Nous évoquons avec Repiton un mot savoureux d'un officier méhariste des confins algéro-tunisiens en janvier 1943. Nous venions de prendre Ghadamès et avions opéré notre jonction avec les unités du Sud-algérien. Devant les professions de foi patriotiques des officiers de l'armée de Vichy, l'un de ceux de la Force L leur propose de venir avec nous. Alors un certain capitaine L., drapé dans un magnifique burnous de poil de chameau, fait d'une voix profonde cette réponse superbement évasive :

- *Oui... mais vous savez... quand on est "pris" par le chameau*

Le Général est toujours préoccupé par la question du Corps d'armée. Il se demande si la meilleure solution ne serait pas d'accoupler la 2e D.B. et la 1ère DMI. Cette combinaison ne servirait pas le rayonnement de l'esprit de la France Libre, mais elle aurait l'avantage de permettre une utilisation militaire rapide. Il a déjà ébauché un plan : les deux divisions formeraient trois groupements tactiques renforcés, moitié blindés, moitié infanterie motorisée chacun, en somme trois petites divisions. Une division d'infanterie de plus complèterait utilement ce corps.

**Mercredi 10 janvier 1945 - Drülingen**

La 1ère DFL a été fortement attaquée hier et a superbement résisté. Tout semblait terminé dans la soirée mais la poussée recommence ce matin et nous recevons à midi un S.O.S. de Garbay. Le Général alerte aussitôt le groupement Guillebon et demande à Haislip l'autorisation de l'envoyer à Garbay. Haislip téléphone à l'Armée qui répond par un non catégorique : les deux blindés en réserve dans la plaine d'Alsace suffisent.

Le Général l'apprend chez Garbay où il attrape le téléphone et appelle Haislip : ces deux divisions blindées ne sont pas sous les ordres de la 1ère Armée. Il faudrait qu'elles soient alertées et que la 7e Armée aide directement la 1ère. Haislip intervient auprès de Patch qui se montre compréhensif et assure qu'il va prendre sans tarder les mesures nécessaires pour que ses divisions viennent à la rescousse.

C'est exactement ce que le Général avait prévu lorsque la division se trouvait dans ce secteur. Il avait senti que si quelque chose se déclenchait, il ne pourrait pas compter, en cas de besoin, sur les réserves de son Corps ou de son Armée dont les P.C. se trouvaient à Ste-Marie aux mines et à Montbéliard. Aussi avait-il demandé à pouvoir rester en liaison étroite avec les éléments américains qui se trouvaient derrière lui dans la région de Strasbourg. Cette précaution n'avait pas été prise par Garbay, mais il faut espérer que, maintenant, les choses vont s'arranger.

**Jeudi 11 janvier 1945 - Drülingen**

Les choses ne s'arrangent pas bien et la pauvre 1ère DFL a subi de lourdes pertes. Qu'est-ce que la 1ère Armée fait donc de ses réserves ?

Le Général rend visite à Haislip cet après-midi. Nos rapports avec le Corps sont de plus en plus chaleureux.

Le général Haislip est un homme d'un très grand bon sens. Il a, de plus une indépendance d'esprit qui paraît s'affirmer de jour en jour. Je ne serais pas surpris que sa fructueuse collaboration avec le Général y soit pour quelque chose. Nous avons, en tout cas, l'impression que son crédit à l'Armée augmente et nous nous en réjouissons car ce serait justice.

**Vendredi 12 janvier 1945 - Drülingen**

La situation de la division Garbay reste inquiétante et le Général en est tourmenté. La 1ère DFL a maintenant une nouvelle division boche de montagne devant elle. De Lattre n'a pris aucune décision sérieuse pour renforcer le secteur. Montsabert espère un miracle. Les pauvres camarades de la DFL sont un peu découragés. De La Royère, que le Général leur a envoyé en liaison, nous dit qu'ils restent calmes et donnent l'impression de s'attendre au pire et d'être résignés au sacrifice.

Quant à de Lattre, il se bornerait à répéter partout que cette histoire d'Alsace est ennuyeuse et que tout ça est la faute de Leclerc qui a désobéi aux ordres en s'en allant prendre Strasbourg.

Le journal *France Libre* publie un article venimeux reprochant au Général de ne pas laisser leurs grades FFI à ceux qui s'engagent à la 2e D.B. Je ne sais qui a inspiré ce factum. Sans doute un jaloux, peut-être aussi quelqu'un qui recherche une clientèle bien placée. C'est assez méprisable.

Au cours d'un dîner où se trouvait Pierre Cot, un ancien officier de la division, entendant parler du Général, aurait dit :

- *Ah, oui, ce Général de Hauteclocque, de l'Action Française.*

Une autre anecdote à verser à ce triste dossier. Un rabbin vient d'arriver à la division. Il a été très courtoisement reçu. Comme il manifestait le désir parfaitement légitime de savoir combien de paroissiens il comptait dans la division et de les connaître, l'excellent Boissoudy, toujours scrupuleux, a aussitôt diffusé une note, de service à tous les corps et services, demandant la liste nominative, noms, prénoms, grades, etc. de tous les Israélites inscrits sur leurs contrôles.

A Saint-Germain, Lanusse diffuse cette note au rapport du Bataillon de recrutement. Il reçoit le lendemain même un coup de téléphone du ministre de la Guerre le priant de rendre compte d'urgence des raisons pour lesquelles il procédait au recensement des Israélites.

Très surpris, Lanusse, qui en ignorait la raison mais qui a du bon sens, répond qu'il n'en sait rien, qu'il s'agit d'un ordre de la division, lequel est sans doute en rapport avec l'arrivée récente d'un rabbin : *« Ah bon... si c'est ça, c'est très bien, mais alors il faut que vous fassiez paraître au rapport une note expliquant la raison... »*

Le Général, hilare, se demande quels desseins Paris peut bien prêter à la division !

Je ne ris pas de si bon cœur que lui. Je vois trop de limaces sur ses lauriers. Et il y en aura bien davantage plus tard, sur les siens et sur ceux du Général de Gaulle. Cela a été ainsi partout, mais surtout en France.

**Samedi 13 janvier 1945 - Drülingen**

Hier, le Général me fait part de ses vues sur une question de nomination à un poste de commandement. Il est assis devant son bureau, l'air détaché, jouant avec sa bague. Nous nous regardons une seconde en silence. Il n'est possible, ni de tromper un regard aussi droit, ni de décevoir sa confiance. Je me sens obligé de donner mon avis en lui conseillant d'en référer au bon sens et à la probité de Crépin.

Le Général l'a fait et Crépin lui a dit la même chose que moi.

Une lettre de Massu, transmise par Langlade, signale que son unité a besoin de repos, qu'il lui faut un mois pour se remonter et que si la situation se prolonge, elle sera par terre. Le Général est furieux. C'est pourtant ce que je lui laisse prévoir discrètement depuis un mois. Ce n'est pas de tout repos de dire à un homme comme le Général :

- *Attention, ça pourrait ne plus suivre...*

D'abord, on risque de se tromper, et il faut se résigner à paraître le seul coupable.

- *Allons donc, c'est vous qui en avez assez.*

Il paraît qu'on élève des barricades autour de Strasbourg. Pendant toute cette panique, beaucoup de rumeurs ont circulé un peu sur tout le monde. Avec le temps, la réalité se fait jour. Schwartz et Blondel se sont parfaitement comportés. Il n'y a absolument rien à dire non plus sur du Vigier. Deux choses me frappent à ce sujet : la rapidité avec laquelle la calomnie se répand, la crédulité avec laquelle on l'accueille.

Je continue à plaindre les pauvres gens d'Erstein, qui nous ont accueillis avec tant d'émotion et de dignité, et qui sont encore presque en première ligne.

La 44e Division d'infanterie américaine a fait prisonnier, il y a trois jours, le colonel commandant la division de panzers qui se trouve en face de nous. L'aide de camp du colonel allemand s'était trompé de chemin et ils étaient tombés sur une patrouille américaine. Betz va voir l'Allemand pour lui demander s'il n'aurait pas, par hasard, des nouvelles de Langlois.

- *Non, je ne sais rien de cet officier ; les prisonniers sont envoyés directement au corps d'armée. Mais si vous voulez obtenir des renseignements à son sujet, vous n'avez qu'à envoyer un message radio sur notre longueur d'onde. Nous avons un poste à l'écoute en permanence. Les Américains l'ont fait il y a quelques jours.*

Au 12e Chasseurs, un deuxième classe se présente au bureau du colonel Minjonnet et demande à le voir.

- *Eh bien voilà, mon colonel, je viens de recevoir une lettre qui m'annonce que j'ai été nommé lieutenant.*

Il s'agit d'une nomination au titre des Forces Françaises de l'Intérieur. Et le garçon a l'air assez embarrassé de la situation un peu fausse dans laquelle cette décision inattendue le place. Le bon sens de Minjonnet remet tout dans l'ordre.

- *C'est très bien,* répond-il avec bonhomie. *Alors écoute. Tu vas continuer à bien travailler et si tout le monde ici est content de toi, je te nommerai brigadier à la prochaine promotion.*
- *Bien mon colonel, merci mon colonel* et le garçon, soulagé de voir les choses rentrer dans leur ordre normal, retourne à son escouade.

Repiton et Châtel viennent voir le Général. La 36e Division d'Infanterie US signale le lancement d'une centaine de parachutistes dans la région de Makwiller. Curieux. Cela doit-il laisser présager une attaque pour demain matin ? et les bonshommes largués auraient-ils pour mission de se tenir cois jusque là pour venir ensuite semer la confusion sur nos arrières ? Le Général reconnaît que notre P.C. serait un excellent objectif pour eux. La Division se trouverait paralysée au moment psychologique. Je jette un coup d'œil perplexe par la fenêtre : nous sommes défendus par cinq chars légers répartis tout autour du village et par les vingt-cinq braves types du peloton de garde Inch'Allah !

**Mardi 16 janvier 1945 - Drülingen**

Allah est grand, nous n'avons pas eu le col tranché. Mais nos affaires n'en vont guère mieux pour ça.

Cet après-midi, le Général va au XVe Corps où il est envoyé par Haislip pour y rencontrer le général Patch. La dernière trouvaille du Groupe d'armées consiste à nous renvoyer en Alsace où nous aurons à reprendre les villages que nous avons libérés il y a six semaines et que les Boches ont repris il y a dix jours à la pauvre DMI.

Nous soupçonnons une nouvelle manœuvre de de Lattre. Il veut en finir avec cette poche qu'il porte comme une tumeur. Il aura convaincu Devers de nous remettre à sa disposition. Sans doute a-t-on prévu un grand tam-tam, avec attaque en règle et tout et tout. Et naturellement, pour ça, il faut la 2e D.B.. Nous serons probablement relevés ici par une division équipée de matériel neuf à ne pas gaspiller inutilement.

Le Général a l'air excédé.

**Mercredi 17 janvier 1945 - Drülingen**

Ce matin, Devers vient nous voir accompagné du lieutenant-colonel de Souzy. Le commandant du Groupe d'armées assume les fonctions inattendues d'agent de liaison de de Lattre. Il vient nous lancer dans la bagarre qui va s'ouvrir pour réduire enfin la poche alsacienne. L'affaire se présente mal et paraît ne faire plaisir à personne. Il n'y a pas assez d'artillerie et l'on pense que la poche sera une pelote de mines et d'obstacles variés.

D'Allonnes rentre de Paris très au noir, ce qui n'est pas une habitude chez lui. On demande au Général de Gaulle de prendre parti pour ou contre les communistes. L'une et l'autre de ces décisions risqueraient de déclencher une guerre civile. Mais cela créerait du flottement dans le gouvernement et favoriserait la confusion. Tixier a offert sa démission de ministre de l'Intérieur à cause des affaires d'épuration en Afrique du Nord et de celle du préfet de Lyon. Sa démission a été refusée :

- *J'ai autre chose à faire qu'à ouvrir une crise de gouvernement et à recommencer des dosages savants pour former un nouveau cabinet.*

Fort bien mais voilà un ministre de l'Intérieur qui ne va plus être très actif.

Si telle est la situation, les Alliés ne doivent pas être pressés de nous fournir du matériel et d'armer nos troupes.

Doutant du lendemain, ils ont toute raison de rester dans l'expectative à notre égard. L'intérêt de l'Armée française n'est-il pas, alors, que le Général couvre de son nom le plus grand nombre possible de divisions qui, elles, seront armées par les Américains parce qu'ils ont confiance en lui ?

**Lundi 22 janvier 1945 - Obernai**

Nous avons fait mouvement il y a cinq jours et sommes arrivés ici le 18. Dès le lendemain, nous repartions pour Paris. L'objet de ce voyage est ce projet de Corps d'armée qui est toujours dans l'air. Le Général continue à hésiter beaucoup sur la voie à prendre. Je ne sais ce qu'il décidera mais une chose est certaine, il lui sera très difficile de s'arracher à la Division avant la fin des combats.

Nous dînons à la Base où Guillebon nous attendait. Arrivés à Paris à l'aube, nous allons tout droit rue de Varenne où Maman produit un petit déjeuner très bienvenu. Un pot de gelée de framboises, surgi de derrière les fagots, enchante le Général qui lui fait un sort avec allégresse.

L'appartement sert de P.C. toute la journée. Nous repartons le soir même, le Général et moi, laissant Guillebon à Paris. Je monte à côté de Lial qui tient le volant de la Cadillac. Somme rapide et, à Sézanne, je prends la relève de Lial qui n'en peut plus. La voiture fonce dans une tempête de neige. Il est une heure du matin. Derrière, le Général dort. Lial, à côté de moi, est une masse inerte. A travers le rectangle du dégivreur balayé par l'essuie-glaces, les phares révèlent un monde tourmenté, étincelant et sinistre.

La route blanche, profondément couturée, est cernée, au-delà des arbres glacés, par une obscurité hostile. Le silence à peine troublé par le ronron du moteur, est pesant. Là-dessus, la danse échevelée des flocons qui attrapent la lumière et me la relancent à la figure. Voyage au bout de la nuit, à la fois exaltant et angoissant à cause de cette présence précieuse qui repose là-derrière.

Revenu à Obernai, le Général prend le commandement du secteur nord de la poche. Nos groupement tactiques sont dispersés, les uns au nord de Strasbourg, les autres au sud, vers Sélestat. Le VI$^{e}$ Corps, à son habitude, s'est replié sur Haguenau. Ayant perdu une soixantaine de chars, il parle d'évacuer l'Alsace. Pooh !

Je garderai mauvais souvenir du P.C. d'Obernai, malgré la dignité grave et courageuse de cette ville.

A midi, à la popote, j'observe une fois de plus les manœuvres de certains pour ne pas être à la table du Général. J'en parle, après le repas, aux capitaines. Bagneux, Schompré, d'Allonnes, Pille, Boissoudy et le Père Fouquet sont d'accord. Ce soir le complot est au point. Je vais avertir le Général que le dîner est servi. Il entre dans la salle à manger en poussant d'Allonnes devant lui avec cette gaieté un peu forcée et bourrue qu'il affecte souvent pour essayer d'arriver à se détendre. J'entre derrière lui et referme la porte comme par mégarde au nez du groupe des officiers supérieurs. Les capitaines, entrés par la porte latérale cernent déjà la table du Général. Un des colonels, ayant réussi à entrer, met la manœuvre en lumière en flottant, désemparé, entre la table complète et l'autre, vide. Le Général, lui, a tout de suite compris. Il s'esclaffe et désigne aux *grands fauves* la petite table autour de laquelle ils tournaient, la mine un peu déconfite.

Finalement le dîner se passe dans la gaieté. D'Allonnes, qui a été étincelant, remarque à la fin du repas que la *petite table* est également plus animée que d'habitude. Le Général lui verse sa tasse d'infusion sur la tête...

## Mardi 23 janvier 1945 - Obernai

Le colonel Petit, officier de liaison auprès de la VII$^{e}$ Armée, vient voir le Général. Il lui signale, entre autres choses, que les unités américaines au nord de Strasbourg s'attendent à être attaquées et envisagent de se replier si la pression est trop forte. Inutile de dire que cette information hérisse le Général. Penser à se replier avant même d'être attaqué ! Il fulmine. Sa réaction est d'envoyer demander à Montsabert l'autorisation de ne pas engager le groupement Dio dans l'opération de nettoyage de la poche. Il veut le garder en réserve pour qu'il puisse assurer la défense de Strasbourg au cas où les lignes lâcheraient effectivement.

La division reçoit une note de Diethelm demandant le renvoi à l'arrière de tous les officiers et sous-officiers inscrits aux F.F.L. avant le 1er novembre 1942, pour en faire des instructeurs. Cela signifie ni plus ni moins la dislocation de la division. Cet ordre étrange, surtout en pleine opération, ranime l'inquiétude du Général sur l'avenir de l'armée française. Il la voit livrée à tous ceux qui encombrent en ce moment les états-majors et qui, souvent, n'ont qu'une expérience bien courte des combats, si même ils en ont une.

Beaucoup d'entre eux ne sont-ils pas passés directement du grade de lieutenant à celui de colonel ?Tout cela est vrai. Mais ne sommes-nous pas les premiers à être choqués lorsqu'un officier compétent quitte son unité pour aller à Paris ? Il n'y a pas assez d'officiers confirmés pour commander nos unités de combat et en même temps réorganiser l'armée. Qu'est-ce qui est le plus important aujourd'hui ? L'hésitation du Général entre son commandement et la perspective d'un Corps d'armée paraît prouver que la réponse n'est pas facile.

## Jeudi 25 janvier 1945 - Obernai

Nous reprendrons demain matin la tradition des P.C. avancés, préliminaire inévitable de toute attaque. Les caisses sont ouvertes et commencent à se remplir. Elles seront chargées ce soir.

La situation est médiocre. Nous allons nous engager à fond dans cette opération sans être sûrs que le VIe Corps tiendra au nord de Strasbourg. C'est déplaisant.

Il y avait hier une conférence au P.C. de Carbet. De Lattre y était venu, suité de trois aides de camp. Je réussis à être aimable, mais avec peine. Il y avait aussi cet officier dont la réflexion nous avait tant amusés. Cela se passait au 3e Bureau de la division. Le Général était en train de discuter des opérations avec Montsabert. Le téléphone sonne. Verdier prend la communication. C'était l'annonce du succès de Gribius à Kilsett : 300 prisonniers, 4 engins blindés détruits, etc.. Montsabert, qui s'y connaît, félicite chaleureusement le Général. Alors l'officier qui l'accompagnait prend Branet à part, dans un coin, et lui demande d'un air pénétré :

- *Dites-moi... d'une façon générale... comment procédez-vous ?*

## Samedi 27 janvier 1945 - Kerzfeld

L'ennemi a marqué un point. L'attaque déclenchée avant-hier soir a été un échec. Il y avait eu une grosse chute de neige. L'endroit choisi était difficile. Le Général aurait voulu recommencer hier soir mais la mise en place demandait trop de délais. Il avait alors décidé une autre opération pour ce soir, à un autre endroit. Mais le bataillon de Gambiez mis à notre disposition à cet effet nous est enlevé. Dans ces conditions, le Général renonce. D'ailleurs, toute cette affaire, surtout avec un temps pareil, demanderait une masse d'infanterie et d'artillerie beaucoup plus importante que ce que nous avons.

Guillebon, rentré de Paris hier soir, ramène des nouvelles du *Corps d'armée*. En fait, les huit divisions qui vont, dit-on, être armées, le seront d'une façon particulière. Leur armement sera en partie américain, en partie anglais, en partie français. Quant au matériel radio, il sera entièrement français. Il n'en a pas été demandé aux Américains, le Commandement se faisant fort de tout fabriquer en France. Pour qui sait l'importance et la complexité des transmissions radio, c'est burlesque.

Si c'est une farce, c'est une farce triste. Que peut-on construire avec cet équipement de rebut ? Les gens d'en face ne sont pas des plaisantins.

On dit que dans certains villages au nord de Haguenau, les Alsaciens ont montré le poing aux troupes qui se repliaient.

Nous partons en command-car pour aller dire au-revoir au général Gambiez qui vient d'être remis à la disposition de la 5e D.B.. Lassé de tous les ordres et contre-ordres qu'il reçoit sans cesse, le Général est tout de même de bonne humeur. Il peste contre la neige et s'apitoie sur le sort des perdreaux dont les silhouettes immobiles ponctuent de points noirs la blancheur livide de la plaine. Il se montre très aimable avec Gambiez. Je crois qu'il regrette de ne pas avoir pu voir ses troupes travailler. Et surtout il aurait aimé pouvoir libérer à nouveau ces villages dans lesquels il était entré il y a six semaines.

Rentré au P.C. avant, le Général, après avoir décommandé l'opération envisagée, reçoit Châtel qui revient du Corps d'armée.

- *Le général de Montsabert compte bien que, malgré le départ du bataillon de choc, vous attaquerez ce soir...*

Le Général a commencé par ouvrir des yeux tout ronds, puis sa moustache se hérisse :

- *Hein ? Par exemple ! mais jamais de la vie, c'est idiot...*

Dans la voiture, en revenant de chez Gambiez, il m'avait dit :

- *Mon pauvre Girard, nous devons avoir bien mauvaise réputation.*

## Lundi 29 janvier 1945 - Obernai

La bombe a éclaté. Ce matin, quelques chefs de corps attendaient dans mon bureau l'heure de la réunion pour laquelle ils avaient été convoqués. Lecomte arrive avec un télégramme de Montsabert. C'est un ordre de se préparer à attaquer demain le village d'Elsenheim et de venir prendre les ordres à 9 h 30 au P.C. de Garbet.

Le Général monte en voiture et nous partons, accompagnés de Vézinet. Discussion tendue. Il semble que l'infanterie de la 1ère Armée soit sur les genoux. Le commandement monte des opérations avec des fantômes sans tenir compte de la réalité. Le GTV a attaqué Grüsenheim hier et les combats ont été très durs.

Le Général estime que nous ne pouvons pas faire davantage avec les moyens dont nous disposons. Il trouve d'ailleurs que la situation ne nécessite pas tous ces efforts dispendieux. Au P.C. de Garbet, où se trouve Montsabert, l'atmosphère s'échauffe rapidement. Tout le monde s'accorde à considérer l'opération d'Elsenheim comme une sottise, Garbet et même le colonel Vidal, du 3e bureau de Montsabert. Il le dit à Vézinet, en aparté, et en ajoutant

- *Mais c'est l'ordre de de Lattre et Montsabert ne veut pas prendre la responsabilité de refuser.*

Le ton monte. Montsabert, du coin où il discute avec le Général, se tourne vers Vézinet :

- *Votre avis ?*

Vézinet, très calme, donne une opinion identique à celle du Général. Montsabert le coupe. Alors le Général s'écrie d'une voix furieuse :

- *Laissez-le parler.*

Montsabert se tait et Vézinet continue.

Entrée de Guillebon, qui arrive de Grüsenheim. Montsabert le met au courant. Alors Guillebon, avec autant de flegme que Vézinet, confirme en tous points l'avis du Général :

- *L'opération d'hier à Grüsenheim a coûté vingt officiers, tués ou blessés, aux deux sous-groupements du GTV qui menaient l'attaque. D'autre part, Elsenheim est signalé comme un point d'appui particulièrement fort : béton, casemates, obstacles, 600 hommes, des blindés, etc.. Un piper-cub vient de repérer vingt engins blindés entre Elsenheim et Marckolsheim.*

En dépit de tous ces avis, Montsabert maintient son ordre avec opiniâtreté. Alors le Général éclate :

- *Quand un de mes subordonnés me dit que l'ordre que je lui donne est une c...rie, je réfléchis aux arguments qu'il m'expose.*
- *Vous voulez dire que je dis des c...ries.*
- *Parfaitement.*
- *Voulez-vous me mettre cela par écrit.*
- *Si vous voulez.*

Je suis chargé de taper le compte-rendu, rédigé par Vézinet, dans lequel le Général expose en quatre points les raisons pour lesquelles il se refuse à attaquer Elsenheim avec ses blindés, sans être accompagné de deux bataillons d'infanterie en très bon état, et fortement appuyé par de l'artillerie et de l'aviation.

Or la 1ère DMI n'a plus de bonne infanterie. Guillebon nous le répète. Il aime beaucoup Sérigné, mais à l'attaque de Grüsenheim, le bataillon de celui-ci n'a pas donné comme il aurait dû. Il était sur les boulets et manquait d'instruction.

Montsabert confirme que de Lattre veut à tout prix gagner. Il montre au Général une lettre dans laquelle Devers reproche sévèrement à de Lattre de ne rien faire. Le Général rétorque :

- *Il n'a qu'à avouer que son armée n'en peut plus et à demander de l'infanterie aux Américains.*
- *Ils ne veulent pas en donner. Si vous voulez, demandez-en vous-même à Devers.*
- *C'est entendu, mon Général, j'y vais.*

Nous rentrons au Q.G. d'où le Général repart aussitôt pour Vittel, voir Devers. Il est écœuré.

- *Vous avez vu, dès qu'il a eu mon papier en poche, il a été tranquille, il était à couvert.*

Vézinet, le calme, le mesuré, le juste, donne libre cours à son indignation. L'armée française n'a pas changé. Les chefs ne prennent pas leurs responsabilités et les rejettent sur leurs subordonnés.

**Mercredi 31 janvier 1945 - Obernai**

Cette nuit, vers minuit, une voiture se présente tous phares allumés dans un village tenu par le sous-groupement Gribius. La sentinelle de garde au carrefour lui fait signe de s'arrêter. La voiture n'en fait rien. Les sentinelles tirent.

Deux heures plus tard, une voiture arrive, tous phares allumés, mais cette fois s'arrête au carrefour. Un officier en descend et déclare qu'il vient chercher les sentinelles qui ont tiré sur la voiture du général de Lattre de Tassigny.

Emmenés au P.C., les deux soldats sont conduits auprès du général de Lattre qui les enguirlande comme du poisson pourri. Puis il s'arrête et s'adressant à l'un d'eux :

- *Où t'es-tu battu pour la dernière fois ?*
- *A Kilstett, mon Général.*
- *Qu'est-ce que tu as fait à Kilstett ?*
- *J'ai démoli un Panther.*
- *Tu es un brave, embrasse-moi.*

Et le général lui donne l'accolade. Puis leur désignant des chaises à table.

- *Asseyez-vous, tous deux, et dînez avec moi.*

Ils sont revenus à leur unité une bouteille d'eau-de-vie sous le bras.

Ici nos contacts avec l'ennemi s'améliorent tandis que nos relations avec nos amis se détériorent.

Après la discussion d'hier avec Montsabert, le Général s'en est allé, comme il l'avait dit, chez Devers à Vittel. Il n'a pas vu le commandant de l'armée, mais a exposé à son sous-chef d'état-major la véritable situation de l'infanterie de la 1ère Armée. Les bras lui en sont tombés.

Pendant qu'il y était, vers trois heures de l'après-midi, Montsabert avait téléphoné. J'avais répondu que le Général était absent et, ayant reconnu sa voix, j'avais ajouté, utilisant les mots code :

- *Mais Estelle sait où il est.*

Un gros rire au bout du fil :

- *Mais Estelle, c'est moi... et je ne sais pas où il est.*
- *Il est parti pour la région de Contrexeville, mon général, comme il vous l'a dit.*
- *Ah ?... Ah ? Il y est allé ...*

Ce matin, une lettre de Montsabert reproche sèchement au Général d'être allé à Vittel sans autorisation de de Lattre et exige un compte-rendu. Celui-ci est aussitôt envoyé. Il est sobre et relate les faits.

Le Général comptait d'ailleurs aller ce matin voir Devers qu'il n'avait pu voir hier. Mais ayant appris cette nuit que les Allemands décrochaient, il va voir passer ses éléments à Sand et envoie Châtel à Vittel.

D'après ce dernier, Devers a compris qu'on lui a caché la vérité. Hier, il avait dit à ce même Châtel, d'un ton furieux :

- *Pourquoi le général Leclerc ne veut-il rien faire ? Je fais la guerre, moi.*

Aujourd'hui il écoute ce que lui répète Châtel et s'écrie :

- *Pourquoi ne me l'a-t-on pas dit plus tôt ?*

Il arrive peu après, en personne, et se montre très satisfait de voir que nos éléments ont déjà commencé à passer l'Ill. En partant, il me témoigne une grande amabilité et me dit :

- *Dites bien au général Leclerc que j'ai très bien compris ses problèmes.*

## Jeudi 1er février 1945 - Obernai

Décrochage général des Boches devant nous. Dès les premiers indices de ce mouvement, hier, nos éléments avaient commencé à avancer. Hier soir ils avaient déjà occupé plusieurs villages et continuaient à pousser. Tout cela presque sans ordres, par un réflexe bien acquis. Les unités progressaient, construisaient des ponts...

Ce matin, à 10 h du matin, nous recevons l'ordre du Corps d'armée de faire ce qui est virtuellement terminé. L'ordre est daté du 30 janvier 1945 : or le 30, c'est-à-dire avant-hier, nul ne pouvait prévoir le repli des lignes allemandes. Nos patrouilles l'ont décelé dans la nuit du 30 au 31, et c'est cette nuit-là, à une heure du matin, donc le 31, que le Corps a téléphoné que "peut-être"... si les circonstances le permettaient... il était à envisager... etc..

Le colonel Richet rentre de Paris où il a vu toutes les plus hautes autorités médicales françaises et américaines. Il ressort de son rapport que nos blessés vont se voir retirer les avantages dont ils bénéficiaient jusqu'à présent. La 1ère Armée n'ayant pu les obtenir, a estimé qu'il ne pouvait pas être question de nous les réserver car ceci aurait continué à engendrer *« d'intolérables manifestations d'indiscipline. »*. Je cite le rapport : *« Leur suppression ne semble pas venir des autorités américaines mais avoir été provoquée par de nombreuses jalousies. »* Les auteurs de ces réclamations, ne pouvant obtenir de nos alliés les mêmes avantages que nous, ont préféré les faire supprimer que de les voir attribués à nous seuls... Je dois à la vérité d'ajouter que d'autres personnalités ont manifesté une *aigreur* mal dissimulée quant aux *faveurs* jusqu'alors réservées à notre grande Unité. Le *nivellement par le bas* dont j'ai parlé semble être souhaité par la plupart. Cette étrange tendance égalitaire n'a pas été sans provoquer l'étonnement de certaines autorités américaines puisque le colonel B... qui nous ravitaillait, a exprimé à Mme Conrad sa stupéfaction et son irritation de voir des Français intervenir eux-mêmes pour que les avantages, à nous accordés, fussent supprimés.

Il n'y a rien à ajouter. Des sentiments aussi mesquins que l'envie et la jalousie sont à la base de beaucoup des grands principes dont se gargarisent les descendants des Gaulois. Il s'agit de blessés, dont certains se battent depuis cinq ans. C'est proprement abject.

Ce matin, Montsabert est venu au Q.G. mais il ne s'est pas montré. Il a fait arrêter sa voiture devant le 3e bureau et a envoyé son officier d'ordonnance voir notre situation. Peut-être aura-t-il trouvé matière à un nouvel ordre antidaté.

Hier soir, le Général manifestait à nouveau son écœurement de tout cela. Il s'inquiétait, comme les autres jours, de l'avenir de l'armée. Il venait de voir passer un régiment de FFI qui montait en ligne. Bons équipements, tenues en bon état, mais aucune allure militaire. Rien ne différenciait les officiers des hommes, sinon leurs galons, mais leur maintien, leur port, leur prestance ne les désignaient pas. On ne *sentait* pas l'officier. Tant que nous sommes en guerre, soupirait le Général, il y aura toujours la sanction du combat. Il faudra bien que ces *officiers* fassent leurs preuves au feu. La sélection sera automatique. Mais après ?

Puis, parlant de ses rapports avec le Général de Gaulle, il concluait avec amertume :

- *Oui, cela sera comme à Fort-Lamy où il me traitait comme un chien dans un jeu de quilles et faisait l'aimable avec le Gouverneur.*

Ce matin, Lumiansky me dit :

- *Quand je parle avec des officiers américains, ils me demandent souvent pourquoi le Général de Gaulle garde le général de Lattre. Je ne sais jamais quoi répondre. Qui peut me dire pourquoi ?*

Est-il exact que, comme on me le dit, les expériences de la 2ᵉ D.B. commencent à faire école dans certaines unités américaines ? Trois groupements tactiques au lieu de deux, et souvent un quatrième constitué, comme notre GTR, par les éléments de reconnaissance...

Et faudra-t-il comme toujours, que ce qui est apprécié par les autres ne soulève chez nous qu'une haine jalouse ?

Le Général me disait hier soir :

- *Voyez comme il est difficile de trouver le juste milieu. D'une part notre corps d'état-major, rebelle à toute innovation, attaché aux bonnes formules, aux normes traditionnelles de la bonne vieille armée française. De l'autre, la nouvelle armée FFI qui veut tout changer, tout rejeter en bloc, de nos vieilles traditions. Alors qu'il faudrait prendre, de chaque côté, ce qu'il y a de solide chez les uns, de dynamique chez les autres, amalgamer, fusionner. Cela aurait été si facile, il y avait tant de bonnes volontés.*

Hier nos troupes sont rentrées dans Obenheim, repris le 11 janvier dernier par les Boches. En y arrivant, elles ont trouvé trois hommes de la 1ère DMI qui avaient été cachés pendant ces vingt jours, nourris et soignés (ils avaient eu les pieds gelés) par les gens du village.

### Vendredi 2 février - Obernai

Hier soir, le Général était convoqué par de Lattre au P.C. de Montsabert à Molsheim. Lecomte et moi l'accompagnons. Au P.C. nous sommes accueillis par une *nouba* en *rezza* et gants blancs. Grands falbalas. Un tas de généraux, tous ceux du 2ᵉ Corps et les Américains de la 12ᵉ D.B. US.

De Lattre fait son entrée, distribue des poignées de mains, des sourires et du charme à tout le monde. Puis il fait le point de la situation devant la carte. La mission du 2ᵉ Corps est terminée pour le moment... *« C'est une grande victoire française »*... puis il indique à chaque division ce qu'elle aura à faire demain. Arrivé à la 5ᵉ D.B. dont le piteux état est le résultat d'un emploi déplorable, il s'adresse anxieusement à son chef :

- *Combien de chars vous reste-t-il ?*

La réponse vient, d'une voix calme et assurée :

- *10 au 1ᵉʳ CC, 12 au 2ᵉ, 13 au 3ᵉ...*

Curieuse impression d'un jeu de scène. Voix profonde de de Lattre :

- *C'est terrible, vous ne pouvez plus continuer, il faut vous relever.*

Un silence. Puis il enchaîne :

- *C'est à nous que va naturellement revenir cet honneur. Il est évident que la tête de pont de Neuf-Brisach n'est pas une affaire pour une division blindée... mais après, pour aller à la rencontre des troupes du sud, nous aurons notre rôle à jouer, nous serons mis avec la 2e D.B., à la disposition du XXIe Corps américain...*

Je jette un coup d'œil dans la direction du Général qui ne professe pas une admiration éperdue pour cette grande unité et qui n'aime pas beaucoup que sa division reçoive des missions d'infanterie. Il n'a pas sa tête des bons jours. Mais de Lattre continue :

- *Dans le sud, la progression est lente, la lutte acharnée, en particulier autour de Cernay, les combats sont terribles, de véritables corps à corps. Il a même été obligé de les "calmer" tant les pertes étaient lourdes ...*

Le monologue se termine enfin, admirablement joué mais un peu pénible par la recherche manifeste de l'effet.

Le Général se dirige vers de Lattre et lui demande un entretien particulier. Montsabert offre sa chambre à de Lattre qui accepte. Le Général fait signe à Lecomte et les trois hommes sortent par le fond. Quarante minutes plus tard, Lecomte revient. Encore dix minutes et de Lattre reparaît, l'air dégagé et souriant. Il passe devant Lecomte sans le regarder, adresse des saluts aux quelques officiers restés dans l'antichambre et entre dans le salon. Montsabert en ressort immédiatement en disant à haute voix :

- *C'est navrant que le général Leclerc ne puisse pas rester dîner...*

Comment le sait-il ? Au même moment, le Général apparaît à son tour. Il est un peu rouge et n'a pas l'air content. Il s'excuse auprès de Montsabert de ne pas rester dîner, serre quelques mains et se dirige vers sa voiture.

L'entrevue a été des plus orageuses. De Lattre a commencé par déployer tous ses charmes, mais en vain. Le Général avait demandé à le voir pour lui dire qu'il était préférable qu'il ne reste pas à la 1ère Armée. Son interlocuteur continuant a lui opposer des amabilités, il met les points sur les i :

- *Il y a une chose certaine, mon général, c'est que, s'il le faut, je demanderai à être relevé de mon commandement, mais je ne veux pas servir sous vos ordres.*

Evidemment, le temps des aménités est passé. Le ton de de Lattre change avec la rapidité d'un éclairage de scène, et c'est le grand jeu :

- *Vous avez un orgueil incommensurable... vous avez la haine de l'autorité... vous avez un caractère détestable...*

Passons pour le caractère, encore que, même détestable, il soit bon d'en avoir, mais accuser le Général d'orgueil et de haine de l'autorité, est pour le moins surprenant. Aussi bien le bout de l'oreille ne tarde-t-il pas à percer :

- *Vous avez eu la chance d'entrer à Paris... vous avez eu la chance d'entrer à Strasbourg... d'autres que vous y auraient eu autant droit...*

C'est bien là le nœud du problème.

Au bout de quarante minutes, il se tourne vers Lecomte :

- *Jusqu'à maintenant, j'ai parlé à l'homme, maintenant je vais parler au général de division. Retirez-vous.*

Le Général en a la nausée, mais il est calmé par le sentiment de l'irréparable. Ce qui est fait est fait. Tout lui est égal maintenant.

- *Si de Lattre gagne, s'il garde la division, je demanderai à partir, je disparaîtrai. Si plus tard le pays est dans le pétrin et que je puisse être utile à quelque chose, je reviendrai...*

Sur ces entrefaites, Châtel revient de Vittel et annonce que Devers a de nouveau changé d'attitude. Nous restons où nous sommes. Aucune division ne repassera les Vosges avant que la poche ne soit liquidée.

Dans le cours de sa diatribe, de Lattre a d'ailleurs dit qu'il avait eu en mains la copie de la lettre que le Général avait écrite d'Erstein à Devers, ce qui confirme la réponse de celui-ci, que nous avons reçue le 20 décembre. De Lattre a également déclaré avoir reçu un compte-rendu exact de la conversation du Général avec le sous-chef d'état-major de Devers le 29 janvier. Il a ajouté :

- *Mais du Souzy a remis les choses au point.*

Je n'en doute pas, il a dû faire cela très bien.

Ce soir, une lettre de Vézinet rassure le Général. Son point de vue est parfaitement compris à Paris. Aucune mesure n'a encore été prise pour des raisons de prestige national, mais la solution ne saurait tarder longtemps. D'ailleurs la poche se vide.

**Lundi 5 février 1945 - Riedwihr**

Nous sommes dans un horrible petit P.C. avant. La poche finit, si j'ose dire, en queue de poisson. A l'ouest de l'Ill, il n'est plus question de circuler. C'est un affreux mélange de divisions blindées, d'infanterie, chacun jurant, sacrant, tempêtant ou se résignant... Impossible de savoir qui a pris Sainte-Croix. Est-ce la 1ère D.B. venant du sud ou la 28e DI américaine venant du nord ? Mystère.

Dans notre secteur, tout se passe relativement bien. Le Général a prudemment demandé à ne pas faire descendre toute la division mais seulement deux groupements.

Le dernier ordre d'opérations de de Lattre nous a émerveillés. Notre mission était de descendre vers le sud entre l'Ill à l'ouest et le Rhin. Venant du nord-ouest, la 28ème DI américaine avait atteint l'Ill sur notre droite. Elle formait donc marteau avec nous. L'ordre que nous recevons ce soir prévoit que nous attaquons vers le sud, et que la 28ème DI attaque vers l'Est. C'est-à-dire que nous devons nous croiser ou, si l'on préfère, nous rentrer gentiment les uns dans les autres. Le Général a dû envoyer Châtel au Corps, en pleine nuit et en toute hâte (une fois de plus, le pauvre) pour demander des éclaircissements. Pénible.

**Vendredi 9 février 1945 - Obernai**

Il a absolument fallu que nous aidions le XXI^e^ Corps américain, ne serait-ce que pour faire pièce aux calomnies de nos bons amis de la 1^ère^.

Gribius a donc défilé devant trois divisions pour descendre le long du Rhin. Pendant cet étrange mouvement, il s'est fait tirer dessus par les troupes américaines, ce qui était à prévoir.

# Berchtesgaden
# mai 1945

*Note – L 'Alsace libérée, il semble -que la mission de la 2e D.B. soit terminée.*

*Pourtant, pendant que la division se repose enfin à Châteauroux, le Général à Paris cherche à accomplir une autre mission. Il voyage constamment. On a pensé un moment à constituer un 3e Corps, mais cela. ne parait finalement pas réalisable. Leclerc veut que sa division participe à l'hallali, à la chute finale de l'Allemagne.*

*Les Alliés déclenchent l'offensive en Allemagne et le Général veut que sa division soit là.*

*Il lui faudra discuter longuement, surmonter mille obstacles et même accepter d'envoyer le tiers de ses troupes vers l'ouest pour aider à la reconquête de la poche de Royan entre le 15 et le 17 avril, avant que la division soit affectée à la 7e Armée du général Patch.*

*Alors commence une série de mouvements d'une rapidité incroyable. Partie du centre de la France le 23 avril, la division s'étire sur plus de 1 000 km de route.*

*Ses premières colonnes sont au cœur de la Souabe le 27 avril. Nuit et jour, le Général roule sur les routes encombrées et aboutit enfin aux environs d'Augsbourg au P.C. du XXIe Corps d'armée auquel il est affecté. Sans ambages, il expose son désir au général américain qui lui demande :*

- *Mais où sont vos troupes ?*
- *Elles arrivent, le 1er détachement sera là dans quarante-huit heures.*

*Organiser ce déplacement sur une distance aussi longue était une gageure en train de réussir.*

*Le 2 mai, la tête de la division est à pied d'œuvre, le 3 elle entreprend sa demiére charge et le 4 les chars français entrent les premiers à Berchtesgaden*

*Le 6 mai, le Général visite ce qui reste du Berghof, le 7 mai l'Allemagne capitule et la division est ramenée sur le bord de Lammersee où le Général de Gaulle vient la passer en revue.*

1945 – en Allemagne

Ch. Girard – Valence – le Général de dos – Barboteu

**Dimanche 25 février 1945 - Paris**

Nous sommes partis pour Paris le 13 alors que la division, affectée au XV^e^ Corps, s'apprêtait à faire mouvement vers la Lorraine en direction de Dieuze.

Notre P.C. est rue François 1^er^, dans un hôtel qui donne sur la place, entre les rues François 1^er^ et Jean Goujon.

Vézinet fait le siège du Général pour obtenir que la division soit ramenée à l'arrière pour quatre à cinq semaines.

Juin est d'accord pour la solution du Corps d'armée. Le Général, qui sillonne, sans interruption aucune, les couloirs du boulevard Saint-Germain et de l'hôtel Continental, le désire. Mais les Américains refusent de nous lâcher, ce qui est amical.

Ils refusent également de recevoir le Général au SHAEF. Ils ont sans doute peur de lui. Les négociations par personne interposée au SHAEF semblent laisser prévoir que le corps se formera dans des conditions voisines de l'acrobatie. La division sera en ligne, peut-être même engagée, pendant que le reste du corps stationnera dans la région de Châteauroux. Toute la maîtrise du cher Lantenois ne sera pas de trop pour ravitailler les éléments de cette nébuleuse.

Aucune décision n'est d'ailleurs prise pour notre division d'infanterie. On parle de la 10^e^, mais la visite du général Billotte ne laisse pas l'impression que cette solution sera retenue, ni d'un côté ni de l'autre. Lorsque nous sommes repartis pour Benestroff le 16, les Américains avaient accepté de libérer une division blindée, mais sans spécifier laquelle. Le Général de Gaulle était décidé à exiger que ce soit la nôtre, mais le Général n'avait pas grand espoir.

A Benestroff, le Général était sombre et parlait de tout abandonner si une décision n'intervenait pas rapidement.

La prise d'armes organisée pour remettre la Légion d'honneur à son vieil ami, à notre vieil ami Haislip, lui change heureusement les idées. Cérémonie brève et simple, mais à laquelle tous ceux qui y ont participé ont apporté tout leur cœur. Il n'y a pas un homme de la division qui ne se soit réjoui de nous voir revenir sous les ordres de ce petit homme calme et souriant. Ils savent que c'est un chef.

Un télégramme arrive, hier, après le déjeuner et nous apporte un ordre préparatoire de mouvement. Un second message précise qu'il s'agit du sud-ouest, c'est-à-dire la zone de regroupement du Corps d'armée. Les valises sont vite bouclées, nous remontons en voiture et arrivons ce soir à Paris.

Déjà les représentants des différents bureaux et services du corps encombrent les couloirs de la rue François 1er. Le Général a vite oublié qu'il vient de gagner la 1ère manche, il ne pense plus qu'à la suivante. Le choix de la division d'infanterie absorbe maintenant toute son attention. Est-ce que ce sera la 10e, avec Billotte, ou la 1ère ? Les F.O.C.A. sont désignés, il va falloir s'en occuper.

Le problème se pose aussi de savoir qui va remplacer le Général à la tête de la division. Dio ? Langlade ? un tiers ? Les avis sont partagés et il y en a d'inattendus.

**Mercredi 28 mars 1945 - Châteauroux**

Rien écrit depuis un mois. Il y a eu trop à faire etplusieurs déplacements à Paris.

Le premier séjour, nous venions directement de Benestroff, a été consacré au projet de mise sur pied d'un Corps d'armée. La question a été réglée, si l'on peut employer cette expression, par l'impuissance de l'état-major à réaliser quoi que ce soit. Aucune décision n'intervenait jamais. A cela s'ajoute que les uns ne voulaient pas être placés sous les ordres du Général, tandis que les autres réussissaient à lui enlever les seuls éléments du Corps d'armée qui avaient pu être constitués.

Ce que voyant, le Général est allé trouver le Général de Gaulle, le 7 mars, et lui a dit que, dans ces conditions, il aimait autant retourner à la division et l'emmener de nouveau en opérations. Le Général de Gaulle l'a approuvé.

Je n'ai pas été le seul à m'indigner de ce résultat. Le Général n'a toutefois pas complètement abandonné l'idée de former un Corps d'armée. Il a laissé Vézinet à Paris avec les éléments de l'état-major du corps, et nous sommes partis pour Châteauroux le 13 mars.

Un autre problème s'est alors posé. Il était entendu que la division devait repartir pour le Rhin et prendre part aux opérations en Allemagne. Les Américains étaient d'accord pour nous prendre avec eux. Tout paraissait marcher à souhait lorsque survint Larminat. Il était toujours en panne devant ses ports de l'Atlantique et manquait de moyens pour monter l'opération nécessaire. Il demande que des éléments de la division soient mis à sa disposition.

A peine le Général l'apprend-il qu'il saute en voiture et pique vers Paris. C'était le 17 mars. Il va tout droit voir Juin et, en rentrant rue François 1er, me dit :

- *Je suis arrivé juste à temps.*

L'atmosphère était lourde. Nous rencontrions, bras dessus bras dessous, deux généraux dont aucun n'avait de raison de vouloir du bien à la division, et leur air satisfait nous laissait rêveurs.

La situation s'est assombrie le 20. C'était un mardi. Juin, retourné comme une crêpe par Larminat, décide que nous devons aller lui prêter main-forte pour son opération. Il est seulement entendu que nous enverrons un tiers de la division, le reste pouvant partir pour l'Allemagne. Larminat est allé le demander au général Devers. Juin vante les mérites de ce compromis et s'efforce d'en convaincre le Général. Celui-ci reste sceptique. Il n'avait pas tort. Larminat rapporte de chez Devers la réponse qui était à craindre : les Américains étaient toujours d'accord pour nous emmener outre-Rhin, mais *après* l'opération Atlantique. Il n'y a rien à espérer avant que nous en ayons entièrement fini de ce côté.

Le Général sait se mettre en colère. Il l'a fait. Cela n'a servi à rien. Nous sommes repartis pour Châteauroux le 24 avec un dernier espoir, très mince. Il s'est évanoui. Une intervention de Pedron auprès de Bedell-Smith, le 26, s'est soldée par un échec.

Hier, devant la magnifique avance de Patton, le Général a écrit à Juin dans une ultime tentative pour se dégager de l'opération ouest.Lecomte revient porteur d'un refus.

Du fond de notre Berry, nous assistons, la rage au cœur, à la galopade de Patton en Allemagne. Les sentiments généralement éprouvés par les officiers de la division n'ont pas, en ce moment, un caractère amical.

### Samedi 28 avril 1945 - En Allemagne

Nous sommes en Allemagne. Deux mois d'efforts ont enfin porté leurs fruits, mais la lutte a été chaude. Entre les oeillères des uns et la mauvaise volonté, pour ne pas dire plus, des autres, le Général a cru qu'il n'y aurait pas de division française en ligne au moment du coup de grâce.

Il a fallu en passer par Royan où la division a encore donné sa mesure. Le pauvre Person a été tué à côté du Général et Herry blessé. J'étais resté à Paris pour mettre sur pied l'échelon du Général en vue du départ pour l'Allemagne.

C'est grâce à Bedell-Smith que nous avons pu finalement partir. Une partie des éléments de la division est encore à Royan. Une autre fait force de rames le long des routes. Le Général n'a pas attendu. Nous avons quitté Paris le 24 dans une voiture de 1934, la seule que j'aie pu trouver pour lui dans toute la ville.

A Nancy, le Général inspecte le 3$^{e}$ Hussards. Le régiment se présente bien et le Général aimerait lui donner une occasion de se battre. A la résidence, où Grandval le reçoit, il paraît détendu par ce nouveau départ.

Le 25, nous franchissons le Rhin. Le Général ne dit rien. Il regarde la rive orientale du fleuve. Il est pressé d'être sur place.

A Heidelberg, Devers lui confirme qu'il est affecté à la VII$^{e}$ Armée. Il court à Kitzingen, voir Patch. La voiture traverse des décombres : ce qui fut Mannheim et Würzburg. Mais les campagnes ne portent pas trace de combats.

A Kitzingen, le général Patch se montre aimable. Il paraît comprendre pourquoi nous sommes pressés d'être engagés.

Le Général insiste d'ailleurs suffisamment pour que son point de vue devienne clair. Il demande que les éléments de la division soient engagés à mesure qu'ils arrivent, groupement tactique par groupement tactique.

Le 26, il va voir Haislip. Sa joie de retrouver le commandant du XV^e^ Corps est manifeste. Haislip est, comme toujours, charmant et plein de bon sens. Il ne semble malheureusement pas que nous serons affectés à son Corps d'armée, mais au XXI^e^.

De chez lui, nous allons donc chez Milburn où nous arrivons très tard, parce que la route était mauvaise et terriblement encombrée. Il reçoit le Général avec de grandes démonstrations de sympathie. C'est un homme tout carré.

Aujourd'hui, nous rejoignons enfin les premiers éléments de la division à Hall. Weil annonce au Général la mort de son père. Le Général s'y attendait. Il y avait fait allusion sur la route. Il reçoit la nouvelle sobrement. Quelques remarques, dans le fracas des chars qui passent, font seules mesurer à quel point il en est affecté.

**Dimanche 29 avril 1945 - Hall**

Les rumeurs circulent : Pétain serait rentré en France ainsi que Reynaud, Daladier, Herriot... Munich serait en révolution... Hitler se serait donné la mort... Himmler demanderait l'armistice... On se chamaillerait à San Francisco.. Pendant ce temps, Patton poursuit sa route, inexorablement.

- *Pensez qu'à San Francisco,* me dit le Général, *nous avons, pour défendre nos intérêts, le général Juin qui ne peut pas se tenir devant un Américain sans se rappeler novembre 1942 ...*

Le GTV sera en place ce soir. Il pourrait être engagé demain ou après-demain.

**Mardi 1er mai - Bürtenbach**

Le dernier char de la division a embarqué hier soir à Cognac à 23 h 55, si bien que, jusque là, nous avions des éléments au sud d'Augsbourg et d'autres sur l'Atlantique. Pour une division blindée, être étirée sur 1 200 km est une situation assez particulière. Lantenois sera probablement content d'en sortir.

Sur ce théâtre d'opérations où les routes sont bloquées par un trafic insensé, l'objectif reste ce qu'il a été depuis Fort-Lamy pour le Général, arriver ou se maintenir en première ligne. Mais cela pose d'autres problèmes : il faut se faufiler, se glisser entre des colonnes interminables, jouer des coudes.

Le groupement Guillebon, arrivé le premier, a été affecté à la 12e D.B. Les autres groupements cravachent le long des routes ou trépignent sur les plates-formes en attendant le débarquement de leurs chars.

Hier soir, en rentrant du XXI$^{e}$ Corps, le Général, qui est assez fatigué après son épuisante randonnée, reçoit la visite de Repiton. Dans tout ce hourvari, notre seule chance d'obtenir une mission de combat est à son avis que nous repassions au XV$^{e}$ Corps. Le Général opine et l'envoie à la VII$^{e}$ Armée. Repiton reparaît quelques heures plus tard, couvert de sang et la tête dans un bandage. Dans un tournant, sa jeep a percuté un *wrecker* (véhicule chenillé de dépannage). Il y avait un infirmier à bord et Repiton, tout guilleret sous ses linges rougis, de nous expliquer :

- *C'était parfaitement choisi. L'infirmier s'est occupé du colonel, et le wrecker de la jeep.*

Le Général abandonne l'idée d'une intervention auprès de l'Armée et envoie Lumiansky demander au XXI$^{e}$ Corps si Guillebon ne pourrait pas avoir une occasion d'agir sur Münich par le sud.

Münich a été prise ce matin vers onze heures. Il semble que nous ayons été affectés au XXI$^{e}$ corps et non pas au XV$^{e}$ parce que les Américains voulaient avoir pris Münich tout seuls. Dans ce cas, la prise de la ville devrait nous permettre de repasser chez Haislip.

Lumiansky, rentré à Bürtenbach à 1 h est aussitôt renvoyé à l'armée pour demander que *maintenant*, nous soyons rattachés au XV$^{e}$ Corps qui aura peut-être une occasion de se battre en plaine.

Le Général est éreinté. Cette tension nerveuse incessante et tous ces déplacements depuis plusieurs jours l'ont épuisé.

- *Là où j'ai peut-être eu tort,* me dit-il, *c'est il y a un ou deux mois... J'ai demandé à partir pour l'Allemagne et le général Juin m'a dit que les Américains ne voulaient pas. Je lui ai proposé d'aller voir Bedel-Smith moi-même. Il m'a répondu : « Oh ! non, non, surtout pas... non, non, ne faites pas ça. » Et pourtant je suis sûr que ce qui a été pour nous le plus utile, ce sont les cinq minutes que j'ai passées depuis avec Bedel-Smith dans le bureau de Juin. Le général Juin est un homme honnête et intelligent, mais il n'a pas de caractère et tremble devant les Américains. Il a laissé les Boches rentrer en Tunisie, ensuite il s'est fait flanquer une pile par les Américains en Afrique du Nord. Il n'ose rien leur demander. D'un autre côté, si j'étais allé voir Bedel-Smith directement, je me serais mis à mal avec le général Juin, et cela, je ne le voulais pas.*

Je relis ce que Juin disait de de Lattre au mois de février :

- *Il a tué l'Armée française... et pourtant, aujourd'hui, il commande la 1$^{ère}$ Armée.*

### Jeudi 3 mai 1945 - Bürtenbach

Nouveau contre-ordre. Hier, le Général va au XXI$^{e}$ Corps avec Mirambeau et Lumiansky. Il y apprend une bonne nouvelle. Le XV$^{e}$ Corps a été stoppé dans la région de Münich pour y maintenir l'ordre, et le XXI$^{e}$, le nôtre, le relève à l'est, avec mission de passer devant lui en direction générale de Salzbourg. La 12$^{e}$ D.B. ayant aussi reçu une mission de police, nous restons la seule division blindée du Corps, ce qui nous ouvre des perspectives d'exploitation intéressantes.

Le Général est de nouveau en alerte et hume le vent. Il laisse Mirambeau régler certains détails avec le G.3. du Corps, colonel Buck, un homme agréable, net et clair, et rentre au P.C.

Mirambeau nous y rejoint vers cinq heures, la mine piteuse, et nous rapporte une douche glacée : changement sur toute la ligne, le XVe Corps se remet en mouvement dans ses anciennes limites, le XXIe Corps est rejeté vers l'ouest, c'est-à-dire qu'il doit progresser plein sud, le nez sur la montagne. Nos rêves partent en fumée.

Colère puis abattement du Général. Une longue discussion avec Mirambeau et Lumiansky le persuade d'aller voir Patch demain, de lui représenter qu'il se moque de nous, et, s'il ne se décide pas à nous donner une mission convenable, de lui demander l'autorisation d'en appeler à Bedel-Smith.

Valence est allé hier à Dachau. Il en est revenu halluciné, ne trouvant pas ses mots pour décrire l'horreur du spectacle. A Buchenwald, Patton a forcé les civils des villages voisins à défiler dans le camp. Des femmes s'en sont évanouies d'émotion. On devrait faire la même chose à Dachau. Le train est toujours là, avec ses 2 000 cadavres squelettiques. Les fours crématoires fonctionnent encore pour faire disparaître les corps entassés par centaines à côté des chambres à gaz. Les malheureux qui respirent encore ne peuvent pas être évacués à cause de leur état et des risques d'épidémie. Rien n'approche cette abomination. Il faut que le monde sache et n'oublie jamais.

**9 mai 1945 – Bad Reichenhall**

La guerre est finie. Il y a quelques jours, la situation de la division était étonnante. Ses éléments étaient étirés entre Münich et Cognac. Hier soir, Boissoudy, à qui l'on s'adressait pour incarcérer quelqu'un, répondait d'un air d'impuissance navré :

- *La prison est à Strasbourg...*

Etonnante aussi la suite d'événements qui nous a conduits au Berghof. Il a fallu se battre pour que la division puisse se battre.

Le 4 mai, nous avons pris, comme convenu, la route d'Augsbourg pour aller voir Patch. Le Général était de très méchante humeur. Les contre-ordres des jours précédents l'avaient exaspéré et il n'entendait pas avoir réussi à amener ses éléments à pied d'œuvre en un temps record pour rien. Dans la voiture où je me faisais tout petit, j'étais partagé entre l'inquiétude d'un éclat possible entre Patch et lui, et l'espoir de le voir une fois de plus obtenir gain de cause. Pour lui, le visage tourné vers l'extérieur, il alternait entre une impatience nerveuse et une lassitude désabusée. Mais le leitmotiv revenait sans cesse :

- *Non, on ne peut pas faire ça à tous ces types qui sont venus du Tchad et qui se battent depuis quatre ans...*

A Augsbourg, Châtel nous attendait à l'entrée du Quartier Général. Il y avait un nouveau changement : les limites du XV$^{e}$ Corps ont été remontées, le XXI$^{e}$ Corps repart vers l'est en direction générale de Berchtesgaden et Salzbourg, le GTV est en train de faire mouvement. Un sourire satisfait plisse le fin visage de Châtel. Le Général s'est détendu.

Nous rentrons à toute allure au P.C.

A l'aube du lendemain, 5 mai, le P.C. avant décolle et fonce sur les routes pour rejoindre Guillebon. Celui-ci, confié à la 12$^{e}$ D.B. américaine, ne dépend plus désormais que de nous, mais il est à 200 km et il faut le rattraper. D'où une extraordinaire corrida le long des chemins encombrés puis, sur l'autoroute de Salzbourg, une chenille de jeeps et de voitures de récupération lancées à fond de train derrière la voiture du Général. Cette galopade rappelle la Tunisie, la Normandie et autres déferlements épiques. Sensible au pittoresque de la situation, le Général s'en amuse franchement.

Enfin, nous rejoignons Guillebon qui a été arrêté par des destructions à 35 km de Berchtesgaden. Il a envoyé Barboteux sur un autre itinéraire qui lui permettra peut-être d'atteindre le but.

La question est en effet de savoir qui arrivera le premier : le groupement Guillebon ou la 43$^{e}$ DI du général O'Daniel, vieille connaissance de la poche de Colmar, qui, elle aussi, *fonce comme une brute.*

De toute façon, les dés étant jetés, le Général rentre à Siegsdorf. Vers 11 h du soir, Righini vient lui annoncer que le GTV a atteint Berchtesgaden à 19 h, en même temps que les Américains.

Mais le lendemain matin, 6 mai, nous apprenons que nos éléments sont bel et bien arrivés les premiers au Berghof. Quand le capitaine Touyeras en est redescendu en jeep, il a failli se faire hacher menu par des Américains qui montaient à l'attaque en chars ....

Exaltante arrivée dans ce qui a été le domaine de l'Obersalzberg. Le Général rayonne. Ce sont des Français, et ses types du Tchad, et ils sont là, au cœur de la fin. Pour un peu, il les remercierait de ce qu'il a tant fait pour leur offrir.

Dans l'air léger de l'aube glacée, la montagne livre ses meurtrissures. Un chaos de cratères givrés, parsemé de restes de chalets.

Je me dirige vers celui du *Führer*. Un long couloir étroit et clair me mène à une antichambre de belles proportions. Une porte béante et me voici dans le grand salon décrit il y a quelques années par François-Poncet et dont j'avais vu des photographies dans *l'Illustration*. La pièce a été incendiée. L'immense baie du fond est un trou béant sur le ciel. Je ramasse machinalement la serrure de ce qui fut la porte d'entrée, une lourde ferronnerie de style médiéval. Mon regard accroche, sur le sol calciné, un étrange objet, puis un autre, ce sont les ressorts des fauteuils qui ont seuls résisté au feu et marquent, témoins ultimes et silencieux, les emplacements des sièges disparus. Je revois la photographie de *l'Illustration*... là-bas, cette rangée de ressorts bien sages est tout ce qui reste du grand divan, le long de la baie, et là, sur le côté, le squelette triangulaire du *Flügel klavier* complète le négatif fantomatique de la pièce morte.

Un terrain labouré sépare le Berghof du chalet de Goering. Dans ce trou d'obus énorme, quelques carreaux de céramique bleue sont sans doute les vestiges d'une piscine. Je me fraye un passage parmi des éboulis jusqu'à l'entrée du chalet. L'étroite antichambre où s'amorce un escalier de chêne est pleine de décombres. D'un orifice sur ma gauche sortent des voix, puis émerge un soldat :

- *Si vous avez soif, mon capitaine, la cave vaut la peine...*

Il plonge vers les fonds et réapparaît avec une bouteille de *Liebfraumilch* dont il casse le goulot sans cérémonie sur un tas de pierre. Le *Feld Marschall* appréciait assurément le bon vin.

Au premier étage, Chombard de Lauwe médite devant le bureau couvert de gravats de l'ancien propriétaire. Il tient un livre à la main : un exemplaire de *Mein Kampf*, annoté. Dans le cadre vide de la fenêtre, le vol d'un oiseau traverse le bleu pur du ciel.

Un peu plus tard une embouchure de souterrain... les escaliers s'enfoncent sous terre, longs couloirs sinistres jalonnés de lourds coffres de bois pleins des objets les plus hétéroclites. De part et d'autre, des séries de petites pièces de tous genres, un cabinet de dentiste, un salon de coiffure, des chambres, des bureaux... Dans l'un de ceux-ci, une grande photographie de Goering dans un cadre frappé de l'aigle du Reich. Je pousse la porte d'un placard, un pantalon de lin blanc, d'une taille monstrueuse se balance, tout seul sur un cintre... Je remonte à l'air libre.

Il règne sur ce domaine ravagé un silence irréel. La carcasse noircie du Berghof devant laquelle se déploie un drapeau tricolore, ressemble à la gueule béante d'un dragon putréfié. Une impression de malaise se dégage de ces pièces vides, de la proximité de ces souterrains, de tout ce qui a fait si longtemps de cet endroit un repaire, et de sa ruine même.

La mauvaise humeur américaine n'a pas tardé à se manifester : saisie de tous les véhicules de récupération et ordre de départ impératif.

L'ordre est arrivé le 6, pour être exécuté le 7. Ce n'était pas facile : trois groupements tactiques sont à Diessen, le Q.G. vient d'arriver à Bad Reichenhall dans la vallée, la division est dispersée. Le Général en rend compte au Corps d'armée.

Du coup, arrive dans l'après-midi du 7 le chef d'état-major du Corps. Entrevue pénible. Il parle d'un ton sec et est visiblement en colère :

- *N'avez-vous pas reçu l'ordre de faire mouvement ?*

Puis il se met à fulminer contre le pillage et les dévastations qui auraient eu lieu dans notre zone de rassemblement, invoque les règlements, etc. Le Général conserve son calme mais le mien subit une éclipse et, avant de traduire un passage particulièrement exaspérant, je gronde que les Allemands ont rasé ma maison et fusillé mon frère... La maison, je ne sais pas, quant aux frères, il y a tant de camarades qui auraient pu le lui dire...

Finalement notre interlocuteur explique qu'il n'est que le porte-parole de la 7e Armée, qu'il n'est qu'un intermédiaire, et en partant, il redevient aimable, visiblement soulagé d'en avoir terminé avec une désagréable corvée.

Le Général, voyant qu'il n'y a rien à faire pour emmener nos voitures de récupération, décide de retarder encore son départ de vingt-quatre heures et d'en appeler directement à l'Armée pour obtenir l'autorisation d'emmener 200 voitures légères. Châtel part pour le Corps le 7 au soir.

A minuit, d'Alençon me réveille avec un télégramme de Guillebon demandant si nous avions entendu dire qu'Eisenhower devait monter au *nid d'aigle* le 8. Première nouvelle.

A quatre heures du matin, irruption de Châtel, porteur d'une lettre du général Milburn :

1. *confirmation impérative de l'ordre de mouvement du GTV pour le 8 à midi au plus tard.*
2. *confirmation de l'interdiction d'emmener les voitures légères de prise.*
3. *Milburn viendra lui-même à Bad Reichenhall le 8 à 10 heures.*

Le Général se décide à lâcher un peu de lest. La moitié de nos éléments fera mouvement vers la zone de rassemblement de la division sur l'Ammersee, le reste, avec le P.C. Guillebon, viendra s'installer à Bad Reichenhall. Si nous ne pouvons pas emmener les voitures légères, elles seront groupées dans un parc gardé militairement, à Bad Reichenhall, et l'on en saisira le Général de Gaulle, s'il le faut.

Milburn arrive à 10 heures, flanqué de deux autres généraux, sans doute pour se donner du courage. De son côté, le Général est entouré de Repiton, Châtel, Beurdeley, La Hitte et Valence. Le bon Milburn, visiblement remonté, lance trois attaques. A chacune le Général oppose une fin de non recevoir courtoise, quoiqu'un peu sarcastique, mais inébranlable. Ses interlocuteurs en paraissent tout décontenancés et navrés.

Au sujet du pillage que l'on reproche à la division, il rappelle celui auquel les Allemands se sont livrés en France sur une échelle bien différente... ce qui est facile à développer... et puis, mon Dieu, les Américains eux-mêmes... Il conservait pour la bonne bouche un assez joli fait divers qui venait d'être bien à propos porté à notre connaissance : c'était dans l'église d'un village voisin, pendant la messe... une bande de militaires américains ont fait irruption, ont fait main basse sur tous les objets du culte, ciboires, calices, chasubles... et ont terminé par une fouille en règle des fidèles.

Evidemment nous n'y étions pas, mais nos interlocuteurs n'ont pas démenti.

A la fin de l'entretien, Repiton part pour l'Armée en *Piper-cub* pour demander directement à Patch des laissez-passer pour les voitures. Il les faudra bien car Reichenhall est cerné par des postes de M.P. qui arrêtent les voitures de tourisme, les confisquent et obligent les occupants à continuer à pied. La situation est cocasse et nous n'avons décidément pas de chance avec nos bons alliés : nous nous étions déjà disputés à Paris...

Ce matin, le Q.G. fait mouvement mais le Général attend le retour de Repiton. Devant la porte sont rangées ses voitures, dont la Mercédès décapotable et la Horsch du Dr Lammer que j'ai pu faire remettre en état pendant que Repiton et consorts grimpaient au *nid d'aigle*. J'imagine mal ce qui arriverait si nous étions arrêtés par les M.P.

Il est 9 h 20. Repiton n'est toujours pas de retour et le Général commence à s'énerver.

**30 mai 1945 - Paris**

Nous sommes rentrés à Paris après de multiples péripéties. D'abord cette invraisemblable histoire des voitures. Il a fallu en fin de compte déjouer la surveillance des M.P. pour amener sa voiture au Général à Bad Reichenhall.

Le P.C. s'installe à Diessen et, le 13 dans la soirée, l'annonce de cessez-le-feu déclenche un feu d'artifice de mitrailleuses. Le Général est furieux :

- *Qu'est-ce que c'est que ce tapage ?...*

Je lui explique et le calme à grand peine.

Il a reçu sa quatrième étoile mais ne se décide pas plus à la porter que les précédentes. J'en parle avec Guillebon. Le jour d'une réunion de chefs de corps, j'attends que toutes les huiles soient entrées et installées, et m'attarde dans l'antichambre. La quatrième étoile est agrafée en un tour de main et le képi disposé bien en évidence, face à la porte.

Je crois que c'est Langlade qui s'en est aperçu le premier au moment de la sortie. Il y a eu des exclamations, un reflux :

- *Mais comment... mais je ne savais pas... toutes mes félicitations, mon général...*

Le Général fronce les sourcils, rougit, va se fâcher, et finalement prend le parti d'en rire :

- *Bon... c'est encore un coup de Girard...*

Le 19 mai, le Général de Gaulle vient passer la division en revue à Landsberg. Le 23, après avoir bouclé nos cantines, les bagages sont chargés dans la longue Horsch du secrétaire particulier de Hitler qui a été offerte au Général par un de ses régiments de chars. La voiture prend la route de Paris.

Lorsque nous arrivons au pont de bateaux jeté sur le Rhin à proximité des restes du pont de Kehl, un douanier arrête la voiture. Lorqu'il est pressé, le Général n'aime pas qu'on le retarde. Le fidèle Labarthe le sait et s'indigne

- *Vous ne voyez donc pas que c'est le général ?*

Comme s'il pouvait y en avoir un autre que celui-là. Mais le douanier ne connaît que le règlement et insiste :

- *Oui, mais... général en activité ?*

Un ordre bref et la voiture bondit. Alors à la fureur du Général succède une hilarité débridée :

- *En activité ? Ah ça ! elle est bien bonne.*

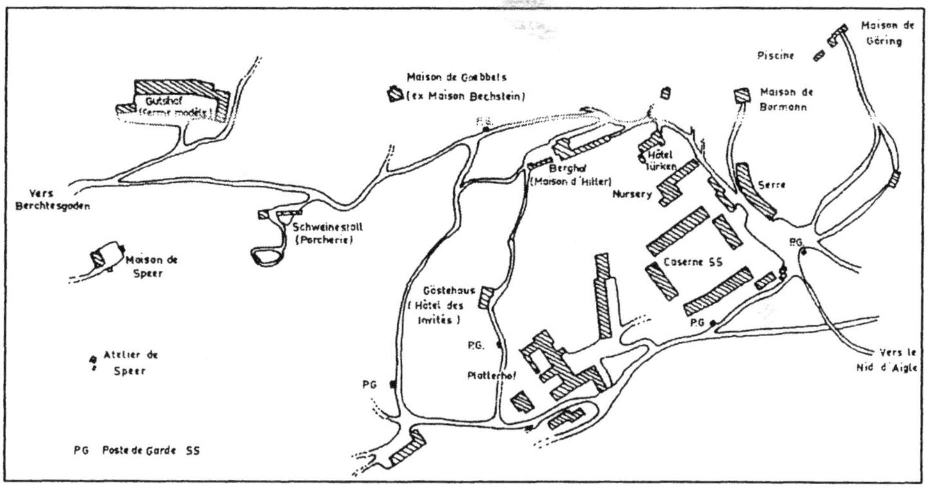

# Trente ans après

Les notes qui précèdent sont extraites d'un journal qui a été tenu pendant la guerre par un garçon que j'ai bien connu. Elles auraient pu fournir la matière d'un livre qui aurait peut-être été d'une lecture plus facile.

Mais comme nous avons maintenant trente ans de différence, l'auteur et moi, il m'aurait été difficile de rendre l'atmosphère de l'époque avec autant de fidélité que ces notes. Et puis je ne suis pas sûr que j'aurais repris à mon compte tous les jugements de l'auteur, en sorte que finalement, le meilleur moyen de ne pas le trahir parait être de le laisser parler lui-même.

Ce texte reste donc le Journal d'un témoin. Il ne couvre pas toute la France Libre. Il n'en reflète qu'un aspect comme il ne montre que certains côtés du général Leclerc : ceux que l'auteur a vus. Mais il a été écrit sur le moment, dans la foulée, au jour le jour.

Il s'en ressent.

D'abord par l'image qu'il donnera peut-être du général Leclerc que j'appelle, dans ces notes, le Général. Il était homme de caractère et, comme il est dit dans le *Fil de l'épée*, *« incorporait à sa personne la rigueur propre à l'effort »*. L'on verra que les subordonnés l'ont éprouvé et qu'ils en ont gémi. Il ne faut pas le cacher. Nul d'entre nous n'en rougit. Bien au contraire, il sied à la mémoire du Général que rien, pas même ses affections, ne l'ait jamais détourné du tenaillement de l'action. Et puis tous ceux qui l'ont connu savent bien quels trésors de bonté, de chaleur humaine et d'abnégation se cachaient derrière sa réserve bourrue et ses emportements. Les plus coriaces sont peut-être, comme il est normal, ceux qui l'ont le plus intensément ressenti, tel celui qui l'assurait un jour en pleine période d'opérations de son *dévouement amoureux*. Qu'il veuille bien me pardonner de l'avoir trop compris pour résister à le citer.

Le lecteur s'étonnera peut-être aussi de nous voir sans arrêt, prendre la terre à témoin de nos difficultés, protester contre tous et contre tout, n'être jamais contents de rien. Nous étions impatients et il y avait de quoi. Chaque obstacle, s'ajoutant au précédent, déchaînait les fureurs de nerfs mis à l'épreuve. Sans doute en est-il toujours ainsi dans les époques troublées, et l'on verra de quelles difficultés a été semé le chemin qui a conduit Leclerc du Tchad à Berchtesgaden. Si certaines furent imaginaires, le nombre des autres suffit à expliquer nos perpétuelles alarmes.

Il est difficile, après tout ce qui s'est passé depuis trente ans, de se replacer dans la conjoncture de 1940.

Les mobiles qui ont porté certains à choisir la France Libre et à rejoindre Londres peuvent paraître aujourd'hui évidents. Il est moins facile de se représenter leur état d'esprit à l'arrivée. L'armistice avait été un choc, le passage en Angleterre un déracinement. Il en résultait un sentiment d'irréalité que traversaient tour à tour l'anxiété pour les leurs et l'exaltation de l'enjeu.

Un peu perdu au début dans son improvisation d'un état-major à St Stephen's House, notre petit groupe le fut bientôt tout à fait dans la ruche bourdonnante de Carlton Gardens, où toute une foule heureusement moins inexpérimentée, s'efforça de rendre les rouages cohérents et efficaces.

Retiré dans son bureau, aux prises avec la gageure d'assumer la France, le Général de Gaulle ne voyait que ses collaborateurs immédiats : *« Mais qu'est ce qu'il peuvent bien f... »* lorsqu'il apprit l'effectif de son état-major.

Cette inflation nous inquiétait nous-mêmes, nous nous sentions noyés dans un mécanisme de plus en plus impersonnel et le départ pour l'Afrique fut accueilli comme une délivrance.

Il me semble aujourd'hui que, pendant les quarante jours de notre traversée, le temps ait suspendu son cours. Il y avait peu à faire pour le 4e bureau auquel j'avais été affecté. Les exigences du black-out rendaient l'atmosphère étouffante dans la vaste salle à manger où nous nous nourrissions de pain, de beurre et de corned-beef, parce que les chambres froides étaient mal réglées : lorsque la porte s'ouvrait, nous sentions que le poisson ne serait pas mangeable. A part mes interminables parties d'échecs avec Porgès, je me souviens surtout des admirables couchers du soleil que notre petite équipe, réunie sur le pont, venait contempler chaque soir. Nous nous demandions si ce vaste océan qui portait la France Libre et sa fortune nous conduirait au port ou consommerait notre perte. Mais le grand vent du large convenait à nos chimères.

A Douala, l'état-major éclata dans toutes les directions et je me retrouvai huit semaines plus tard au Tchad, commandant un peloton d'une compagnie montée, sur une dune en pleine brousse. Mes premières armes comme vétérinaire m'ont laissé un souvenir pénible. En revanche, les Billalas que je commandais avaient un sens du cheval et du combat de cavalerie qui a comblé de joie le sous-lieutenant frais émoulu de Saumur que j'étais à l'époque.

Hélas il fallut les quitter pour un groupe nomade, c'est-à-dire des fantassins suivis de chameaux sur lesquels ils grimpaient rarement. Le changement fut pénible mais je m'y habituai. Rien ne peut rendre la beauté de ces patrouilles dans le désert et le silence de la nuit fraîche, lorsque l'aube commençait à peine à poindre et restituait leurs contours aux longues files de chameaux qui, sans bruit, progressaient côte à côte à travers les dunes. Nous sortions malheureusement peu. Au centre de la zéribah, sorte de clôture en branchages d'épineux, qui entourait notre camp, les nouvelles du dehors nous parvenaient à peine.

Seule la voix de Maurice Schumann était un réconfort dont je conserve aujourd'hui encore le souvenir.

Rappelé un beau jour d'octobre 1941 à Fort-.Lamy, je me vis confier par le général Leclerc la mission d'effectuer un relevé des routes de la province, du Bornou au Nigéria. Le commandant des troupes du Tchad songeait à une nouvelle opération sur le Fezzan, réédition plus ample du premier raid de l'hiver précédent.

Des rumeurs lui faisaient craindre une contre-attaque allemande par le Niger, qui l'aurait coupé de ses bases ; il voulait étudier la possibilité de riposter en rendant la pareille à l'adversaire par un mouvement tournant, à travers le Bornou. Les Anglais étaient au courant mais souhaitaient, pour que le secret soit gardé, que nul ne suspecte la présence d'un officier français dans cette région frontière. Il fallait donc que je me fasse passer pour un Anglais. Je ne sais pas si j'y suis entièrement parvenu.

De retour à Fort-Lamy en janvier 1942, je passe l'année au 2e bureau jusqu'à ce que le général Leclerc me désigne comme successeur du fidèle Troadec qu'il avait jusqu'alors auprès de lui.

Cette affectation ne m'a pas enthousiasmé sur le moment. Comme tous mes camarades, j'ambitionnais un commandement. Mais l'essentiel était de *décoller* de Fort-Lamy.

Pendant toute cette année, mes fonctions au 2e bureau m'avaient fréquemment mis en contact avec le Général. Je n'en fus pas moins ému d'avoir à me présenter à lui en ma nouvelle qualité dans cette résidence dont je n'avais auparavant jamais franchi le seuil. La pièce donnait sur une véranda, elle était vaste et sombre. La première chose que j'aperçus fut le grand panka qui se balançait mollement au plafond, actionné par le panka-boy qui en tirait la corde dans un coin. Au centre de la pièce, une table recouverte d'un tapis vert et derrière, le Général me considérant avec un sourire las, les yeux clignotant dans son visage mince.

J'ai mis plusieurs mois à mesurer la dimension de cet homme. Au début j'éprouvais surtout une crainte révérencielle pour le chef qui avait pris Koufra, effectué un raid victorieux dans le Fezzan et sur lequel reposaient tous nos espoirs en Afrique. C'était considérable et la charge de veiller à ce qu'il ne manquât de rien me paraissait écrasante. Lorsque des camarades profitèrent de ce qu'un matin j'avais oublié d'apporter son casque à l'aérodrome, pour me faire la blague d'un télégramme annonçant qu'un coup de soleil lui avait donné une encéphalite double, je faillis me faire sauter la cervelle.

Pendant les opérations du Fezzan en 1942, nous couchions dans le sable, à la belle étoile, mangions où, quand et ce que nous pouvions. Nous passions d'un camion à un avion, d'une oasis à un lit d'oued ou à un poste italien en ruines.

Plus tard, lorsque le Général abandonna son avion pour un camion et m'installa au volant, j'éprouvai surtout les contre-coups de sa tension et de son impatience au moindre ensablement. Ce n'est que vers Ksar-Rhilane, lorsque nous eûmes pour la première fois un abri de sacs de sable au fond duquel nous prenions nos repas en tête à tête, qu'une certaine intimité commença à s'établir entre nous.

A partir de ce moment, et sans que cessent de se produire des heurts fréquents, je découvris peu à peu les incomparables qualités du général Leclerc. Je ne chercherai pas à les analyser ici dans le détail, peut-être apparaîtront-elles à la lecture des notes qui précèdent. Il me semble en tout cas que le peuple de France en a discerné l'essentiel et a éprouvé l'étendue de sa perte en novembre 1947.

Que Leclerc ait été un chef de guerre hors ligne, qu'il ait réussi tout ce qu'il entreprenait, ne suffit pas à expliquer sa légende et l'émotion d'un peuple le jour de sa mort. L'homme était sans tache, sans une ombre, sans une médiocrité. Pendant deux ans et demi, j'ai pu parfois, souvent même, être irrité par son impatience, sa tension, sa brusquerie, je n'ai jamais rien décelé chez lui qui pût être mis sur le compte d'autre chose que l'obsession de servir son pays. Et il ne s'agissait pas, quand il parlait de la France ou des Français, de ces clauses de style qui recouvrent si souvent la poursuite d'objectifs personnels ou partisans, rien, aucun appétit, aucune vanité, aucune petitesse ne m'ont jamais paru faire écran entre cet homme et la plus haute conception de son devoir vis-à-vis de lui-même et vis-à-vis des Français.

J'ai entendu dire que des personnes qui l'avaient rencontré avaient été déçues par son laconisme et en avaient conclu qu'il était un *brave militaire* un peu court. Il n'était certes pas dans sa nature d e chercher à se faire valoir et ses propres préoccupations l'absorbaient trop pour qu'il fît l'effort de se mettre en frais lorsqu'il n'en avait pas envie. Peu porté d'ailleurs à la conversation de salon, il pouvait facilement paraître taciturne voire renfrogné. En pareil cas, il se bornait au minimum exigé par la courtoisie et couvrait sa retraite par quelques monosyllabes.

Qu'il ait suscité la jalousie de beaucoup de ses pairs s'explique aussi, hélas. Que n'a-t-on pas raconté à propos de ce fameux galon qu'il avait rajouté sur sa manche en arrivant au Cameroun, et combien de cloportes n'ont-ils pas daubé sur ce Général qui n'était que *capitaine à l'annuaire*. Sans doute ont-ils comme excuse qu'il est difficile d'imaginer ce qui vous est inconcevable.

Je citerai seulement ces lignes d'une lettre au Général de Gaulle, qu'il m'a dictées en 1944 pour refuser sa 3e étoile :

*« L'avancement exceptionnel dont vous m'avez fait bénéficier a tenu à l'absence des cadres supérieurs français pendant trois ans. Il n'en est plus de même actuellement où nous nous efforçons de rentrer avec le plus de tact possible dans l'armée française.*

*« Je préfère que mes camarades supérieurs ou subordonnés nous respectent en raison des services rendus puisque nous avons sauvé l'honneur du pays, plutôt qu'en fonction de nos grades. »*

Mais tout de suite après, superbement :

*« Je m'empresse d'ajouter que si la mission exigeait un jour un avancement pour être remplie, je serais le premier à vous le demander puisque seul le but importe. »*

A cette époque, il n'était pas question comme aujourd'hui de remettre en cause successivement toutes les valeurs. La France était occupée par l'ennemi qui la mettait au pillage. Les Français avaient le choix entre le risque de la torture et une dégradante soumission. Dans ces moments-là, les images d'Epinal ne font plus sourire.

Mais il ne suffisait pas à Leclerc que la France fût libérée, il fallait qu'elle le fût par des armes françaises pour qu'elle pût en être fière et retrouver son âme.

Pour le Général, il n'y avait pas trente-six moyens. D'abord le Général de Gaulle. Il martèlera ce nom, que ce soit en s'adressant aux officiers à Temara le 19 octobre 1943, ou bien dans les manifestations, publiques au cours desquelles les notables le passaient sous silence tandis que les spectateurs clamaient le sien.

Nulle faille dans cette confiance. Certes le Général avait aussi trop de personnalité pour n'avoir pas à l'occasion donné son avis, maugréé contre les inévitables concessions que les militaires du front reprochent toujours aux politiques, ou pesté contre ce qu'il prenait pour de l'indifférence. Mais l'accord n'en était pas moins fondamental. Il reposait sur une certaine idée de la France que le Général de Gaulle a précisée depuis, mais que ses refus et ses intransigeances dessinaient déjà nettement. A cette identité de vues s'ajoutait la conviction que l'homme du 18 juin était le seul à pouvoir tirer toutes les conséquences de sa conception de la France et à être capable de les traduire dans la réalité, contre vents et marées, sans rien concéder aux incompréhensions ni aux ambitions, le seul à pouvoir assumer, dans ce pays éternellement divisé contre lui-même, le fardeau écrasant de son relèvement.

Etonnant duo que celui de ces deux hommes à la fois si différents et si semblables. Sans doute l'œil d'éléphant du *Connétable* a-t-il jugé du premier coup, et sans ciller, le capitaine de Hauteclocque. Cette race-là, il la connaît et dès Koufra la mesure est prise. Pour le Général de Gaulle, des compliments ne se conçoivent pas aux hommes de cette trempe. Ce serait presque leur faire injure que de penser qu'ils en attendent. Il est arrivé que le Général s'y méprenne et soit ulcéré, en Afrique, de voir les sourires n'aller qu'à des civils. Sur le moment, il en eut du chagrin. *« J'ai compris plus tard,* disait-il en riant, *les militaires, il les connaît, ça ne l'intéressait pas, mais les civils, les hommes politiques, c'était nouveau pour lui, il avait envie de comprendre leur mécanique. »*

Et pendant sept années, le pur-sang pourra ruer, réclamer ou pester, ses écarts ombrageux seront toujours accueillis, à Londres ou rue Saint-Dominique, avec le même calme indulgent ou gouailleur. On sait très bien ce qu'il vaut et qu'il saura se débrouiller pour franchir les obstacles, quitte quand il le faut, à intervenir pour lui lâcher les rênes, comme devant Paris. Le Général de Gaulle sait aussi que Leclerc est mû par les mêmes ressorts que les siens, qu'il aura toujours le courage de ses opinions et que l'intérêt de la France sera sa seule pierre de touche. C'est avec cette certitude qu'il accueillera les avis que le chef de la 2e D.B. n'hésitera pas à lui donner sur la conduite des affaires du pays.

Après de Gaulle, et dans la logique même de cette confiance, le souci majeur du Général sera sa troupe, Force L jusqu'en Tripolitaine, puis 2e Division Française Libre, enfin au Maroc, 2e Division Blindée, la 2e D.B. Pour ce fer de lance qui devra effacer l'humiliation de Vichy, Leclerc aura la tendresse d'une mère, la ténacité d'un entraîneur olympique, la jalousie d'un tigre.

A son instruction, au Maroc, il apportera un soin minutieux et de tous les instants. Avec cette lucidité aiguisée par la réflexion qui le caractérise, il perçoit l'importance que les moindres détails auront au combat et il en attache autant aux écoles de tir qu'aux transmissions, à la circulation routière ou au ravitaillement.

Il bondit de fureur lorsque les autorités lui demandent de faire défiler ses chars pour une revue alors que les chenilles n'ont déjà pas assez d'heures de marche pour un entraînement dont dépendra la vie des équipages.

La même réaction lui fera tenir tête, à Argentan, à un supérieur américain lorsque celui-ci prétendra assigner une mission d'infanterie à ces mécanismes d'horlogerie que seront devenus ses conducteurs et ses tireurs de chars.

Les griffes lui sortent continuellement aussi lorsqu'il a l'impression, parfois erronée, souvent justifiée, qu'Alger bloque l'équipement ou le recrutement de la division.

Depuis l'exil à Sabratha sur l'ordre de ce général Giraud qui l'a si profondément déçu, il n'attend plus grand-chose de ce qu'il appelle la *boutique* d'Alger. Il considère que les méthodes des états-majors français, déjà discutables avant la guerre, sont définitivement périmées. « *Tout ce que j'ai fait en Afrique, j'ai pu le faire par ce que j'étais seul.* » Et certes il fallait la rayonnante lucidité de grands messieurs comme l'intendant Dupin ou le médecin-général Sicé pour s'accommoder de ses méthodes expéditives et sacrifier les principes à l'efficacité.

En Afrique du Nord, il juge tout de suite que la partie est perdue si la mise sur pied de sa division dépend de gens qui dépiautent les envois de matériel américain livrés en caisses toutes prêtes par unité, pour en retirer les montres et le papier de cabinet qui ne figurent pas dans l'équipement individuel *réglementaire* des pauvres troufions.

Si quelque chose marche bien chez les Anglais et les Américains, ce sont justement les états-majors et l'intendance. Sans aucune hésitation, il décidera de sortir de l'Armée d'Afrique du Nord pour se faire affecter à l'armée américaine et être équipé par ses soins.

Il ne sera malheureusement pas possible d'en faire autant pour le personnel. Déjà l'exil de Sabratha avait eu pour objet de nous éloigner de l'Armée d'Afrique du Nord afin d'empêcher les jeunes de nous rejoindre. L'on verra qu'il en venait de partout sans même que nous allions les chercher et que tous les moyens de dissuasion étaient mis en œuvre, comme d'ailleurs en Angleterre en 1940, pour les écarter de nous.

Mais il ne suffit pas à Leclerc que la 2e D.B. soit équipée et entraînée. Il importe qu'elle acquière la cohésion indispensable à une grande unité blindée au feu. L'on pourrait s'étonner qu'il se soit à cet égard compliqué la tâche en réclamant des unités que leur passé sépare des grognards de la France Libre. Mais là encore Leclerc élève le débat.

La 2e D.B. doit préfigurer l'avenir en prouvant que les Français peuvent surmonter leurs divisions. L'avenir est à ce prix. Il ne cesse de le rappeler et veut prêcher d'exemple. Défiant le sort, il installe délibérément les nouveaux venus dans des cantonnements mitoyens des vieilles unités de la France Libre. Le passé se réduit à un layon dans la forêt. Gageure, s'il en fut, et au début ce voisinage provoque des étincelles. Mais le Général tient bon et laisse le temps faire son oeuvre.

Dès octobre 1943, il a décidé que la Croix de Lorraine remplacerait tous les autres insignes, régimentaires ou autres, sur les véhicules des unités françaises libres. Il attendra trois mois pour étendre la mesure aux autres régiments.

Ce n'est pas un détail. Les antagonismes étaient souvent profonds et Alger les avivait encore avec des histoires d'épuration qui mettaient le Général hors de lui.

Une de ses joies les plus profondes, il l'a éprouvée en France lorsqu'il a appris, au lendemain d'une opération difficile et réussie, que les fusiliers marins et les spahis s'étaient battus comme des lions, la main dans la main, et ne juraient plus que les uns par les autres.

Il ne faut pas sous-estimer cette page de l'œuvre de Leclerc. Le travail lent, patient, obstiné, pour "fondre" les unités de la division, lutter contre les particularismes et les chapelles et préparer le métal que le feu trempera demain, a donné une âme à la division. Sans doute, est-ce aussi grâce à lui que la 2e D.B. a pu acquérir si rapidement cette souplesse dans l'allant qui a permisles étonnantes exécutions des opérations qui ont jalonné son itinéraire de Paris à Berchtesgaden.

Comme tout cela paraît simple aujourd'hui sur le papier. Il est parti de Fort-Lamy et est arrivé à Tripoli et à Tunis. Puis d'Angleterre, sa division a débarqué en France, a libéré Paris et Strasbourg et a terminé sa course au nid d'aigle de Hitler. Nous savions tous pourtant que nous lui devions chacune de ces étapes nouvelles. Que serait-il advenu s'il n'avait passé chaque instant de calme à penser au lendemain, chaque nuit d'opération à scruter ses cartes...

Si, à son échelon, il n'avait pas été toujours en avance d'une heure sur l'ennemi, comme l'autre, le Grand Chêne, était en avance de vingt ans sur le monde ?... mais également s'il ne s'était pas battu au dedans pour que nous soyons prêts et à pied d'œuvre quand il le fallait ? Ses rapports avec les autorités françaises et alliées en ont souvent subi le contrecoup.

Le Général était d'un naturel courtois et ouvert. Il ne demandait qu'à être en bons termes avec tout le monde et reconnaissait très volontiers la valeur et les qualités des autres. Mais le ciel se couvrait dès que l'autorité du *Patron* ou l'intérêt de la division étaient en cause ou lui paraissaient l'être. Ce fut très souvent le cas pendant notre séjour au Maroc, et notamment à propos de la constitution de la 2e D.B. et de son départ pour l'Angleterre. Des obstacles surgissaient, des retards intervenaient, des contre-ordres arrivaient. Peut-être étaient-ils inévitables, peut-être étaient-ils délibérés ?... Je n'en voyais que les résultats. Ils ont culminé un jour de mars 1944, à Temara dans cet éclat : *« La France le saura, je le dirai, elle connaîtra cette escroquerie... »* Etait-ce une escroquerie, l'embrouillamini d'un triple-patte ou, plus simplement un tour de passe-passe pour faire plaisir au plus insistant ?... Je ne sais, mais le fait est là : tout était lutte et, par suite, méfiance.

D'où, pendant cette période cruciale du Maroc, les ombres qui marquèrent souvent les rapports du Général avec les autorités civiles et militaires d'Alger et de Rabat. Mais que les intérêts de ses troupes ne fussent pas menacés, les jugements du Général retrouvaient leur sérénité et leur équité.

Avec les Alliés elle oscilla dans les mêmes conditions, suivant que la division était employée et bien utilisée ou non, selon qu'ils comprenaient la mission particulière de la 2e D.B. ou non.

En Tunisie, nos rapports avec la 8e Armée avaient été en général excellents. Le Général s'était bien entendu avec le général Montgomery. A Ksar-Rhilane, Leclerc avait apprécié la rectitude avec laquelle il avait été appuyé par la R.A.F. tandis que *Monty* avait jugé à sa valeur l'attitude de son subordonné et de la Force L. La confiance s'était établie et demeurera réciproque, nourrie par les acrobaties des Français, et du côté du Général, par sa sympathie pour d'autres généraux comme le jovial Néo-Zélandais Freyberg.

Lorsqu'au Maroc nous entrons en contact direct avec les Américains, il s'agit d'abord d'être acceptés. L'inspection de février 1944 constituera un véritable examen de passage. De son succès dépendra la possibilité de notre envoi en Angleterre, base de départ pour la France. L'inspection est passée par un homme ouvert et direct, le général Kingman. Qu'elle ait réussi influence certainement notre souvenir. Mais le Général ne pouvait qu'être sensible à ces qualités de franchise, d'efficacité et de simplicité si répandues outre-atlantique et qu'il avait trouvées chez son interlocuteur. D'ailleurs à tous les échelons, les relations qui se nouèrent entre nos officiers et leurs correspondants américains furent des plus cordiales.

Ce n'est qu'aux échelons supérieurs que les choses allèrent moins bien, là où se décidait le principe même de notre envoi en Angleterre.

Déjà se perçoivent les différences que nous retrouverons presque constamment jusqu'en mai 1945. D'excellents rapports à l'échelon des exécutants, des difficultés souvent graves au niveau des états-majors et du haut commandement, là où interviennent la conduite des opérations et la politique.

En Angleterre, le Général est placé sous les ordres du général Patton. Je crois que, sous l'apparence un peu déroutante au début du personnage, le Général a tout de suite été séduit par la personnalité du soldat. Et il est de fait qu'en opération les deux hommes s'entendront toujours à demi-mot. Certes bien des choses les séparaient. Le côté, fastueux de Patton, ses gros cigares, le champagne sous la tente, la tenue tapageuse, quoique toujours impeccable, s'accordaient peu à l'ascétisme et à la sobriété de Leclerc. Mais ce qui importait était bien là : le même souci de l'efficacité et surtout le même sens du combat de cavalerie. Et le général Patton, avait aussi, à sa manière, avec une grande lucidité, une très haute conception de la noblesse de sa mission et des exigences de sa dignité.

L'hospitalité traditionnelle et merveilleuse de la vieille Angleterre va permettre à la division de parachever son entraînement dans les meilleures conditions et au Général d'en assurer la cohésion et l'emploi.

La machine est devenue lourde, plus lourde à manier que la Force L du Fezzan. Et, tout en restant française, elle sera intégrée dans. une armée étrangère avec tout ce que cela comporte de difficultés pour l'application des règlements de toutes sortes qu'une grande unité doit observer en matière de liaisons, ravitaillement, etc..

Peut-être cette assimilation des méthodes et des habitudes américaines a-t-elle été largement facilitée par la forte proportion d'officiers de réserve dans les cadres de la division et dans son état-major. Il y avait peu de réflexes anciens à vaincre pour prendre les nouveaux plis.

Perdu dans l'immense bibliothèque de Dalton Hall, le Général s'éreinte à supputer l'avenir. Un instant il tente de réintégrer l'armée britannique dont il connaît la qualité. Ses démarches échouent. L'organisation du commandement lui pose également des problèmes pénibles. Pendant toute cette période, à l'approche du débouché, sa tension est extrême. Je le trouverai souvent perdu dans ses pensées, inconscient de l'obscurité qui a envahi la pièce. Sa gaieté naturelle a disparu et dans la vaste salle à manger où il partage désormais les repas des officiers de son état-major, l'atmosphère est souvent contrainte.

Nul d'entre nous n'est de taille à supporter la tension d'esprit que le Général s'impose. Il faut parfois s'ébrouer, se distraire, penser à autre chose. Certes il arrive que le Général se détende et plaisante de bon cœur. Mais brusquement, en plein milieu du repas, les volets se ferment, il est repris par ses soucis, que ce soit en Angleterre l'avenir de la division, ou plus tard en France l'opération à préparer. Autour de son silence, les conversations trébuchent, s'assourdissent. Et aussitôt levé de table, chacun s'esquive discrètement.

Et puis à partir du 6 juin, qui nous met en transes, les événements se précipitent, inspection de notre commandant de corps, le général Cook, le 8, branle-bas pour la visite du Général de Gaulle prévue pour le 13 et décommandée le matin même, *il est en France*, prise d'armes le 21 pour la remise des insignes, grande manœuvre avec la division polonaise le 27, remise des étendards par le général Koenig le 3 juillet...

La division a acquis sa personnalité. Rangée sur l'immense pelouse qui s'étend devant le château, elle à une allure étonnante. Ce n'est pas tellement à cause du chatoiement des couleurs, de ces bonnets de police rouges pour les spahis, bleu ciel pour les chasseurs d'Afrique, bleu et rouge pour les cuirassiers ou le régiment du Tchad, qu'à cause, probablement, de ce qui a commencé déjà à l'animer.

Lorsque j'étais à Calcutta en 1946. un rapprochement m'a beaucoup frappé.

A l'occasion du départ du général X qui était de passage, nous avons attendu une heure et demie sur l'aérodrome l'équipage était en retard, des bagages étaient perdus, tout le monde courait en tous sens. Seul, le général X, parfaitement détendu, bavardait, la cigarette au coin des lèvres sans se préoccuper du retard ni de la pagaille ambiante.

Un mois plus tard, le général Leclerc fit à son tour escale à Calcutta. Le jour de son départ, nous arrivons à l'aérodrome, Christian Fouchet, qui était consul général, et moi, cinq minutes avant l'heure fixée. A côté de l'avion, les hommes d'équipage circulaient tranquillement. Surpris de ce calme et pensant être en avance, nous consultons notre montre. A ce moment, quelqu'un derrière nous nous dit bonjour Nous nous retournons pour voir Leclerc descendre tout souriant d'une jeep. Nous échangeons quelques mots en nous dirigeant lentement vers l'appareil. L'équipage est au garde-à-vous au pied de la passerelle. Leclerc serre les mains, se retourne, nous dit au revoir, monte, la porte se ferme, les moteurs s'emballent, l'avion roule... Il est 8 h et quelques minutes... personne ne s'est pressé... Nous n'avons pratiquement pas eu le temps de dire *ouf* et il est là-haut...

Dans la voiture, Fouchet compare les deux départs et observe : « *Les équipages étaient les mêmes, des Français dans les deux cas... Mais voyez ce qu'ils donnent suivant le patron qu'ils ont...* »

Sans doute est-ce cela que l'on sentait, que je sentais, en, regardant sur la pelouse de Dalton Hall les rangs impeccables des unités. Il y avait *demain* bien évidemment. Mais un demain magnifié par ce qui, émanant de la tête, s'était répercuté du haut en bas de la pyramide. Et ce magma de gens venus de tous, les bords et de tous les horizons, pas toujours contents au début d'être ensemble, était devenu une personne.

Ses premiers pas en France ne seront pas tout de suite assurés. Passée la profonde émotion de la terre retrouvée, lorsqu'il faudra aborder les premiers engagements, le grand corps ne trouvera pas du premier coup son aisance

Il y aura des cafouillages, des découragements. Le Général sera partout, à tous les carrefours, le long des routes, aux points sensibles. Comme en Tunisie, il tiendra la division à bout de bras, flairant l'unité qui a besoin de sa présence.

Débarquée le 1er août et les jours suivants, la Division aussitôt rassemblée est lâchée le 8 vers la région du Mans. Le 10 et le 11 elle fait ses griffes, le 12 c'est Alençon et de là la ruée sur les Panzers pris au piège dans la forêt d'Ecouves. C'est parti. Les muscles sont chauffés, les gestes coordonnés. Aussi devant Argentan, dès le 15, le Général piétine d'être arrêté. La tension montera dans les conditions que l'on connaît jusqu'à la galopade du 23 août à tombeau ouvert en direction de Rambouillet. L'ordre d'opérations ne se perd pas dans les détails. Objectif : prendre Paris.

Etranges heures. Il y a des lieux qui se prêtent aux opérations, dont le décor s'accorde au fracas des chenilles et des canons. Je pense à la *trouée* dans l'enceinte, infirmité séculaire de la patrie, etc.. Mais ce n'est pas le cas de Rambouillet, de la Porte d'Orléans, de Montparnasse. Pendant ces journées, le décalage a été incessant pour moi entre le côté prodigieux de l'événement et le souci permanent des détails. Le décor conférait à ce déséquilibre une curieuse irréalité. Il y avait ces maisons, si familières, des Français en civil dans les rues, des chars, des jeeps, les camarades qui passaient et puis là, dans le creux de cette sorte de carrière, le Général, assis je ne me rappelle plus sur quoi, discutant avec Petit-Leroy dont je connaissais la famille... Les images se téléscopaient, se chevauchaient. Elles ne concordaient pas... et le lendemain, debout dans ce scout-car au centre de la colonne qui frayait son chemin au milieu d'une foule en délire, mon émotion était encore mêlée d'une sorte d'incrédulité qui m'empêchait d'être tout à fait en prise avec la réalité. Ce qui se produisait dépassait toute prévision. Sur la place de Rennes, cette marée humaine submergeait tout, mais une fois dans la gare, l'autre réalité reprenait ses droits, celle des opérations, du commandement, des liaisons à rétablir. Ce n'est qu'au bout de deux heures que j'ai réalisé qu'avec cet appareil dont je me servais pour essayer de joindre les commandants des groupements tactiques, je pouvais aussi téléphoner chez moi. Que ce fut si bêtement facile m'a paru, après ces cinq années, extravagant, presque inconcevable. C'est à peine si j'ai osé.

Il est explicable que les Américains n'aient pas perçu tout ce que l'événement représentait pour la France et la Division. Les divers échelons du commandement avaient leurs propres problèmes stratégiques ou logistiques.

Il faut toujours faire un effort pour se mettre à la place des autres et l'opération nécessite en plus pas mal d'imagination et de psychologie. Ce genre d'exercice n'est déjà pas fréquent entre compatriotes, il n'y avait pas beaucoup de chances de voir les Américains s'y livrer à notre égard. Il eût en tout cas fallu qu'ils y fussent encouragés, et rien dans nos rapports au plus haut échelon ne favorisait cette compréhension. Il en résulta quelques à-coups dont une fois de plus la fermeté du Général de Gaulle, secondée par celle du Général, triompha.

Aussitôt après la journée du 26 août, la division prend position aux abords de Paris. Puis elle se regroupe dans la région de Bar-sur-Aube d'où elle s'ébranle vers de nouveaux combats. Dès le 13, elle retrouve sa fougue à Dompaire et, quelques jours plus tard à Mattaincourt, une nouvelle preuve de l'allant des fusiliers-marins du RBFM fait gronder le Général :

- *Dire que ce sont des types comme ça qu'on a empêché de se battre en 1940.*

Comme il l'avait parié, le feu a cautérisé les blessures du passé et l'entente qui règne maintenant entre les marins et les spahis lui procure autant de joie, sinon plus, qu'une opération réussie. Je le verrai bien, lorsque M. Jacquinot viendra inspecter le RBFM le 9 octobre, à la façon bourrue mais insistante dont le Général fera remarquer au ministre les cercles blancs qui homologuent, autour des canons des chasseurs de chars, les victoires de chaque équipage.

La Meurthe et la Moselle une fois franchies, la division s'arrête pour souffler dans la région de Gerbeviller. Nous sommes en octobre, l'hiver s'annonce dur et Paris n'est plus devant nous mais derrière. Pour beaucoup de ceux qui, portaient le harnais depuis quatre ans, cette campagne de Lorraine paraissait singulièrement ingrate après l'éblouissement du mois d'août. Valait-il mieux persévérer dans cette boue glacée et achever de nettoyer le pré carré, ou bien contribuer, à Paris même, à l'effort de reconstruction qui s'amorçait ? N'allait-on pas, en tenant jusqu'au Rhin le serment de Koufra, laisser de plus malins s'emparer à l'arrière de toutes les bonnes places ? Ne fallait-il pas déjà penser à l'avenir ? Un malaise, attisé par la fatigue, courut sourdement. Il suscita des mots amers et des jugements hâtifs. Le Général en fut conscient et se posa lui-même la question. Mais sa, réponse ne faisait pas de doute. A moins que le Général de Gaulle n'en décidât autrement, il poursuivrait sa route avec sa division. Les temps n'étaient pas accomplis. Dans les combats qui se préparaient, il importait que nos armes fussent toujours en première ligne. C'était le meilleur moyen d'aider le général de Gaulle et d'effacer le passé.

Il fallait donc repartir, et vite. C'est peut-être une des raisons de l'éblouissant intermède de Baccarat. Nul n'aurait songé à une division blindée pour réduire ce point d'appui où butait l'infanterie si ce diable d'homme n'avait offert de s'en charger. Cette fois vraiment il paraissait présumer de ses forces. Le commandement américain, gêné par la résistance de ce point d'appui, lui donna carte blanche et l'artillerie qu'il demandait. D'autres, incrédules, vinrent voir le dompteur se faire dévorer. L'affaire dura une demi-journée, avec un blessé et sans un verre cassé. Au bout des doigts du Général les *Sherman* de 35 tonnes ne pesaient désormais pas plus lourd que les chevaux d'une reprise de Saumur. Tout était prêt pour le galop jusqu'au Rhin.

Il ne m'appartient pas de raconter cette page surprenante dans le détail... On connaît la pesée sur le dispositif ennemi devant les Vosges, le succès déterminant de La Horie qui, lui coûtant la vie à Badonviller, entrouvrait une porte inespérée vers la montagne, la ruée à travers ce créneau jusqu'à la Vezouse, forçant le repli de la position avancée allemande sur la ligne des Vosges, et enfin, à ce moment unique et divin que le destin n'offre jamais deux fois, le signal de la double charge qui franchit la montagne de part et d'autre de Saverne, là où nul ne songeait que des blindés puissent s'aventurer, pour se refermer en tenaille derrière Saverne et en-faire sauter le verrou.

Il n'y a plus rien entre Strasbourg et nous. Le Général a obtenu l'autorisation de s'en emparer mais il sait qu'il ne pourra pas être épaulé tout de suite par les divisions d'infanterie de notre Corps d'armée, le XV<sup>e</sup> Corps du général Haislip. Je ne pense jamais à cette période sans évoquer la silhouette trapue, le visage fin et souriant, le regard clair et droit de ce soldat. Avec sa bonhomie tranquille, celui-là nous avait bien compris et la division, sans toujours le reconnaître, le lui rendait bien, témoin cet équipage de chars qui nous avait un jour arrêtés sur la route, Repiton et moi, pour savoir si nous avions l'espoir de revenir au XV<sup>e</sup> Corps, celui de Haislip, parce qu'avec lui, n'est-ce pas, on était tranquille, tout allait bien.

Le Général lui avait rendu visite quelques jours avant l'opération de, Saverne. Je vois encore Haislip le raccompagnant jusqu'à sa voiture et disant dans un sourire *« Et n'est-ce pas, mon général,... si vous allez à Strasbourg... faites attention aux contre-attaques... je ne pourrai pas pousser l'infanterie avant plusieurs jours. »*

Effectivement, dès que le verrou de Saverne aura sauté, sans perdre une minute, les chars sont lâchés sur quatre itinéraires. De même qu'il s'est agi de gagner l'ennemi de vitesse à Alençon, à Paris, à Saverne, de même il faut atteindre Strasbourg avant qu'il ait eu le temps d'en fermer les portes. L'une des quatre meutes découplées à travers la plaine, réussira à s'engouffrer dans la ville et ne sera arrêtée qu'au pont de Kehl. La contre-attaque aura bien lieu mais plus tard, et le XV<sup>e</sup> Corps, poussé sans délai par Haislip à travers la trouée de Saverne, sera déjà à pied d'œuvre et la repoussera.

L'offensive Von Runstedt fait quitter à la division la souriante Alsace pour l'austère Lorraine et nous sommes relevés à Strasbourg par les camarades de la 1<sup>ère</sup> DMI. Elle provoque aussi un ordre de repli sur les Vosges qui fait écrire au Général que si cet ordre est maintenu la Division repassera d'elle-même en Alsace et, s'il le faut, se fera massacrer devant Strasbourg jusqu'au dernier homme. Une certaine conception de l'honneur qui était aussi celle de Churchill et naturellement du Général de Gaulle. L'ordre fut rapporté. Il n'a été qu'une manifestation de plus d'une différence de longueurs d'ondes dont l'histoire a donné depuis bien d'autres exemples et sur laquelle il serait vain d'épiloguer ici.

Nous ne resterons que quinze jours en Lorraine et reviendrons en Alsace pour des opérations pénibles à tous égards. Un hiver rigoureux, un terrain difficile, et surtout de tristes dissentiments. Je ne les commenterai pas. Les opérations de la forêt d'Ecouves, de Baccarat et de Strasbourg prouvent que le Général avait du combat de blindés une conception peut-être particulière, mais en tout cas efficace. Il semble établi, et les notes qui précèdent le confirmeront que le soin de sa propre gloire était le cadet de ses soucis. Il pouvait être difficile à certains de le comprendre.

A la fin de la campagne d'Alsace, en février, il est question de confier au Général la formation d'un corps d'armée. L'on pourrait penser que la chose allait de soi. Mais nous étions en 1945, et non plus en 1940. Après plusieurs semaines de difficulté, le Général, agacé, alla trouver le Général de Gaulle pour lui dire qu'il retournait à sa Division.

Ce fut pour être envoyé à Royan pendant que Patton fonçait à travers l'Allemagne. Il s'en fallut de peu que, grâce aux bonnes vieilles habitudes retrouvées, il n'y eût aucune division française en ligne ni même en terre allemande au moment du coup de grâce. Mais le Général n'était pas homme à renoncer à ce qu'il estimait une nécessité nationale et un dû pour ceux qui le suivaient depuis quatre ans. Il arrachera son ordre de départ in extremis, grâce au général Bedel-Smith. La division arrive juste à temps et, par une chance quasi inespérée, termine sa course à Berchtesgaden.

Voici donc le terme. Le *Saint des Saints*, pilonné par les bombardements aériens n'est plus qu'un chaos, le somptueux salon du Berghof où le Führer recevait les dignitaires de l'Europe, une coquille vide et calcinée. Dans les gravats noircis, je ramasse la serrure de ce qui fut la porte.

Il y aura cinq ans dans quelques semaines qu'un Général solitaire, dans un petit appartement miteux des bords de la Tamise, en a appelé de la débâcle à l'irrationnel qui tissa notre histoire. Quelques-uns l'ont entendu dont les horizons ressemblaient à ceux de l'île de Sein. Il leur importait peu de ratiociner ou sauver les meubles... ils sont partis à pied à travers les Pyrénées ou dans des you-yous à travers la Manche.

A peine moins de cinq ans qu'un jeune officier de cavalerie, dans l'oasis de Koufra, étendait son regard jusqu'aux rives du Rhin.

A travers l'immense baie béante, la lumière éclatante du dehors éclaire à peine les murs lézardés de la pièce.

A qui, sinon à ces deux hommes, celui de Londres et celui de Koufra, devons-nous ce vertigineux et impensable périple qui nous a finalement amenés jusqu'à ce chalet en ruines où flottent nos trois couleurs.

Il riait de bon cœur ce matin, sur ce talus enneigé d'où notre regard butait, au-delà des décombres, sur les prodigieuses parois du Predigtstuhl.

Il en avait le droit car ceux qui l'entouraient savaient l'inflexible et épuisant acharnement dont cet instant était le prix.

Paris, mai 1971

# Principales abréviations

| | |
|---|---|
| LST | Landing Ship Tank (Transport de chars) |
| R MSM | Régiment de Marche de Spahis Marocains |
| RBFM | Régiment Blindé de Fusiliers Marins |
| RMT | Régiment de Marche du Tchad |
| RCA | Régiment de Chasseurs d'Afrique |
| SOE | Special Operations Executive |
| RANA | Régiment d'Artillerie Nord Africain |
| DCA | Défense Contre Avion |
| RAMA | Régiment d'Artillerie de Marine |
| CFLN | Comité Français de Libération Nationale |
| TD | Tank Destroyer |
| DCR | Détachement de Circulation Routière |
| BR | Bataillon de Renfort |
| FTA | Forces Terrestres Anti-aériennes |
| GTD | Groupement tactique Dio |
| SNAEF | Supreme Headquarters Allied Expeditionnary Forces (Eisenhower) |
| DSO | Distinguished Service Order |
| MMLA | Mission Militaire de Liaison Alliée |
| EMGG | Etat-Major Général de la Guerre |

## *Collection Mémoires du XX^e^ siècle*

### Dernières parutions

Laure SCHINDLER-LEVINE, *L'impossible au revoir. L'enfance de l'un des derniers « maillons de la chaîne », 1933-1945*, 1999.

André CAUSSAT, *Gutka. Du ghetto de Varsovie à la liberté retrouvée*, préface d'André Kaspi, 1999.

Willy BERLER, *Itinéraire dans les ténèbres. Monowitz, Auschwitz, Gross-Rosen, Buchenwald,* récit présenté par Ruth Fivaz-Silbermann, préface de Maxime Steinberg, 1999.

Jean-Varoujean GUREGHIAN, *Le Golgotha de l'Arménie mineure. Le destin de mon père. Témoignage sur le premier génocide du XX^e^ siècle*, préface de Yves Ternon, 1999.

Saül OREN-HORNFELD, *Comme un feu brûlant. Expérimentations médicales au camp de Sachsenhausen,* témoignage, préface de Thierry Feral, 1999.

Daniel KLUGER (avec la collaboration de Victor SULLAPER), *Vigtor le Rebelle. La résistance d'un Juif en France,* récit biographique, préface de Henry Bulawko, 1999.

Claire JACQUELIN, *De la rue d'Ulm au Chemin des Dames. Histoire d'un fils, trajectoire d'un homme. (Correspondance, 1902-1818).*

Hélène COUPE, OLGA BARBESOLLE, *Les Sans-Amour ou le journal de captivité d'une jeune Ukrainienne en Allemagne nazie*

Docteur Serge LAPIDUS, *Etoiles jaunes dans la France des années noires, onze récits parallèles de jeunes rescapés,* 2000.

654511 - Mai 2016
Achevé d'imprimer par

1livre.com
du rêve à la réalité !

Printed in France by Amazon
Brétigny-sur-Orge, FR

23118946R10221